谨以此书献给：

所有为武汉大学教育改革做出贡献的人！

当代中国高等教育改革口述史丛书（第一辑）
编委会

顾　问
柳斌杰　第十二届全国人民代表大会教育科学文化卫生委员会主任委员
　　　　原国家新闻出版总署署长　国家版权局原局长
　　　　清华大学新闻与传播学院院长
章开沅　著名历史学家、教育家　华中师范大学原校长

主　编
周洪宇　第十三届全国人民代表大会常务委员会委员
　　　　湖北省人民代表大会常务委员会副主任
　　　　中国教育学会副会长　华中师范大学教育学院教授

学术协调人
刘来兵（华中师范大学）

编　委　（按姓氏拼音排序）
蔡三发（同济大学教授）　　　　申国昌（华中师范大学教授）
操太圣（南京大学教授）　　　　沈　红（华中科技大学教授）
陈洪捷（北京大学教授）　　　　石中英（清华大学教授）
程方平（中国人民大学教授）　　眭依凡（浙江大学教授）
程斯辉（武汉大学教授）　　　　熊庆年（复旦大学教授）
杜成宪（华东师范大学教授）　　熊贤君（深圳大学教授）
刘海峰（厦门大学教授）　　　　徐　勇（北京师范大学教授）
陆根书（西安交通大学教授）　　张传遂（湖南师范大学教授）
欧七斤（上海交通大学研究馆员）

当代中国高等教育改革口述史丛书（第一辑）

顾问　柳斌杰　章开沅　　主编　周洪宇

其命维新
刘道玉口述史

刘道玉　著

华中科技大学出版社
http://www.hustp.com
中国·武汉

- **商朝陈汤王盘铭**

  苟日新，日日新，又日新。

  ——引自《礼记·大学》

- **周朝国王治国方略**

  周虽旧邦，其命维新。

  ——引自《诗经·大雅·文王》

- **创新理论创始人约塞夫·熊彼特**

  行动——光有理想和理论是不够的，只有行动起来，努力改变现状才是对理想的拓荒。

  ——引自〔美〕杰克·贝蒂著《管理大师德鲁克》

◆ 1953年高中毕业照

◆ 1958年大学毕业照

◆ 1959年与女友刘高伟在东湖留影

◆ 1961年元旦结婚照

◆ 1962年8月在苏联参观列宁格勒

◆1963年5月25日从苏联归国前与同学合影

◆ 1963年7月13日在人民大会堂接受周恩来总理的亲切接见

◆ 1981年11月与党委书记庄果商谈工作

◆ 1982年5月在实验室指导大学生毕业论文

◆ 1982年8月28日与著名经济学家董辅礽一家在首都机场

◆ 1982年10月在教学改革经验交流会上与著名数学家路见可教授交流

◆ 1982年11月访问美国西东大学
（右为劳伦斯·墨菲校长、左为罗伯特·舒尔茨副校长）

◆ 1983年3月参加大学生樱花读书节活动

◆ 1983年5月28日拜会校友、著名文学家叶圣陶先生

◆ 1985年5月25日法国驻中国大使馆临时代办拉奥，向刘道玉授予法国总统密特朗勋章

◆ 1986年9月6日参观朱英国院士在汉阳水稻杂交实验基地

◆ 1986年10月1日在桂园三食堂帮厨

◆ 1986年10月在美国加州大学洛杉矶分校与留学生王小凡和王学保合影

◆ 1986年11月与著名新闻学家、上海《文汇报》社长徐铸成先生交谈

◆ 1987年3月与新闻系何微教授参加新闻学学术研讨会

◆ 1987年11月3日，日本创价学会会长池田大作先生向刘道玉颁发东洋哲学学术奖章

◆ 1988年2月16日与干女儿徐鸿博士在家中合影

◆ 1992年4月22日，在杭州金属有机化学学术会议上与黄耀曾院士合影

◆ 1992年5月31日学生艾路明赴美前在住宅前留影

◆ 2005年9月到著名经济学家于光远先生家中探视

◆ 为撰写《理想大学》一书,刘道玉主持"理想大学专题研讨会"
（2012年5月22日于北京饭店）

◆ 2012年11月24日刘道玉80岁生日照片

◆ 2018年12月25日病后出院前,与人民医院神经内科主任刘志超教授等医护人员合影

◆ 60周年钻石婚纪念照（2021年1月1日于泰康之家·楚园）

◆ 2021年4月在泰康之家·楚园全家合影

总 序
PREFACE

一

"记忆的需要就是历史的需要。"①

历史是有目的的人的活动。这是自有人类记忆以来传统总是被口耳相传和文字记述的原因,也是今天学者们通过不同的历史课题探究过去的原始驱动。记述往往与客观现实有所偏差,使得部分历史学家不满足于从正统的史书和典籍中发现过去,热衷于从笔记、小说等私人叙述空间中寻找历史。在当代,越来越多的历史学者不再只是枯守故纸堆,而倾注时间走向更为广阔的生活空间,留心于观察、倾听、访谈,用声音和影像来保存历史,是为口述历史的实践。

20世纪80年代以来,中国处于一个前所未有的改革大时代,教育改革是社会变革的重要组成部分,并在一定程度上影响和推动了中国的社会变革。在这个过程中,涌现出一批思想解放、视野开阔、勇于改革、善于创新的高校校长,成为勇立时代潮头的弄潮儿。他们大都是中国高等教育改革的亲历者、参与者、组织者、实施者、推动者、见证者,他们或重教学改革或重科学研究,或重社会服务或重文化引领,或重国家需要或重大学自主,或重人文社科或重自然科学,或重行政改革或重教师作用,或重本科教学或重研究生发展,或重顶层设计或重基层创新,或重本土联盟或重国际合作,

---

① [法]皮埃尔·诺拉主编:《记忆之场:法国国民意识的文化社会史》,黄艳红等译,南京大学出版社2015年版。

以高等教育改革家之风范，从高等教育不同层面入手，披荆斩棘，大刀阔斧，为推动中国高等教育的改革和发展发挥了重要的奠基和垂范开拓作用。本套丛书以当代中国高等教育改革为主题，以当面访谈聆听20世纪80年代以来一批高等教育改革家的高等教育改革的亲身经历和体会，同时将这些一手资料整理成书，传于后人，具有重要性、必要性和紧迫性。

组织编写出版本丛书是一件很有意义的事情。现代口述历史先驱、英国历史学家保尔·汤普森（Paul Thompson）认为，口述历史的基本重要性在于给了孩子们、学生们，或者说年轻人，一个理解过去发生的事情的机会。2017年是恢复高考40周年，社会各界和人士通过不同的方式举行了纪念活动。恢复高考是国家的英明决策，于国于民都影响深远。那么，高考是如何恢复的？恢复之后大学的办学是如何逐步恢复并发展的？其中都离不开大学校长在此间的努力。本套丛书所邀请的校长便是这一重要历史活动的亲历者与主持者，他们能够提供作为历史参与者的视角与声音。2018年是改革开放40周年，教育作为社会系统中的重要组成部分，能反映社会整体变革的内容。1977年，邓小平在科学和教育工作座谈会上提出："我们国家要赶上世界先进水平，从何着手呢？我想，要从科学和教育着手"，"不抓科学、教育，四个现代化就没有希望，就成为一句空话"。他明确把科教发展作为发展经济、建设现代化强国的先导，并将其摆在中国发展战略的首位。在教育系统中，高等教育的地位举足轻重，尤其是对于中断高考十年之久的国家来说，急需一批年富力强的青年骨干承担起建设现代化国家的重任。本丛书的出版对回顾过去40年来高等教育改革发展与社会经济变革具有重要意义，既是缅怀过去，也是总结现在，还能展望未来。

编撰出版本丛书为回顾中国特色社会主义高等教育制度发展历程提供口述历史资料很有必要。口述历史的必要性关涉的是历史本质、功能与意义的讨论。历史是什么？谁是历史的叙述者？怎样的档案资料才能呈现最客观的历史？在历史学的研究中，此类问题的解答通常被视为专业的缄默知识体系构建。口述历史研究者认为，人民应该享有话语权，通过人民的声音，把历史交还给人民。正如意大利历史学者克罗齐所言，"一切历史都是当代史"，口述历史的基本功能在于留存当代历史参与者的口述档案资料。收集口述历史资料的必要性在于：一是能提供档案资料的补充与印证，弥补档案资料中某些重大事件过程与细节的缺失；二是口述历史资料可以发挥历史研究和社会教育功能，那些重要历史事件的决策者、参与者通过口述历史能够提供更为丰富的历史细节，而对于一般公众来说，通过阅读这些口述资料更具有社会教育意义。本丛书是口述历史在当代高等教育研究领域的一次尝试。新中国成立以来，我国一直在探索建立中国特色社会主义教育制度，尤其是高等教育发展经历了起步、发展、挫折、中断、恢复、改革与腾飞的多样化的发展阶段，我国当代对教育改革发展历程的研究是当代教育史研究的重要组成部分。

本丛书编撰出版具有紧迫性。20世纪80年代以来，中国高等教育改革与发展经历了几个不同的发展阶段，不同时期均涌现出杰出的大学领导者。第一批引领高等教育改革的校长们有的已经辞世，大多已进入耄耋之年，本丛书的编撰有抢救性保护之意，是为这批勇立改革潮头的中国高等教育改革领军人物留下智慧以指导未来我国高等教育进一步改革创新。本丛书编撰的初衷之一便是考虑到曾担任华中工学院（现华中科技大学）党委书记兼院长的朱九思先生已年近百岁，为他整理完成口述史实属迫在眉睫。遗憾的是，我们在整理朱九思教育口述史的过程中，先生于2015年6月13日因病医治无效逝世，他指导的博士生、现为重庆工商大学副校长的陈运超教授在博士学位论文基础上，凭借朱九思先生生前谈话、师门集体回忆，以及朱九思先生系列著述，费时数年完成该书的整理工作。因而，当面访谈聆听20世纪80年代以来一批高等教育改革家的高等教育改革的亲身经历和体会，同时将这些一手资料整理成书，传于后人，已经成为一件具有重要意义和急迫的事情。

二

口述历史不同于学术著作,相对学术著作而言,其读者受众更加广泛。我们在编撰本丛书的过程中,结合口述历史的特点考虑本丛书所追求的风格、特点和定位。

力求复原史实、保全史料、深化史学。要做好口述历史研究工作,应明确"历史"的三层含义,即客观的事实(史实)、主观的记载(史料)和主客观结合的研究(史学)。与传统的单纯以文献为依据进行的历史研究不同,口述史研究是史实、史料和史学三层历史的融合。口述者叙述的是史实,但首先是属于口述者自己认定的事实,还需要通过记载的史料去印证,整理者通过比对口述材料与文献材料也能得到最终的口述历史作品。口述历史必须恪守真实、客观、中立的基本原则,必须厘清访谈者与口述者之间的关系。左玉河教授认为历史研究者与历史当事人是口述历史研究的双重主体,但两者在口述访谈中充当的角色及所尽的职责是不同的。作为访谈者的历史研究者,是口述历史访谈的策划者和引导者;作为口述者的历史当事人,是口述历史访谈不可缺少的主角。口述历史访谈的过程,是访谈者与当事人通过口述访谈的方式共同回忆和书写某段历史的过程。本套口述史丛书力求做到以史为据、论从史出、史论结合、述多议精,求信、求实、求真,为后世存信史,为学术做积累,为改革指正路。

力求形式与本质的结合。口述历史作为一种史学实践在近年来颇为兴盛,源于社会大众对历史的关注热情显著增强。大众在获得一定的物质保障之后,会转向对精神、文化的追求以提升自身的素养,人们开始去关注历史的、过去的、传统的东西,而不只是当下的日常生活。口述历史能很好地满足大众对当代社会生活中某些重要事件的了解。这套口述史丛书,"口述"是形式,是特色,"历史"是本质,是根本。既要遵从口述的"形式"和"特色",更要坚持历史的"本质"

和"根本",使之与一般历史著作区别开来,具有口述历史的风格和追求。

力求口述文本鲜活、生动、可读。口述者有自己的语言风格,善述者引人入胜。作为大学领导者,卓越的演讲能力是其胜任领导职位的基本能力之一。然而,口述历史与平常的对话不一样,需要整理者在前期做好一定的准备,把要了解的内容提前告知口述者,口述者需要一定的时间去回忆,甚至是查阅资料去印证。对话的过程要尽可能做到问题有来由、事情有曲折、过程有细节、结果有悬念、语言口语化。问题有来由强调的是口述历史有自己的主题,是带着问题开展的研究工作,而不是日常生活中的漫谈。问题可以是整理者在前期准备的,也可以是口述者根据主题自我提出的。事情有曲折强调重要历史事件的发生发展均是螺旋式前进的,其过程大多循环反复,通过不懈的坚持与努力才能最终取得成功。过程有细节强调的是在事件的重要节点与关口,某些重要决策与行动使事件的发展方向发生根本性转变,在此结果之前所发生的细节过程仅仅是少数参与者才知晓的,而这也正是需要通过口述历史公之于众的。结果有悬念强调的是叙述能引人入胜,而不是故作惊悚,是增加可读性,使人们意识到任何一次成功的改革实践均是特定时期不同主体博弈的最终结果。语言口语化强调的是口述历史不是文本写作,是日常生活中口述者的自我呈现,这种表述更容易被大众所接受。

力求处理好共性与个性的关系。本套口述史丛书以当代中国高等教育改革为主题,每一位大学领导者均以个人主导大学改革为主题开展口述史的整理工作,每一本口述著作既要反映时代和改革的共性问题,也应体现传主的个别应对及其个性特征。共性指不同高校教育改革的普遍性质,个性指每一位大学领导者推进教育改革的特殊性质。教育是社会系统中的组成部分之一,教育改革离不开整体的社会变革系统的支持,也受制于一定时期的社会改革氛围。同一历史时期的不同高校的改革,所面临的时代和改革背景是一样的,具有共性的时代烙印。不同的大学领导者具有不同的改革思路与领导方式,即使在共性的改革背景下也会呈现出不同的改革实践。从纵向来看,不同时期的大学改革实践更是如此,因而,对每一位大学领导者的个性呈现是本丛书的特色所在。

力求处理好重点与非重点的关系。口述历史的叙事风格在追求可读性、鲜活性、生动性的同时,必然以付出较多的篇幅为代价,甚至是事无巨细的情节交代,在此过程中如何在有限的篇幅中呈现重点的内容,而不至于被其他非重点内容所掩盖,是本丛书在编撰时一直强调要处理好的问题。我们认为,重点不在于篇幅的"多",更是思考的"深",只有篇幅的"多"而没有思考的"深",那是"流水账",要避免写成"流水账",力争成为"沉思录"。而要成为"沉思录",需要做到"国际视野、中国特色、问题意识、改革导向"。国际视野是叙述中国高等教育改革的发生被置于国际高等教育发展趋势的观照之下。毋庸置疑,中国高等教育改革发展有自己的道路与模式,然而西方国家建设高等教育的经验应该成为我们建设中国特色社会主义高等教育制度的借鉴。中国特色是指我国高等教育改革是在中国特色社会主义教育制度内进行的,尽管有借鉴西方国家高等教育办学经验,但坚持社会主义办学方向是永不动摇的根本。问题意识是指以问题为中心论述大学改革的主要思考与举措,这些问题能反映大学改革的困境与突破以及决定未来走向,在推进大学改革这一过程中遇到哪些困难以及如何克服这些困难并有哪些经验和启示。改革导向是指这套口述历史丛书不是个人的生活史、活动史,而是以20世纪80年代以来中国大学改革为主线的口述史。在叙述的过程中要把个人生活史与改革史结合起来,个人的日常生活与后来的主持大学改革是有内在关联的。

应处理好经验与教训、正面与负面的关系。任何一项改革都不是一帆风顺的,其过程必然是反复曲折而最终达成的。20世纪80年代的中国高等教育经过拨乱反正后,在思想解放的大潮下获得快速发展,但在 80 年代末也遭受了西方势力侵蚀后的挫折,影响了一些大学改革的步伐,因而,该时期中国高等教育改革既有良好的经验,取得了积极的改革成效,也有深刻的教训。进入 20 世纪 90 年代尤其是 21 世纪之后,中国高等教育迎来理性的快速发展,逐步走向以中国特色的办学道路并入全球高等教育发展的轨道。因而,口述传主在对改革进行总结时应坚持客观理性的态度,认识到个体在整体中的作用是有限的,不宜只写传主如何"过五关斩六将",还要写其"走麦城",敢于自曝其短。这不仅反映历史的真实,体现人格的境界,而且会给后人更多的启示。

力求处理好学校与个人的关系。一所大学改革的成功离不开校长的改革思路与实践以及协调各方关系的人格魅力,但不能完全归功于校长一人,与学校整体的改革环境也有密不可分的关系。正如曾任华中科技大学校长的中国科学院院士杨叔子所形容的,两者是"山"与"老虎"的关系,没有学校这座"山",就没有校长展示治校智慧与能力的舞台,所以说"山与虎为",而没有校长的治校智慧与能力,学校也难以实现跨越式发展,在这个意义上,可以说"虎壮山威"。两者不可或缺,相辅相成。因而,在口述的过程中,如何以大学领导者为核心,探讨学校在某个时期的整体发展环境,是很有必要的。

力求处理好大学自身办学规律与少数非学术、非教育因素之间的关系。教育的发展离不开社会系统的支持,受政治、经济、文化的制约。大学发展同样如此,坚持社会主义办学方向,必须在社会主义制度内设计我国大学的改革方向。大学改革发展史,既有大学自身的办学规律,同时也要考虑到非教育因素、非学术因素的制约与影响。然而这部分的影响因素如何评判,不是短期内能够给予的,历史毕竟需要一定的时间才能看清背后的事实,这就要充分依靠传主和整理者的人生智慧。口述者应该谈出正能量,给人以温暖和力量,谈出未来,谈出希望。

三

本丛书最初的构想可以追溯到 2008 年初春，彼时刚好是恢复高考 30 周年，也是我们 77 级大学生 30 年前刚刚踏入大学校园的日子。犹记得 1978 年 3 月初，我从湖北荆门姚河公社新华大队知青点取回行李，在家歇息几天后，便赴华中师范学院京山分院报到注册，正式成为华中师范学院历史系的一名新生，由此走上"知识改变命运"的人生之路。可以说，我个人命运的转折是以国家发展步入正轨为前提的，首先是整个民族发展的春天，其次才会有个人发展的春天。1978 年这个特殊的年份，无论是对我个人而言，还是对中国来说，都是一个重要拐点，具有里程碑意义。作为 77 级大学生，自己又是从事中国教育史研究的学者，组织编撰出版一套反映中国高等教育改革口述史丛书的想法便涌上心头。2008 年底，我在与新进入我门下攻读博士学位的刘来兵讨论他的博士学位论文选题时，与他交流了做大学校长口述史选题的想法，想借此机会推动当代中国高等教育改革口述史丛书的撰写工作。他在做了一番准备工作之后，随着个人研究兴趣的转移，改做教育史学理论研究，此事便搁置下来。2014 年，我早年指导的硕士生、现在华中科技大学出版社工作的周晓方找到我，与我沟通策划组织出版丛书选题事宜。周晓方所在的华中科技大学作为全国高等教育改革重镇，系高等教育研究人才荟萃之地，在学术研究、人才培养方面已经形成独有的特色和优势，具备较高地位和重要影响。我立即想到将已搁置数年的中国高等教育改革口述史丛书交由该出版社出版是最佳选择，此事已是迫在眉睫，且刘来兵博士现已留在华中师范大学教育学院工作，可以协助我完成组织出版工作。周晓方编审向华中科技大学出版社汇报了本选题，得到出版社的大力支持，将本丛书列为重点出版支持计划，并于 2015 年获得湖北省出版基金的资助。

四

在选题确定之后,我们分头联系国内几所高校已经退下领导岗位的校长们,主要有华中科技大学前校长朱九思、杨叔子,华中师范大学前校长章开沅,厦门大学前校长潘懋元,湖南师范大学前校长张楚廷,西安交通大学前校长史维祥,北京大学原常务副校长王义道等,他们作为本丛书第一辑的口述传主先行出版口述史,另有其他数位高校前校长也已参与到本口述史丛书出版工作中来,他们的口述史作为本丛书的第二辑也将陆续出版。他们对本丛书出版计划给予了充分的肯定与支持,尽管他们年事已高,但仍坚持著书立说,发表对中国教育的真知灼见。他们的智慧与思想无疑对今后中国高等教育发展起到启迪作用,他们的肯定与支持使我们信心倍增,促使我们更加坚定地、全力以赴地完成本套丛书的编撰与出版。

在得到这些具有时代大学改革鲜明特色的校长们的认可与支持之后,我们又分别与校长本人以及校长们的学生进行了单独的沟通交流,并逐一确立了各口述史著作的整理者。我利用在北京参加会议之机,与原国家新闻出版总署(现国家新闻出版广电总局)署长柳斌杰沟通本套高等教育改革口述史丛书的选题情况,邀请其担任丛书顾问,并联系全国多所大学从事高等教育研究的学者担任本丛书的编委会成员。有关丛书的编写体例,前期我与策划编辑周晓方编审和编委会秘书长刘来兵副教授进行了多次讨论,第一辑出版计划确定后,我们又征求了各位校长及各位口述整理者对编写体例的意见。考虑到本丛书中校长们的身体状况各不相同,无法保证每一位校长都能完全以口述加整理的方式完成书稿著述工作,故根据具体情况具体组织编撰,总体上保持口述历史的风格即可。随后,我们积极申报各级出版基金资助项目,现已获得2015年湖北省学术著作出版基金资助项目,并为争取获得国家出版基金项目资助做积极准备。

2017年2月17日,为推进本丛书的撰写工作,统合在撰写过程中的不同意见,华中科技大学出版社专门组织召开当代中国高等教育改革口述史丛书(第一辑)审稿会。华中科技大学总会计师湛毅青教授、北京大学原常务副校长王义遒教授、华中科技大学教育科学研究院院长张应强教授,以及本丛书主要口述历史整理者来自华中科技大学、西安交通大学、厦门大学、同济大学、华中师范大学、重庆工商大学的专家学者相聚武汉,交流本丛书写作的具体情况,共同回顾与展望中国高等教育的改革发展。

与会的专家学者一致认为,策划出版当代中国高等教育改革口述史丛书,还原高等教育改革家在高等教育改革领域的思想理念、真知灼见、践行历程,给时代留下真实的记录,为后来改革提供有益经验,传承后世,具有前车之功。与此同时,在党的十九大即将召开之际,借中国高等教育发展的大好时机,对老一辈高等教育学家的高等教育改革理论与实践进行梳理,对中国高等教育发展进行回顾与展望,这对实现"推动一批高水平大学和学科进入世界一流行列或前列,提升我国高等教育综合实力和国际竞争力,培养一流人才,产出一流成果"的宏伟目标具有重大意义和推动借鉴价值。2017年10月,党的十九大报告中指出要优先发展教育事业,加快高等教育内涵式发展,推动一流高校与一流学科建设,加快我国迈入教育强国行列的步伐。这充分说明本丛书的选题与编撰出版非常契合当前国家大力发展高等教育事业的需要。2018年,时值改革开放40周年,我们推出本丛书,希望能为总结改革开放40年来中国特色社会主义高等教育建设提供历史的借鉴。

本丛书在编撰过程中得到了国内多所高校以及大学领导者的大力支持,尤其是各位愿意参与本丛书计划的老校长们,在此一并致谢。参与口述史整理工作的诸位学者与我们组成了当代中国高等教育改革口述史丛书编撰团队,他们敬业的精神、严谨的态度、深厚的学术底蕴为本丛书的出版提供了保证。华中师范大学教育学院刘来兵担任本丛书编委会秘书长,协助处理日常具体事务与联络工作,华中科技大学出版社策划编辑周晓方等老师为本丛书的出版给予了极大的支持和帮助,在此谨表示衷心感谢。

2018年是中国改革开放40周年,仅以此套丛书的出版隆重纪念改革开放40周年,向40年来为中国高等教育改革发展创新做出过巨大贡献的先驱者、探索者致以崇高的敬意!

2019 年 6 月
于武汉东湖之滨远望斋

自 序
PREFACE

在汉字中,"世"的异体字是"卋",它是由三个十字加一条底线而组成的,意思是指30年为一世,也就是一代人。我国至圣先师孔子有言"三十而立",他本意是指立于礼,但广义上说,也包括立志、立德、立业,也就是确立人生的远大志向。因此,无论对于国家或是个人,30年都是成就一番事业的重要的时间区段,每个人都应当把握好人生的头30年,做好人生的第二个30年,谁做到了这一点,那么他就是一个成功的人。

我30岁的时候,正在苏联科学院元素有机化合物研究所攻读副博士学位,师从苏联科学院院士伊凡·柳德维奇·克努杨茨,因为他的研究与国防有关,所以他也拥有苏联技术中将军衔,是世界有机氟化学三大权威之一。在这样优越的研究条件下,我的志向就是将来成为一名有机氟化学家,同时实现我少年时立下的要成为一个"诺贝尔式"的化学发明家的夙愿。

可是,由于国际政治风云突变,我被迫中断了"黄金般"的学业。回国以后,仅仅从事了一年多的化学研究,就遇上了"四清"运动,接着又是十年灾难性的"文革"。我先后被任命为武汉大学副教务长、党委副书记、教育部党组成员兼高等教育司司长,又一次中断了我的学术研究。从教育部辞职回校以后,本准备重操旧业,专心致志地从事有机氟化学研究。然而,事不遂愿,接着又先后任命我为武汉大学党委常务副书记、常务副校长和校长。这一系列的任命,我都是被蒙在鼓里,事前没有任何人给我打招呼或征求我的意见,这似乎是有一点不同于常规的做法。

1981年8月22日新华社电:"国务院最近任命刘道玉为武汉大学校长。现年48岁的刘道玉1958年毕业于武汉大学化学系。这次任命前,他是武汉大学党委副书记、副校长。他积极拥护党的十一届三中全会以来的路线、方针和政策,作风正派,工作勤奋,联系群众。这次任职后,他是我国解放后自己培养的大学生中第一位担任大学校长的人,也是我国高等院校中最年轻的一位校长。有关部门认为,任命48岁的刘道玉担任全国重点大学武汉大学的校长,这对于在人才济济的高等学校中打破论资排辈现象,大胆提拔优秀中青年干部到主要领导岗位上来,将会产生积极的影响。"

新华社发布我的任命消息后,湖北省文化教育办公室副主任史子荣才找我谈话,说武汉大学长期不稳定,学术地位在全国下滑得很厉害,要选拔一位年轻有为的校长,要求我服从组织的决定,这是办好武汉大学的需要。他还表示:"省委和省政府将大力支持你的工作,希望你解放思想、奋发努力、不辱使命。"我表示,事前没有任何思想准备,太突然了,我本意是想从事学术研究,但事已至此,我将尽力而为,不辜负组织和群众的期望。

自古华山一条路,狭路相逢勇者胜。我没有退路,也不能抱着推却的侥幸心理。于是,我就用换位思维方法自我开导:是自己做一名发明家还是培养出更多发明家的贡献更大呢?这么一想,我的思想也就豁然开朗了,于是就勇敢地担负起一个校长的职责,决心振兴武汉大学,以培养出大批创造性的人才。在履任校长时,我只是一个讲师,行政级别是21级(工资每月65元)。我知道做一名合格的校长,并不是依靠自己的专业知识和衔职,而是要依据先进的教育理论指导办学,按照教育规律办事。于是,我就边工作边阅读世界教育经典名著,包括柏拉图、夸美纽斯、卢梭、赫尔巴特、福禄贝尔、洪堡、纽曼、康德、杜威、洛克、罗素、怀特海、马卡连柯、苏霍姆林斯基等名人名作,这使我逐渐地进入教育管理领域的角色,并开始爱上了这一值得为之献身的事业。

一个人一旦爱上了一种职业，那么他就会义无反顾地把它作为志趣去追求，并愿意为它贡献出自己的全部力量，甚至他的生命。我从担任副教务长到离开校长岗位，前后总共 22 年，本书主要记叙的是我任校长的近 8 年时间中的所作所为。本书由九章构成，第一章是改革引论，阐述了影响教育改革的一些重要观念和措施，以作为改革的铺垫，从第二章到第八章，全面记叙了武汉大学改革中的做法和经验。我是研究创造教育学的，求异、求变、求新是我的性格，我没有把创新停留在口头上，而是身先士卒，敢为天下先，践行自己的创造教育理念。因此，创新精神贯穿在教育改革的全过程，本书的书名《其命维新》，就是我所敬仰的一句古训，也是我的座右铭。

在本书中，二、三、四、五、七、八等章节是重点，它们由许多小故事构成，具有真实性、趣味性和可读性。时间虽然已经过去 35 年了，但往事不如烟，昔日改革的场面和人物依然活灵活现地浮现在我的脑海里。我虽然已经 80 多岁了，而且听力不济、视力低下，右手早已不能写字，但我的思维异常清晰，记忆力尤佳，这是我得以完成这部书稿的重要基础。

第九章，是我准备在武汉大学实施改革的第二个五年规划的设想。可惜的是，就在宣布我被免职的前一天，我还在物理系召开座谈会，征求教师们对制定第二个五年改革规划的意见。突然被免职，使得这些规划中的改革举措戛然而止，以至于留下了我平生最大的遗憾，自然也是武汉大学的重大损失。

2013 年 3 月，武汉大学新任党委书记韩进同志来家看望我，他听说我在免职前还有一个改革规划，他问我能否披露一下那些改革的内容？我当然应允并向他做了简单的介绍。他听后评价说："道玉校长，如果您的那些改革措施实现了，其影响不仅仅是在国内，而且具有世界性的影响。"有鉴于此，我觉得有必要披露那些拟议中的改革方案，它们至今仍然没有被人们所认识，也没有见到有哪一所大学在实施这些改革措施。因此，第九章具有承前启后的作用，既是我在武汉大学改革延续的设想，又勾画出了武汉大学未来的美好远景。从某种意义上说，这一章体现了一个励志改革者的精神境界：创新无止境！

《一个大学校长的自白》是我的第一本自传，它是我人生的一条线，而《其命维新》是我的第二本自传，它是我人生的一个点。这些点点线线互相连接在一起，就构成了一个立体几何图形，它们就是我人生的全部经历。《其命维新》的书名，语出《诗经·大雅·文王》，蕴意非常深刻，是周武王以创新振兴周朝的方略。窃以为，改革者必定是创新者，创新是目的，而改革是实现其目的的手段。

我非常幸运的是，赶上了那个改革开放的大好时代，在解放思想感召下，团结领导班子成员，依靠广大师生员工，在教育改革方面做出了许多大胆的实验尝试，而且基本上都获得了成功，积累了一些有益的经验，并在全国得到普遍的推广。我撰写本书的目的是希望人们在这些改革的经验基础上，再接再厉，把 20 世纪 80 年代的教育改革经验发扬光大，将我国高等教育改革持久、深入地进行下去，以实际行动回答钱学森先生提出的"为什么老是冒不出杰出人才"的问题。如是也，那我将感到莫大的欣慰，吾心足矣！

刘道玉

2020 年 5 月 20 日
于珞珈山寒成斋

目 录
CONTENTS

第一章　改革引论 / 1

一、改革者必备的素质 / 1

二、改革与启蒙 / 4

三、改革与实验 / 9

四、理想与行动 / 10

五、"朱刘章"现象的剖析 / 12

第二章　卧薪尝胆 / 17

一、开明书记 / 17

二、得力干将 / 21

三、调研入手 / 23

四、确定方向 / 25

五、破冰会议 / 27

六、事必躬亲 / 29

七、约法三章 / 32

八、迎头赶上 / 36

九、助力攀峰 / 40

十、再次突破 / 43

十一、山麓新"装" / 46

十二、誓不为官 / 48

十三、意外冲突 / 50

十四、贤惠内助 / 53

十五、甘作路石 / 57

十六、高风亮节 / 61

第三章　人才兴校 / 63

一、延揽精英 / 64
二、发现巨星 / 68
三、勇争第一 / 76
四、敢于竞争 / 83
五、如日中天 / 85
六、百炼成钢 / 91
七、初露锋芒 / 98
八、慧眼识才 / 102
九、可训之材 / 110
十、毛遂自荐 / 113
十一、老当益壮 / 116
十二、保护赵林 / 120
十三、放飞大鹏 / 126
十四、识才要旨 / 132

第四章　独辟蹊径 / 137

一、学分制首开先河 / 138
二、学分制的受益者 / 143
三、主副修制拓新知 / 150
四、嫁接培育出"良种" / 152
五、改革感动了"上帝" / 153
六、学者化的大作家 / 159
七、创办摄影大专班 / 162
八、自由转学破禁区 / 165
九、第三学期受欢迎 / 169

十、贷学金制有创新 / 170

十一、学术假制是方向 / 171

第五章　解放思想 / 174

一、"右派"领衔办新系 / 175

二、中法数学实验班 / 180

三、教会大学结姊妹 / 186

四、智力超常的实验 / 188

五、为"三个面向"正名 / 191

六、自我设计应提倡 / 194

七、快乐学院香饽饽 / 195

八、社团实行登记制 / 198

九、自由恋爱受保护 / 200

第六章　创建新系 / 205

一、瞄准 21 世纪 / 206

二、重视交叉科学 / 210

三、加强应用性学科 / 213

第七章　爱生如子 / 215

一、大学生也是"上帝" / 216

二、校长怎样爱学生 / 217

三、做学生的监护人 / 221

四、不教而罚不可取 / 223

五、甘为学生做嫁衣 / 226

六、成全邹恒甫高攀 / 229

七、为考生借外汇 / 232

八、关心学生的分配 / 234

九、爱心化解了矛盾／239
十、对话沟通好办法／242
十一、学生会将我的军／245
十二、学生是依靠力量／248
十三、《这一代》获得正名／250
十四、保护失恋的学生／254
十五、做梦也在护学生／256
十六、怎样对待退档生／258
十七、对新生的欢迎词／259
十八、给毕业生题赠言／264
十九、为学生书写序言／267
二十、为学生"树碑立传"／279
二十一、服务无大小之分／281
二十二、爱学生不分内外／285
二十三、旁听生也能成才／289
二十四、宽容偷书的学生／292
二十五、探望服刑的学生／294
二十六、向学生认错道歉／297
二十七、学生真情的回报／301

第八章　改革之果／324

一、创新文化已形成／325
二、科技发明零突破／327
三、学术著作获丰收／329
四、中美联考获佳绩／331
五、中法交流结硕果／332
六、一部电影竞风流／336
七、实验话剧之先锋／338

八、独创县域经济学／341

九、法学人才受瞩目／348

十、传世名篇《珞珈赋》／350

十一、大学语文受热捧／356

十二、珞珈诗派已形成／357

十三、《写作》杂志冠全国／362

十四、独创的学术沙龙／365

十五、编辑《珞珈之子文库》／369

十六、《马上拾玉》获金杯／370

十七、智力拥军获赞誉／374

十八、为了学校的荣誉／376

十九、社会咨询获效益／378

二十、设立创造学习奖／380

二十一、长江漂流第一人／384

二十二、鲲鹏展翅意高远／388

第九章 创新不止／393

一、改造文科的设想／394

二、创造教学的模式／397

三、通识教育待突破／406

四、课程体系大变脸／409

五、导师轮转待实施／413

六、大学理念再思考／415

七、整顿高教意见书／420

八、什么是理想大学／428

附录／439

一、个人简介／440

二、出访与参加国际会议 / 443

三、出版的学术著作 / 445

四、获得的奖励与荣誉 / 447

五、教改相关新闻报道题录 / 449

六、专访题录 / 454

跋语 / 462

第一章

改革引论

改革、变革、革命和创新几个词,具有相近的含义,但它们强调的重点又各有不同。从字源上来说,它们最早出现在《易经》一书,而《易经》是我国文化之根,在我国古代典籍中,堪为群经之首。西方人把《易经》称为"变化之书"。因此,学习《易经》,掌握变化的规律,明确影响改革的各个因素,对于我们顺利推行教育改革,具有不可忽视的重要作用。

一、改革者必备的素质

纵观我国历史,我们发现一个普遍的现象,那就是改革者或变法者,尤其是改革的领袖人物,始终都是极少数,甚至是几百年才出现一个。这究竟是什么原因呢?我认为,之所以改革者占极少数,这是因为改革者必须具有某些特殊的素质,而不具备这些素质的人,当然就不能称为改革者,充其量只是改革的追随者,这是绝大多数。那么,一个堪称改革者的人,应当具备哪些素质呢?据我观察和切身体会,改革者必须具有以下素质。

第一,他们必须是求异、求变、求新者。有一位西方哲学家曾经归纳出东西方人思维方式的异同,他说东方人求多不求新、求同不求异、求稳不求变,西方人则恰恰相反。这正好说明了,为什么中国人善于模仿而缺乏创造精神,尤其是原创精神。诺贝尔奖就是奖励原创性研究成果的至高无上的荣誉,自1901年到2014年为止,全世界共有559人次获得诺贝尔三大科学奖(物理学、化学、生理学或医学),其中美国获得258人次,占46.2%,而美国的诺贝尔获奖者70%左右分布在美国常青藤大学。这就是美国追求原创性的表现,是美国综合实力的反映。

第二,他们必须是理想主义者。理想主义与现实主义是不同的,理想主义总是追求最好、最高的目标,总是想改变现实中的不合理的东西。然而,现实主义者总是认为现实是最好的,他们只愿意适应现实,维护既得的利益,而从不愿意去改变现实。这正如17世纪英国著名哲学家弗朗西斯·培根所说:"习俗之所立,虽不优良,不失为适合时世……凡是新的事物都将被认为出乎意料的事物;有所改进就必有所损坏,得益的人将以之为幸运,归功于时间;受损失的人则将以此为怨仇,而归罪于行革新之事的人了。"①

第三,他们必定是不安于现状的人。法国著名雕塑家奥古斯特·罗丹说过:"所谓大师就是这样的人,他们用自己的眼睛去看别人见过的东西,在别人司空见惯的东西上能够发现出美来。"2017年诺贝尔生理学或医学奖获得者是三位美国科学家,他们分别是洛克菲勒大学的迈克尔·杨(Michael W. Young)、布兰代斯大学的杰弗里·霍尔(Jeffrey C. Hall)和迈克尔·罗斯巴什(Michael Rosbash),他们因阐

---

① 弗·培根:《培根论说文集》,水天同译,商务印书馆1987年版,第89页。

述了一个最基本的生命现象的分子机制而获奖。他们认为,科学的本质就是研究我们日常生活中的习以为常的事。① 天下英雄见解略同,罗丹与三位诺贝尔奖获得者的观点完全一致,科学研究就是大处着眼小处入手,这就需要有非凡的洞察力,只有不安于现状的人才能做到这一点。

第四,他们必须是胆大妄为者。鲁迅先生曾经说过,第一个吃螃蟹的人是很令人佩服的,不是勇士,谁敢去吃呢?凡是创造都是从无到有的行为,凡是做出第一、率先、首次和旷世绝伦的成果,都是创造。因此,大胆是创新者必不可少的素质。然而,中国人缺乏创造精神是人所共知的,这与不敢冒险是紧密相连的。日本女作家中野美代子撰写了《中国人的思维模式》一书,剖析了中国人不敢冒险的原因。她写道:"与欧洲人常常为开拓认识世界奔向未知土地而进行鲁莽的旅行及冒险的传统不同,中国人的伦理观念是把认识的疆界限定在五官可及、手脚可触摸的空间领域中。"②这个分析是中肯的,触及问题的本质,这就是我国缺少原创精神的要害之所在。

第五,他们必须是有担当的人。汉语成语"敢作敢为"的意思就是,做事要不怕风险,无所顾忌,要敢于承担责任。对于一个改革者来说,必须兼有既不怕风险又要敢于承担责任这两种品质。宋朝王安石变法时,就提出了"三不畏"③的格言,毛泽东也提出了要发扬"五不怕"的精神。但是,实际上在改革或革命中,前怕狼后怕虎的人并不少见,这正是改革艰难的原因。

---

① 卞晨光:《2017年诺贝尔生理学或医学奖揭晓》,《光明日报》2017年10月3日。
② 中野美代子:《中国人的思维模式》,北雪译,中国广播电视出版社1992年版,第72页。
③ 王安石三不足是"天变不足畏,祖宗不足法,人言不足恤",语出《宋史·王安石列传》。

二、改革与启蒙

无论是欧洲的资产阶级民主革命,还是我国20世纪初的新文化运动,都是以启蒙为先导的。可以肯定地说,没有启蒙就没有这些革命的发生,启蒙得越深入广泛,那么革命就越彻底。我国20世纪80年代的改革,也是在思想解放的启蒙下进行的。可惜无论是五四运动,或是20世纪80年代解放思想,都不是很彻底的。因此,理清启蒙与改革的关系是十分必要的。

"启蒙"一词,最早出现于法国,法语是 lumieres,英语是 enlightenment。在17世纪至18世纪之间,法国出现了新思想不断涌现的时代,通常被称为启蒙运动,其代表性人物是伏尔泰、孟德斯鸠、狄德罗和卢梭等。这是欧洲历史上自文艺复兴后的第二次思想解放运动,其主要目标是摧毁腐朽的封建制度,为确立资本主义做了思想上的准备,并对以后美国独立战争以及19世纪欧洲一系列的资产阶级革命产生了极大的影响。

康德也是欧洲启蒙运动的代表人物之一,1784年他在《道德形而上学基础》一书中,首次对启蒙做了诠释,他指出:"启蒙就是使人们脱离未成熟状态,把人们从迷信或偏见中解放出来。"从字面上解释,启蒙就是启迪、启发、开发蒙昧、破除迷信等。从本质上说,启蒙就是解放人的心智,用自己的理性自由地思索和追求。要做到这一切,首先需要独立的灵魂,也决定于自己的判断能力。总之,欧洲的三大启蒙运动,对于欧洲近代文明产生了巨大的影响,进而又影响着世界文明的进程。

欧洲的启蒙运动本质上就是反对腐朽的封建制度，而中国封建社会长达2000多年，这就使得我国的启蒙运动相较于欧洲晚了200多年。中国的启蒙运动肇始于1915年的新文化运动和1919年的五四运动，二者合称为我国的第一次思想启蒙运动。陈独秀先生在《新青年》杂志上首次提出了德先生（democracy）和赛先生（science），这个口号遂成为五四运动的两面鲜明的旗帜，对于思想尚处在蒙昧时代的中国人来说，起到些微的启蒙作用。这次启蒙运动的主要目标是反帝、反封建、拒"和谈"及惩办卖国贼，在这些具体目标上虽然获得了成功，但作为深入的思想启蒙来说，一定意义上仍然以失败而告终。

究其原因，除了社会各种因素以外，还与这次运动在启蒙的指导思想上存在着先天的缺失有关。法国思想启蒙运动的口号是"自由、平等、博爱"，把自由摆在首位绝非偶然，因为自由是思想启蒙的灵魂，缺失了灵魂的启蒙运动，当然是不能成功的。从孤立角度来看，五四运动提出的德先生和赛先生的意思无疑是正确的，但作为启蒙指导思想却存在遗珠之憾，那就是缺少了自由（liberty，以古希腊自由女神为象征）。因此，作为启蒙指导思想应当是"一位女士和两位先生"（即自由、民主和科学）。从实质上看，自由是人生第一的自然权利，是绝对不可缺少的，也是不可被剥夺的。试问：如果没有自由，何以能够实现民主与科学呢？这种先天的不足，注定了启蒙运动的不彻底性，其失败就是不可避免的了。

在中国近现代史上，20世纪80年代的解放思想，可谓是中国第二次思想启蒙，它是从"实践是检验真理的唯一标准"的大讨论开始的。我国经历"文革"等非常时期的思想禁锢，其紧箍咒就是"两个凡是"。在这个紧箍咒的束缚下，对领袖的个人迷信和崇拜达到了登峰造极的地步，"顶峰论"、"一句顶一万句"、"理解的要执行、不理解的也要执行"等教条胁迫着广大人民群众言论和行为，使他们失去了理性和自己的判断能力。推翻"两个凡是"犹如一枚炸响的春雷，从而解放了中国人的思想，他们如释重负，喊出了"甩开膀子大干"的豪迈气概。我亲身经历了那个令人难忘的年代，那时人人思改、人人思变，甚至喊出了"不是做不到，而是怕想不到"的口号，从而开创了中国现代史上的黄金时代！

可是，这个黄金时代只持续了短短的 8 年左右的时间，到了 20 世纪 90 年代初期，我国经济和文化教育都进入到一个拐点。就高等教育来说，在建设世界一流水平大学的"蛊惑"下，大学合并一浪高过一浪，各地大专甚至中专都升格为大学，大学改名成风，有些大学的名字是一改再改，认为名字越大越响亮越好，这些完全是虚荣心的表现。在拉动经济的思想驱动下，大跃进式的扩招一直持续了 20 年，在最高年份年增速竟然高达 49.5%，成为古今中外高教史上的"奇迹"。"长江学者"本是香港李嘉诚先生捐资设立的，但只有极少数的人才能够获得。于是，各大学都以本地的名山秀水命名了一批学者，如黄河学者、泰山学者、珠江学者、峨眉山学者、闽江学者等，多达 38 个！

面对问题丛生的教育，我的心情极为沉重，真可谓是寝食难安！我朝思暮想地思索：为什么教育部制定了那么多的教育改革纲领或规划，但教育改革却始终裹足不前？为什么《中共中央国务院关于深入教育改革，全面推进素质教育的决定》颁布已经 16 年了，而各地至今依然还是在搞真正的应试教育？为什么各大学疯狂的攀比和学术腐败得不到遏制？"状元"本是一个被历史遗弃的名称，为什么至今还在炒作"状元"？统一高考饱受诟病，为什么改革不了？全国补课市场收入高达 6000 多亿元，如此疯狂的课后班为什么屡禁不止？各界对教育的批评之声不绝于耳，为什么相关部门充耳不闻？为什么"钱学森之问"提出 15 年而至今无人能够回答？……

我思前想后得出的结论是，大多数的国人，仍然是置身于教育改革之外。从教育相关部门的领导到办学者，从教师到学生以及家长，他们尚处于教育的蒙昧状态,这就是我提出需要进行教育改革创新的缘由。谓予不信,请看以下事实:教育部某位前任负责同志说,我国教育改革的成绩是巨大的,因为我国"两基"(基本扫除青壮年文盲和基本普及了九年义务教育)普及率达到85%以上。但这也完全是量的发展,与教育改革的实质内容无涉。

我认识某重点大学的一位党委书记,我与他讨论教育改革,我说当今大学改革少有成效,他反驳我说:"校长,我不同意你的观点,我国高等教育已经达到大众化的阶段,这就是改革的成绩嘛!再说,我国独创的'二级学院'也是教育改革的成果呀。"我驳斥说:"你这两个观点我不赞成,高等教育大众化,只是量的发展,而不是反映质变的改革成果。至于独立学院更是一个怪胎,它是教育腐败的温床,是投资商利用名牌大学办学敛财的手段,不少大学官员腐败都与独立学院有关。"这说明,教育部门和大学的个别领导人,他们不懂教育,更不知道什么是教育改革,以至于把发展当改革。本来,发展与改革的概念的分野是十分清楚的,也是不容混淆的。所谓发展,主要是指数量的增加,如学校规模的扩大、学生数量的增加、校园占地的拓展、教育经费的增加、办学条件的改善等,这些只是依赖于投入的增加。所谓教育改革,主要是指教育质的改变,例如以新的教育理念、新的教育体制、新的教育模式、新的教学内容、新的教学方法代替相应旧的一套,而这些都是依赖于创新来实现的。

我们再看看社会对待教育改革的态度,教育行政部门提出给学生减负,然而学生家长们却强烈要求给孩子补课,奥数班、补习班屡禁不止,甚至出现过学生以罢课形式要求暑假补课的怪现象。某些大学的年轻教授和博士们,也醉心于应试教育,甚至在校外租房陪孩子准备高考,目的是要考上名大学。某师范大学一位副教授,她教育儿子的办法就是让他一遍又一遍做习题,稍有违抗,就是拧耳朵或打屁股,甚至骂他脑子笨,这哪里还有一丁点受过师范教育的素质?北大与清华是两所重中之重的名大学,为了争夺招收所谓的尖子学生,居然在网络上展开一些不正当的竞争!

面对当时的大学问题,一些有良知的学者发出了呐喊:是什么耽误了中国的大学?究竟是谁在折腾中国的教育?香港科技大学社会学教授丁学良先生评论说:中国大学的问题太多了,七天七夜也说不完。北京大学哲学系美学教授章启群也发出怒吼:"中国教育到了最危险的时候!"北京大学钱理群先生批评说:"现在大学培养的是精致的利己主义者。"资中筠先生是研究美国史的权威学者,她甚至痛心疾首地说:"中国教育再不改革,人种都会退化!"

这一切说明我国为数不少的人,不懂什么是教育,不懂教育的目的是什么,更不懂什么是教育改革,究竟怎样进行改革?要回答和解决这些问题,重要的也是唯一的措施就是进行教育启蒙,重新认识教育的真正目的,认识教育改革的实质,树立新的教育价值观,学习近代教育启蒙代表人物们的论著,如《爱弥儿》、《人的教育》、《大学的理想》、《大学的使命》、《废墟中的大学》、《教育在十字路口》等。

改革者不是自封的,也不是天生的,只有不断学习世界教育经典著作才能够懂得教育的真谛,也只有通过改革实践才能真正懂得改革的意义。改革不能只是时髦的口号,必须有"我不下地狱谁下地狱"的殉道精神,没有这种精神,何以能够获得突破性的改革成果呢?改革不应当设置禁区,不敢突破禁区,就不配称为改革者。改革是一个人的品位,是其价值观、人生理想和大无畏精神综合素质的体现,而教育启蒙的目的就是赋予教育者这些素质。

怎样进行教育启蒙?启蒙主要是靠教育者自觉地进行心灵修炼,也需要一批先知先觉的改革者起表率作用,各种媒体也要进行正确的宣传和引导。欧洲是近现代思想启蒙的发源地,根据他们的经验,启蒙有自下而上和自上而下两条道路可以借鉴。在法国,是启蒙了的人民大众面对着未启蒙的专制路易十六国王,人民决心要将社会推向前进，走的是自下而上的启蒙道路。然而德国是腓特烈大帝接受了伏尔泰的启蒙思想，他决心要将社会推向前进，于是他就带领暂时还没有启蒙的群众走向启蒙，走的是自上而下的启蒙道路。因此，启蒙者可以是思想家，也可以是君主、领导人、神父或受过良好教育的市民阶层。根据我国的实际情况，也考虑到我国国民的特点，似乎走德国式自上而下的启蒙道路更有效，付出的代价也许会更小，但必须有开明的教育领导者。

总之，唯有进行教育改革启蒙，才能够把尚处于教育蒙昧状态的人们解放出来。无疑，只有当他们认识到教育改革的重大意义，方能自觉地投入到各级教育改革的实践中，通过艰苦卓绝的努力，推动我国教育改革取得根本性的突破。

三、改革与实验

改革与实验究竟有什么关系呢？看起来这似乎是风马牛不相及的事，其实这是一个非常重要的问题。人们的认识来源于实践，而实践包括生产实践、科学研究实验和社会生活。众所周知，实践是检验真理的唯一标准，只有经过实践反复证明了的东西，方能算得上是真理。

教育改革需要实验，这已是毋庸赘言的浅显道理。英国权威的《自然》杂志是以刊发自然科学重大原创性论文而闻名于世的，2014年第10期却登出了一个非常醒目的标题：《大学实验：作为实验的校园》[①]。同时《自然》杂志还配发了评论《受到挑战的大学》，认为大学

---

① 胡德维：变革时代的大学之道，《光明日报》2014年11月30。

想要生存下去,必须迎接挑战,应对挑战的方式虽然不同,但与科学研究一样,都需要实验,只有通过实验,才能最终知道哪一种方式适合自己的学校。可惜的是,我国教育界坐而论道者多,而起而行的实验者少,这就是我国教育改革不能获得根本性突破的重要原因之一。

纵览教育发展的历史,凡是有作为的著名教育家,他们在推行新的教育理念时,都创办了以教育实验为目的的学校。例如,古希腊三大哲圣之一的柏拉图、17世纪捷克教育家夸美纽斯、德国教育改革家洪堡、德国哲学家黑格尔、美国实用主义哲学家杜威、英国哲学家罗素、苏联教育家苏霍姆林斯基等,他们都是教育实验的先锋人物,他们也因此而成为世界著名的教育家。

苏联教育学家阿·波瓦利阿耶夫认为:"教育是一块伟大的实验场地,发展个性,教育技术需要随时改变。"我国拥有极为丰富的教育实验资源,具有开展教育实验极为有利的条件。我们应当充分利用这种有利的条件,积极投入到教育改革实验中来,发现新问题,研究新问题,解决新问题,以实际行动应对这场正在孕育中的、史无前例的教育大变革。

四、理想与行动

人需要有理想,人类社会就是一部由理想到行动不断创造的历史。什么是理想?所谓理想是人们对未来事物的美好设想和期望,也是形容对某些事物臻于最完善境界的理念。理想是由实践中产生,但又是超越实践的思想活动,它是由超级想象力来驱动的。一般来说,理想是人们世界观、人生观和价值观的体现,虽然与满足他们对眼前的物质与精神需求有关,但更着眼于对未来社会环境与生活的憧憬。

理想是一个综合的概念,既有个人的理想又有集体的理想,既有现实的理想又有终极理想。当然,个人的理想不能离开社群,社会的进步正是以众人的理想实现来推动的。从特征来看,理想具有鲜明的社会特征,但它又期冀超越眼前的社会现状,以追求更高级和理想的社会;既然是理想,在很大程度上带有假想的特征,而假想有些是可以实现的,也有些是无法实现的,它受到多种条件的制约。

约瑟夫·熊彼特是奥地利裔美国经济学家,他于29岁时创立了创新理论,从而一举成名。他于1950年逝世,享年67岁,在弥留之际,他写下了遗言:"我现在已到了这样的年龄,知道仅仅凭自己的书和理论而流芳百世是不够的。除非能够改变人们的生活,否则就没有任何重大的意义。"于是,他呼吁:"行动——光有理想和理论是不够的,只有行动起来,努力改变现状才是对理想的拓荒。"[①]这份遗言的价值,是他自己切身的体验,深刻地阐明了理想与行动的密切关系。

纵观中外的创业历史,我们发现成功的、创造性的企业家,通常只是极少数,这究竟是什么原因呢?我认为,他们成功的诀窍就是理论与实际的结合、理想与行动的统一,所以他们成功了。应当说,有理想的人是大有人在,但他们都没有获得成功,原因就是没有把握好机遇,没有采取切实可行的行动。我自己在立志于教育改革的时候,就深刻体会到这一点,所以我告诫自己:设想时,要异想天开,天马行空;做事时,要一步一个脚印,踏踏实实,力戒空。

---

① 杰克·贝蒂:《管理大师德鲁克》,吴勇等译,上海交通大学出版社1999年版,第153页。

五、"朱刘章"①现象的剖析

近年来,在网上频传20世纪80年代,有最令人怀念的五位大学校长,他们是:华中科技大学朱九思、华中师范大学章开沅、北京大学丁石孙、中国政法大学江平、武汉大学刘道玉。有心人问道:为什么五位大学校长居然有三位是出自武汉呢?我没有看到正面回答,作为当事人之一,我不揣冒昧试图回答这个问题,希望人们一同来破解这个像谜语一样的问题。窃以为,主要原因有以下三点。

第一,武汉市是一个富有革命传统的城市,在近代史上就发生过多次革命,同时武汉又是工人运动的主要策源地。1911年10月10日发生的首义革命,也就是著名的辛亥革命,这是完全意义上的资产阶级民主革命,推翻了统治中国2000多年的君主专制,建立了共和政体,传播了民主、共和理念,极大地推动了中华民族的思想解放。这次革命深入人心,其影响极其深远。

十一届三中全会以后,武汉一直走在改革开放的前列,率先建立了市政府咨询委员会,充分发挥知识分子"外脑"的作用,有助于政府决策民主化、科学化。武汉在全国率先实行招标与投标制度,响亮地喊出了"两通起飞"的战略口号,大胆聘任德国人格里希担任武汉柴油机厂厂长,在国内外引起强烈反响。这一切,对武汉地区的高校改革,无疑都起到了促进作用,大学的校长们也不能等闲而视之。

第二,个人素质是合格大学校长成长的决定因素。朱九思校长受过良好的教育,是武汉大学英语系学生,中断学业而投笔从戎,参加

---

① "朱刘章"是朱九思、刘道玉和章开沅的简称,以他们任职先后为序。

革命。新中国成立后，曾担任《新湖南报》总编辑，并且从这个岗位走上了高等教育战线，在长达半个多世纪的时间里，从实践中成长为一位著名的职业家校长。他率先提出了"理工结合"和"科研要走在教学的前面"等独创性的办学理念。他卸任校长之后，又领衔创办了高等教育研究所（现改为高等教育研究院），建立高等教育学博士点，他亲自培养了12名教育学硕士和9名教育学博士。他被称为"华工之父"，对这所大学的建设、发展和提高做出了卓越的贡献。

我对章开沅校长是很熟悉的，他比我大6岁，算是我的学长。早在50年以前，我与他都是全国第三届青年联合会的委员，彼此相互了解。用他的话说："我年长于道玉，但他出道比我早"，这是指我担任校长比他早4年的时间。开沅校长是从学者成为一名著名的大学校长的，他的学问比我做得好，是学富五车的大学者。他是著名的历史学家，而且擅长辛亥革命史，是世界上研究辛亥革命的权威学者。他的治校理念是"三个回归"：回归常识，回归大学本位，回归教育本位。他保持了大学的独立性，敢于发表不同的意见。他高风亮节，许多人挤破头要争当资深教授，心安理得地享受每年几十万元的补贴，他却要自摘终身教授的帽子，他说："荣誉可以终身，而待遇应该退休。"他成为我国人文社科学术界辞去资深教授的第一人。

2019年2月，《光明日报》记者夏静专门对章校长、冯天瑜和我进行了采访，标题是《禹寸陶分，思想不停》。就在这次采访中，开沅校长对记者说："刘道玉是真正的教育家，他把整个生命都融进去了。"这是他对我的褒扬，其实我就是挚爱教育而已，我也时常以开沅校长的道德文章和风范来激励自己。

在武汉三位校长中，我的年龄最小，这得益于我是超前任职的。人贵有自知之明，我本来才华平庸，只是我具有勤奋、执着、尚新、踏实、求真的信念，所以在改革开放的大好形势下做了一些事情。我是赞成大学校长应当职业化的，人的精力是有限的，"双肩挑"的校长实在是误校又误己。早在90多年以前，人民教育家陶行知先生在《整个的校长》一文中就深刻地指出:"做一个学校校长,谈何容易!说得小些,他关系到千百人的学业前途;说得大些,他关系到国家与学术之兴衰。这种事业之责任不值得一个整个的人去担负吗?"①

我完全接受了陶行知先生的见解,所以就放弃了我所钟爱的化学研究,专心致志地投入到大学的改革与管理中。我深知,办好一所大学并不是依靠自己的专业知识和衔职,而是依靠先进的教育理念。于是,我一边工作一边学习国外知名教育家的经典名著,这使我受益匪浅。从1981年开始,我就提出了创造教育的理念,把创新贯穿于我的教育改革全过程之中。我号召全体行政管理干部,要把工作当作研究对待,以研究促进工作,要求每一个行政干部都要成为学者化的管理专家。

武汉大学走着与其他大学完全不同的改革路子,我们从改革教学制度入手,创建了一系列崭新的教学制度,不仅提高了教学质量,而且形成了本校的特色,营造了自由的学风。我坚持以教育实验带动改革。例如,学分制、导师制、插班生、贷学金制度,都是先进行实验,待获得成功以后,再进行总结和推广,这就是个别与一般相结合的工作方法,是符合人的认识规律的。这一切的做法,获得了极大的成功,因而武汉大学也被媒体称为"高校中的深圳"。

第三,彼此既合作而又有竞争,竞争既推动了各校的发展,又增长了校长的才干。我们这三校都有悠久的历史,华中工学院(现华中科技大学)是由武汉大学、湖南大学、南昌大学和广西大学的机械系全部、电机系的电力部分和华南工学院机械系的热能动力部分、动力系的电力部分合并而成的,是华中地区首屈一指的工科大学,实力雄厚。华中师范大学的前身是私立中华大学,师资力量非常雄厚,拥有不少特色学科。武汉大学溯源于1913年的武昌高等师范,1928年定

---

① 华中师范学院教育科学研究所主编:《陶行知全集》(第一卷),湖南教育出版社1984年版,第606页。

名为国立武汉大学,是近代中国第一批国立大学之一,门类齐全,综合性强。这三校位于武昌的三座山头,武汉大学位于珞珈山,华中工学院位于喻家山,华中师范学院位于桂子山,相距都不到 10 公里。三校的大学生们,还频繁地穿梭于三地,选修他们喜爱的课程,以构建他们合理的知识结构。

总体来说,三校关系是良好的,彼此学术交流也十分频繁。改革开放以后,这三校都积极响应中央号召,大力改革,促进各自大学的蓬勃发展。尤其是九思校长,率先提出了"走综合大学的发展之路",他惜才如金,大胆延揽人文、社科和理科的人才,很自然武汉大学是他"挖人"的主要目标之一。我校中文系、哲学系、外文系、数学系的教授就是他们策动的主要对象,像我校哲学系、外文系的系主任都被他们调过去了。

我是以坦然的态度对待教师的调动,认为教师的流动既有利于学术交流,又有利于个人提高。俗话说"流水不腐,户枢不蠹",只有流动,才有生命力,也有利于克服近亲繁殖的弊端。我对此并不担心,像武汉大学这样的名大学,有出必有进,完全能够达到动态的平衡。

对我震撼最大的是,华中工学院于 1983 年率先创办了新闻学系,我感到有非常大的压力,一个工科大学居然办了新闻学系,如果武汉大学没有新闻学系,岂不是太丢人吗? 于是,我们也于 1983 年创办了新闻学系,并且把素有中国三大新闻学权威之一的何微调进武汉大学,这样我们很快在学术地位上超过了华中工学院,这就是竞争促进发展与提高的作用。但是,后来我被免职以后,华中科技大学的新闻学科又超过了武汉大学,这种你追我赶的现象对双方都是有好处的。

总体来说,我们三校的竞争并没有伤和气,我们仍然是朋友,是友好的兄弟学校。特别是我与九思校长,他比我大 18 岁,应该是我的长辈,我们算是忘年交的朋友。他的优秀品质一直是我学习的榜样。我们生病住在一个病房,共同出席党代会联合提出提案,如果遇到麻烦,我们相互支持。九思校长的晚年,长期住在协和医院,我曾经去病房探视他,将我的书赠送给他。2012年2月18日,我们还共同写信给教育部部长袁贵仁,呼吁延长大学校长的任期年限,认为校长按照政府公务员的任期是不合理的,教育是"百年树人"的事业,人才成长的周期比较长。袁贵仁委托中纪委驻教育部纪检组组长王立英给我回电话,说袁贵仁部长很重视我们的意见。但他们并没有采纳我们的建议,大学校长的任免仍然像走马灯一样频繁。

2015年6月13日18时9分,一代教育大家朱九思校长于协和医院不幸逝世,享年100岁。6月17日上午9时,九思校长的遗体告别仪式在武昌殡仪馆举行,我前往参加并献上了花圈。在他逝世后的第二天,我接受了《长江日报》记者的采访,讲述了我们之间的合作与友谊,赞颂了他对华中科技大学乃至全国教育界的重大贡献。他为中国的高等教育事业贡献了毕生的精力,在华中科技大学的校史上矗立了一座丰碑,人们会永远怀念这位杰出的教育家!

附《朱刘章现象有感》如下:

朱刘章现象有感

朱刘章三个校长,

一心扑在教育上。

比学赶帮争上游,

治校学术两头忙。

第二章

卧薪尝胆

春秋战国时期,我国东部长江下游有一大一小两个古国——吴国和越国,先是吴国依势灭了越国,越王勾践被挟持到吴国服苦役,受尽了屈辱。他役满回国后,时刻不忘受到的耻辱,卧薪尝胆,践行"十年生聚,十年教训"的强国谋略,奋发图强,以早日灭吴雪耻。果然不出其料,经过9年的备战,越国终于打败了吴国,国王夫差自杀身亡。这个励精图治的故事一代一代流传下来,告诫人们受辱而不丧其志,要从失败中总结教训,奋发图强,以中兴伟业。

一、开明书记

1979年5月,我主动辞去教育部高教司司长职务,原本是打算归队从事化学专业的学术研究工作。不料,教育部随后任命我为武汉大学党委常委、副书记和常务副校长。我在任职期间,有幸先后与两位开明的党委书记共事,既有机会向他们学习,又能够在他们的帮助下做了一些有益的工作。据我所知，我国一些大学的党政两驾马车，南辕北辙，闹不团结，相互掣肘，甚至到了不能坐在一起开会的地步。或许这也是我国大学改革裹足不前，校长不能履行校长负责制的重要原因之一。

  我是幸运的，共事的第一位党委书记是纪辉同志，他是一位"三八式"的老革命，原是湖北省纪律监察委员会书记。他原则性强、谦虚平和、政策水平高、尊重知识、尊重人才，深得知识分子的爱戴。他于1974年来到武汉大学任职，他面临的任务是百废待举，从解放干部开始，平反冤假错案，落实知识分子政策，进行了大量卓有成效而又默默无闻的工作，为武汉大学开展教育改革奠定了坚实的思想基础。例如，我于1979年4月回到武汉大学，首先倡导恢复法律系，当时党委会有7个常委，竟然有5个常委反对恢复法律系，认为右派分子是不能依靠的。在关键时刻，纪辉书记以一把手的身份，毅然决定恢复法律系，不许再争论，如果今后认为恢复错了，他愿意承担全部的责任。事实证明，恢复法律系是完全正确的，纪辉书记功不可没。

  可是，他在武汉大学却遭到个别人的抵制，党委常委中一个副书记曾经顶撞他，气得他到中央组织部去反映情况，在万寿路招待所住了半年。后来，他因气成疾，一病不起，于1980年6月逝世，年仅63岁。对他的逝世，我极为悲痛，参加追悼会后，我亲自到火化炉旁，泣不成声，护送他到九峰山革命公墓安葬。我曾经写过一篇悼念文章《清风细雨现高洁》，充分体现了纪辉书记的精神品格，我永远怀念他！

  与我共事的第二位党委书记是庄果同志，他早年是上海复旦大学经济系的学生，后投笔从戎，是国家前主席李先念领导新四军独立五师时的部下，长期从事经济与部队后勤保障工作。新中国成立后，他一直在湖北省工作，是湖北省计划委员会主任。在20世纪60年代中期，武汉大学围绕着1958年教育革命的问题，分为"保派"与"否定派"，相互斗得不可开交。湖北省省长张体学同志也是独立五师的老革命，他对调整武汉大学领导班子十分重视，曾经表示："如果不解决武大领导班子,我无颜面对湖北父老,就跳长江自尽!"我对体学同志极为尊敬,当我还在工厂接受"再教育"时,他就表示:"武大刘道玉没有什么问题,为什么还不解放安排工作?"

庄果同志是张体学省长亲自为武汉大学挑选的书记,他曾经说:"庄果是大学生,他到武大当书记,符合内行领导内行的要求。"庄果对省委的任命曾犹豫不决,有人劝他说:"武汉大学是一块溜冰场,走着进去,最后是趴着出来。"但是,庄果同志是一位党性很强的老同志,他服从了组织上的决定,怀着忐忑不安的心情,于1965年9月到武汉大学上任了。

在20世纪70年代初,学校还是军(工)宣队领导,庄果那时还没有被"解放",军宣队临时安排他到学校工厂科当采购员。那时,我已是学校教改组组长,开始与庄果同志共事,他甘当普通一兵的作风,给我留下了深刻的印象。由于"文革"的破坏,经济几乎到了崩溃的边缘,各种物资供应都十分紧张。庄果曾经是省计划委员会主任,十分重视物资供应工作,学校所需要的机电设备和稀缺物资,他都想尽办法搞回来,对学校的科学研究给予了极大的帮助。

庄果同志是1979年秋天正式被"解放"的,首先是安排他担任武汉大学的校长,1979年11月由他担任团长,我担任副团长,首次访问法国,并与法国外交部签订了第一个合作协议。纪辉书记逝世以后,庄果改任武汉大学党委书记,由我接任他担任校长,从此开始了我与他长达6年的合作共事的历史,我们二人共事的时间比较长,合作也十分融洽。

庄果书记身体不好,长期住院治疗,实际上是我代行他的书记职责。他经常对我说:道玉同志,我长期在财贸战线工作,对教育并不熟悉,你就大胆、放手地工作,有什么问题由我来承担。他虽然如是说,但我仍然坚持每个月去医院向他汇报一次工作,悉心听取和采纳他的各种建议。

1983年辞旧迎新的晚上,庄果书记心情很好,晚饭之后,他在书房吟咏了一首五言诗,元旦早上我去他家祝贺新年,他把写就的诗交给我,我看后备受鼓舞,这是对我最大的信任与支持。现抄录于后:

喜看新人在成长
——赠道玉同志

珞珈激风雷,喜有创业才。

豪情向四化,宏图巧安排。

群英齐抖擞,新苗着意栽。

会见参天绿,万木尽成材。

浮云曾蔽日,蜚语播疑猜。

逆境励壮志,勇进岂徘徊。

除夕卧病榻,百感涌心怀。

爆竹迎春到,伫庆捷音来。

当我看完他的诗,我的心情十分激动,这是他多年积于内心的真情实意,是他对办好武汉大学的殷切期望,也是对我的鞭策。我对庄书记说:"谢谢您庄书记,您来武汉大学近20年了,由于'文革'的破坏,您在武汉大学实际上只有3年工作的时间,受批判多于工作,苦多于乐。但是,您的晚年都贡献给了武汉大学,我会记住您的教诲,绝不辜负武汉大学师生员工们的信任与期望。"庄果书记会意地笑了起来,他接着说:"我对你甚是放心,希望你放手工作,改革是走前人没有走过的路,唯有创新才是我国教育的路。"

此后,庄果书记的病情一直在恶化,不幸于2000年3月7日逝世,享年88岁。2000年3月13日,庄果书记的遗体告别仪式在武昌殡仪馆举行,我怀着悲痛的心情参加了告别仪式,并献上了一副挽联,被学校治丧委员会作为主祭挽联悬挂在他的遗像两边。我写的挽联是:

闽东俊少复旦高才投笔从戎功勋垂千秋

五师秀才理财专家弃政育桃护李传美名

随后,我又撰写了一篇长文悼念他的逝世,题目是《人民公仆的楷模》，以表达我对他的怀念。

我真的感到非常幸运，先后与两位开明的书记共事，武汉大学改革所取得的所有成绩，都与他们开明的领导分不开。我曾经设想，假如我不是遇到他们这样开明的书记，我又将会是怎么样呢？孔子曾有教言："君子思不出其位"，"不在其位，不谋其政"。因此，如果我遇到不能与之共事的书记，按照我国传统的思想，兴许我会选择孔子的"行藏"（用之则行，舍之则藏）原则。虽然这不是我的性格，但面对那种内耗的困局，我又能够怎么样呢？每思及此，我都庆幸自己赶上了大好时代，否则不可能有让我进行大刀阔斧改革的机会，也就不可能开创武汉大学20世纪80年代那一段黄金的历史！

二、得力干将

在本章开头时提到了越王勾践消灭吴国的故事，勾践之所以能够以弱胜强，除了他雪耻的理想和决心以外，还因为他手下有一批干将，文种和范蠡就是他的智囊人物。同样，无论是办学或是创业，光靠一个光杆司令是不行的，也必须有一批智慧型的干将，方能成就一番事业。所谓干将亦即将才，是指办事干练、有勇有谋，能在事业上起关键作用的人。

我出任校长时，振兴武汉大学是我的目标，而改革是实行这个目标的关键。一所大学就像是一架钢琴，也是一个网络。只有每个琴键都发挥作用，才能够弹出和谐的音乐；每一个终端都发挥作用，网络才能够有效运行。就学校而言，校长办公室无疑是网络中心，起着联络和协调的作用；就教学改革而言，教务处既是推行教学改革的参谋部，又是作战部。因此，校长办公室和教务处，就是我推行教育改革的左膀右臂，没有这两个部门各位同志的帮助，就不可能取得教学改革的一系列成果。

当时校长办公室有四员大将：主任牛太臣是学法律的，他魄力大，有很强的组织能力；副主任丁荣是经济系毕业生，擅长公文书写，字斟句酌，一丝不苟；副主任唐永柄，手脚勤快，精于对外联络；副主任任珍良是历史系毕业生，文字能力较强，擅长起草报告和发展规划。这是一个多学科的团队，彼此配合默契。在20世纪80年代中期，武汉大学试行三长制，秘书长是傅建民，教务长是吴贻谷，总务长是夏都琨，他们也是我的得力助手。

吴贻谷先是教务处处长，后被任命为教务长，处长是李进才，副处长有刘花元和娄延长，人称"四大金刚"。吴贻谷是学经济的，在上大学之前，曾经在小学和中学当过教师，教学经验丰富。李进才是中文系毕业生，刘花元是物理系毕业生，而娄延长是学历史的，这也是一个多学科的精干团队。

吴贻谷的绰号是军师吴教头，李进才被称为写作高手，刘花元是足智多谋的智多星，娄延长叫作拼命三郎。从他们的绰号来看，他们都不是等闲之辈，是武汉大学教学改革中的几位功臣，我有幸得到他们的帮助，是我人生之大幸。在教学改革中，我们配合默契，可以说是同声相应、同气相求。我与他们研究工作，经常是通宵达旦。比如说，在推行学分制之初，我与刘花元在物理系蹲点，而童懋林副校长与娄延长在历史系蹲点。正是在这两个系试点成功的基础上，于1980年秋季，全校普遍推行学分制，从而掀起了武汉大学教学改革的序幕。

1985年庄果书记已到退休年龄，我有意推荐吴贻谷担任武汉大学的党委书记，并正式向教育部党组书记、常务副部长张承先同志汇报过。可是，他们在研究的时候，认为吴贻谷已经56岁，超过了提干的最佳年龄。这使我感到非常遗憾，如果吴贻谷担任武汉大学党委书记，我们肯定配合得很好，既能发挥他的智慧，又能够使武汉大学的教学改革更上一层楼。

在我被免职以后,李进才被教育部调去担任高教一司副司长,刘花元被提拔为武汉大学副校长,娄延长被任命为武汉大学党委副书记。这些任命说明,当时的"四大金刚"的确名不虚传,都是杰出人才。可惜刘花元于 1997 年罹患不治之症,我曾经到协和医院探视他,鼓励他顽强地与病魔做斗争。虽然医院用尽了各种治疗办法,但终究没能留住他,他于 1998 年 10 月不幸逝世,年仅 53 岁,真是英年早逝。对他的早逝,我悲痛不已,在此谨表示深深的怀念!

三、调研入手

我被任命为武汉大学校长以后,就意味着振兴武汉大学的任务,历史性地落在我的肩上,治校方略来自哪里,我的工作又从何处入手呢?时值学校暑假期间,校内对于我的任命,并没有引起涟漪反应,但还是溅出几朵浪花,那就是向来嗅觉极为灵敏的记者,他们纷纷来到学校,希望采访我,让我谈谈新校长上任后的"三把火"是什么,办学的目标又是什么?

所幸的是,学校尚处在暑假中,我以此作为搪塞,说没有调查就没有发言权,待开学后经过集体研究,那时我再向各位报告办学的设想。暑假期间,校园显得格外的宁静。这是开展调查研究的极好时机,几乎没有任何的干扰。我选择了教务处刘花元副处长协助我工作,主要是负责联络、记录和整理调查资料。花元是我一手选拔的干部,他思维敏捷,极为精明干练,富有创新精神,对我的调查给予了很大的帮助。

调查研究就是充分利用"外脑",集中众人的智慧和经验,以弥补自己的不足。我采取调查的方法主要有两种:一是个别走访,向武汉大学前任和现任领导人和著名专家学者请教。在他们之中,有中文系的"五老八中",有武汉大学20世纪50年代的"三大才子",有一批留学苏联的副博士,也有过去观点相左的部分教师和干部。二是召开座谈会,围绕着如何振兴武汉大学展开讨论,请大家畅所欲言。我记得参加座谈会的有学校行政部门的干部,有各系的中层干部,也有各系中青年教师代表。我们还召开过刚留校的毕业生代表参加的座谈会。

调查研究持续了近一个月,到九月下旬暂时告一段落,我们先后走访了60多人,连同参加座谈会的共有100多人,汇集了200多条意见,其中有领导作风方面的问题,有科研、教学方面的问题,有师资和学术带头人方面的问题,也有对科研保障方面的问题,以及对这些问题产生原因的分析。通过条分缕析的归纳,发现武汉大学之所以衰落,从新中国成立前的五大名校下滑到全国重点大学之后位,究其原因主要有三点:一是政治上的"左"倾路线,从新中国成立初徐懋庸(实际上是党政一把手)开始,就执行了一条"左"倾路线,一些有才华的知识分子受到打击,弄得人人自危,无心教学和科研。二是组织上的宗派主义,拉帮结派,排斥异己,挫伤了教职工的积极性。三是学术上"述而不作"的保守思想作祟,相当多的教师都是"单打一",即只搞教学而不做研究工作,没有树立"两个中心"①的思想,所以少有科学研究成果,也没有形成有威望的学术带头人,致使学校的学术地位严重下滑。

问题找到了,也就有了治病的药方,那就是坚决肃清"左"倾路线的流毒,反对宗派主义,树立"五湖四海"的用人思想,克服"武大人办武大"的宗派主义思想,集天下英才而用才是办好武汉大学的正确思想。矫枉必过正,鉴于学校科研落后,今后一个时期要把加强科学研究作为学校重中之重的任务来抓。每个教师必须坚持既从事教学又

---

① "两个中心"是指把重点大学办成既是教学中心又是科学研究中心,也就是美国研究型大学的模式。

要做研究工作,把"两个中心"的任务落到实处。

在一次行政干部座谈会之后,科研处的邓悦生科长递给我一张用铅笔写的信笺,实际上是一份建言书,他说是代表广大干部的意见。现把它抄录于后:

> 敬贺新任,人心所向
> 我校久滞,亟待洗秽
> 健全班子,起手龙关①
> 赤胆之士,大胆起用
> 立党为公,我行我素
> 舍去陈规,执掌明令
> 言出随法,赏罚分明
> 重才荐才,强壮师资
> 为期不远,赞蔚于众

这份72个字的建言,涵盖了工作的重点、工作作风、用人原则、依法办学、创新制度和奖惩制度等内容,可谓用心良苦!会后,我向他们表示感谢,并表示完全接受他们的建言,一定认真付诸行动,绝不会让大家失望。

四、确定方向

在新中国成立以前,武汉大学是一所学科齐全,涵盖文、法、理、工、农、医六大类的大综合大学。可是1951年全国高等院校大调整时,工、农、医三大类学科都被剥离出去,分别成立了华中工学院、武汉水利电力学院、华中农学院、武汉医

---

① 龙关镇是河北省张家口市赤城县的一个小镇,这里借用表示要从基层抓起。

学院、中南（长沙）土木建筑学院、中南（长沙）铁道学院等院校。即使保留下来的文、法、理三类学科，后来又把法律系合并到当时的湖北大学（今天的中南财经政法大学），使武汉大学只是一所文理小综合大学。

在我看来，1951年那次院系调整是弊大于利的，造成理工分家，严重影响了学科内在联系与渗透。如果没有那次调整，兴许我国早就有了世界高水平的研究型大学了。痛定思痛，在吸取了院系调整教训的基础上，我上任伊始，决心内部挖潜，重新恢复或新建一批新的系科，坚决走大综合办学之路。

新学年开学了，在安排好学校各项工作之后，我如约接受了《人民日报》记者毕全忠的采访。好在前一段时间做了调查研究，我心中对办学大体上也有了一个谱，不至于是信口开河了。首先，我向记者介绍了办学指导思想，那就是要按照教育规律办学，发扬彻底改革精神，转变陈旧的教育观念，改革一切不适应的教学制度、教学内容和教学方法。坚持教学与科研并重，把学校建设成既是教学中心又是科学研究中心，既出人才又出成果。

在谈到办学模式时，我认为武汉大学的系科太落后了，严重不适应新技术革命的需要，必须改造旧系科，创建新学科，走大综合的办学路子。经过学校领导研究，确定的重点学科研究方向是：中国传统文化（包括文史哲）、国际问题（包括经济、法律和国际关系）、信息科学与技术（包括计算机、光电通信、图书、情报）、空间物理、功能材料、能源和病毒学等。学校发展的模式是：经过挖潜和延聘师资，逐步把武汉大学办成涵盖文、法、理、技、信、管六类的大综合大学。在后来的办学实践中，我们一直努力实现这个办学目标，在我被免职时已经基本上实现了。

五、破冰会议

当我还是学校党委常委、副书记和常务副校长时，就建议召开全校的科学研究工作会议，以便统一思想，树立"两个中心"的办学理念，制定科研规划，落实保障科研顺利进行的措施。这次会议于1980年9月25日至29日召开，是我在任职期内召开的时间最长的会议，这彰显了学校重视抓科学研究的决心。也就是在这次会议上，我喊出了"卧薪尝胆，十年雪耻"的口号。在我校的历史上，从重视科学研究的角度看，这次会议堪为"破冰会议"，坚冰已经打破，桅杆已露出，风举正是扬帆时。

那么，"耻"字何来呢？会议上我讲述了我切身的经历与感受。1966年3月，国家高教部（"文化大革命"前国家分设教育部和高教部）在北京农业大学举办了一次全国直属大学科研成果展览会，有高教部直属的23所重点大学参展。学校为了学先进、找差距，促进科研工作，组织学校教师分批参观这个展览。当时，我是化学系有机氟化学科研小组的组长，也被组织第一批去北京参观。当我们到达参观现场以后，发现各大学的展览成果琳琅满目，我们惊讶不已。

例如，北京大学的牛胰岛素的人工合成与结构测定，清华大学的核反应堆，南开大学的离子交换树脂，复旦大学的电光源，南京大学的大草原改造，厦门大学的固氮合成与结构模型，中山大学的高分子材料，等等。作为一个武大人，自然十分关心本校的展出成果，然而令我们非常失望。我们同行几个人，找遍了各个展厅居然看不到我们自己的成果，最后在其他大学展台的一个角落里，找到了一个香烟盒大小的空气电池。霎时间，我们感到无地自容，大家不约而同地摘下了胸前佩戴的红校徽，生怕别人认出我们是武汉大学的人。

自尊心人皆有之，谁不想自己的大学成为名校呢？当晚我们回到位于前门东兴隆街教育部的招待所，谁都无心去吃晚饭。大家七嘴八舌地议论开来：武汉大学落后就是因为派系斗争，领导班子不团结，两派斗得不可开交。我们甚至说，这些领导人应当引咎辞职，他们已没有资格再当学校领导，无脸面对全校师生员工了。

于1980年来说，那已经是15年以前的事了，当年的学校领导人大都过世或离开了学校，现在再抱怨已无济于事。"前事不忘，后事之师"，现在自己是一校之长，应当由自己来回答怎么洗雪历史上的耻辱，又怎样振兴武汉大学这个问题。我感到自己肩上的担子非常沉重，一种危机感和责任感无时无刻不萦绕在我的脑海中。应该说，这次召开的科学研究工作会议，就是采取的一项重大措施。

这次会议的任务是：统一对"两个中心"的认识，分析武汉大学落后的原因，制定科学研究的发展规划，切实采取保障科学研究的强有力的措施。在开幕式上，党委书记庄果做了《总结经验教训，发展优势，多出成果》的报告，这是我们二人共同商量的提纲，由我起草的一份讲话稿。然后，与会代表围绕他的报告进行分组讨论，以达到统一认识的目的。在三天的会议中，各小组进行了热烈的讨论，与会代表献计献策，总共提出了200多条建议。

会议于9月29日结束，10月15日召开了总结会议，我代表学校做了《加强领导，改善管理，促进科研发展》的总结发言。我在讲话中明确提出要求每个教师必须做到双肩挑，既要担任教学任务，又要开展科学研究工作，既出人才，又出成果。我校长期重教学而忽视科研，针对这种倾向，我以激将法对教师提出了要求。我说每个教师每一年至少必须发表一篇论文，五年出版一部学术专著，如果做不到，那就出版一本教材，再不行就写一本小人书。我的话说得很满，但不把螺丝拧紧，不矫枉过正，怎么能够把科学研究搞上去呢？

总体说来，这次会议基本上统一了认识，端正了"两个中心"的办学思想，制定了科学研究发展规划，采取了保障科研顺利进行的措施,我们的初步目的达到了。会议以后,广大教师科学研究的积极性空前高涨,化学系、物理系、生物系的实验楼灯火通宵明亮。例如,生物系副系主任方世国与丈夫胡解郁都是把饭菜带到实验室,以减少上下班路途上的时间。图书馆实行 24 小时开放的新规,极大地方便了教师们查阅图书资料的需要。这是一个良好的开端,俗话说良好的开端就是成功的一半,这次会议为我校今后科研长远发展奠定了坚实的思想基础。

六、事必躬亲

我做事的一条原则就是事必躬亲,之所以崇拜这个信条源于我在中学读书的时代。1948 年上学期,我在襄阳隆中联合中学读书,半个世纪后,我曾经写过一首《隆中求学记》的诗,现抄录于下:

隆中求学记

日行百里步隆中,学海苦求一少童。

晨粥照得人消瘦,一日三餐腹中空。

田园晨读书声隆,诸葛庙中受启蒙。

躬耕本乃孔明训,受益终身益无穷。

从这首诗中可以看到,我对诸葛亮事必躬亲的精神是极为敬仰的。在读书期间,我常常去诸葛亮当年躬耕田附近读书,那时虽然对他的了解还是十分肤浅的,后来随着阅读《三国演义》的进程对诸葛亮的雄才大略和出众智谋逐渐加深了认识,对他的崇拜之情也更加强烈。可以毫不夸张地说,诸葛亮是一名卓越的政治家、军事家和一代名相,而事必躬亲是他践行的一条重要理念。

当我被任命为武汉大学第 28 任校长时,我就准备践行事必躬亲这一理念。我没有秘书,在近 8 年的任期内,凡事都是我亲力亲为,无论是讲话稿或是会议上的报告,基本上都是我自己撰写。也有好心人劝我说:"校长,你这样做太辛苦了,应该配个秘书帮忙。"我对他们说:"秘书或是其他人可以帮助我起草文稿和帮我做事,但他们却不能代替我学习和提高,只有自己亲力亲为,才能不断提高自己的理论、思想和写作水平。"

我认为,一个事必躬亲的人,一定是一个追求完美的理想主义者,是一个严谨求实者,是一个克己奉公者,同时他不可能成为一个高高在上的官僚主义者。也许有人认为,事必躬亲的人一定是个权力欲很重的人。但是,恰恰相反,我并不贪权,凡事虽然没有经过我同意,但只要他们做对了,我并不责怪他们,只要把事情办好了,经过我或不经过我都没有关系。

我任校长时,也没有配备专车,如果工作需要,都是由汽车队派公用汽车。在大多数情况下,到省政府和省教委开会,我都是骑自行车前往。在校内,每天上下班我都是步行,路上经常被学生和教职工拦住,他们向我反映需要解决的问题,这样我能够及时了解到发生的问题,甚至职能部门还不知道而我就先知道了,这样能够防患于未然。例如,1983年5月,梅园四舍学生向我反映,他们宿舍的厕所堵塞已经两个多月,学生们只能用砖头垫起来如厕和洗漱。他们多次反映,无人问津,他们只能无奈地向我投诉。这是典型的官僚主义作风,我下令总务处必须在当天疏通,否则将追究有关人员的责任。当天下午下班时,我去梅园四舍检查,看厕所是否疏通,当我到达时,学生们围拢过来,高喊"感谢校长!感谢刘道!厕所已经疏通了!"

事后,梅园四舍法律系大二学生周叶中给《人民日报》写信表扬了我事必躬亲的作风,现抄录于下:

如果每个领导同志都这样

武汉大学校长刘道玉同志,亲自督促修理、检查厕所的事,最近在武汉大学传为佳话。事情是这样的:某学生宿舍厕所管道被脏物堵塞,多次找人修理都无人过问。有的同学只好写信给刘道玉。对此,同学们议论颇多。有人说,校长还管这么芝麻大的事? 就等着受罪吧。出乎意料,信发出不到两天,就有工人来修理管道了。第二天中午,刘道玉亲自来到宿舍检查修理情况。一个拖了两个月之久的"老大难"的问题就这样解决了。(周叶中)①

我检查疏通厕所的事,后被学生报道在《人民日报》上,针对此事不同人的反应是截然相反的,赞成者说这是亲民作风,反对者说校长抓修厕所是不务正业。但是广大群众评论说,现在这种事必躬亲的人不是多了,而是太少了,如果我们的校长都能够以身作则,兴许我们的工作效率会倍增。

在我任期内,先后对校长办公室、校团委、总务处和校医院提出过我的自律要求,虽然没有写成正式的文字,但归纳起来总共有10条,这也是我事必躬亲的具体表现,现归纳于下:

自律十条

1. 案不留牍,文不过夜,今日事今日毕。
2. 来者不拒,有求必应,不能以"研究、研究"推卸责任。
3. 群众的信件不得扣留,重要信件必须亲自回复。
4. 不能让年长于我的老教授到办公室汇报工作或家访。
5. 精简会议,尽可能到基层解决问题。
6. 事必躬亲,不设秘书,不让人代笔捉刀。
7. 定期跟班听课,发现和交流教学经验。
8. 凡是年长于我的教授没有住进教授楼,我不能住教授楼的住房②。
9. 大学生们的大型活动,必须通知我参加。
10. 凡是副教授以上职称的教师因病住院,我必须前往探视,并请医院专家会诊,使他们及早康复。

---

① 周叶中:《如果每个领导同志都这样》,《人民日报》1983年5月14日。周叶中现在是武汉大学副校长、教授、博士生导师。

② 1979年、1981年、1983年曾经3次把分配给我的三室一厅住房让给其他教授。

我的这些做法,虽然自己很辛苦,但苦中有乐。我认为,事必躬亲的好处是:第一,密切联系群众,不至于犯官僚主义错误;第二,及时发现问题和解决问题,不至于酿成事端;第三,严以律己,督促自己不断学习和提高。如果说我在任期内做了一些事情,得到广大教职工的拥戴,那么我的这些工作作风起到了重要的作用。

七、约法三章

纵观国内外著名大学的办学经验,要办好一所大学,必须抓好三支队伍的建设,即教师队伍、管理干部队伍和后勤服务队伍。他们的职责只是分工的不同,并没有高低贵贱之分,他们既要各司其职,又要彼此相互尊重和密切配合。怎样才能抓好这三支队伍的建设?作为学校的领导人,我深知自己的思想和行为是极为重要的,所以我提出了《自律十条》,这就如孔子所教诲的"其身正,不令而行;其身不正,虽令不从。"①

我们都知道,率领着三支队伍,就犹如统率三军一样,没有严明的纪律,只能是乌合之众,是不能够打胜仗的。在我履职之初,我就想到了"约法三章"的典故,它是指刘邦起义成功之后,接受了张良等人的建言,遂制定了"杀人者死,伤人者刑,及盗抵罪",这就是"约法三章"的来历。正是因为有了严明的章法,所以才奠定了大汉400年的根基。

办好一所大学,与率领三军打仗一样,如果没有严明的纪律,也是不能把学校建设好的,基于这样的思想,我也对学校的教师、干部和后勤职工提出了约法三章。我希望从我做起,同时也对他们提出

---

① 杨伯峻译注:《论语译注》,中华书局2009年版,第134页。

了严格的要求,希望我们互相配合与监督,为办好武汉大学贡献各自的力量。我之所以敢于严格要求,是因为我身先士卒,表率的作用就是无声的号令,激励着全校每一个人兢兢业业地工作,为振兴武汉大学共度时艰。

◆ (一) 建设一支合格的教师队伍

什么是合格的教师？根据现代大学的功能,一个合格的教师必须做到以下三点。

第一,必须一肩挑两头,既从事教学又要开展科学研究,这是把大学办成既是教学中心又是科学研究中心的需要。一所高水平的大学,如果不进行科学研究,仅仅只限于传授书本知识,那是不可能培养出杰出人才的。因此,每一个教师都必须认识到教学是教师的天职,不教书何以能称为教师？同时,科学研究是提高教师学术水平的唯一途径,自己不做研究,又怎么能够培养具有研究能力的学生呢？

第二,必须既教书又育人。人民教育家陶行知先生有一句至理名言:"学高为师,身正为范。"这句话深刻阐明了一个教师的学与德的重要性,学高是指渊博的学问,而身正是指高尚的道德品质。因此,一个教师应当以自己的思想来感染和影响学生的思想,以自己的行为来影响学生的行为,这就是我们所说的表率作用,而且身教重于言教。这正如苏联著名教育家乌申斯基所说:"在教育中一切都应以教育者的人格为基础……只有人格才能影响人格,只有人格才能形成人格。"

第三,必须懂得教学法。一个高明的教师,他不仅仅需要有渊博的学问,而且必须懂得教学法。在当代,教师教学不得法的情况可谓比比皆是,所以造成学生们的普遍不满。究其原因,主要是许多教师并没有学习过教育学,也不重视教学法的研究。这种情况在综合性大学更为普遍,因为他们不像师范类大学的学生,师范类的大学生都接受过教育学、心理学和教学法的教育,还到中学进行教学实习。针对这种情况，我履任校长以后，规定每一个新留校任教的大学毕业生和研究生，首先要集中学习一个月的教育学，以及教学经验的专题讲座，经考试合格者颁发教师证书，否则是不允许他们上讲台的。由于我们采取了这项措施，大大地提高了教师的素质，也促进了广大教师学习与研究教学法的自觉性和积极性，这项措施受到了学生们的欢迎。

◆（二）管理干部学者化

在20世纪80年代，管理干部存在一个普遍的现象，有不少人不安心行政工作，认为不如当教师吃香，他们可以出国留学，能够晋升副教授、教授，可以带研究生，既有名又有利。怎么解决这个矛盾？为此，我们也提出了约法三章。

第一，干部要学者化。经过我们学校讨论，特提出了两条措施：一是管理干部要学习和做研究，要求他们学习教育学、管理学、行政学等，以工作带动研究，以研究促进工作；二是设立了管理职称晋升条例，凡是有研究成果的也可以晋升管理学科的讲师、副教授、教授。

我们这项措施，得到了广大管理干部的拥护，随之在他们之中形成了一股学习与研究的热潮。在此基础上，我校管理干部出版了《高等教育改革的理论与实践》一书，学校党政各部门的干部都有论文被收入。这在全国开创了良好的先例，大大地提高了我校干部的理论水平和工作能力，引起教育部的重视。

第二，不允许吃喝送礼。在我任职期间，除了陪同外宾吃饭以外，既没有请人吃过饭，也没有到任何一个干部家里吃饭。我最讨厌送礼，对所谓的礼尚往来也十分反感，所以任何人都不敢给我送礼，我也绝不以小恩小惠笼络人心，这些都是不正之风的表现。所以，在我任职期间，武汉大学风清气正，大家一心扑在工作上。

第三，不许以权谋私。干部腐败的根源就在于私心，手上有了权力，就以权谋私，大搞权钱交换。我感到十分欣慰的是，在20世纪80

年代,武汉大学没有发生一起贪腐案件。招生和毕业生的分配,这是大学中最容易徇私的部门,由于我们有约法三章,所以任何人不得将未达到录取分数标准的子女录取到学校读书。因为这件事,我得罪了学校的一位党委副书记,他的儿子于 1980 年高考,其考分距我校录取标准差 1.5 分,另外一个老干部的儿子差 2 分,他们希望学校照顾。学校招生办公室的负责人感到很为难,于是请示我怎么办?最后,由我拍板,一分也不能降,如果降了,那么别人又会与这位副书记的儿子攀比,说我与他儿子也只差一分。既然制定了录取分数线的标准,那就不能打破,如果破了这个标准,就会没完没了。大学是为社会培养人才的,是对人民大众负责,学校不是为我们自己孩子办的。我的做法,虽然得到了广大教师的拥护,但这位副书记却对我耿耿于怀,他最终成了改革的反对派,处处与我为难,但我问心无愧。1984 年 5 月,他的儿子又报考武汉大学研究生,他串通了在该系的亲信,采取泄露试题和改分的手段,最后被人发现,再一次暴露了不良用心。

◆ (三) 后勤职工要甘当配角

俗话说,兵马未动粮草先行,这说明后勤服务工作是十分重要的,没有他们的奉献,学校的教学和科研工作寸步难行。于是,我十分重视和尊重后勤职工的劳动,同时也对他们提出了严格的要求,主要有以下三条。

第一,甘心当好配角。教学与科研是学校两项主要任务,既为国家培养人才,又要完成国家科研任务,尽可能多地出成果。因此,教师是学校的主角,而后勤职工则是配角,但配角的重要性一点也不亚于主角。我经常对后勤职工讲我国女排的故事,一支优秀排球队伍,需要有主攻、副攻、二传和自由人,她们彼此的配合是赢得比赛胜利的关键。相对于攻击手来说,那些自由人就是配角,因为她只接球而不能扣球,所以她从来就没有得过分数,但她的重要性却是其他队员不可替代的。

第二，坚持勤俭办学。我始终认为，勤俭是一种美德，即使富有了也不能铺张浪费。在20世纪80年代，大学的教育经费少得可怜，武汉大学一年的经费只有3800多万元，包括教学费、工资、科研经费和维修经费。因此，我提出要开源节流，学校创办了劳动服务公司、技术开发公司，以盈利的资金弥补教学经费之不足，总算度过了那几年艰难困苦的日子，并推动学校不断发展，学术水平也日益得到提高。

第三，主动服务上门。后勤服务工作，是等待还是主动服务上门，这是衡量我们工作好坏的一个标准，我要求后勤领导和职工，经常深入基层，了解教学与科研的需要，尽可能地把教师从繁杂的事务性工作中解脱出来，使他们可以专心致志地把精力用于培养人才。在我任职期间，曾经发生了一次冲突，一位留苏的生物学副教授到总务处办事，他与处长发生了争执，而处长在激动时打了这位副教授一拳头。我知道以后，对这位处长进行了批评，我虽然没有要求他"负荆请罪"，但叫他登门道歉，他按照我的要求去做了，既获得了这位副教授的谅解，也得到了广大教职工的赞扬，增进了教师与后勤职工的团结。

八、迎头赶上

振兴武汉大学，努力赶上国内先进大学，究竟应当从哪些方面着手呢？赶超有两种方法：一种方法是尾随赶超，即亦步亦趋跟在别人后头追赶，这种方法充其量能够达到先进大学的水平，但不能超过他们；另一种方法就是迎头赶上，也就是把起点设定在先进大学的前头，这样就能够超过先进的大学。我主张后一种方法，只有这样才能达到振兴武汉大学的目的。

鲁迅先生在《迎头经》一文中写道："这样,所谓迎头赶上和勿向后跟,都是不但见于经典而且证诸实验的真理了。"①眼光是观察世界的窗口,是获取真知的关键,鲁迅先生的眼光是惊人的。鲁迅之所以成为文学大师,是因为他"学而深思,思而深察,表现出中国现代史上第一流的思想洞察力、历史洞察力和社会洞察力,从而使他丰厚的学养和深切的阅历形成一种具有巨大的穿透力的历史通识"②。

迎头赶上就是要选择科学研究的制高点,在20世纪80年代的制高点无疑是计算机这个新兴的学科。虽然电子计算机早在1939年12月就发明了,但由于它是一个庞然大物,只能在国防部门或大型研究机构使用,绝大多数人尚不知电子计算机为何物。20世纪80年代,美国史蒂夫·乔布斯等人发明了个人电脑以及微软的视窗软件,这才使得电脑的应用获得了迅速的发展。直觉告诉我,电子计算机的普及与应用,是以软件的开发为前提的。我国是一个数学大国,拥有开发软件产业的巨大优势,因此计算机软件的研究应该是我们迎头赶上的首选项目,以迎接21世纪信息时代。

正好当我在思考这个问题的时候,我校赴日本留学的青年教师何克清学成归来,我急于约他面谈。他在向我介绍时说,目前国际上一个新的研究方向是软件工程,实现软件编程的自动化,他希望我校申报国家软件工程重点实验室。我们一拍即合,我表示坚决支持这项计划,这也符合我主张的"高、新、独、特"的迎头赶上的战略。

当时,国内不仅没有人研究软件工程,甚至没有人能够说清楚什么是软件工程。设想是很好的,但要正式启动申报工作却是困难重重,既要说服校内的反对派,又要面对国内的竞争和通过国家规定的层层审查。北京大学和南京大学的计算机学科,被认为是中国的"南北朝",这是我们如何也绕不开的拦路虎。但是,我的个性是"明知山

---

① 鲁迅:《迎头经》,上海《申报》(自由谈)1935年3月19日。
② 杨义:《重读鲁迅》,《光明日报》2015年3月26日。

有虎,偏向虎山行"。

20世纪80年代初,我国经济并不发达,国家财力有限。国家重点实验室是由国家计划委员会牵头抓的项目,计划在中科院和重点大学建立50个重点实验室,面向全国开放。经过我的说服工作,在校内总算统一了认识,同意向教育部和国家计委申报。中科院与教育部之间,也有竞争,都想争取在自己管辖的所属大学有更多的国家重点实验室,有了项目也就意味着有了经费。从这一点来说,教育部全力支持我校申报。何克清是倡导人,全部申报工作的重任自然都落在他的肩上了,他面对的压力是可想而知的。

从正式申报第一天,我就向何克清表示,我坚决与你站在一起,将尽最大努力把国家软件工程重点实验室争取到武汉大学来,这既是一次激烈的竞争,也是一次历史性的突破。对此,何克清也是信心满满,他知道国内对软件工程的研究尚未起步,他是国内研究软件工程的第一人。但是,竞争是无情的,必定是需要全国同行专家层层评审,而不是由自己说了算。

1983年11月中旬,我率团第二次访问法国,将与法国政府签订第二个合作协议。我们于12月5日回到北京,住在教育部的招待所。何克清打听到我的行踪,他临时购买了一张火车票赶到北京与我会合。由于没有座位,他就自己带了一个小板凳,坐在车厢的走道里,一夜没有合眼。他此行的目的,就是借我在北京的机会,陪同他一起到教育部和国家计委汇报软件工程重点实验室申报的事。我为他的精神所感动,尽管我的时差还没有调整过来,但急切的心情不容我们迟疑。当晚北京下着鹅毛大雪,寒风刺骨,我们乘公共汽车到位于三里河的国家计委科教处严谷良处长家,向他汇报软件工程实验室申报的问题。当严处长得知我刚从法国回到北京,他极为感动地说:"根据我们初步调查,你校何克清是我国研究软件工程的第一人,即使是反对把软件工程重点实验室放在武汉大学的人,他们也不得不承认这一点。因此,软件工程实验室在计委已经立项,经与教育部商定,准备把这个重点实验室放在你们学校,争取明年完成评估和论证工作。同时,你们也可以开始着手配套工程的建设。刘校长今晚的行动表明,学校领导对这个实验室的建设是重视的,这在全国尚不多见。我们相信,凭你们在软件工程研究上的优势,再加上学校领导的重视,这个重点实验室一定会建设得很好,为开发我国软件产业做出贡献。"

1984年底,通过专家论证和评估,国家计委正式批准把国家级的软件工程实验室设在武汉大学,首次拨款454万元人民币,是全国同类学科中唯一的重点实验室。这是我校历史上第一个国家级重点项目,它的重要意义在于,在计算机软件研究方面,何克清的研究团队已经站到了制高点,成为国家发展软件学科的国家队,肩负着赶超世界先进水平的重任。

项目虽然批准了,但是配套工程建设困难重重。那时,学校经费短缺,用房极为紧张,对于要给软件工程重点实验室腾出宽敞的用房这个问题,大家真是一筹莫展。正好这时我校物理大楼刚刚建成,经过我反复说服,相关负责人才同意把物理大楼西侧二层全部借给国家软件工程重点实验室使用,这才把"软件工程国家重点实验室"的牌子挂起来,安装进口的大型计算机,并对来自国内外的研究者们开放。

何克清凭着他的学术成果,顺利地从讲师、副教授、教授一路晋升上来,1995年他获得了日本北海道大学工学博士学位。自1985年到1995年,他担任这个重点实验室的主任,历年被专家评估均获得"良好"的评价。在20年中,他领导的国家软件工程重点实验室培养了大批软件工程学科方面的硕士、博士、博士后、论文博士和进修教师,以及大型软件企业的CEO/CTO等优秀人才。他个人发表了论文160多篇,近80篇被SCI/EI/ISTP等索引或摘录,出版了专著、译著共8本,可谓是人才和成果获得了双丰收。

可是,1996年,学校硬性免去了何克清主任的职务,先后用高薪招聘了来自美国、加拿大和国内某高校的三任主任,而且正是在最后一个外聘主任的手上,于2015年被摘掉了重点实验室的牌子。俗话说,墙内开花墙外香,而学校某些领导的态度是,墙外的花比墙内香。自己的首创重点实验室主任弃之不用,这怎么说呢?

与昔日相比,实验室拥有新的、宽敞的新楼房,经费充足,兵强马壮,国家重点实验室的牌子居然被摘掉了,这完全是不可理喻的事。当年一个讲师能够领衔承担一个国家级的重点实验室的建设和运行事务,而如今已是日本工学博士、二级教授的何克清却领导不了由他自己创建的实验室?在国家重点实验室被要求整改(出示黄牌)期间,我曾经找当时的校领导做工作,劝说他们要重用何克清,打破任期的限制,但我的劝说没有起到丝毫的作用,他们依然我行我素。

当我听到软件工程国家重点实验室被摘牌子以后,我真是痛心疾首,眼看计算机大楼东翼用水泥注塑的"软件工程国家重点实验室"牌子被敲掉,不知路人怎么想。但是,我的心却如同针刺一样疼痛,它毕竟是我们为之奋斗的成果,是我校迎头赶上的一项战略项目,而且正常运行了整整30年!我认为,这是一个重大的责任事故,应当追究有关人员的责任,以儆效尤。但是,没有人站出来承担责任,甚至连一个像样的检讨也没有,我百思不得其解。

九、助力攀峰

我对生物学系杨弘远和周嫦夫妇是很熟悉的,杨弘远与我同年,但他毕业时间早我三年,说明他少年聪慧,成才超过同龄人。他的夫人周嫦也曾留学苏联,但我们不是同一个时期,她于1956年从苏联列宁格勒大学本科毕业,学习成绩非常优秀,同年被分派到武汉大学生物系任教。因此,他们二人在我心中,是武汉大学生物学科的带头人,并决心要把他们推上学术研究的最前沿。

杨弘远夫妇从20世纪70年代初开始,就专攻植物实验胚胎学。那时尚处于"文革"后期,生物系几乎一半都要搬迁到沙洋分校,也没有人敢于开展科学研究,因为搞不好就会被扣上"白专道路"的帽子。当初,有些人对杨弘远的研究持不同的看法,认为他们是搞"夫妻店",是个人主义。但我顶住了这些压力,支持他们夫妇的研究项目。他们没有实验室,我亲自把化学系的玻璃仓库腾出来,改建成植物胚胎学实验室。尽管许多人反对我的做法,但我还是于1984年坚持评选和授予杨弘远为有贡献的中青年专家称号。

我凭直觉感觉到,他们夫妇的研究项目是有前途的,决心为他们攀登生物学研究高峰助一把力。1980年,我校率先与法国政府签订了长期合作协议,法方每年为我校提供15个留学生和5名进修教师的名额。这在当时是很难得的机会,我优先考虑派杨弘远赴法国进修,以提高他的学术水平。一年的进修,开阔了他的学术眼界,提高了他的外语水平,使他的研究又上了一个新的台阶。

20世纪80年代初,杨弘远萌发了一个让"植物体外受精"的奇异想法,他与夫人执着地进行探索,终于获得了突破。他们二人联合向国际同行宣布:首次由水稻未受精子房中培养出单倍体植株,率先揭示了未传粉子房与胚珠培养诱导的水稻助细胞无配子生殖和向日葵卵细胞孤雌生殖现象。这项成果获得1985年国家科学技术进步一等奖;胚囊酶法分离的研究获得国家科学技术进步二等奖。

我校多次推荐杨弘远担任教育部基础科学研究组副组长、国务院学位委员会评审组(生物学)召集人等职务。他于1991年当选中国科学院院士。他的研究工作非常认真和辛苦,他是一位真正的献身科学的科学家,为人做事都非常低调。可惜天妒英才,他于2010年被诊断出患了晚期食道癌。尽管他非常乐观地对待,并表示"与癌共存,带癌生存"的信心,医院也尽全力救治,但最终没有挽回他的生命,于 2010 年 11 月 18 日逝世。

在他病重期间,我给他写了一封慰问信,现抄录于后。

尊敬的弘远先生:

您好! 昨天,我收到了您的信和 9 月 8 日"关于病情的录音整理稿",感谢您对我的信任,让我详细地知道您的病情诊治的全过程。当我读了您的信文,让我对您肃然起敬!

癌症是一个讳莫如深的词汇,一般人患了这种病,大多是秘而不宣。然而,您用一种特殊的方式,既无保留地公开了您的病情,又充分显示了您的精神世界,这是何等宽广的胸怀啊! 我们看到的是一个著名科学家的伟大身躯,一个知名学者的坦荡胸怀,一种与癌症作顽强抗争的无畏精神!

科学是真实的、系统的知识,只有经得起实践检验的真理才是科学。科学家是探究科学真理的人,他们的最高职责是从事创造,创造新产品、新技术和新理论。同样的,与疾病做斗争,也必须发扬创造精神。您提出的"与癌共存,带癌生存"的理念,绝对是科学的,这是认识和与癌症抗争的一种新境界,凭着这种精神境界,一定能够战胜癌症,走出病痛!

我个人也有与疾病作抗争的经历和经验。在过去 30 年我曾经三次被怀疑患了癌症:1978 年被怀疑患有肺癌,1982 年被怀疑患有膀胱癌,1999 年被怀疑患有前列腺癌,但我都不予理会,最后都化险为夷。另外,我不知什么时候患了肺结核,后来居然发现钙化了。我 20 年以前,检查出乙肝澳抗阳性,没有做过任何治疗,而现在居然完全转阴了。我曾经患有糜烂性的萎缩胃炎,也没有服用任何药物,现在胃炎完全消失了。我泌尿系统患有顽疾,15 年中做过 5 次手术,现在也完全恢复正常。我的体会是,宇宙是无限的,人的认识能力也是无限的,现在未被认识的事物,一旦找到了认识的方法,万事万物的秘密都是可以解开的。同样的,任何疾病也都是可以治愈的,目前暂时不能治愈的,是因为我们还没有找到认识它们的方法,一旦找到了,某些被认为是"不治之症"的病症,都是可以被治愈的。

我研究创造教育30多年,相信创造力是无穷的,人间的一切奇迹都是被创造出来的。您一生都是从事创造性的学术研究,成就与贡献无与伦比,相信您的创造精神一定可以助您战胜病魔!

我们都是耄耋之年的老人了,深知探视病人无论对病人或是自己,都是一种负担,会严重影响病人的休息。因此,我多次打消了到医院和家里探视的初衷。现在,我谨以此信表达我的真诚的慰问。

我衷心地为您祈福,希望听到您的一个又一个的好消息!

祝您早日康复!

刘道玉　谨呈
2010年9月11日

补记:弘远先生在与病魔抗争了一周,于9月18日上午8时15分在中南医院不幸逝世,享年77岁,真是天夺英才也!噩耗传来,我无比悲痛。20日上午8时,在武昌殡仪馆举行遗体告别式。在那悲痛的时刻,我心中浮起他的音容笑貌,我对他说:"弘远先生,您已经站在生物学的高峰上了,您对武汉大学和全国生物学界的贡献将永远载入史册,您的精神将激励后人继续攀登学术高峰!"

十、再次突破

1978年3月18日,在北京召开了全国科学大会。郭沫若院长在闭幕仪式上发表《科学的春天》闭幕词,他以诗一般的语言宣告:"这是革命的春天,这是人民的春天,这是科学的春天!让我们张开双臂,热烈地拥抱这个春天吧!"我作为教育部高教司司长,组织了高校参加这次大会成果的评选，武汉大学朱英国和同事研究的"水稻早稻三系选育和杂种优势利用"获得了全国科学大会奖。从这个时候起，朱英国的名字，就深深地刻在我的脑子里了。

朱英国发现"红莲型杂交水稻雄性不育系类型"是在 1972 年，当时他刚过而立之年，而且全国尚处于"文革"后期，他坚持在农田进行科学研究是非常难得的，说明科学研究就是他的生命。他出生于湖北罗田县农村，从小过着食不果腹的日子，深知粮食对农民的重要性。因此，他大学毕业以后就从事水稻杂交的研究。用他的话说："我是农民的儿子，深知农民的疾苦，希望能够为改变农村落后面貌尽一份力量，让乡亲们远离贫穷和饥饿。"从创造学上讲，需要和爱心都是发明创造的动因，这正是朱英国从事水稻杂交育种的力量源泉，使他成为"水稻候鸟"，在水稻杂交领域辛勤耕耘半个多世纪。

基于我对朱英国以及他的研究项目的了解，决定把他的项目作为我校科研攻关的又一个重点。朱英国并不满足于"红莲型"一个不育品种，他的"水稻之梦"是要培育出更多、更好的品种，让饥饿远离中国，造福世界人民。他一直坚持"高产、优质、广适、高效"的水稻育种目标，为了达到这些要求，他坚持身体力行地在实验基地耕种。他在湖北、广西和海南都有实验基地，像候鸟一样，不断穿梭于多地，把一年当三年使用。据统计，他每年有三分之一的时间都在田间做研究，所以他获得了"田间院士"的赞誉。

功夫不负有心人，他及其助手们付出的心血，终于又一次获得了重大突破。1984 年 3 月，他与助手余金洪发现了马尾粘中的一株不育株，这是从上千个农家品种中筛选出来的。这个不育株比周围的稻株矮 20 厘米，不育的特点明显，在此基础上，又经过三年反复进行杂交试验，终于培育出了马尾粘细胞质雄性不育系，这就是马协 A，接着又培育出 3 个马协型的不育品种。这一次发现，不只是品种的扩大，而更重要的是拓宽了当时水稻杂交理论的视野。对于这次突破，我向朱英国表示了祝贺，而且亲自到他在汉阳的实验基地参观，希望他再接再厉,不断攀登新的高峰。

朱英国的理念是:"一粒种子可以改变世界,一个品种可以造福一个民族。"他和他的团队,先后培育出的"红莲型"和"马协型"杂交水稻品种,目前在全国推广面积已到2000多万亩。"红莲型"的"珞优8号"被认定是超级稻,连续8年都是湖北省主推的品种,也是连续5年被长江流域五省推广的品种,种植面积达2136万亩,增产稻谷10.68亿公斤,获得直接经济效益6.292亿元,为农业生产增加经济效益42.71亿元。如今,"红莲型"杂交水稻种子出口菲律宾、越南、印度尼西亚等东南亚诸国,而且开始在非洲种植,这项由朱英国发明的良种,已经走出国门,正惠及世界人民。[1]

朱英国长期付出,因劳成疾,他终于病倒了。虽经医院全力救治,但终究没有能够挽回他的生命,他于2017年8月9日凌晨不幸逝世,享年78岁。他生前获得了诸多奖励和荣誉,但他认为荣誉都是身外之物,关键的是我们是否真心为社会、为农民兄弟们做了真正有益的事情。朱英国实现了自己的诺言,他在杂交水稻研究方面的贡献可与袁隆平比肩。他的善良、淳朴、无私的奉献精神,中国的老百姓会永远怀念他!

杨代常是朱英国在沔阳县(现仙桃市)举行杂交水稻推广培训时发现的人才,当时他是刚20岁出头的小青年,连初中都没有毕业。但朱英国发现他对杂交水稻很有兴趣,又有勤奋、吃苦耐劳的精神。于是,朱英国推荐他参加插班生考试,被录取为武汉大学首届插班生,并成为他的得意门生。后来,杨代常又成为朱英国的第一个硕士生、第一个博士生,再到美国读博士后,开阔了学术眼界,增长了新的知识,他被视为我国杂交水稻研究的第二代学术领导人。

杨代常于1999年被美国加州一家生物技术公司聘为首席科学家和实验室主任。2005年,他应朱英国的要求回国,从此他转向研究用

---

[1] 《"珞优8号"为农业增效超42亿》,《长江商报》2014年2月26日。

水稻种子制药。经过10多年努力,他们用自家水稻胚乳细胞蛋白质作为平台,开发出了包括重组人血清白蛋白(OsrHSA)、重组人抗胰蛋白酶(OsrAAT)、重组人类胰岛素生长因子(OsrlGF-1)等10多种产品。

杨代常是农业生物技术应用与生物制药的开拓者。他的研究方向极具特色和挑战性,突破了国际上38年没有解决的难题,为生物制药开辟了一条新路。他是青出于蓝而胜于蓝的典型,他的成功再次说明,武汉大学插班生制度是可行的,教育改革势在必行,一定要改革按部就班培养人才的老路。

十一、山麓新"装"

武汉大学的渊源在认识上并不一致,有的追溯到1893年创办的自强学堂,但比较可靠的是于1913年正式批准建立的武昌高等师范学校,校址位于武昌大东门附近的东厂口。1928年改名为国立武汉大学,校址迁至珞珈山,到2020年已有107年的历史。关于珞珈山的名称,曾经有多种传说,如罗家山、落驾山、落袈山等,其说不一,也无法准确考证。但是,珞珈山这个名字的来历是有据可考的,1928年闻一多先生任国立武汉大学文学院首任院长,珞珈山之名正是他所赐予的。珞是坚硬的石头,珈是古代妇女的头饰,珞珈与罗家二字谐音,寓意当年建校筚路蓝缕,劈山建校之艰难。这个以斜玉偏旁的"珞珈"名称,成了各地学子向往的学习圣殿,也成了过往这里学子们的永恒纪念。

武汉大学的建筑古色古香,琉璃瓦宇,四季鲜花,湖水荡漾,既是理想学习的园地,也是游人必到的处所。早年珞珈山的植被基本上是天然形成的,至少从1953年我入校以后,基本上没有进行过大规模的植树造林了。可是,由于年累月久,再加上虫害、雪灾和人为的破坏,珞珈山麓的林木逐年减少,其情况真是令人担忧。

学校园林科科长白广才,是一位解放战争南下的解放军连长,后转业到武汉大学工作。他是个东北大汉,身高有1.9米,他先后在多个部门工作过,干一行爱一行,他勤俭、吃苦耐劳的精神令我十分敬佩。

1984年冬天,他向我提出建议说:"校长,珞珈山山麓的树木残缺不全,有的树种老化,需要更新,建议明春开展一次大规模的造林活动,把从东山头到西山头的东北半边山麓全部改种马尾松。"听后,我认为老白的建议是合理的,于是我同意了他的建议。

白广才也是一个事必躬亲的人,他总是吃苦在前,以身作则。他准备了树苗、工具,雇了几十名农工,机关干部也都参加了义务植树劳动。为了保证教学计划的完成,没有要求学生参加。经过一冬一春的紧张劳动,整个珞珈山东北坡全部栽上了马尾松,大约有3万多株,20年以后,它们都长成了郁郁葱葱的参天大树。

我始终认为,一所大学的工作是千头万绪的,教学与研究自然应当作为首要任务来抓。对教学与研究支撑的后勤保障工作,也必须紧紧跟上,为出人才、出成果服务。对于一所园林式的大学来说,校长也必须把绿化列入议事日程,常抓不懈。基于这种认识,每一年的3月12日植树节前后,我都要亲自带领总务处和园林科的干部,到校园各处检查,查看哪里需要更换,哪里需要补种,哪里需要修剪。唯有如此,才能保持珞珈山的山清水秀,让校园绿草茵茵,四季飘香!

十二、誓不为官

我在不惑之年之后,本有多次晋升为高官的机会,却被我义无反顾地一一谢绝了。1981年7月末,中央组织部通知我到该部谈话,当时我在长春开会,我颇费周折地赶到北京,中央组织部干部司司长约我谈话,传达中央的意思,让我做共青团中央第一书记。听后,我丝毫没有犹豫地回答,我没有相关工作经验,而且年龄偏大。我回校以后,中央组织部又一次询问我的意见,是否愿意接受这一职务,我斩钉截铁地说:"我绝对做不了这个工作。"后来,我从媒体上知道王兆国担任了这一职务。

第二次是1983年3月,中央派工作组住进东湖宾馆,任务是考核和选拔武汉市市长。其实,他们已经带着中央的方案来约我谈话,工作组的负责人是中央办公厅副主任陈伯村和外交部副部长张灿明。按照约定,我于3月20日上午到达东湖百花村1号。见面会,彼此介绍了情况,张部长首先切入话题,他说:"我们这次到武汉来,主要任务是帮助选配武汉市的市长人选。今天请你来是给你吹风,传达中央书记处的决定,经过慎重考虑,中央拟任命你为武汉市委副书记兼任市长,同时也把你的意见带回去向中央汇报。"

对这个决定,我没有丝毫的思想准备,听后我以请求的口吻说:"请二位领导向中央汇报,我实在没有能力担任这样的重任。"陈伯村副主任说道:"我们只有传达和贯彻中央决定的责任,没有打折扣的权力。不过,你个人有向中央直至总书记反映自己意见的权利。"尽管我百般请求,但他们就是不松口。我进而转守为攻,说武汉市能够担任市长的人选很多,如吴官正就是一名有能力的人。张部长说,你推荐的人,我们自然是欢迎的,不过还是希望再慎重考虑中央对你的任命。我没有再做解释,心中盘算着下一步的打算,于是就向二位领导告别了。

回到家中,我把工作组传达中央书记处的任命告诉了夫人刘高伟,她开口就说:"绝对不能干,宁愿受处分。"她进一步说,事不宜迟,你到北京向中央申诉理由,说你干不了。我觉得她的建议也正是我想要采取的措施。于是,我找到了武汉市副市长邓垦同志,请他给中央书记处宋任穷书记写封信,他答应了,并且说:"我同意你不当市长的意见,市长的人选很多,可是能够当大学校长的人并不多,你留在大学比当市长的贡献大。"能够得到邓垦同志的理解,我推却市长职务的信心增强了。于是,我就购买了3月25日的火车票,准备到北京向书记处书记兼中央组织部部长宋任穷同志汇报。

无巧不成书,我到北京的行踪,陈伯村副主任还是知道了。于是,他又打电话约我于3月24日上午到东湖宾馆谈话。见面以后,陈副主任开玩笑地说:"道玉同志,这两天没有睡好觉吧,思想包袱要放下了,北京就不用去了。我们虽然说执行中央的决定不打折扣,但我们还是向耀邦同志汇报了你的想法。他十分开明,说道玉同志既然不愿意当市长,就不必勉强他了,就让他留在大学里,反正大学的教育改革,也需要像他这样的人。"听陈副主任一席话,我立刻转愁为喜,感谢陈主任转达了我的请求,感谢耀邦总书记的开明思想!

这件事我铭记在心,2014年是胡耀邦同志逝世25周年,我曾经写了一篇《胡耀邦同志影响了我的一生》的文章,在《领导者》杂志上发表了。其中,我写道:"知我者,耀邦也!是他成全了我的教育之梦!"

在此后的多年中,有关部门还准备任命我为厦门大学校长、暨南大学校长、海南大学校长,教育部甚至有意派我出国任大使馆的参赞或大使,但我都没有动心。1988年8月10日,时任中央政治局委员、国务委员兼国家教委主任李铁映同志约我到北戴河谈话,他并不同意免去我的大学校长职务,但"木已成舟",泼出去的水,不能再收回。于是,他有意成立一个教育改革领导小组,让我担任组长,隶属国务院,以推动教育部门的改革。但是,对于他的好意,我也谢绝了,因为我想践行能上能下、能官能民,享受"无官一身轻"的滋味!

对我一次又一次的却官,许多人似乎很不理解,他们甚至说:"如果你不让贤给王兆国和吴官正,兴许你也是副国级领导人了。"我淡然一笑说:"不可能,兴许早就垮台了,因为我不是当官的那块料。"

那么,我为什么誓不为官呢?人贵有自知之明,我的个性不适合做官,我的兴趣不在于做官,我的价值观也不是做官。我崇尚自由,说话率直,不愿意俯首帖耳、言听计从,不喜欢照章办事,这些都不是做官的秉性。我是一个理想主义者,乐意穷究事物的本源,宁愿安贫乐道地皓首穷经。我只喜欢做自己喜欢的事,正是这些内在的素质使我走上了教育改革之路,心甘情愿地为我国教育事业贡献一己之力。

十三、意外冲突

武汉大学本是一所涵盖文、法、理、工、农、医六大类的国立综合大学,1951年全国院系调整时,武汉大学被肢解了。工学院剥离出去新组建了华中工学院,医学院与上海同济大学医学院新组建成中南同济医学院(现华中科技大学同济医学院),农学院与湖北农学院新组建成华中农学院(现华中农业大学),土木建筑学系迁址到湖南长沙组建成中南土木建筑学院,矿冶系迁址长沙组建成中南矿冶学院(现中南大学)。1954年,国家高教部又决定将武汉大学水利学院独立出去,单独组建武汉水利电力学院。至此,武汉大学就变成了仅有文理科的小综合大学。

我于1953年毕业于湖北襄阳中学,我们那一届总共有5人考取了武汉大学,化学系有程天生和我,而曹学德、梁春华和沈烈均被录取到水利学院,那时水利学院使用了原农学院的校舍。既然同属于一所学校,所以我们彼此来往密切,周末常常聚会,我们有时到水利学院那边的食堂就餐。

1954年水利学院独立以后,本是准备在喻家山建校,后来由于经费原因,武汉水利电力学院一直与武汉大学毗邻,在过去30年内两校和睦相处,因为本就是一母双胞胎嘛!可是,1984年10中旬,两校基建民工在有争议的鱼塘发生冲突,两校都有民工受伤。当时,我正在上海参加国际教师队伍建设学术研讨会,回校后立即处理矛盾冲突问题。我批评了学校基建处的负责人,同时我亲自前往武汉水利电力学院向该院党委书记张弗成同志做检讨,并表示今后一定保证不再发生类似的不愉快事件。

可是,到了10月下旬,湖北省委某领导出面召集会议,说是调处两校的矛盾。我记得是一个星期六的上午,但事前并没有获得通知,是当天早上临时通知的。那天一清早,我去汉口同济医院参加裘法祖院长专门为我校历史系唐长孺教授召开的会诊。当我回到家后,夫人告诉我省委刚通知要你去参加一个会议。我马不停蹄地赶到省委办公厅,到后我立即表示由于事前没有得到通知,我一清早便到同济医院参加唐长孺教授的会诊,对于迟到表示歉意。

省委某领导一脸不高兴,劈头盖脸地吼道:"刘道玉同志,你们欺人太甚,逼得水利学院没有路走!"我听后觉得他说的不符合事实,于是辩驳说:"你说的不符合事实,如果没有路走,那现在水院五六千人每天怎么过呀?"他进而又说:"你们草菅人命!"我认为他说的话不正确,我立即回答说:"草菅人命是指官逼民,以上欺下,你这顶帽子我们戴不起。"这时领导脸色难看,他又使出权威说道:"你们有争议的土地,省政府要收归省所有。"我申辩道:"这80亩水塘,是武大1934

年从黄家湾农民手上购买的,至今地契还保存在档案室。"我有理不让人,使领导火冒三丈,说:"刘道玉同志,你是名人,说话要注意。"我说:"我不是什么名人,只是在你召开的会议上说点真话而已。"我们的争执没有再继续下去,他的调停自然没有结果,会议也是不欢而散。

我一直在思考,这位领导为什么会说出这样的言论呢?可能是他偏听偏信,因为他的秘书是武汉水利电力学院的毕业生,他不做调查,摆官架子,所以就不能实事求是地调处两校的矛盾。我自知顶撞了领导是没有好果子吃的。但是我问心无愧,虽然上级领导没有妥善处理好我们两校的矛盾,但我们自己化解了误会。当年12月1日,我被邀请参加武汉水利电力学院建校30周年庆祝活动,并受到热烈掌声的欢迎就是证明。

1984年12月1日,是武汉水利电力学院建校30周年,我荣幸地被邀请参加大会,我在会上仅发表了10分钟的贺词,受到与会师生员工5次长时间的掌声。兹将我的讲话稿抄录如下。

尊敬的张书记、张院长,亲爱的水院的老师和同学们:

大家上午好!

作为你们的邻居,我十分荣幸地被邀请参加贵校30周年校庆,在此,我代表武汉大学全体师生员工,谨向你们致以兄弟般的最诚挚的祝贺!祝贵校兴旺发达,人才辈出!

在国家水利电力部的领导下,在贵校党委和校长的直接领导下,你们在教学、科研上都获得了巨大的成就,贵校是我国水利电力人才培养和科研的重要基地,处于国内领先的地位,对此,你们的亲兄弟——武汉大学感到由衷的高兴,希望你们百尺竿头、更上一层楼!(热烈掌声)

大家都知道,两个月以前,我们两校民工曾经发生了一次冲突,双方都有民工受伤。这本是不应该发生的,我们"本是同根生,相煎何太急"。可是,不幸的事已经发生了,亲兄弟也会吵架,无需问缘由,作为大哥必须首先承担责任。因此,借此次大会,我谨向兄弟的水院领导、教职员工们表示诚恳的道歉,对不起你们,我保证今后绝不会再发生类似的事件,请你们相信我的诚意!(热烈掌声)

为了发扬我们两校传统的友谊,也为了促进我们两校的教育改革,我现在提出三点建议:第一,在所谓有争议的地段,建立一个友谊门,不设岗哨,也不需要通行证,仅仅作为我们友谊的象征;(掌声)第二,我们两校各有学科优势,鉴于武汉大学已经全面实行了学分制,因此我倡导两校学生自由到对方学校选修他们喜爱的课程,甚至可以相互转学;(热烈掌声)第三,在我们两校教师中,有不少是跨校婚姻,有的是丈夫在武大、妻子在水院,相反的情况亦有。因此,我倡议两校教师根据需要,可以相互兼职,以发挥各校的优势。(热烈掌声)

亲爱的同事们、同学们,我的讲话完了。预祝贵校校庆获得圆满成功!让我们的友谊长存!

天下事是不断变化的,分久必合,2000年8月,武汉大学与武汉水利电力大学、武汉测绘科技大学和湖北医科大学合并,从而又重新回归成为大综合大学。尤其是武汉水利电力大学,本来与武汉大学就是亲兄弟,现在是分离的兄弟重新回归,更是让人感到亲切无比,同时也使武汉大学的学科更加齐全,增加了武汉大学的实力,真正达到了重振武汉大学的梦想!

十四、贤惠内助

俗话说,一个成功男人的背后,一定有一个贤惠内助,她是一个具有相夫教子、默默奉献、无怨无悔这些传统美德的伟大女性。我虽然算不得是一个成功的人,但我的背后却有这样一位伟大的女性。我的夫人是刘高伟,她是武汉人,教育世家,而我是湖北枣阳县(现枣阳市)的一个乡巴佬,我们能够走到一起,是上天赐给的福分。我们是十二同夫妻,即同姓、同籍贯、同学、同班、同专业、同志、同事、同声相应、同气相求、志同道合、风雨同舟、同甘共苦。这在全国可能是少有的,因此我们都十分珍惜这个缘分,我们发誓要做到像《击鼓》所云:"执子之手,与子偕老。"

我们的长子刘维宁出生时,我正在苏联攻读副博士学位,没有在她的身旁护理、安抚,未能尽到一个丈夫的义务。回国以后,我一心扑在学术研究中,是她承担了家庭的全部庶务。"文革"中,我九死一生,她为我受吓惊,为我包扎伤口。我不愿被封万户侯,多次婉绝当高官,得到她的理解和完全支持。担任武汉大学校长以后,我无日无夜地工作,朝夕与学生相处,没有时间顾家,她一边从事教学工作,一边承担着哺育孩子和料理家务的重担。在长达7年多的任期内,我大部分春节是与学生在一起,所以我们少有在一起吃团圆饭的机会。

在任职期间,我没有陪伴她散过步,没有陪她逛商场,没有陪她看过一场电影,没有陪她旅游过一次,甚至连离得很近的木兰湖、磨山公园、庐山风景区也没有去过,让她忍受着孤独和寂寞。我惜时如金,不是工作就是写作,我的时间都是她给予的,我亏欠她的实在是太多太多了。

我国有把结婚的不同时间段以珠宝和金银来表达的传统,如10年叫锡婚、20年叫瓷婚、30年叫珍珠婚等。从结婚30周年开始,每隔10年,我都会写一首诗赠送给高伟。在珍珠婚时,我填写了《长相思》相赠,现抄录于此:

长相思

——珍珠婚赠高伟

珞珈山,君子山,山盟海誓到石烂,相伴到永远。

东湖水,湖心亭,高山流水是知音,恩爱似海深。

2001年是我与高伟结婚40周年,俗称是红宝石婚,在除夕年饭之后,我心血来潮,咏出六首诗赠送给她,以表示我们恩爱有加,现抄录于此：

四十年风雨情（六首）
——红宝石婚纪念赠高伟

2000年1月31日夜

（一）新婚

简单仪式定终身，惜别进京攻俄文。

相隔万里互思念，助我学成识博闻。

中苏交恶起风云，揭露霸权爱国忱。

外交照会驱逐令，为我担心受吓惊。

（二）浩劫

十年"文革"大难临，"保皇""特务""反革命"。

钢丝皮鞭受酷刑，为我包扎暗伤心。

"白色恐怖"杀气腾，星夜携子离家门。

相忍为国心赤诚，劫后余生到天明。

（三）改革

一纸借令进了京，拨乱反正挑重任。

不辞而别回故里，誓不做官如斩丁。

八年任期尚改革，励精图治敢创新。

理解支持堪重要，为我牺牲付功名。

（四）"罢官"

从来变法伴祸行，多少志士遭杀身。

突然袭击罢了官，何处能把是非分？

消息传出举世惊，"请愿"电函如雪纷。

你又为我操碎心，义正严辞鸣不平。

（五）试验

教育改革需躬行，创办民校育精英。

办学特色被公认，研究成果实殷殷。

不该轻信投资人，经济危机被关门。

终止试验殊可惜，一场风波刺你心。

（六）笃情

风雨人生需反省，成败得失可为镜。

学海事业无止境，量力而行不再拼。

长期伴我历艰辛，从今与你长相伴。

志同道合共患难，笃情恩爱到终生。

2011年元旦，是我们结婚50周年（金婚）的日子，我又吟咏一首诗献给她。

"自贺金婚"一首

相敬如宾五十年，但盼花好人月圆。

生命之株并蒂莲，相许报国共策鞭。

风雨苍黄历时艰，祸福你我共承担。

桑榆虽晚微霞妍，桃李芬芳尚满天。

进入老年以后，我仍然把精力全部倾注在教育上，是一个完全不顾家的人。这一切使她身心俱伤，近5年以来，她身患多种疾病，痛苦万分，我义不容辞地要照顾好她，为她分担忧愁与痛苦。虽然家中有保姆照顾她，但我必须陪伴在她的左右，尽我所能减轻她的疼痛，让她感受到安稳的依靠。

2019年12月30日，她的旧病又一次复发，我陪她一起住到武汉大学人民医院东院。1月7日，我到医院附近超市给她购买水果，不料三天以后我发高烧。当时，武汉已经有关于新型冠状病毒肺炎流行的传言，也有人担心我是否会感染这种病毒。所幸的是，由于是住在医院，检查和治疗很方便，经过血检我患的是甲型流感，经过一周治疗完全康复,于是我们一起于1月17日出院回到家中。

自元月上旬的武汉,新型冠状病毒肺炎传播已经十分严重,保姆已经回乡,我与儿子、儿媳妇承担了照顾夫人的任务,虽然很累,但这是我们责无旁贷的义务,我每日推着轮椅在家散步,每日晚上为她按摩和拍打,以减轻她的焦虑,改善她的睡眠质量,调节她的胃口,使她吃得合口,保证她身体所需要的营养。

3月6日夜里凌晨4点,我醒来后再也不能入睡,脑子里突然涌出了几句诗,虽然我们的钻石婚还有10个月,就算是我提前献给她的钻石婚礼物。

夜吟钻石婚(两首)

(一)缘分

人生难得一个缘,走到一起是福分。

我是你的安全阀,你是我的能量源。

(二)圆梦

相濡以沫六十年,患难与共苦亦甜。

前路漫漫须坚韧,盼到期颐把梦圆。

十五、甘作路石

我校1980级学生喻杉在大二时,创作了小说《女大学生宿舍》,其中以我为原型的校长取名为路石。道与路是一个语词,玉与石是一个语词,很显然她是由道玉二字衍生出"路石"。我很喜欢这个名字,它蕴含着深刻的意义,有时我也以它为笔名。后来,我以路石为题撰写了一副对联,上联是"路石无语任践行",下联是"人梯无怨供攀登"。我国古代有"春蚕、蜡烛"精神,而我倡导"路石、人梯"精神,都完好地体现了人民教师的奉献精神。

路石也就是铺路的石子,人们在上面踩踏和行走,石子自然是不会说话的,心甘情愿地任人们踩踏和行走。一个大学的校长应当是人民的公仆,是为教师和学生服务的,而不是高高在上的官老爷,如果做到了这一点,那么大学也就没有去行政化的问题了。

在对待年轻人出国的问题上,我们究竟是支持或是管卡压,这既是检验我们真开放还是假开放的一个标志,也是衡量我们是否为学生做路石或人梯的尺码。长期闭关自守的国门一打开,可想而知,那些一心想到国外学习的年轻人,该是多么欢欣鼓舞。可是出国的名额极少,国家外汇紧缺,单位和个人完全不允许持有外汇,所以自费留学也是根本不可能的。因此,能够获得出国学习的人竞争非常激烈,用万里挑一是绝不为过的。每所大学都十分重视派青年教师出国学习,这既是办好各自大学的重要措施,也被视为一个大学的荣誉。但是,在出国问题上,各单位又存在矛盾的心情,既想派出又怕出去了不回来。

我记得在1985年前后,教育部从各国大使馆获得的信息,在国外学习的留学生学成以后,绝大多数不准备回国。这一下吓坏了教育部的领导人,他们组织了几个政治思想工作的说教者到美国、欧洲去演说,动员留学生学成按期回国,甚至采取不换护照、不批准配偶陪读或探亲,并要求各大学要负责动员自己派出的留学生必须回国的措施。这是不相信留学生的思想表现,也是在派留学生政策上的短视症。

基于我对留学生政策的认识,我尽可能地多派人出国,甘当他们的铺路石,相信他们终有报国的机会。因此,凡是受到管卡压不能出国者,我在力所能及的条件下,尽可能地予以成全。朱景仰是我校化学系1977级的毕业生,他于1982年考取了中国科学院上海有机化学研究所的博士研究生,获得博士学位后被留在该研究所从事研究工作。但是,他希望到美国大学做博士后研究,虽然他得到美国有关大学的邀请,但该所不批准他出国,原因就是怕他出去以后不回来。我是上海有机化学研究所金属有机化学国家重点实验室学术委员会成员,1991年我去参加学术委员会会议,朱景仰找到我诉说了他的苦衷。对他的想法我表示支持,看来只能走曲线出国的路子。本来他与妻子龚晓萍都在上海工作,后来我努力把他们夫妇调到武汉大学化学系,景仰到武汉大学后一天班也没有上就批准他出国了。他的妻子龚晓萍安排在我的实验室工作,一年后,也放她去了美国。我心想,应当多一点爱心、少一点担心,成人之美是人性之中的大爱。

张翰涛是我校计算机系1979级学生,他利用学分制的优越性,以两年半的时间完成了四年的总学分而提前毕业,提前一年半获得了毕业文凭和学士证书,因而他成了实行学分制的第一个受益者。1981年寒假,他参加了公费留学生的考试,以全系第一名的成绩被录取赴法国留学。1982年初,他作为我校三好学生代表,参加在北京召开的全国三好学生代表大会,会上认识了上海华东化工学院的饶凌,她也是参加三好学生代表大会的,他们都是湖北人,会上两个年轻人相爱了。张翰涛于1982年夏赴法国南锡大学学习,获得第三阶段博士学位,后又转到美国纽约理工学院学习,于1988年获得博士学位。

张翰涛到美国后,常与我有通信联系。在他的一次来信中吐露了他的苦恼,原来他的女朋友饶凌毕业后被分配到武汉化工学院(现武汉工程大学)工作,她欲申请赴美国陪读,但是该院以稳定教师队伍为由坚决不予批准。当我得知他的苦恼以后,出于爱心的缘故,我找到武汉化工学院教务长涂永仁,他是我的师兄,请求他予以帮助。同样地,也是走曲线出国的路子,我先把饶凌调入武汉大学计算机系,随即批准她出国,这样成全了他们的爱恋。张翰涛的学术研究非常出色,曾经从事机器推理证明,还获得了美国"青年科学家总统奖",现在是美国爱荷华大学计算机终身教授。同样地,我校物理系毕业生周斌在美国匹兹堡大学攻读博士学位,他的女朋友在上海光学精密机械研究所工作,单位不批准她去美国探亲,我也是先把她调入武汉大学，然后批准她去美国探亲。

在解决这类出国遇阻的困难中，最麻烦的是化学系1979级学生胡洁的出国问题。她本科毕业后考取了中国人民解放军军事医学科学院的硕士研究生，毕业后分配到广州军区药检所工作。按照当时的规定，在部队工作是不能出国陪读的，要出国就必须在部队服务5年后转业，然后才能够申请出国。她的男朋友熊豫生是武汉大学1977级高分子专业毕业生，1982年参加首届中美化学研究生项目（Chemistry Graduate Program，CGP）考试，以优异的成绩被美国加利福尼亚大学洛杉矶分校（UCLA）录取，于1987年获得博士学位，继而在芝加哥大学做博士后研究。后来，他受聘于美国著名的默克（Merck）公司从事多年的研究工作，2019年创办了宁康瑞珠生物制药（珠海）有限公司，研发代谢疾病的新药，具有非常好的发展前景。

熊豫生到美国留学后，他与胡洁已相恋多年，彼此思念不已，双方都渴望早日团聚。为办理出国一事，熊豫生给我写信，胡洁又是给我写信又是找我，我理解他们的心情，想方设法满足他们的要求。为此，我写信和打电话给广州军区有关领导，请求给予帮助。在有关领导的斡旋下，胡洁顺利地从广州军区药检所复员到武汉大学，后于1988年底赴美国芝加哥与熊豫生团聚。胡洁到美国后，又攻读了计算机硕士学位，然后一直在百时美施贵宝（Bristol-Myers Squibb，简称BMS）公司做研究工作。

我始终认为，在解决留学生出国或者是配偶出国的问题上，到底是成人之美还是搞管卡压，这是衡量一个领导者是否有爱心的标志。爱心是人的高尚品德，如果有了爱心，就应当解决他们两地分居的苦恼，使他们安心从事学术研究，实现他们的人生最大价值，这既是人性之美的表现，也是一个爱才者应尽之责。

爱才和荐才是一个大学校长应尽之责，当然这是建立在对学生了解的基础上的。在我任校长期间，积极地为大学毕业生推荐工作，为大学毕业生出国写推荐信。我记忆犹新的是，武汉大学第22届校学生会主席郭永航，他于1989年夏季毕业，鉴于当年的特殊情况，他在学生会值班,没有时间到外地寻找工作。到了8月中旬,他的工作还没有着落。当我得知他的情况后,立即写信给深圳市委宣传部杨广惠部长,他是我的老朋友。他二话没说,腾出一个岗位给郭永航。

我十分欣赏小郭的才华,他是学历史的,山东人,说着标准的普通话,仪表堂堂,文采也极好。果然,他不负众望,到任后在工作中受到领导和同事们的一致好评。他先后由科长、处长升为副部长,后又担任深圳市盐田区委书记、市政府秘书长,现在又调任珠海市委书记。他现在刚过天命之年,正是年富力强之时,未来前程未可估量,相信他能够发挥更大的作用。

十六、高风亮节

1988年2月10日,教育部突然免去我的校长职务,引起校内外强烈的反响。北京的十几家媒体准备南下"声援",武汉大学的一些教师和干部准备上京"请愿"。同时,为我"鸣不平"的电报、信函也频繁地寄往中央有关部门和领导。

当时,正值春节前夕,许多教师与干部到寒舍慰问,并赠送纪念品。其中,有一幅玻璃镶嵌的匾联,匾是一幅水墨画的劲竹,画的空隙处用行书写着"高风亮节"四个字,匾的左右是一副对联,上联是"清风细雨现高洁",下联是"朝曦夕照得春晖"。这是几位教师赠送的,是一幅珍贵的纪念品,我一直珍藏至今。

我国古今许多诗人都有"咏竹"的佳作,如唐朝杜甫、张九龄、李贺,宋朝苏轼等。当代诗人白玉在《竹》一诗中写道:"虚怀千秋功过,笑傲严冬霜雪。一生宁静淡泊,一世高风亮节。"诗人们乐于咏竹,是因为翠竹甚是为人们所喜爱,可谓全身都是宝。诗人们也借竹喻人,以形象地赞颂那些人格和操守高尚的人,也是为了激励人们修炼自己。

2014年3月23日,上海《生活月刊》刊发了这幅珍贵的字画,标题是《玻璃字画与刘道玉的信条》。这是一份对开本的精致的大型杂志,非常豪华,具有很高的珍藏价值。这是我平生第一次看到有这么大开本的杂志,也是第一次公开刊出这份珍贵的纪念品,我之所以公开发表,并非自鸣得意、自我炫耀,而是要记录下我人生经历中的点点滴滴,同时也不负几位教师的深情厚谊。我深知,自己并不是完美无缺的人,愿以"高风亮节"的思想境界来要求自己。至今,我仍然秉持曾子的教言"吾日三省吾身",活到老、学到老、修炼到老,不断修炼自己的心灵,争取做一个高尚的人和一个有益于人民的人。

第三章

人才兴校

纵观中外大学发展的历史,一所大学学术水平的高低,主要由人才决定。也就是说,有好教授才会有好大学,所以人才是兴校之本。但是,人才又是一个很难的问题,以至于孔子在《论语》中说"才难"。难在哪里呢?难就难在一个"格"字上面。

龚自珍是清代思想家、文学家和诗人,他不满清政府的腐败和束缚人才的现象,在《己亥杂诗》的第 220 首中,写下了千古绝唱的名句:"我劝天公重抖擞,不拘一格降人才。"一百多年以来,它一直是人们选拔人才的指导思想。可是,古今中外都感叹人才难得,那么原因究竟是什么呢?一言以蔽之,难就难在一个字"格"。我们不难发现,阻碍人才的"格"多得不胜枚举,如年龄、性别、学历、出身、阶级立场、政治面貌,以及所谓的"前科",等等,都成为妨碍选拔和使用人才的格。问题的关键在于选拔和使用人才的人以什么思想来对待人才?在改革开放初期,我曾经说过一句话:"如果从阶级斗争的观点出发,可能看到的都是不可信任的人;如果以改革开放的眼光看待,可能大多数都是人才。"

现在各单位在招聘人才时,通常都要划几条杠杠,以此来限制报考的人数。例如,大学进人以获得博士学位为门槛,政府招聘公务员也以取得硕士学位或本科学士学位为起点。照我看来,这是典型形而上学的观点,如果依了这个观点,那么像华罗庚、贾兰坡、钱穆、梁漱溟、叶圣陶、沈从文、启功、张舜徽等学术大师,都会被拒于大学门之外,这岂不是我国学术界的莫大损失吗?

一、延揽精英

精英一词,在我国古来有之,但广泛意义上的精英人才,还是源于 17 世纪的法国,精英最初是指精美的艺术品,后来才被用以表示地位优越的社会集团或优秀的人物。按照精英理论,社会上的精英人才是客观存在的,但他们只能是极少数,这是因为他们需要占据独特的资源。

北京大学和清华大学是我国重中之重的大学,由于它们享有独特的资源,所以它们拥有比其他大学更多的精英人才,这也是任何人不得不承认的事实。为了建设好一所大学,延揽所需要的精英人才,就是一项重要的措施。我在履任武汉大学校长之初,目标就是挖掘两校的精英人才,以壮大我校的教师队伍,尤其是配置各专业的学术带头人。

1977 年 4 月,我被借调到教育部筹备全国教育工作会议,不料去后被中央组织部任命为教育部党组成员兼高等教育司司长。那时正值拨乱反正时期,来自全国各地要求落实政策的信件多如牛毛,我每天阅读到三更半夜。有一次,我发现一封字迹端正来自贵州山区的信,写信人叫张尧庭,他是北京大学数学泰斗许宝騄的高足,毕业后留校任教,并成为许宝騄先生的助手,从事数理统计学研究,同时还担任数学系的党支部书记。然而,天有不测风云,人有旦夕祸福,1957 年张尧庭被划定为"右派分子",被流放到贵州山区进行思想改造。时隔22年,他没有忘记师训,要求回北京大学整理先师的文集,以免这门学科断绝于世。

从此,我记住了数学大师许宝騄和他的精英弟子张尧庭,也记住了数理统计这门学科。当我辞职回武汉大学之后,立即派人到贵州遵义,将在水电部第八子弟学校任教的张尧庭调到武汉大学。他是埋在山沟里的一块瑰宝,真是埋没人才!1981年4月,他被调到武汉大学数学系任教,很快晋升为教授、博士生导师。为了使他开阔眼界,学校派他到美国进修,以便使他登上学术的高峰。他回国以后,担任了新成立的统计学系主任,进而又担任了管理学院的院长。他在武汉大学如鱼得水,在教学、科研和社会服务三个方面都获得了突出的成就。

数理统计学与生产实践联系非常密切,张尧庭深入实践,努力解决生产实践中的问题。他领导的统计学系先后与中国气象局、石油工业部、化学工业部、交通部等单位合作,完成了一批重大的研究课题,受到了应用部门的嘉奖,也为武汉大学赢得了荣誉。1982年,他的代表作《多元统计分析引论》由权威的科学出版社出版,而且以后多次重印,惠及众多的数理统计学的师生。在武汉大学期间,他还担任了湖北省统计学会副理事长、武汉市科学技术协会副主席等职。

可是,由于我被免职,张尧庭教授也感到学校的改革环境不如从前了。于是,他于1994年又被上海财经大学聘走,从事数量经济学的教学与研究。同时,还成为中国人民大学、浙江大学等高校的兼职教授,但没有再兼任武汉大学的教授,这是非常值得令人深思的。

武汉大学是全国唯一与法国政府签订全面协议的学校,根据协议我校将法语专业升格为法语系。为了充实师资,加强学科建设,物色学科带头人就是当务之急。教育部外事局的王仲达处长热心向我介绍了叶汝琏先生,他是早年中法大学的高才生,由于特殊原因想离开北京大学。1980年秋,我到北京开会,会后专门到北京大学拜访叶老师。经过几番寻找,我终于在一座院落找到了叶汝琏先生的家,其实就是一座"筒子楼"。当我敲开他的家门时，迎上来的是一位蓄长发的中老年人，他已经55岁，但仍然孑然一身，住的是一间10平方米的单间，室内的摆设非常简单，我只能在他的床沿坐下。

当我说明来意以后，叶先生显得十分高兴，一再称赞我礼贤下士的作风。接着，他自我介绍道："我是安徽人，1946年毕业于中法大学，专长于法国诗歌研究。新中国成立后，一直在北京大学工作，一向工作积极，曾经担任西语系的工会主席。可是，1957年被划成'右派分子'，妻子被迫离婚，我被遣送到农村接受劳动改造。现在虽然平反了，也恢复了我的教学工作，但与前妻在一个系里工作，彼此都觉得不甚方便，因此我想离开北京大学。如果你们不嫌弃，我愿意调到武汉大学任教，我知道武汉大学是一所很有名的学校。"

我向叶先生表示："我是真心来求贤的，武汉大学虽然没有北京大学的名望高，但凭借与法国的合作与交流，相信叶先生去了以后，一定会有英雄用武之地。同时，我们也是开明的，你可转户口，也可以不转户口；你可以一人去，也可以带助手；你可以长期在那里工作，也可以短期工作；如果先生生活不习惯，可以随时回北京，一切尊重先生的意愿。"

我们谈得十分投机，他十分愉快地接受了我的口头聘请。当我起身告辞时，他送我到门口，向我拱手说道："一言为定，义无反顾，后会有期，共同振兴武汉大学。"我向叶先生表示了谢意，欢迎他早日到来！

回校以后，我请学校人事处特事特办，以最快的速度把叶汝琏先生调入武汉大学，给他分配了三室一厅的住房，晋升他为教授、博士生导师，担任新成立的法国研究所所长，同时还兼任《法国研究》杂志的主编。叶先生很珍惜这迟来的机会，他老当益壮，既从事教学又从事科学研究，先后培养了几十名研究生，受到用人单位的欢迎。在他主持下曾经多次召开法国语言与文学的国际会议，大大促进了中法学术交流与合作。为此，他获得了法国政府授予的文化教育棕榈勋章。

在张尧庭和叶汝琏之后，我们又将另一位研究法国语言与文学的专家请到了武汉大学，他就是郑克鲁，他研究生毕业于北京大学，先后多次到法国进修，他的译著非常之多。郑先生天资聪慧，出身于书香和官宦之家，是清末实业家和维新改良主义者郑观应之孙。他与叶汝琏的加盟，大大地充实了我校法语系的师资力量，我校法语系成为名副其实的中法交流中心。

北京大学许宝騄先生的另一位高足胡迪鹤也被请到武汉大学，他是从事分析概率论研究的著名学者。其他还有北京大学国际公法学权威梁西教授和高才生张学仁，张先生是外国法制史的著名学者，也是研究中国香港法律的著名专家；雷祯孝也是我校聘来的专家，雷先生是北京大学化学系的毕业生，他是全国第一个人才学研究的倡导人，著有《中国人才思想史》，他的加盟，对我的人才理念的形成有很大的帮助。

张国华是北京大学法律系的系主任，他曾经亲自给我写信。信上说，受到我对武汉大学改革精神的感召，很欣赏珞珈山自由学风，真诚地希望来武汉大学工作。为此，我先后多次写信给张先生，热忱地欢迎他全职到武汉大学工作。张先生也几次向北京大学校方提出调离申请，但校方坚决不同意，这使我们丧失了聘请法学大师的机会。北京大学化学系的徐光宪教授和高晓霞教授是一对院士夫妇，他们也想到武汉大学工作，但北京大学自然是坚决不会同意的。

清华大学是另一个藏龙卧虎之地，也是我们慕名招聘人才的重点。长期以来，武汉大学人文社科的力量比较强，而自然科学领域尤其是物理学方面缺乏学术带头人。为此，我们先后从清华大学或从毕业于清华大学的高才生中物色精英。田德成早年毕业于清华大学物理系，后又到苏联攻读物理系的副博士，是中科院金属材料方面的权威学者。黄念宁是清末国学大师黄侃的第六子，由于家教早慧，于清华大学毕业后考取了北京大学的研究生。他毕业后，被派往苏联杜布纳联合原子核研究所工作,是理论物理方面的著名学者,我校以打破常规的程序把他调入,极大地加强了我校理论物理学科的建设。王少阶也是清华大学毕业的高才生,他是核物理研究的著名学者,我校曾经派他到美国进修,学术成果卓著。后来,他被任命为湖北省副省长,在参与社会活动方面也做出了贡献。

二、发现巨星

在宇宙中,那些光度大、体积大和密度小的恒星,被称为巨星。在人才学上,那些最杰出的人才、大师、名家和影星,有时也被称为巨星。2004年7月7日,著名的华裔澳籍经济学家杨小凯逝世时,我曾经写过一篇悼念文章,标题是《巨星早陨落——怀念杨小凯院士》,借以吊唁杨小凯院士不幸逝世。

他的经历非常坎坷,是在监狱中自学成才的。1982年初,他被武汉大学调进并破格聘任为助教,后晋升为讲师。1983年8月赴美攻读博士学位,1988年6月获美国普林斯顿大学博士学位,1990年获得澳大利亚莫纳什大学终身教授职位,1993年当选为澳大利亚社会科学院院士,是当时出国留学的30多万人中,第一个晋升为院士的人,曾两次提名为诺贝尔经济学奖的候选人。这些足以说明他是学术巨星,是我国近百年历史中罕见的经济学界的巨人。

那么,我是怎样发现杨小凯的,又是怎样把他调进武汉大学的呢?为了适应我国市场经济的发展,改革开放以后,我校最先创办了经济管理系,从校内外调进了多名跨学科的教师,刘鹰是从数学系调进来的,我们派她到中国社会科学院经济研究所进修计量经济学,这时正好杨小凯也在该所做临时工,他们经常讨论经济学方面的问题。刘鹰对杨小凯的学识和见解极为赏识,她写信给经济管理系党总支书记胡春芳，希望把杨小凯调入新建的经济管理系任教。胡春芳带着刘鹰的推荐信找我，他说我们管理系新建，正好缺少数理经济学的教师，争取把他调进来。听了他们的介绍，我也认为杨小凯是一个难得的人才，一定要想方设法把他调到武汉大学来。

根据我的判断，一个19岁的青年蒙冤进监狱，随后蹲牢房10年，不仅意志没有被摧垮，而且坚持自学，学完了《资本论》、高等数学和英语，并且运用高等数学分析劳动价值理论，运用拉格朗日法推出了戈森定律。他的自学能力是惊人的，他的成果是普通大学生难以比拟的。据此，我断定，杨小凯日后必将成为杰出人才，也一定会取得非凡的学术成就。

1981年5月，我到湖南长沙参加招生工作会议，因为湖南省是我校每年招生的大户，招生的数量仅次于湖北省。会议在湘江饭店召开，我想利用开会的间隙去拜会湖南省委书记毛致用，并向湖南省委办公厅通报了我的请求。让我感到意外的是，毛书记是一个礼贤下士的领导人，一天傍晚他亲自来到我下榻的湘江宾馆，他是在湘潭考察工作结束后直接来看望我的，仅此一点，说明他是一位亲民的人民公仆，令我十分敬佩。

我开宗明义地说明意图，讲我校新建经济管理学系，急需数理经济学方面的教师，希望把杨小凯调到武汉大学工作。毛致用书记对杨小凯是熟悉的，对他的遭遇是同情的，他毫不掩饰地说："杨小凯受迫害是'左'倾路线造成的，我们正在与中央有关部门商量为他平反的事，你们可以先把他调过去，改变环境这对他是有好处的。"对毛书记爽快的应允，我表示了感谢，同时我又提出三点要求：一是杨小凯事件发生在湖南，希望湖南省委一定给他彻底平反，不留尾巴；二是冤案的材料一律销毁，不能随档案转到武汉大学；三是杨小凯的妻子、女儿一并随调，不能再造成两地分居。毛书记表示完全同意我的要求，将责成湖南省委组织部尽快办理此事。

为了细致地做好工作，我还拜会了杨小凯的父亲杨第甫同志，他是一位令人尊敬的老革命家，一生坚持说真话，因而在1959年的"彭黄张周反党集团"的事件中，被列为第5号人物，受尽了折磨，"文革"中再次受到批判，夫人陈素自缢身亡。他的小儿子杨小凯因张贴了《中国向何处去？》的大字报，被公安局逮捕，并被判10年有期徒刑，他们一家人受尽了折磨，都是极左路线的牺牲品。他对我们重用杨小凯表示感谢，并希望儿子不辜负我们的厚爱。

1982年3月，杨小凯顺利调入武汉大学，破格评定为助教，次年又晋升为讲师。在武汉大学工作期间，他先后开设了经济控制论、数理经济两门课程，撰写了《数理经济学基础》和《经济控制论初步》两部专著，发表了《湖北微观经济模型》等10多篇论文，还担任了武汉洗衣机厂的经济顾问。这些成果，是一般教授都不能比拟的，充分显示了他的才华。

1982年7月，美国普林斯顿大学计量经济中心主任邹致庄教授访问我校，杨小凯与他进行了学术交流，他对杨小凯的才华极为欣赏，表示要邀请他去攻读博士学位。很快小凯收到了邹教授的邀请函和办理赴美国留学的全部资料。可是，那时刚刚开始对外开放，"左"倾思想还占据主导地位。我把杨小凯申请赴美国留学的报告提交到党委常委会议上讨论，可是大多数常委不同意他出国，认为他坐过10年牢，在政治上是不可信任的人，这关系到培养什么接班人的问题。但我据理力争，说既然平反了，就不再是反革命分子了。但是，我是少数派，他的申请不能获得通过。

在这样的情况下，我单独找杨小凯谈话，说你现在只能绕道走，希望你给邹致庄教授写一封信，请他给总理写一封信，如果总理批了，你出国就有希望了。杨小凯接受了我的建议，果然总理的外事办公室主任李鲁湘在邹教授的信上批示"请武汉大学办理"的字样。这个批示很明确，不是要我们研究，而是让我们办理。我直接批准了杨小凯出国的申请，他也就顺利地办好了出国的一切手续，于1983年8

月飞往美国普林斯顿大学攻读博士学位。

他在离开武汉大学时,我们进行了一次推心置腹的谈话,我说:"小凯,你经历了不少磨难,但你有钢铁般的意志,这次出国的机会殊实难得,希望你利用美国的有利研究条件,向着经济学的高峰攀登,争取拿到诺贝尔经济学奖。"小凯显得十分激动,他说:"刘校长,只要你还是武汉大学校长,我学成以后,一定回校辅佐你办好武汉大学!"这是我们二人的心愿,是我们彼此信任和相互支持的决心。

1984年8月,中日美联合举办的金属有机化学研讨会在美国加州圣·克鲁斯召开,我有幸参加这次会议,并准备会后到普林斯顿去看望杨小凯。不巧的是,杨小凯到华盛顿世界银行总部实习去了,我们失去了会面的机会。在美国纽约期间,我们下榻在纽约领事馆,有机会见到老朋友施正铿,他原是山东海洋学院的党委书记,彼此都很熟悉。在会面时,施参赞向我反映了杨小凯的思想情况,他说:"杨小凯的思想倾向有问题,值得警惕。"我问是什么问题,他说杨小凯经常与北京大学研究生于大海在一起,议论经济改革和宪政问题,有背离"四项基本原则"之嫌。我对施参赞说:"杨小凯可是一个受过磨难的人,是'文革'极左路线的受害者,我们不能再重复过去的错误。"我希望他不要把这件事向教育部汇报,否则他将被辍学回国,一个优秀的人才可能又会被扼杀。施参赞向我表示,他只是说说而已。

1983年下半年,校内个别思想保守的人,试图拿杨小凯向我发难,认为调入和重用杨小凯是自由化的表现。教育部有领导曾经说:"杨小凯和雷祯孝是刘道玉脸上的两个污点。"对此,我并不以为然,我不认为他们是污点,而恰恰是杰出人才,我坚持走自己的路。

但是,校内的信息很快传到国外去了,杨小凯也得知有人意欲对我发起诘难。他在1983年12月12日给我写了一封信,他写道:

刘校长:您好!

我也听说,国内有人要批判我的观点,对此希望领导多多及时地指点,相信我是经过风浪的人,不会为一点风波而动摇。两周以前,我收到了总理外事秘书李鲁湘的来信,信中有一段话,我觉得非常正确。他写道:国内的形势你大概知道一些。"反右",与经济无关,主要是思想、文化界的事,但有些好事者,认为经济理论战线也有清理污染的任务,矛头指向你正在学的那些东西。许多是因为不懂,你应该明白的,社会科学院和高等学校里这类人不少,正好有事做了。我认为你完全不必在意,虽然有点讨厌。

他在1983年12月22日的来信中又写道:

妻子在来信中说,学校目前在批判精神污染,您表示对我的东西完全负责,这使我深深感到您对我的关怀,令我十分感动。

小凯在1984年5月24日的信中写道:

尊敬的刘校长:您的信早收到了。普林斯顿大学的教授告诉我,您亲自给普大校长写信,请他们关照我,您的关怀使我非常感动,只要您负责武汉大学的工作,我终究是会回武大的。

他在美国和澳大利亚期间,我们先后有12封书信往来,这是我们的友谊和信任的表现。我们是君子之交,没有丝毫个人的利益,他支持我振兴武汉大学,而我鼓励他向经济学研究的高峰攀登,虽然我们都没有实现自己的终极目标,但我们都竭尽了自己的一切。

多年以来,我一直有一个愿望,希望到澳大利亚看望小凯。机会终于来了,1989年7月2日至7日,第27届国际配位化学学术会议在澳大利亚布里斯班(Brisbane)召开,我向大会提交了《非线性光学性能的金属有机化合物》一文,大会审查通过。我已经办理好了出国签证,缴纳了50美元的注册费,预订了机票。我与小凯约定,会后我飞往墨尔本与他会晤,以叙我们的友谊。可是,由于当年春夏之交的政治风波,最终我没有成行,给我们留下了终身遗憾!

邹恒甫是武汉大学毕业的另一位著名的经济学家,是新中国成立以后获得哈佛大学济学博士的中国人。在2017年全世界5万名经济学家排名中,他位于460名,是世界华人经济学家中唯一进入前500名的人。他热爱祖国,热爱母校。1994年9月,他在武汉大学创办了全国第一个高级经济学研究中心,致力于双语、双学位的教学,希望彻底改革落后的中国大学的经济学教学。他借助个人人脉,从国外聘请经济学家自费来授课,而杨小凯就是他聘请的著名经济学家之一。

1996年7月,邹恒甫邀请杨小凯到武汉大学高级经济研究中心讲学,这是小凯出国13年后第一次回到武汉大学,我们都感到非常高兴。可是,小凯是高高兴兴而来,却含着悲愤而去。原因是,武汉大学当时的负责人坚决不准杨小凯在武汉大学讲学,并且在杨小凯住房的左右派保卫处两名干部监视他的行踪。杨小凯气愤地说:"我能够在北京大学、复旦大学、香港大学和台湾大学讲学,但不能在我工作过的大学讲学,简直是岂有此理!"

当我得知这一荒唐的事件之后,为了安抚小凯不快的心情,我和夫人商量,我们自费邀请杨小凯、邹恒甫和黄训腾副书记等人,在校门口集贤楼餐厅聚会,既排泄他胸中的不快,又抒发我们别后的友情,同时也为小凯饯行。在餐叙中,小凯畅谈了他目前在经济学前沿领域的研究工作,我们都对他的研究寄予厚望。小凯严肃地对我说:"刘校长,您已经不再是武汉大学的校长了,我收回当年对您的承诺,我不会再回武汉大学了。"我也对他说:"是的,你不必再把回武汉大学一事记在心上,我们都与武汉大学无关了。你现在的唯一任务就是向经济学研究的最前沿冲刺,希望登上诺贝尔经济学奖的高峰。"他说:"我会努力的,感谢大家的支持!"餐叙之后,小凯回湖南长沙探望亲人,我们遥祝他旅途一路顺风!

这是我最后一次见到小凯,在此后的近10年中,我们的联络中断了。我知道,他太忙了,也许他身体不好。后来听到的信息,印证了我的猜测。2001年9月,他罹患肺癌,同时皈依了基督教。他虽然身患绝症,但并没有放弃研究,同时与病魔做顽强的抗争。我听说,到了2002年12月,他的身体进入到一个新的境界,癌细胞居然完全消失了,我为他感到由衷的高兴,并为他虔诚地祈祷!

2004年6月,邹恒甫再一次到武汉大学讲学,我们在珞珈山麓散步时相遇。我问他小凯的身体怎么样?他说小凯的身体很不好,已经不能说话了,只能用手写东西。很可惜,拿诺贝尔经济学奖不是没有可能,只是没有时间了。听后我的心情霎时阴沉了下来,但愿上帝保佑他平安。

没有料到,不幸的信息竟然来得如此之快。7月12日晚饭后,儿子刘维东告诉我,网上已经报道杨小凯去世了。我立即给邹恒甫打电话求证,他说是7月7日逝世的,他已代表董辅礽、黄训腾和我,给吴小娟打电话表示悼念和慰问。7月13日,我又亲自给小凯的夫人吴小娟发去了电子邮件,表示悼念和慰问。从网上得知,小凯的追悼会,将于7月14日下午2时,在墨尔本Waverley路的Anglican教堂举行。我感到十分遗憾,由于远隔重洋,我不可能前往参加他的追悼会。于是,我立即写了悼念诗三首,以邮件形式发给吴小娟,现抄录于下:

悼念电文

小娟女士:

从网上得知杨小凯不幸逝世的信息后,我感到万分的悲痛!他走得太突然了,他的逝世不仅是你们家庭的巨大损失,而且也是莫纳什大学、华人经济学界乃至于世界经济学界的损失。此时此刻,我谨对他的不幸逝世表示哀悼!向你们全家表示亲切的慰问!我与小凯的关系非同一般,是我把他调到武大任教的,破格提升为讲师;是我力排众议批准他去美国普林斯顿大学攻读博士研究生,随后又批准你和女儿去美国探亲。他在美国和澳大利亚期间,我们有许多通信,彼此心心相印,相互支持与鼓励。我十分关注媒体对他的报道,我为他的每一个成就而高兴。本来,我和他都有一个情结,那就是向着经济学最高的荣誉攀登,对此我坚信不疑,只要假以时日。可是,他后来得了病,我甚为他担忧。去年,我看到国内有一篇报道,说他凭着信念和毅力,癌症完全消失了,又一次创造了奇迹,我为他高兴!

今年6月底，邹恒甫到武大讲学，从他那里得知，小凯的情况很不好，他已经不能说话了，但他仍然顽强地在工作。我未料到，仅仅只隔了十来天，他就不幸逝世了。噩耗传来，我感到震惊，无法接受这个事实。小凯只度过了55个春秋，的确是英年早逝。本来，他可以再工作几十年，为世界经济学做出更大的贡献。但是，小凯毕竟为他的理想竭尽了全力，在学术上留下了许多有价值的成果，它们将永世流传！

现在，最重要的是保持冷静，万望节哀！

谨对杨小凯的逝世致以深切的悼念！

武汉大学　刘道玉
2004年7月13日

附悼念诗三首

沉痛悼念杨小凯院士

（一）

十年铁窗苦自学，
横贯中西博与约。
喜有伯乐识良驹，
珞珈山上露头角。

（二）

坚守信仰尚独行，
疾恶如仇不苟俗。
崇尚民主与自由，
敢为改革鼓与呼。

（三）

历经磨难成正果，
学术前沿勇开拓。
不幸罹难不治症，

痛惜巨星早陨落。

刘道玉 哀挽
2004年7月14日晨6时30分

三、勇争第一

有谁能够相信，由一个讲师领衔筹建全国综合大学唯一的建筑学系？无论是对于张在元或者是我来说，都是大胆妄为的，但我却认为这就是敢作敢为，这是成就事业必要的胆识和卓识。我之所以欣赏张在元，因为他是一个创造性的人才，是勇于争第一的人。

那么，谁是发现张在元的伯乐呢？这要从当年我校经济学系青年教师伍新木与张在元的交往说起。20世纪80年代初，在东湖宾馆的一次经济改革高峰论坛上，张在元与伍新木相识，两个年轻人的心灵相碰撞在一起，立即激发出了新的创意。张在元说："在国外，建筑学系都是办在综合大学，而我国1951年院系调整后，建筑学系都划归到工学院，这种体制不利于培养具有综合素质的建筑学人才，所以我国的城市建筑都缺少美感。"

说者有心，而听者也有意，张在元向伍新木建议道："可否在武汉大学创建一个建筑学系？"伍新木激动得从座位上站起来，十分激动地说："好主意，我们刘道玉校长锐意改革，他对你的建议肯定会感兴趣，我马上向刘校长推荐你，把你的想法直接和他谈，我看你们谈得来，找机会你与刘校长尽快见面。"

伍新木是个热心快肠的人，他这么一说，张在元倒是觉得有点太突然了。于是，他说："伍老师，我的想法还很不成熟，是否等几天再说?"伍新木操着湖北沔阳(今仙桃)话说:"等个么事,事不宜迟,越快越好,没有什么可等的,我马上给校长打电话。"

当天,伍新木给我打电话介绍了张在元和他欲在武汉大学创办建筑学系的想法。我们约定第二天下午3点张在元到我的办公室商谈,我们开始了一场奠定我们一生事业和友谊基础的商谈。

初次见面,在元不停地打量着我,我紧紧握着他的双手,对他的到来表示欢迎,愿意倾听他的任何建议。几句寒暄之后,似乎我们彼此之间的关系拉近了,他不再打量着我,不再有思想顾虑了。

我首先表明态度说,伍新木老师已经在电话中介绍了你的想法,我对你欲在武汉大学办建筑学系很感兴趣。可是,我对建筑学是个门外汉,希望你给我讲一点建筑学的启蒙知识。比如,建筑学与工民建(工业与民用建筑工程)有什么区别,师资从哪里来,先从哪个专业开始,武汉大学有哪些优势与不足?

在元有条不紊地一一做了介绍。他说,建筑学与工民建,无论是学科体系、课程设置,或是培养目标都是不同的。他接着说,武汉大学的优势就是文科,拥有文学、历史、哲学、经济、法学等特色学科,师资力量雄厚。听说你们正在筹备成立美学研究所,美学与建筑学的关系更加密切,没有美就没有高雅的建筑。至于先从哪里着手,我建议先办建筑学专业,待奠定基础以后,再逐步发展其他有关的专业。

我校与法国建立了长期与全面的合作关系,这又是我们创办建筑学系的一个有利条件,我们准备把筹办建筑学系纳入中法交流的项目。在元听后极为激动,他说:"法国建筑学是世界领先的学科,法国建筑是欧式建筑的代表。我们借助中法交流,这是发展我国建筑学的契机,将来武大的建筑学一定会办出与其他工学院建筑学不同的特色。"

经过一番交流,我们的设想不谋而合,我对在元说:"这事就这么定了,我们特聘请你来筹办这个新系,你看怎么样?"

"校长,我只是武汉城市建筑学院的一个讲师,我能胜任吗?让我再考虑一下行吗?"

是的,他只是一个普通的城市建筑学院讲师,我为什么认定他能够胜任筹备一个新的系科呢?这得益于我对他创新能力的了解,在他身上拥有创造性所需要的素质。例如,1981年,他还是助教的时候,由他编导和拍摄了一部教学电视片《武汉的脚步》,被评定为建筑学与城市规划专业的教学电视片,在湖北电视台和中央电视台多次播放,好评如潮。通常情况下,这种电视片是由直升机拍摄,但张在元是运用一部消防车的云梯完成的。这既是创意,也是冒险,二者都是创造性人才必备的素质,这次冒险走出了他创新人生的第一步。

1982年,由他设计的长江水晶宫作品参加了第17届国际建筑设计竞赛,在来自世界各国356件参展作品中,经过权威专家的评审,该作品被评为佳作奖,它体现了中国设计师的才华和创造力。对于这个奖项,新华社、《人民日报》、《光明日报》和《中国青年报》都做了报道,给予很高的评价。

基于这些了解,我认定他是一个创造性的人才,完全有能力领衔创办建筑学系。于是,我对他说:"在元,人生的意义在于接受挑战,勇于开拓,去尝试自己想做的事,你不是很想在综合大学创办建筑学系吗?我们给你拓建一个平台,任你展现自己的才华,你还犹豫什么呢?"

他不再犹豫了,并且谢绝了武汉市城建委副主任的任命,接受了我校的聘请。我校以最快的速度办完了他的调动手续,他开始在武汉大学上班了。可是,万事开头难,刚开始只是在新四栋学生宿舍的两间房办公,后又调拨了一个建筑高级工程师和资料员,拨给了5000元的筹备经费,这就是筹备建筑学系最原始的资本。

筹备建筑学系首要的任务是尽快起草筹办建筑学系的可行性论证报告,呈报教育部审批,否则这个新系就不能挂牌。当时遇到的最大问题,是师资队伍问题,如果不调入大批教师,教育部会认为没有条件,但如果调入大批教师后教育部不批准,这些教师又如何处理?

这是一个两难的问题,犹如"先有鸡还是先有蛋"一样的无解。

好在,在元是一个"不到黄河心不死"的人,他凭着智慧和毅力,在三年的筹备期内,无数次地往返于武汉和北京之间,真是磨破了嘴,跑破了鞋,留了不少汗。我校的申请报告遭到高教一司的三次否决,但他仍然没有灰心。他亲自找到钱学森先生,详细向他汇报武汉大学筹办建筑学系的事,幸获钱老的支持,并亲自写了论证意见。同时,在元又用换位思维方法,既然高教一司不批准,为什么要吊死在一棵树上,何不请求高教二司审批呢?果然,柳暗花明又一村,终于看到了希望。国家教委高教二司司长龙正中思想开明,作风正派,细心倾听,经过专家的论证与答辩,最后于1987年底,国家教委正式批准武汉大学创办建筑学系,首先开办城市规划学专业,从1988年秋季开始招生。

张在元终于等到了这一天,他把这一天看作改变自己命运的一天,是全国综合大学创办建筑学系的新篇章的一天。为此,他熬过了1300多天,其经历堪与阿拉伯民间故事集《一千零一夜》的故事相媲美。

拿到了建筑学系创办的出生证,在元认认真真地开始调配教师,制定教学计划,筹备图书资料室和设计制图室。筹备工作进展十分顺利,配齐了各课任课教师,他亲自讲授建筑学这门重头课程。同时,他通过购买、捐赠、复印等办法,迅速地添置了近2万册图书,建立了与日本、美国和加拿大的校际交流关系,把首届新生迎进到珞珈山,他站完了最后一班岗。

日本东京大学建筑学教授槇文彦对张在元极为赏识,他早年评审"长江水晶宫"时认定在元是一个创造性的人才。因此,他从1983年到1988年,连续6次邀请张在元到东京大学攻读博士研究生,但那时在元一心扑在创办建筑学系上,无心他顾。1988年2月,槇文彦教授又一次发来邀请信,而且提供高额的奖学金和研究经费。现在时机到了,他也想借机开阔学术视野,提高自己的学术水平。他顺利地办完了赴日本留学的一切手续,预订了飞往东京的机票。这时,他回首四年创办建筑学系的经历,真是酸甜苦辣滋味杂陈,欣慰的是,他没有辜负对我的承诺,因而也感到无比轻松。

1989年2月初,一场大雪把珞珈山装点得银装素裹,特别是那些傲雪凌霜的青松翠柏,更显得纯净和高洁。

2月2日,离春节只有三天,就是这一天他要乘飞机离开武汉,经上海飞往东京。这天一大清早,我赶到南湖机场,特地为他送行。当我在凛冽的寒风中出现时,在元快步上前紧紧地握着我的手,他的眼圈湿润了,哽咽着说:"刘校长,您怎么来啦!"

"我是来为你送行的,我知道你在这个时候是百感交集,人在这个时候最需要的是理解和信任。在元,不管你走多远,祖国仍然是你的家,我们永远是朋友。"

"校长,真对不起您!这些年在武汉大学筹办建筑学系连累了您,给您带来了麻烦,心里愧疚,请您原谅我工作中的过失。"

"在元,你从零开始创办一个新系,非常不容易!学校上下都有公正的评价。这事你没有错,也没有给我带来麻烦。我们都是为学校、为国家工作,并未谋私利,历史自有评说。"

"校长,我这次出国确实是想深造,并不是怕困难,也不是存心放下建筑学系不管。"

"这些我都知道,你出国是好事嘛!至于建筑系的事,你我都爱莫能助!你到了国外,要瞄准国际一流水平攀登,尽可能寻找机会站在巨人的肩膀上,尽可能地多出成果。"

在元登上了飞机,我和他的妻子陈翠梅、女儿张贝儿在候机楼东南侧,冒着风雪向他挥手告别,直到那银燕在我们的视线中消失。

我知道,此时此刻,无论是对于在元,或是他的妻女,都是难于割舍的。再过三天就是除夕,在这"每逢佳节倍思亲"的时刻,亲人分别、远行,自然是很难受的。为了减轻他的妻女的孤独,我邀请她们母女除夕晚上到我家吃年饭,让她们过一个愉快的除夕。

在元顺利地到达了东京，一周后我就收到了他的来信。他在信中写道："我十分感谢您春节款待我的妻子和女儿，您对我们是真诚的，是非常负责任的，您的精神一直是我不畏难、不妥协和勇往直前的动力！"他在另一封信中说："我对任何人都说，到目前为止，对我人生影响最大的是两个人，在中国是刘道玉，在日本是槙文彦，将来我要写进我的自传中。"

本来，在元是以研修生的身份去日本留学的，由于他的成绩非常优秀，所以导师槙文彦建议他转为博士生，并且对他说："如果你获得了东京大学建筑学博士学位，你就可以进入到国际建筑学的学术圈里。"

在元又写信征求我的意见，这是他多年养成的习惯。我知道日本的博士学位是非常难拿到的，别说是外国人，即使是日本人也都望而生畏！但是，我完全支持他攻读博士学位，这对他又是一个巨大的挑战，唯有挑战才能超越。

从进入博士阶段，在元熬过了7年的时光，他以工作室为家。他一边研究一边设计，又获得了多个国际建筑大奖，如神农架野人俱乐部、乌兹别克斯坦撒马尔罕文化中心等设计作品，都从众多的设计方案中脱颖而出，获得了多个世界级的荣誉。

他的博士论文题目是《殖民地与租界城市体系》，时间跨越1500多年。他的论文是用英文和日文撰写的，论文共计1766页，其中照片461张、绘制城市图216幅、引用文献27667条、幻灯片240张。这些成果是他以汗水浇灌出来的，是无数不眠之夜换来的，也是他创造精神的结晶。

照理说，他学成以后，应当回武汉大学继续领导他一手创建的建筑学系，但学校领导人拒绝他回来。不过，张在元无论到哪里都有他用武之地，他先是在香港大学任教，后被广州市政府聘请担任广州生物岛的设计，并且又创办了喜马拉雅设计事务所，聚集了庞大的设计队伍，事业如日中天。

后来,拒绝张在元回来的武汉大学某领导人离任,武汉大学迎来刘经南院士这位坚持原则的校长,他爱才、惜才。为了办好学校城市建筑学院,他亲自赴广州邀请张在元回校担任城市建筑学院的院长,并希望我从中斡旋。刘经南校长的诚意感动了张在元,我也支持他重返武汉大学,振兴他自己创建的建筑学系。

2005年4月14日,张在元时隔15年又4个月之后,重新担任他亲手创建的城市建筑学院院长,他百感交集,叹如今已是物是人非。他并不是全职回归,而是兼任院长,同时他还要打理喜马拉雅设计事务所事务,还有全国诸多的兼职。在履任院长后,他做了三件创造性的工作:第一是将城市建筑学院改名为城市设计学院,两字之差,反映了办学指导思想的变化,因为建筑是施工,而设计是创意;第二是创办了"五月国际建筑学论坛",每年一次,交流国际最前沿的建筑设计思想;第三是他募集了120万元开展了一次"中国轮廓"的大型科考活动,无论是参加人数之众,还是考察地域之广,以及获得的珍贵资料之多,都创下了全国诸多的第一。这次科考活动,在校内外影响非常强烈,中央电视台还专门拍摄了纪录片。

非常可惜的是,他在武汉大学仅仅工作了一年多的时间,他就病倒了。2006年2月,他从北京301医院给我打电话说:"刘校长,我可能患了腰椎病,不能站立,疼痛难忍。"我对他说:"在元,你太累了,需要好好休息,同时要检查清楚,到底是什么病。"到2007年,他的病情越来越严重。经过反复诊断,他是患了渐冻症(肌萎缩性侧索硬化),英语简称为ALS症,也就是英国天才霍金所患的那种疾病。

从2007年10月起,他先后在湖北省中医院、中南医院接受治疗。但是,经过几年的治疗,并没有丝毫的好转,而且病情越来越严重,逐渐丧失了行走、语言和呼吸的自主能力。我每年多次去探视他,鼓励他继续与疾病抗争。但是,无论是医生或是朋友,都无回天之力。

2012年5月9日,我到湖北省中医院给夫人取药,在回来的路上,我接到北京陈浩武的电话,他说:"告诉你一个不幸的消息,张在元于今晨2点49分逝世。"我当时手边没有张在元家的电话,急忙赶回家,马上拨通了他的妻子陈翠梅的电话,我向她求证问道:"在元是不是走了?"她回答说:"是的,就在今天凌晨。"我又问:"他的遗体在哪里?"她说:"还在病房。"我立即赶到中南医院呼吸内科病房,他已经静静地躺在病床上,只是右眼尚睁开着。我知道,这是他的心思还未了。我走近他的遗体,用手轻轻地把他的右眼往下抹了一下,果然他的右眼闭合了。我说:"在元,你太累了,应该休息了!你是一个勇争第一的人,你获得了众多第一的荣誉,你的人生没有遗憾,你就安心地走吧!"

张在元的人生是建筑学的人生,是创造奇迹的人生!

四、敢于竞争

在改革开放以前,我国大学中根本没有管理学这门学科,大学里只有政治经济学。改革开放以后,管理学才逐渐被介绍到国内,并陆续派留学生到国外学习管理学。毛蕴诗是最先被派往比利时鲁汶大学学习的,是我国第一个获得MBA(工商管理硕士)学位的学者。他留学归来后,面临工作的选择,由此引起了一场关于毛蕴诗的五校竞争。

毛蕴诗是四川夹江县人,1967年毕业于四川师范大学数学系,毕业后被分配到贵州一家工厂工作。1978年考取中国人民大学工业经济硕士研究生,后由教育部选拔赴比利时鲁汶大学攻读工商管理硕士学位,他的优势是既有数学与经济管理的专业知识,又了解国际最先进的管理理论与方法。

毛蕴诗在北京待分配期间,中国人民大学、清华大学、四川大学、西南财经大学和武汉大学都有意聘请他,而且前面几所大学与他都有些关系,中国人民大学是他读硕士的学校,四川大学、西南财经大学是他故乡的学校,清华大学向来是以老大自居,从来都是当仁不让的。

但是,毛蕴诗却对武汉大学情有独钟,他给我写了一封信,表示有到武汉大学工作的意向。我喜出望外,立即给他写了一封亲笔信,我写道:"首先热烈欢迎你来武汉大学工作,我校刚刚创办了经济管理学院,正需要像你这样的优秀留学生。为了让你了解一个真实的武汉大学,我们邀请你来校讲学。经过你亲自考察后,你若仍然选择来我校工作,我们表示最真诚的欢迎,提供优厚的研究经费,尽快办理调动手续,保证一个月内将家眷从贵州调到武大,分配三室一厅住房,晋升副教授。"

毛蕴诗在管理学院的演讲非常成功,他向我表示:"我之所以选择武汉大学,是因为你校的教育改革走在全国的前列,改革是发展经济的驱动力,也是管理学研究最好的平台。同时,刘校长的亲民作风也给我留下了深刻的印象,相信在你的领导下,武汉大学的经济管理学院一定会兴旺发达。因此,我义无反顾地选择武大,与你们一起振兴武汉大学。"

我们兑现了对毛蕴诗聘任的承诺,他先后晋升为教授、博士生导师,担任工商管理系主任,后被任命为经济管理学院院长,并且承担了多项国家研究课题,积极参与工厂和企业的咨询,获得了丰硕的研究成果,也收到了十分明显的经济效益,深受教师、学生和社会厂矿企业的欢迎。

然而,由于我被免职,许多受我器重的教授,不免感到心灰意冷,他们陆续离开了武汉大学,这是人们不愿意看到的,但毕竟"孔雀东南飞"已是不可逆转的趋势。

1993年,毛蕴诗被中山大学聘任,甚至可以说是被他们挖走的。广州毕竟是改革开放的前沿阵地,他在那里大有用武之地。他先后担任中山大学管理学院院长、企业与市场研究中心主任、《风险投资》（内刊）杂志主编，是中山大学和广东省学位委员会委员、全国政协委员等。可是，他的这些成就与荣誉却归于中山大学，而武汉大学只能望洋兴叹了。

五、如日中天

易中天是全国著名的学者，他的学问跨越文学、美学、语言学、戏剧学、史学、社会学等学科，是当代名副其实的全才。可是，他的成才和治学却颇有些传奇的色彩。他赶上了大好时代，虽然没有大学本科学历，但他以同等学力考取了武汉大学古典文学的硕士生。然而，他研究生毕业后，却遇到了学非所用的麻烦。那么，他是怎样被留校任教，又是怎么一步步地走上了治学道路的呢？

这要从一个电话说起，真是好事多磨！

1982 年初夏，全国恢复高考统招的首届大学生和研究生，都面临着毕业分配的问题。当时，招生与分配有两种方式：一是统招统分；二是定向培养，哪里来哪里去。当初，易中天是以定向生被武汉大学中文系录取的硕士研究生，也许他并不十分清楚定向培养的具体政策。按照规定，定向生是属于委托培养类型的，在学习期间，委托单位支付研究生的工资，毕业以后研究生必须回委托单位工作。况且，新疆又是边疆和少数民族地区，他们有充分的理由要求易中天回到乌鲁木齐钢铁公司子弟学校任教。

但是，他的导师是胡国瑞教授，已经年逾古稀，易中天是他改革开放后培养的第一个研究生，也是他平生培养的唯一的一个文艺美学研究生，他面临着后继无人的断层。他实在不忍心让易中天回新疆,怎么办?他想到了刘道玉——校长惜才如金,兴许他能够帮助解决这个难题。

于是,他拨通了我办公室的电话,几乎是以颤抖的声音说:"刘校长,我有重要的事要向你汇报,我现在马上到你的办公室来。"我有一条自律的原则,凡是老年教授有事,不能让他们劳步到办公室或到家里找我,而我必须亲自去拜访他们,当面听取他们的意见,尽可能地予以解决。于是,我回答:"胡先生,不要劳您大驾了,今天晚上我到您家里去谈吧!"

当天晚上,我到了位于北三区27栋他的家中,听取他想要谈的重要事情。其实,我知道他要谈的就是易中天分配的事。胡先生显得非常激动,他从书桌边上的椅子上站起来说道:"刘校长,易中天不能回新疆呀!他是我培养的第一个美学研究生,我已这把年纪了,文艺美学面临后继无人的危机,你要想想办法,千万要把易中天留下来。他毕业回去学非所用,那岂不是杀鸡取卵吗?"

"是呀,人才难得,我们要据理力争。胡先生,您别急,我将尽一切力量,争取让易中天接您的班,决不能让学术后继无人。"

我们先是以学校的名义与新疆教育局协商,希望他们同意易中天留校任教,但多次协商无果。当时研究生分配是按照"四项原则":来自边疆的原则上回边疆;来自少数民族地区的,原则上回原地区;带薪学习的必须回原单位;结婚的原则上回到配偶的工作单位。按照这"四项原则",条条都把易中天箍得死死的,没有一点调和的余地。从道理上说,新疆方面要求易中天回去是有充分理由的。所以,他们的态度十分坚决,并且他们通过新疆维吾尔自治区向中央组织部和教育部分别呈送了报告,请求上级做好武汉大学方面的工作。看来,易中天留校的路子已经堵死了。我对学生工作处说,易中天暂缓分配,虽然他已经拿到了派遣证,但他并没有到乌鲁木齐报到,而是留在武汉待商处。

1981年5月,我去北京开会,会后我到教育部去找学生司毕业生分配处处长李力群(我在教育部工作时与她很熟悉),请她帮忙解决这个难题。她十分客气地说:"道玉同志,不是我不帮忙,而是这个问题太棘手了,涉及民族政策问题,我做不了主。不过,我建议你向蒋南翔部长汇报,请他作为特例批准,否则谁也不敢拍这个板。"

我是一个不到黄河心不死的人,不达目的怎么向胡国瑞教授交代?蒋部长是一位老教育家,他对大学的情况很熟悉,也知道"五老八中"是武汉大学的特色,由于"文革"的破坏,全国传统学科面临青黄不接的状况,他对于这种情况也十分焦虑。

我向南翔部长汇报说:"现在古代文学、古代史等学科,都面临青黄不接、后继绝学的问题,而且非常严重,我校胡国瑞教授是著名的古典文学大家和诗人,他培养的唯一的美学研究生易中天是新疆带薪学习的研究生,按照正常情况他应当回乌鲁木齐钢铁公司子弟学校工作,但今学非所用,而胡国瑞先生又后继无人,希望蒋部长特批易中天留校任教。"

听后,南翔部长说:"这事我已经知道了,新疆王恩茂书记已经给我打过电话,他希望我做你们的工作,支持新疆的建设,这事真是两难,一边是民族地区,一边是青黄不接。"我见蒋部长十分为难,主动建议说:"蒋部长,您看这样是否可行?新疆方面同意我们留下易中天,而我校分配5个本科毕业生到新疆工作,这样我们两边都顾全大局了,岂不两全其美?"蒋部长面带笑容地说:"是个好主意,我看可行,我从中斡旋好了。"

为此,教育部专门行文,明确表示易中天留在武汉大学任教,而武汉大学今后继续支持新疆的建设。我们兑现了自己的承诺,当年我们分配了经济学系、生物学系、哲学系和图书馆学系的5个毕业生到新疆工作,其中有些人后来在新疆担任了重要的职务,为新疆的文化、教育和经济建设做出了贡献。

事实证明,易中天的确是一个杰出的人才,他留校以后,是中文系讲课最受欢迎的教师之一,对于他来说,学术事业如日中天。1983

年，他为本科生开设的文艺审美心理学课程，开创了这门学科的先河。这是一门跨越文学、美学、心理学的边缘学科，如果没有渊博的知识，是很难胜任这门课的教学工作的。他的课程安排在教三楼001教室，是当时学校最大容量的教室，可容纳300多人。这门课吸引了各系科的学生，包括来自华工（现华中科技大学）、华师（现华中师范大学）的学生。为了抢到一个座位，学生们都要提前去排队，去晚了的学生，只能坐在走廊的地上或是爬在窗台上听讲。这门课曾经轰动一时，有些报刊还专门做了报道。

1984年，学校又任命他为中文系副系主任，协助王文生教授抓科研、研究生和外事工作。这在教授林立的重点大学还是很罕见的，他不辱使命，把主管的工作搞得有声有色，受到师生们的称赞。

同样地，他的学术研究也获得了显著的成果，他的硕士论文《〈文心雕龙〉美学思想论稿》出版后，1989年又与人合作出版了《走出美学的迷茫：中西美学思想的嬗变与美学方法论的革命》一书，1990年再次与人合作出版了《艺术教育学》一书。此外，他还发表了多篇学术论文。可是，就在他踌躇满志的时候，却产生了离去的思想。我记得，1992年初，他来到我家，那时我已被免职4年了，但我们既是师生又是朋友，彼此无话不谈。他似乎有些不好意思地说："校长，我已决定离开武汉大学了。"

我没有问他为什么，而是问道："你准备去哪？"

"厦门大学艺术研究所。"

中天没有向我说明他离开的原因，但是个中的原因是不言自明的。易中天颇受我的器重，我被免职以后，自然是"打击"的对象。易中天的教学效果有口皆碑，研究成果超出许多副教授，甚至多于教授。但是，他却连副教授也评不上，这怎么能够让人心服口服呢？

我对中天说："现在不是有一句口头禅叫作'孔雀东南飞'嘛？你到厦门大学正符合这个潮流。做学问，需要民主自由的环境，厦门大学不失为首选之地，也是你英雄用武之地。"

"校长,能够得到您的理解,我感到非常高兴!到了厦门大学以后,我会继续从事我感兴趣的、有价值的学术研究,不会让校长失望的。"

1992年初,易中天到了厦门大学,担任艺术研究所所长,很快晋升为教授。用他的话说,"到了厦门大学以后,前几年几乎是过着隐姓埋名的生活,并重新思考学术道路问题,最后决定走自己的路,让别人去说,而不是走别人的路,让自己说。"

他在给我的一封信中写道:"校长,您一眼就看出我走的是什么样的道路。"那么,易中天究竟走的是一条什么样的道路呢?依我看,他是把美学的概念扩宽了。在一切事物、一切领域、一切学科中都有美。于是,他不是就美学研究美学,而是以独特的思维,从多视角、多学科领域进行研究。现在看来,他选择的道路,就是不断挑战自我、不断超越自我的道路,这也是每一位学术大师所走的道路。

1992年,他的美学研究代表作《艺术人类学》由上海文艺出版社出版,并获得福建省社会科学优秀成果二等奖,后又获得首届高校优秀成果二等奖。这部著作,是新中国成立以来第一部艺术人类学专著,在学术界有较大的影响。其实,这本书是在武汉大学期间完成的,但成果却记在了厦门大学的账本上,这是值得令人深思的。

接着,易中天迎来了学术创作的高峰,2000年上海文艺出版社一下子推出了他的四部畅销书,即《闲话中国人》、《中国的男人和女人》、《读城记》和《品人录》,合为"品读中国"系列。这四本书横跨四门学科,《闲话中国人》是文化学著作,《中国的男人和女人》是社会学著作,《读城记》是城市学著作,《品人录》是历史学著作。这些著作问世以后,颇受读者欢迎,一印再印,并且已经出版了外文版,风靡海内外。因此,他也被媒体称为文学家、美学家、历史学家、社会学家和城市学家。他实至名归,成为最受欢迎的学者之一,中央电视台和凤凰卫视等对他进行了专题报道。

2001年,易中天另一部力作《人的确证——人类学艺术原理》,又由上海文艺出版社出版。同年,他的一本随笔《书生意气》由云南人民出版社出版,这是他的第五本随笔,该书出版后,《中华读书报》给予了极高的评价,认为是不可多得的畅销书之一。这本书体现了典型的易氏随笔风格,谈古论今,说东道西,鞭辟入里,如话家常,而又每每道人之所未言,常常给人以深刻的启发。

2004年到2005年,是易中天学术丰硕收获期,除《破门而入:美学的问题与历史》和《大话方言》外,还有《费城风云》(原名叫《艰难的一跃——美国宪法的诞生与我们的反思》)、《帝国的终结:中国古代政治制度批判》和《帝国的惆怅:中国传统社会的政治与人性》。后面三本书构成"帝国与共和"三部曲,被海内外一印再印、一版再版。此后,他又出版了《先秦诸子百家争鸣》、《我山之石》和《中国智慧》三部曲,同样也是一再加印,畅销不衰。

2011年5月22日,在北京御园会所,上海人民出版社举行了易中天16卷文集首发式,由八位老人作为见证人,我是其中之一,并且代表见证人做了发言。在这八位见证人当中,我是最了解易中天的人,借机我介绍了他成才和成功的经验。

我认为易中天的成功在于:第一,他富有激情,思维敏捷。激情往往会导致冲动,而冲动是创造之源。正如英国著名哲学家罗素所言:"冲动比有意识的目的更能主宰人类的生活。冲动有两类:一类是占有的冲动,一类是创造的冲动。有意义的生活大多是建立在创造性的冲动上。"第二,他的语言丰富,口才出众,妙趣横生。为什么相声演员受欢迎,因为他们的幽默语言能够抓住听众,引起共鸣。俗话说:一年胳膊两年腿,十年练就一张嘴,这就说明口才对于教师是非常重要的。第三,他博学多识,旁征博引,让听众能够获得新知,绝不会讲那些老生常谈的陈旧话题。

当我看到易中天获得的成就时,感到无限的欣慰。当年我们为他留校,虽然历经波折,但是非常值得。易中天已是著作等身的学术大家,现在隐居在江南小镇,仍然在皓首穷经地孜孜以求。从他的名字,我想起一个"追赶太阳"的故事。沙米尔·约翰森是英国著名的编辑专家,他在谈到编撰《英语词典》的体会时说:"追求十全十美,就像阿卡狄亚(Arcadia)原始居民逐日一样,当他们追到似乎是太阳栖息的山顶时,却发现太阳依旧遥不可及。"[①]这个故事比拟做学问,追求十全十美也是遥不可及的。易中天就是这样的一位追求十全十美的学者,他始终在挑战自己,也不断地超越自己,凭着这种精神,我相信他会创造出更多的学术奇迹!

六、百炼成钢

李百炼(B. Larry Li)现在是美国加利福尼亚大学河滨分校的终身教授,他拥有诸多的世界级学术衔职,如美国科学促进会院士,美国人类生态科学院院士,2015年世界普利高津金奖获得者(有生态学诺贝尔奖之称,全世界只有12人获得),俄罗斯科学院外籍院士,世界生态高峰会议主席,*Ecological Complexity*(Elsevier)和 *Journal of Arid Land*(Springer Nature)的创刊主编。李百炼堪为世界环境生态的学术权威是无疑的。但是,有谁知道,他仅仅是华中农学院荆州分校(曾改名湖北农学院,现长江大学)的一个专科毕业生呢?

我常常把培养人才的环境比喻为炼钢的高炉,只有达到一定的高温时,金属和非金属的原料才能熔化,分离出废渣,从而获得优质的钢材。人们也都有这样的生活经验,当炉火旺盛的时候,往往还需要往炉内浇灌水分,以助炉火更旺;如果炉火奄奄一息,即使把干炭放

[①] 《追赶太阳的人们——记〈现代汉语词典〉的编纂者》,《光明日报》2012年10月8日。

上去也燃烧不起来。因此,我们必须营造像火炉一样人才成长的环境。我们看到李百炼的成就,那只是结果,而在获得那些成就的背后,却是车载斗量的汗水和皓首穷经的孜孜以求。从这个意义上来说,他就是百炼成钢的典型。

那么,是谁发现他,又是怎么样调进武汉大学的呢?问题的关键在于打破常规,破除阻碍人才冒尖的各种框框和条条。

事情还得从我校创办环境科学系说起,1984年我倡议创办环境科学系,以改变武汉大学学科少和陈旧的局面。可是,倡议一提出就遇到保守派的反对,他们说什么叫环境科学?有人说,环境太大了,宽大无边,它算是一个学科吗?还有人说,办环境科学系是头脑发热,是好大喜功,武汉大学有谁懂环境科学?没有人怎么能够办得起来?

学科的划分是以研究的对象来确定的,自然环境是客观存在的,因此认识环境、改造环境和治理遭到破坏的环境就是环境科学的研究对象。科学发展必须与时俱进,陈旧的学科要更新,新的学科必将诞生。因此,我顶住了压力,说服了一些怀疑者,也赢得了许多教师的支持。

创办一个新的系科,首先要寻觅到一个带头人,由他们再动员和物色所需要的教师,组建一支教学和科学研究队伍。经过我们商量,意欲请化学系电化教研室的姚禄安教授当系主任,他是留学苏联科学院的副博士研究生,主要研究方向是电化防腐处理问题,这与环境保护有密切的关系。同时,我又找到学校科研处处长柳大志和副处长胡鸿兴,前者是从事分析化学研究的,后者是研究鸟类学和湿地的专家,他们都与环境有着密切的联系。经过我的说服动员,他们都愿意为创办环境科学系贡献一己之力。

将帅找到了,接下来就是由他们来组建师资队伍,幸好倡议已发出,物理系、化学系和生物学系的不少教师都纷纷加入,一下子就组建了30多人的教师队伍。与此同时,又从校外调进了几名从事环境工程的专家，一个多学科的环境科学系的师资队伍就这样形成了。

胡鸿兴是从科研处调到新成立的环境科学系的，并且担任了创系副系主任。他坚持教学、科研和行政工作一肩挑。1984年初春的一天上午，胡鸿兴找到我说："刘校长，环境科学系刚刚成立，现在不是正需要教师吗？有人向我推荐了一位搞数理环境生态学的青年教师，他叫李百炼。他也找过我，我们交谈了几次，我觉得他是一个人才，可以考虑把他调进来。环境生态可以划分为植物生态学、动物生态学和数理生态学，而后者是新发展起来的边缘学科，人才难得呀。"他接着说，不过他的学历不高，是华中农学院荆州分院大专毕业生，职称仅仅是个讲师，你看怎么样？

对于胡鸿兴的推荐，我当然很高兴。我对他说："你不是与他交谈过几次？你能否具体说说对他有哪些深刻的印象？"他补充道："我最深刻的印象是，他的悟性高，自学能力强。你想一下，一个农科分校大专生，学的数学可能就是ABC那点东西，他能够搞数理生态学，所用的数学完全是靠自学的。"至于说到悟性，胡鸿兴说："一个青年教师，又在一个中等城市，他能够瞄准环境科学的前沿领域，完全是凭着他的悟性，这是一种超越感官的认识能力。"

对于鸿兴的介绍，我是相信的，我是研究创造教育学的，而一个人的悟性正是他从事创造的源泉。于是我说："鸿兴，你是副系主任，李百炼调动的事，就由你决定好了，你们正式打报告到学校人事处，请他们支持，并尽快办理调动手续。"就这样，李百炼很快调到我校环境科学系，如果说他是一匹千里马，那胡鸿兴当是伯乐。

李百炼的调动，自然在校内引起一片哗然。那些对创办环境科学系的反对者又借机发难，堂堂的武汉大学，哪里不能调人，偏偏调一个大专生？实践是检验真理的唯一标准，也是判断人才的试金石。一个人行不行，不是光靠嘴说，而要看他能否胜任教学工作，是否有从事科学研究的能力。

我们感到欣慰的是，李百炼调进武汉大学后，先后为本科生和研究生开设了数理生态学和数理生态模型两门课程,而且都是武汉大学原有教师不能开的课程,受到了学生们的欢迎。与此同时,他积极开展科学研究,在国内外 20 多种刊物上发表了论文,其中 3 篇被 SCI 收录。1986 年,由他发起在武汉召开了第一届全国数理生态学及其应用学术讨论会,产生了较大的影响。对于一个尚不到而立之年的青年教师来说,的确是非常不容易的。1985 年 5 月,团中央在北京召开了全国新长征突击手表彰大会,他被评选为新长征突击手并参加了大会,为我校赢得了荣誉。

1988 年 10 月,在第三届国际人类生态学大会上,李百炼以对人类生态学的杰出贡献而获得了 IHE(the institute for human ecology)成员证书。当时,全世界只有 40 人获得这个殊荣,李百炼当时年仅 26 岁,这应当是在武汉大学获得的荣誉,也是对他研究成果的肯定。与此同时,他与华中科技大学数学系教授徐利治先生合作,用灰系统理论研究生态模型,颇有成就。他作为国内最早研究数理生态学的青年学者,颇受国际重视,被认为是正在崛起的年轻的科学家。

可是,由于我被免职,使他失去了支持。那些原来的"反对派"登上了领导岗位,他们借机要扼杀这个新生的系科,要驱赶这个正在崛起的新星。李百炼欲出国,但学校不批准,真是欲干不能,欲罢不忍!

在万般无奈的情况下,他不得不离开武汉大学,走一条曲线出国之路。他从武汉大学调到了湖北大学,可喜的是该校没有为难李百炼,为他开了绿灯,很快办好了出国手续。

1989 年 3 月 2 日,他在出国前夕,从北京给我写了一份情真意切的信,袒露了他的心扉,现抄录于下。

刘校长:您好!

去年 9 月初,多次去找您未遇,我即去了澳大利亚、新加坡和香港等地讲学和开会(因获得澳大利亚 AIDAB 奖,1988 年共有两名生态学方面的奖,我与美国 Stuch 教授共同获得)。今已办好了去美国讲学和工作的手续,近日启程,故不能回武汉向您告别了,只好写此信来表达。此时此刻,我有许多话要对校长说,但又无头绪,多想在电话里说,可我从 5 点打到现在(注:晚上 9 点)打不通长途直拨。我本来认为国内一样能干一番事业(实际上已在国际上获得承认,并计划召开讨论我的学术思想国际会议,地点在美国旧金山 IHE 总部),但回顾我在武大的一切,尽管校长给予了帮助,但最后您分配我的住房也在校系参与下被侵占。

国内的学术环境太令人遗憾了,只好先到美国去了。我到目前已经在国际上获得三次奖,其中两个是国际最高学术组织授予的,所以美国方面对我表示了积极的态度,连大使馆面谈看了材料后,一句话未说就 OK 了。

今天见到国家科委成果处一位黄姓处长,她对我说,我们评了许多国家级专家的成果,都没有你过硬。她叫我把材料给她,至少可以评三级教授或国家级的专家。但我现在无心与国人相争了,还是让世界学术界来回答吧!

刘校长,我在这封信里想说的是,在中国这种环境下,您给予我的支持和帮助是极其不容易的,对我来说是极其珍贵的。我珍惜我们的这段友谊,并衷心地感谢您对我的支持和关怀,欢迎您有机会来美国我的家中做客(作者注:地址省略)。

祝康乐!

学生 李百炼
1989 年 3 月 2 日晚 9 时于北京

说实在的,当我收到这封信时,我的心情是复杂的:一方面,我为武汉大学失去一位新兴学科的优秀人才而惋惜;另一方面,我又为李百炼能够顺利到美国而高兴,因为那里将有他用武之地,以便进入国际学术最前沿领域,取得更大的成就。

他到美国之后,我们一直保持频繁的书信往来,所以我能够及时了解到他的几乎每一个成就。1993 年 5 月 30 日,我给他写了一份回信：

  亲爱的百炼：你好！

  圣诞节的贺卡早就收到了。我因今春工作比较忙，一直拖到今天才给你回信，请见谅！

  我十分高兴地看到你取得的每一个成就，这再一次证明了你的智力，也说明你选择的研究方向是正确的。你是自学成才的，是自强不息的典型。正如你所知道的，在对待你调入武大、工作和评价上，始终存在不同的看法。这些看法，不仅仅是对待你个人的问题，而是两种人才观和学术观点的对立。那些旧教育制度的卫道士，他们只以学历衡量人，对新兴学科瞧不起，总是贬斥、压制和排斥。所幸的是，你没有被旧的习惯势力所压倒，得到了一些开明人士的支持。事实证明，把你调到武汉大学是正确的，可惜的是，由于我的免职，使你失去了在武大的支持与保护。但是，对你个人来说，倒是因祸得福，使你进入一个更广阔的天地，将大有作为。本来，武汉大学在这一新兴学科处于全国领先地位，而现在却后继无人了，这是自己撤了自己的台，悲哉！

  顺祝工作顺利！

刘道玉
1993年5月30日

  李百炼到达美国以后，先后在北卡罗来纳大学、宾夕法尼亚大学、新墨西哥大学、加利福尼亚大学河滨分校等校工作，既从事教学又进行科学研究，成绩斐然。同时，他还活跃在国际学术的舞台上，经常到俄罗斯、加拿大、意大利、荷兰、日本、韩国、澳大利亚、新加坡等国进行学术交流与合作研究。他没有留学的经历，也没有获得过什么学位，居然受到如此的重视，显然是他的研究成就为学术界同仁所认可。

  2001年，李百炼已是加利福尼亚大学河滨分校的终身教授，同时又是植物科学与生理系的教授，领导生物多样性与模拟实验室的科学研究。到目前为止,他发表了230多篇学术论文,作为合作者,出版了4部学术著作。他还创办了3种学术刊物,并担任 *Ecological Complexity* 的主编。他是生态复杂性这门新兴学科的奠基人,在美国环境生态领域享有很高的威望。

当我看到李百炼取得的成就时,在高兴之余,常常会思考这样一些问题:他是如何成为一位著名的数理生态学家的?如果他不出国的话,那他现在的情况又将是怎么样的?从人才成长的规律来看,思考这些问题,对于我们发现和保护人才,对于办好高水平的大学是有好处的。

首先,李百炼的成才道路再一次证明,自学是通向成才与成功的必由之路。这种例子多得不胜枚举。有不少大师级的人物,他们并非都是科班出身,有些是自学成才,他们的真正学问是通过自学而获得的,大学所教授的内容,基本上是没有直接用到。因此,对于那些能自学成才的人才来说不要把大学里的专业、课程看得太重,这些除了形式上的装饰以外,别无实际作用。

就以李百炼来说,他仅仅是一个地区农学院分校的大专毕业生,在校期间,几乎不可能接触到环境生态方面的知识,他在数理生态学方面的知识都是靠自学,他甚至还获得过在劳改农场服刑的劳改犯人的指点。

其次,人才政策对于优秀人才的发现、使用和保护是十分重要的。李百炼在武汉大学前后的遭遇,正反映了两种人才观的对立。那时,我常常说的一句话,如果以改革开放的观点看人,到处都是人才;如果以阶级斗争的观点看人,就会觉得到处都是敌人。真正的爱才者,能够站在全局的高度,撇开个人好恶,从本质上发现人的优点,发挥他们的长处,调动他们的积极性和创造性。当他们遇到困难时,为他们分忧排难;当他们处于危境时,要挺身而出保护他们,这才是一个爱才者应有的品德。

当然,我并不是唯一爱护和器重他的人,事实上他得到许多人的认可与支持。也许,李百炼不出国的话,他也可能寻觅到一个开明的单位,支持他的学术研究,做出出色的成果。但是,也许会遇到一些困难、波折,消耗他的精力,影响他的才华的发挥,成果也许要少得多,这是国内和国外学术环境的差异,我们不得不承认这个事实。近几年,一些海归回而复出,不就是说明我们的学术环境和政策并不宽松吗?

七、初露锋芒

20 世纪 80 年代,真是思想解放最好的时期,那时初中毕业生可以参加高考,高中生和初中毕业生允许破格报考研究生,这在现在简直是不可想象的。不可忽视的是,我国现今的教育采取一刀切和齐步走的学制,浪费了太多的教育资源。然而,人们对这种僵化的学制,似乎已经麻木了,没有人再敢打破这些陈规陋习,致使我国教育改革寸步难行。

邓晓芒是个初中毕业生,他现在是我国实力派哲学家,也是当代研究康德哲学权威学者。那么,他的才华是怎么显露出来的呢?应当说,他以同等学力考取武汉大学哲学系的硕士研究生,是他锋芒初露的表现。一个"文革"前的初中毕业生,怎么能够考取全国重点大学西方哲学的研究生呢?这要源于机遇,也得益于他十年磨炼出来的自学功夫。

邓晓芒于 1964 年初中毕业,按照他的学习成绩,考取长沙市最好的高中,是没有一点问题的。但是,他的父母都是右派分子,在那个"千万不要忘记阶级斗争"的年代,当地政府规定,凡是家庭有问题的学生,一律不准升学,必须下农村接受贫下中农的再教育,做新式农民。于是,邓晓芒与长沙市的 3000 多名高中、初中毕业生一起,被下放到距省城千里之遥的江水县。在艰苦的农村,他度过了整整10年的农耕生活。直到1974年10月,他才以病退的名义回到省城长沙市,先后做过民工和水电安装公司的搬运工,在最繁重的劳动岗位上干了4年的工人。

那么,他是怎样从一个搬运工成为一名著名的哲学家呢?这要从他在农村当知青说起,面对艰苦的农村生活,他没有埋怨,也没有气馁,而是决心磨炼自己。他在离开长沙到农村时,随身只带了一本《辩证唯物主义》和一个笔记本,那时也没有别的书籍可带。他有强大的心理素质和强烈的求知欲望,决心一边劳动一边学习,从这个时候起,他就与哲学结下了不解之缘。

《共产主义运动中的"左派"幼稚病》是列宁于1920年写的单行本,它是邓晓芒在农村读到的第一本哲学书。这本书虽然只有100多页,但对一个初中毕业生来说,读起来未免有些枯燥无味。但是,邓晓芒没有放弃,而是采取了中小学语文课的笨办法,就是逐句逐字地阅读和分析文章的大意与中心思想,力求弄明白文章的意思。这个办法还真的有效,进而他学会了做眉批、记笔记、写缩写等读书方法。他尝到了甜头,接着又读了几本理论著作,并制定了5年的读书计划。原来与他一起组织读书小组的人,一个一个都离去了,只剩下他一个人,但他不感到寂寞,反而觉得自己应当起航了。他发誓要读完天下所有的书,并开始了长达10年的自学生涯,这不仅扩大了他的知识面,而且为他日后的学习与研究奠定了坚实的基础。

天道酬勤,功夫不负有心人。邓晓芒做梦也没有想到,改变他命运的机会终于到来了。1977年8月4日到6日,邓小平同志在北京召开了科教座谈会,根据会议代表的建议,并经过中央的决定,最终恢复了全国统一高考。但是,当年全国并没有完全统一,而是各省采取不同的政策。湖北省参考年龄限定30岁以下,而邓晓芒所在的湖南省是25岁以下,而他已到29岁。这意味着他不能报名参加高考了,他不免感到遗憾。可是,1978年又恢复了研究生的招生工作,这是他的另一次机会。1978年他报考了中国社会科学院哲学研究所的研究生,但该所以他的父母是右派分子为由,拒绝录取他。他的第二志愿是武汉大学,但社科院哲学所又没有把他的档案转到武汉大学,使他失去了被录取的机会。

但是,邓晓芒没有灰心,他决心再次参加1979年的研究生考试。在考试前,他给武汉大学哲学系陈修斋教授写了一封信,并附上了他的两篇哲学习作。幸运的是,他收到了陈教授热情洋溢的回信,建议他要从英、德、法语中选学一门外语,因为研究西方哲学必须掌握一门外语工具。他接受了陈教授的建议,并立即开始自学德语。在1979年考试时,邓晓芒的德语考得了51分,超过了录取线10分,这是非常不容易的。当他被武汉大学哲学系录取为研究生后,陈修斋教授对我说:"我看,邓晓芒是一个人才,他只是一个初中毕业生,专业课和德语居然都获得了高分,说明他的自学能力很强,悟性也很高,具有极大的治学潜力。"这是一个很高的评价,也是邓晓芒才华的第一次显露。

邓晓芒入学以后,对优美的校园、名师的指导和丰富的中外书刊都产生了浓厚的兴趣,他如饥似渴地阅览这些书刊。如果说他在农村发誓要读尽"天下的书"是一种理想,那他现在离这个理想就更近了。他没有忘记陈修斋先生的教诲——熟练掌握外语是研究西方哲学的工具。因此,他参加了学校为出国人员举办的德语培训班,从初级、中级到高级,从口语到笔译,他已经进入到游刃有余的地步了。

在学德文时,一位德语教师对他说,你将来要保持德语不丢,最好每天翻译三五百个字,持之以恒,必将有益。他接受了这个建议,并开始翻译康德的《实用人类学》一书,刚开始的时候,翻译非常艰难,但他得益于"农民式"学者的耐力,很快就适应了康德的句法。1985年,《实用人类学》翻译完毕,他请导师杨祖陶先生审阅,但杨先生非常繁忙。于是,杨先生把邓晓芒的译著转请中国社会科学院的梁志学先生审阅。喜出望外的是,梁先生审阅后,对邓晓芒的译著大加赞赏,说邓的译著达到关琪桐(著名的翻译家)先生的水平,仅对译稿做了若干批改。最后,经过邓晓芒的两次订正,由陈修斋先生推荐,于1987年由重庆出版社出版,从此邓晓芒走上了德国哲学原著翻译的道路。应当说,这次译著的正式出版,是邓晓芒才华的第二次显露。

康德是德国古典哲学的奠基人,他的"三大批判"(《纯粹理性批判》、《实践理性批判》和《判断力批判》)给当时德国哲学思想带来了一场革命。康德的哲学思想博大精深,读懂他的三大批判极其不易。从2001年开始,邓晓芒以句读法开始讲授康德的《纯粹理性批判》一书,这是为适应精读经典名著而首创的。他面向学生,一句一句地读解,往往需要用10句来解释康德的一句话。这种讲授方法比较慢,没有一个学生能够从头到尾听完他的讲授。不过,即使只听讲其中的一段,也有很大的收获,知道了应该怎样读康德的原著了。

康德的《纯粹理性批判》一书,邓晓芒讲授了7年才完成,经过整理和修改的讲稿多达190万字,由人民出版社于2010年分上下两册出版。此外,他用句读法讲授的原著还有康德的《实践理性批判》和黑格尔的《精神现象学》等。所有这些句读的原著全部出版,估计超过1000万字,均由人民出版社独家出版。邓晓芒认为:这是一项中国人读懂西方哲学的基础工作,没有这项工作,中国人对西方文化只能是隔靴搔痒。

在学术界往往以"著作等身"来形容学者们的著述之多,以此来衡量邓晓芒绝对不为过。目前,他已经出版个人专著44部,译著23部,发表文章500多篇。我常常对人说,一个人怎么来证明自己的成功呢?对于农民来说,是收获最多的谷物;对于学者来说,是出版最多有价值的专著;对于商人来说,是通过正当的手段赚得最多的财富;对于教师来说,是培养出最多的高足;对于学生来说,是获得更多的顿悟(一个顿悟将导致一项发明)……以此而论,邓晓芒可以说是功成名就了,他的这些成就是他智慧的充分显露。而且,他现在正值做学问的黄金年龄,他未来的学术成就真是无可估量!

八、慧眼识才

韩愈在《马说》中感叹:"世有伯乐,然后有千里马。千里马常有,而伯乐不常有。"2000多年以来,人们常以孙阳相马比喻选拔优秀的人才,而他的《相马经》也成为一部经典著作。

广义上来说,大学是培养人才的重地,而大学的领导和教师也应该起着伯乐的作用,选拔自己所需要的俊彦,并肩负着向社会举荐杰出人才的责任。然而,正如韩愈所说的,千里马常有,而伯乐不常有。那么,伯乐相马或是辨别人才依靠什么呢?一言以蔽之,就是靠眼力,它已经超出了头部的器官肉眼,而是以智慧联通五官的直觉。在佛教中有"五眼"之说,即肉眼、天眼、慧眼、法眼和佛眼。王国维先生也说,政治家之眼,域于一人一事;而诗人之眼,则通古今而观之。因此,辨别人才,就需要有佛的慧眼和诗人的贯通古今之眼,这种眼力不仅要听其言,而且要观其行;不仅视其表,而且要洞其内。唯有具备了这些能力,才能发现精英人才。

刘纲纪先生是武汉大学资深教授,是我国哲学美学的权威之一,素有北李(泽厚)和南刘(纲纪)之说。1984年至1987年出版的《中国美学史》两大卷,就是由李泽厚与刘纲纪先生主编的,该书填补了我国自五四运动以来的学术空白,在海内外赢得了高度评价。这就是他们权威地位的证明。

在我履任校长之后,就酝酿以他为核心成立美学研究所,这是一个跨越哲学、文学、史学的多学科研究所,决心创建我校的重点学科,在这一研究领域做出重大的贡献。成立一个研究机构,自然必须建立一支研究队伍,因此发现和聘用适合美学研究的人才就是当务之急。纲纪先生与我同年出生,但他出道早我一年,我们同住在一栋楼,以楼上楼下为邻。我记得,1983年5月他来到我的家,向我提出要选留一名大学毕业生。他说:"彭富春是我校中文系今年的毕业生,他虽然不是学哲学的,但他的哲学思维能力很强,可能比哲学系的毕业生更适合搞哲学研究,特别是他对美学研究很感兴趣,我看他今后很有发展前途。"对于纲纪先生提出的要求,我几乎没有任何犹豫就同意了。这是因为,纲纪先生是名家,我很相信他的推荐,他对人才的选拔有眼力。同时,我对彭富春也有直接的了解,可谓是不谋而合。

彭富春于1963年6月出生于湖北省沔阳县(现仙桃市)农村,1979年考入武汉大学中文系,是该系这一届中年纪最小的。由于他个性鲜明,而且学习方式与众不同,所以他的情况一一都反映到我这里。中文系总支书记张广明反映说:"彭富春同学的问题比较严重,一是从不上课,二是专业思想有问题,整天花大量时间看哲学、美学方面的书籍,这样下去,我看他毕业都成问题。"听后,我对广明说:"你们抓学生的思想工作是好的,但要注意尊重学生的志趣,保护他们自学的积极性,兴许他将来在哲学方面有所成就哩。"

我通过彭富春的老师还了解到,他早就立下了宏伟的志向,喜欢美学,将来要做中国一流的美学家。他的信条是:"超过别人,做第一个,而不做第二个。"面对权威,他说:"我要超过他们,我能够超过他们。"这些个性,显然是与众不同的,从创造学的角度来看,这些都是属于创造性的个性,没有个性就没有创造。基于这些认识,我断定他日后必将是一个创造性的人才。

1983年初夏,彭富春大学将毕业,他也与许多同学一样,面临着自己人生的选择。从理论上说,每个人都是自己命运的设计者、实践者和主宰者。在那个时候,毕业生还是按照计划分配的,他也不知道自己的命运掌握在谁手里,他真希望伯乐转世,如果说彭富春是一匹千里马,那么哲学系刘纲纪教授就是发现他的转世伯乐。

根据纲纪先生的推荐,以及我自己对彭富春的直接了解,他如愿以偿地被分配到我校哲学系当教师。可是,对他留校到哲学系美学研究所工作,在校内却引起了不小的议论。有人说,把中文系的毕业生分配到哲学系工作,是乱点鸳鸯谱;也有人说,那么多哲学系毕业的硕士和博士不用,而重用一个中文系毕业的本科生,简直不可理喻,不是瞎指挥也是用人不当。对此,我亲自向毕业生分配办公室的有关人员做说服工作。我说,学什么做什么,并不是一条亘古不变的定律,学中文的成为数学家,学生物的却成了国际金融和投资家,学经济的成为雕刻艺术家,学物理的成了经济学家,这样的例子比比皆是。

问题的区别在哪里呢?重要的区别就在于志趣,一个人只有当他从事自己挚爱的专业,他们才会执着地去追求。同时,一个人的成功还要看他们是否具有从事某项工作的思维能力。我们把握住了这两点,就能够选拔合适的人才,并且能够助他们走上成功之路。经过我们反复说服,对彭富春毕业分配的议论逐渐平息了,而彭富春也顺利地到哲学系履职了。

1983年6月底,1983届毕业典礼在梅园操场举行,照例我要做一个毕业典礼的致辞。我在讲话中,对毕业生提出了殷切的希望,我借致辞之际,还介绍了彭富春学习的经验,归纳起来主要是以下三点。第一,要正确地设计自我,找到自己真正的兴趣,自己适合做什么工作,这些只能由自己回答,别人是不可以代替的。彭富春从大二开始,认为自己的抽象思维要强于形象思维,于是他设计了一个成长的模式,即"诗—诗歌理论—文艺理论—哲学"的路径,所以他大学毕业被分配到哲学系当教师就不是偶然的了,是实践他自己设计的模式的必然结果。第二,要掌握自学的方法,学会学习,这是彭富春的主要经验。大学毕业不是学习的结束,而是新的学习的开始,要坚持终身学习,不断更新自己的知识,以适应市场的不断变化。第三,要破除迷信,敢于向权威挑战,要努力超过他们,每个青年人都要有这样的雄心壮志。

彭富春到哲学系以后,第一个学期,他并没有教学任务,于是他就踏踏实实地充实自己,进一步完善自己的知识结构,为将来成为一个一流的美学家奠定坚实的基础。一个有理想的人,总是不断地追逐自己的梦想,有梦想就有希望。他新的梦想是要冲出珞珈山,到更宽阔的学术领域去求索,这样他才能够成为"第一"。

于是,他又瞄准了中国社会科学院哲学研究所,他要报考美学权威李泽厚先生的研究生。对他的思想动向我是知道的,我们为他留校付出了代价,怎么能轻易地把他放走呢?但是,我又转念一想,一个开明的爱才者,应当是爱才而不碍才,于是我没有阻拦他报考李泽厚先生的研究生。

当年,报考李泽厚先生研究生的人数很多,据说有50多人,只有5个名额,竞争非常激烈,真可谓是"十里挑一"。彭富春是敢于竞争的人,他的专业课考得了第一名,无争议地被录取了。消息传出,我当然非常高兴,这也是为学校争得了荣誉。李泽厚先生7月路过武汉,还打算来学校亲自见见这位未来的高足。可惜,当时没有找到彭富春,他们失去了晤面的机会。

彭富春受到李泽厚先生的赏识,这事引起我的注意,心想待他学成以后,一定把他要回来,充实我校美学研究所的力量,也是为了建设我校美学师资梯队的需要。从彭富春的身上,我看到了武汉大学未来的希望,真是后生可畏。因此,在他离校时,我专门约他谈话,希望他到北京以后,要瞄准学术最前沿的研究方向,做出更大的贡献。我明确地向他提出,学成以后,一定要回武汉大学,我保证破格晋升他为副教授。彭富春对母校是有感情的,他在珞珈山度过了青春韶华,所以,他也毫不犹豫地答应我,获得硕士学位以后,一定回到武汉大学报效母校。

三年时间一晃而过,他的研究生学习结束了,以优异的成绩通过了论文答辩,获得了硕士学位。他兑现了对我的承诺,义无反顾地回到了武汉大学。可是,我却不能兑现自己的承诺,因为我在他研究生学习结束前5个月被免除了校长职务。继任者不仅不给他晋升副教授,甚至连讲师也不给。他们的逻辑依然还是搞株连政策,凡是我欣赏的人,都被当作我的亲信而予以排斥。

我通过不同的渠道,了解到彭富春所受到的种种打击,但我又爱莫能助,因为那时我也陷入了逆境。我清楚地知道,这不是彭富春有什么错,我们也没有任何不正当的交易,只是某些人嫉贤妒能而已。

真是悲哉!彭富春回到武汉大学,本是想为学校的美学研究所增添一分力量,做出一番成绩。可是,他欲罢不忍、欲干不能!在这种情况下,他不得不另做打算,到国外去,等学成以后再说,何必在这里耗费时光呢?

几经周折,他终于到了德国奥斯纳布吕克大学留学,师从海德格尔的弟子博德尔教授。他的选择是极具眼光的,毕竟德国被称为"哲学的故乡",具有滋生天才哲学家的沃土。在这里,曾经诞生了康德、马克思、尼采、叔本华、海德格尔、黑格尔、费尔巴哈、莱布尼茨、维特根斯坦、谢林、胡塞尔、费希特……彭富春的选择是经过深思熟虑的,这表明他迈向"只做第一"的目标越来越近了。

事后,我知道他走了,当时的形势不允许他向我告别,我也不能为他送行,只能默默地为他祈祷,祝愿他成功!直觉告诉我,不管他走到什么地方,也无论他在国外待多长时间,但我相信他终究是会回来的,因为他始终眷恋着这座被称为"君子之山"的珞珈山。

彭富春到达德国后,我们有过多次通信,因为我们始终都在关注着对方。他在1992年9月4日给我写了一封信,我也于10月20日给他写了回信。现将我的回信抄录于下:

亲爱的富春:你好!

我收到你9月4日的信已有月余,久未回复的原因是最近先后到北京和广西北海市开会,而且还准备在月底到杭州开会的论文,因而把给你的回信拖了下来。

我收到你的信非常高兴,我对你过去的一切都十分关注。而且,我一直在收集你的信息,意欲跟踪十年改革中的一批优秀学生,准备写一本《创造性人才剖析》或《百年树人》的书,你当然是我要跟踪的俊彦之一。如果有可能,请你把已经取得的成果、荣誉、心得,提供一份材料给我,而且今后不断地把你的新成就补充寄来,以充实我的信息库。

你信中说,"中华文化的复兴是我们这一代人的神圣使命",我非常赞成你的观点,这也体现了你的崇高的思想境界和高度的爱国主义思想。我过去不止一次地说过:"不管有些人是否愿意,中国的未来是属于年轻人的。"而且,事物正在向这个方向发展,这不是由哪一个或几个人的好恶决定的。你现在虽然在国外学习,但这种积累是非常重要的,你的目标不是一个博士、教授、博士导师,而是一个哲学泰斗,做一个深刻影响中国社会变革的思想家。这不是呓语,你具备了一切的素质和条件,我对此深信不疑!

李泽厚先生我没有见过,但久闻他的大名,也深知他在国内外的影响。我也十分欣赏他力主中国传统思想现代化的观点。这是抓住了中国问题的关键,是我国一切问题的根源,如皇权思想、世袭观念、终身制、裙带关系、维上、奴性,等等。这些思想不转变,中国是不可能成为一个高度民主的文明国家的。对此,我亦有兴趣研究,有机会定会拜访李泽厚先生。请代我向他问好。

顺祝学习、研究顺利!

刘道玉

1992年10月20日

时间过得很快,一晃7年过去了。1997年10月27日,他顺利地通过了博士论文答辩,获得了德国哲学博士学位。在世人眼里,德国的博士学位是很难拿到的,更何况是一个东方人呢!由五人组成的答辩委员会,均对彭富春的论文给予了很高的评价,如"十分出色的一篇论文"、"创造性的论文"、"非凡的成就"、"如此令人神往的著作"。如今,不少博士学位是注水的,但彭富春的博士学位却是纯金铸就的。

彭富春获得德国哲学博士学位以后,又面临着新的选择,是留在德国或是返回祖国呢?尽管他已经完全适应了德国的生活习惯,但他的根在中国,他的事业在中国。于是,他义无反顾地决定回国发展,这是我意料之中的事,因为我了解他。但是,鉴于他在武汉大学所受到的打击和屈辱,他回国前就联系好准备到中国社会科学院哲学研究所工作,他的导师李泽厚先生当然是喜出望外。

1998年2月,他回到了北京,随后又带着哲学研究所的调令回武汉大学办理调动手续。可是,这时武汉大学却坚决不同意他走,甚至发出威胁说,如果你要坚决走,就不给你转户口和档案。对于这种转变,不排斥几分爱才的因素,但毕竟他们要顾全面子,因为彭富春是武汉大学百年历史上获得德国哲学博士学位的第一人,一旦放走他岂不是太丢人了吗?

彭富春是一个顾全大局的人,他同意留下来,这里毕竟是他智慧的启蒙之地。他喜欢山水的环境,是做学问的好地方。鉴于他在学术上的突出成就,学校破格晋升他为教授、博士生导师,这些衔职虽然是迟到的,但毕竟是实至名归的。

在这一切都办妥之后,他给我打了电话,说他从德国回来了,应校方的要求,他决定留下来工作。我对他说:"回来就好,回武大也很好,希望你忘记过去,面向未来。你现在还很年轻,正值创造的黄金年代,应该向学术高峰攀登。"他回答说:"我也是这么想的,感谢校长的理解与鼓励,我不会让校长失望的。"彭富春回武汉大学之后,我一直没有机会见到他,为了重叙我们师生的情谊,我给他打了一个电话,希望见面谈谈他的研究情况。他说,他也很想与我交谈有关的看法,并且将把一本《漫游者说》赠送给我。可是,偏偏不巧,那天他来找我的时候,我有事到学校档案馆去了。于是他又到档案馆找我,我们师生在校园里散步、交谈,这是他考取研究生后的第一次见面,自然我们都感到非常愉快。

在交谈时,他告诉我现在他不准备再继续研究存在主义了,因为在这一领域国内没有人能够超过他。他现在准备用西方哲学的方法研究中国古代和现代哲学思想,希望开辟一个崭新的学术领域。我明白了,这符合他的性格,他总是率先进入学术的无人区,也是他"做第一"精神的再现。我对他说,中国的哲学太贫困了,我国太需要真正的哲学家了,希望他成为一名穷究天地万物本源的思想家和哲学家。

刘纲纪先生是发现彭富春的伯乐,当他看到彭富春取得的成就时,自然感到十分欣慰。有一次在散步时我们相遇,他对我说:"道玉校长,当初我们决定把彭富春留校,这步棋走对了。"我说:"这是你慧眼识才,功劳应该归于你呀。"他说:"我们不谈这个,什么功劳不功劳,一个教师应当有爱才之心。"纲纪先生学术成就丰硕,誉满全国,是我校公认的最有资格的资深教授,但一向十分低调,从来都非常谦虚、平和,以诚待人。

然而,天有不测之云,纲纪先生于 2019 年 12 月 1 日下午 6 时 55 分不幸逝世,这不仅是武汉大学的巨大损失,也是我国哲学、美学界的重大损失。他的遗体告别仪式于 12 月 3 日上午在武昌殡仪馆举行,我参加了告别仪式,对他的逝世表示深切的悼念,对他的亲属表示亲切的慰问。应他的夫人孙家兰和儿子刘春冰的请求,嘱我撰写一幅墓联,与李泽厚先生的墓联一起镌刻在纲纪先生墓碑的两侧。虽然我缺乏文采,但鉴于我与纲纪先生的交谊,于情于理都不能婉绝,只能应允。

我撰写的墓联是：

燕园哺出哲学隗宝

珞珈修成美学大师

刘道玉

2020 年 1 月 12 日

九、可训之材

在我国汉字中，才与材之用是有讲究的，二者虽皆为名词，但前者专指学有专长和能力出众的人；而后者多指具有可再造的原始材料，经过精细加工可以成为才。不过，有时候二者可以通用，如人才与人材，但并不是在任何情况下都能够通用的。例如，奇才、天才，就不能写成奇材、天材；而蠢才也不能写成蠢材，因为材是中性词，不具有褒贬的义项。从这个意义上来说，所有在学的学生都可称为材，接受教育就是将材铸就成才的过程，当他们成为具有某种专业知识、技能和能力之时，他们就成了有用之才。

於可训，姓於名可训，是武汉大学文学院的资深教授，是武汉大学迄今 9 名资深教授中最年轻的一位。我以"可训"之材为题，借以形容他是如何从材到才的成长过程。於可训大学毕业时已 34 岁，已经结了婚，与妻子黄中凡生育了两个女儿，是十足的大龄学生，而且他是编外的走读生。那么，他是怎样被发现的，又是怎样留校任教的呢？

在武汉大学 20 世纪 80 年代改革时期，我常常参加大学生组织的各种活动，这既是了解情况的机会，又是发现人才的途径。大约在於可训大三的时候,当时中文系组织了一次学术活动,是由於可训主持的,我参加了这次活动。於可训的精彩发言,给我留下了深刻的印象。他儒雅的风度、抑扬顿挫的声调、言简意赅的措辞,显示了他具备一名合格教师所必备的条件。会议结束后,我在与中文系总支书记张广明交谈时,他问我对於可训的看法如何?我毫无掩饰地说:"可训之材呀,今后必成大器。"广明也说:"校长好眼力,我们有意把他留校当教师,虽然年纪大了一点,但潜力非常之大。"

机遇对每个人来说是非常重要的,於可训赶上了改革开放的大好时机,也成就了我国一位杰出的文学评论家。

於可训于1947年出生于鄂东文人之乡黄冈黄梅县,黄冈先后诞生过像熊十力、黄侃、闻一多、胡风、刘博平、黄焯等多位文学大师。於可训身受文人之乡的滋润,他自幼酷爱文学,虽然他的成才之路比起先辈们要坎坷得多,但论其成就却超越了先辈,真是青出于蓝而胜于蓝也。

於可训经历了"文革",高中毕业时正赶上知识青年下乡,他在农村当了两年农民。后来,他又赶上了招工的机会,先后在黄冈和武汉当了7年的工人。他是一个随遇而安的人,结婚后和妻子生育了两个女儿,夫妻能生活在一起,也觉得心满意足了,至于未来的理想并没有多想,即使想了又有什么用呢?

然而,恢复高考,却使他的命运发生了巨变。1977年12月,全国恢复了"文革"后的第一次招生,但各省掌握的标准并不统一。例如,湖南省规定招收25岁以下,而湖北省放宽到30岁以下。於可训正好是30岁,他被破格以走读生的名义录取。其实,走读生与住读生并没有本质的区别,他照样与同班同学一起住宿、生活和学习。

於可训深知学习机会来之不易,他如饥似渴地博览群书,积极开展各种学术社团活动。那时,中文系是全校思想最活跃的,创办了《樱花诗社》、《这一代》、《浪淘石》等刊物,而於可训就是负责《这一代》编辑小说和评论的工作,他写的文学评论处女作《潜在的潮流》就发表在《这一代》上，由于观点超前，至今仍然被一些研究者所引用。

人的才华往往是相通的，一个出色的学问研究者，同时又可能是一名优秀的领导与管理者。为了加强学校文科研究的领导，我建议把於可训调到教务处当副处长。他果然不负众望，在担任副处长期间，工作搞得有声有色，甚至获得了教育部有关领导的赏识，并准备把他借调到教育部帮助开展工作。

可是，我万万没有料到，他于1986年9月突然递交了一份8页纸的辞职报告，理由是，他的课没有人顶替。明眼人一看就知道，这只是借口而已。对此，我曾经与他坦诚地交换了意见，他说："我承认自己有从事领导与管理工作的能力，但我不喜欢对人发号施令，也不喜欢别人向我汇报工作。"我明白了，真是"谦谦君子，温润如玉"，那么就让他回系里从事教学吧，让他在教学和研究中发挥最大的作用。

於可训回到中文系以后，真的迎来了他的文学评论巅峰时期，他领衔承担了多项研究课题，如文史研究、新诗研究、中国当代重要作家研究等。《中国当代文学概论》《中国文学编年史·现代卷》《中国文学编年史·当代卷》是他文学史研究的重大成果，好评如潮。全国哲学社会科学规划办公室组织专家评审，专家认为：该项成果，采用编年史的体例编写中国当代文学史，有利于"复活"中国史学这门古老著述体例，继承和发扬中国传统学术重考据、重实证的"朴学"精神，有利于中国现代文学史研究追求自身的科学性，把中国文学史研究推向一个更高的学术境界。

於可训的学术成就极其丰硕，他出版了学术专著18部，主编学术著作和丛书10余种，发表论文百余篇，十卷本的《於可训文集》由长江文艺出版社出版，受到学术界广泛重视。鉴于他的学术成就，他实至名归地获得了众多奖项与荣誉。他不再是昔日的可训之材，而已是我国文学评论界的领军人物。正如专家们所评论的：他既像是宽阔的河流，宽广、从容；又像是火车头，总是站在时代最前沿，作为新时期文学评论的排头兵和弄潮儿，从来没有淡出文学评论的主力阵容。

十、毛遂自荐

毛遂是古代赵国平原君的门客,他自荐随赵王同往楚国和谈,从而促使两国和好。这个故事流传了几千年,在我国是家喻户晓的典故,它比喻勇敢自我推荐,去担当某一重大的任务。在开明社会中,这种自荐的方式,是发现和启用人才的一条渠道。然而,在我国计划经济时代,大学毕业生还是按计划统一分配的,能够自我推荐的学生,可能是凤毛麟角。

可是,在我校80年代改革鼎盛时期,却出现了一位向我自荐的毕业生,他就是病毒学系1986届毕业生葛鸿伟。那时,正值生命科学热时期,许多考高分的学生都争相报考生物系和病毒学系。但是,毕业时葛鸿伟却放弃从事病毒学的初衷,究竟是什么原因呢?许多年以后,他才向我说明了真相。原来,他已经参加了当年的研究生考试,获得了高分,可是在录取时,同班的一个女生却顶替了他,这个女生是学校某处长的千金。不公平和愤懑使他产生了叛逆的想法,此生不当科学家了,决心转行,继承祖业。

在武汉大学80年代改革的鼎盛时期,我的办公室是开放的,没有秘书挡驾,我的家门也是开放的,没有保安守卫。正因为这样,所以学生们可以随意到办公室找我,记得1986年5月中旬的一天上午,葛鸿伟来到我的办公室,他开门见山地说:"校长,我想与您谈谈我的毕业分配的事。"

"好哇,你有什么想法,说来听听。"

"我是学病毒学的,学习成绩也很好,还是系学生会主席。但是,我不想再搞生命科学研究,毛遂自荐到管理学院当教师,讲授国际金融学，希望校长成全。"

"啊，是这样，一个学自然科学的毕业生，居然能够讲授国际金融学，这倒是一件新鲜事。那就请你谈谈，为什么要放弃病毒学，你在国际金融学方面又有哪些优势？"

"校长，我知道您是金属有机化学专家，请问一个化学家与一个教育学家，哪一个贡献更大？"

我笑而不答，心想这个学生真厉害，他是以我之矛攻我之盾呀！接着，他又给我讲述热力学的道理，他说："分子都是处于杂乱无章的运动中，在动态中逐渐定向。人也是一样，现在所学的专业不是一成不变，也是在动态中才能选择适合自己的方向，我现在就是在做这样的方向调整。"

葛鸿伟思维敏捷，能言善辩的口才引起了我对他的重视。但是，他一直没有正面回答我的问题。于是，我又问道："你还没有回答我的疑问，你在国际金融方面到底有哪些优势？"

"校长，我正要回答您的问题，说到优势，不谦虚的话，我的优势倒有三个：第一，我出生在金融世家，外祖父是武汉俞大华公司的创始人，他是1949年以前，武汉最大的金融实业家之一。我父亲与我校历史学系吴于廑教授是南开大学经济学的同学，外祖父去世后，父亲接管了俞大华公司。所以，我从小就受到金融世家的熏陶，具有灵活的经济头脑。第二，我得益于学分制，大学期间，我选修了世界经济、国际金融、金融管理等方面的课程，考试成绩优秀。第三，我英语很好，能够用英语讲课，可能现在绝大多数的教授达不到这个要求。我可以立下军令状，如果不能胜任教学工作，请校长就地免职。"

葛鸿伟如此自信，话又说得这么满，我不能不相信他。

他留校以后，在经济管理学院承担了两门课程，一是国际金融管理，二是专业英语。出人意料的是，他的讲授获得了极大的成功，楼道里、窗台上都挤满了听课的学生。讲授同一门课程的是一位教授，相比之下，该教授的课显得平淡无奇，以至于引起这个教授的不满，并为以后葛鸿伟最终离开学校埋下了祸根。

我深知,作为一名国际金融学教师,仅有书本知识是不够的,还必须了解西方国家金融管理制度和经验。于是,我通过中美友好协会主席莱普顿先生的关系,为葛鸿伟赴美国普林斯顿大学进修获得了一笔奖学金。这已是铁板钉钉的事情,美方寄来的邀请函和办理签证的 IAP－66 表格等资料,一并转到管理学院的一位负责人的手里。可是,他把这些资料全部锁在抽屉里,不转给葛鸿伟,以至于过期作废了,白白浪费了一个留学的名额。这个人就是与葛鸿伟同讲一门课的人,到底是他的官僚主义还是嫉妒心作祟,只有他自己知道,反正葛鸿伟对他不光明正大的做法非常瞧不起。

遭遇到这次不愉快的事件后,葛鸿伟心灰意冷,决定再次跳槽。他知道我是不会同意的,干脆在我出国期间不辞而别了。事后,我知道他离开了学校,也只能叹息,学校又失去了一个有潜力的优秀教师。凭着我的经验,他又在设计自我,向一个更开阔的领域开拓。

一年以后,我才知道他调到湖北省经贸厅工作,先是外资企业科的科长,很快晋升为外资企业管理处的处长。这时,他也不再回避我了,倒是光明正大地请我与一位香港老板吃饭,他说:"校长,干我们这一行的,光有书本知识是不够的,还必须具有实际的经验。我现在还在实习,积累经验,建立网络,掌握一切有用的资源。说不定,哪一天我又要跳槽了,您该不会说我是见异思迁吧?"

"怎么会呢?过去都是把见异思迁当作贬义词,这是片面的。从创造学的角度看,求新、求异、求变,这些是创造性人才的特质,唯有如此,才能有所发明、有所创造、有所前进!"

从这次见面以后,奇怪的是,葛鸿伟便销声匿迹了。过去,逢年过节,他还打个电话问候,或者是来家探视一下。可是,见面之后完全没有了他的任何消息,渐渐地我对他的事业不再关心了。我心想,也许他太忙,或许是出国了。从此以后,我们彼此都没有联系了。

10 年过去了。

2003年元旦,我与夫人因病在武大人民医院住院,治疗腰椎毛病。春节前夕,我的手机忽然响了,接听后对方传来的声音说是"小葛"。我问道:"哪个小葛?"

"是葛鸿伟呀!"

"哎呀,你跑到哪里去了,10年不知你消息,可让我好想你呀!"

"我这不是打电话来了吗?我马上到医院来看您二老。"

我们见面后才知道,他在香港打拼了10年,真是十年磨一剑啊!他现在已经是一名颇有实力的金融投资家,身兼三家公司的董事长,业务广泛涉及医药、房地产和金融投资等。

从毛遂自荐到自主创业,这就是葛鸿伟所走过的道路,一个杰出人才的创新之路。他现在又到加拿大了,向着更高的目标攀登,实现他的人生最大价值。我真诚地祝贺他取得的巨大成就!

十一、老当益壮

我国明朝思想家顾炎武在《又酬傅处士次韵》中,有形容"壮心未与年俱老"的两句诗:"苍龙日暮还行雨,老树春深更著花。"这就是说,老有所为,老当益壮,在人才学中也是不可忽视的一种现象。所以,在选拔和使用人才上,切记一刀切的形而上学的观点。

可是,我国目前的退休制度就是一刀切的,不问退休者的身体状况如何,不考虑学术研究的需要,到了60岁由人事部门一律下达退休通知,以至于造成了我国人才资源极大的浪费。我始终认为,医生过了60岁是经验最丰富的时期,应当发挥他们在治疗疑难病症中不可缺失的作用。又如,人文社会科学家,他们的学问依靠长期的积累,往往是厚积薄发,到老年时会产出更多的重要学术成果。

武汉大学在教育改革中,就遇到怎样对待退休老专家的困扰,经过我们反复说服,终于破格启用了一位新闻学界泰斗级的学者。

这事要从我校创办新闻学系说起。1983年,原华中工学院率先创办了新闻学系,这使我们感到极大的压力,一个工学院居然办了新闻学系,而具有文科优势的武大却没有新闻学系,这不是让人看笑话吗?于是,我们也于1983年创办了新闻学系。

为了办好新闻学系,我亲自到中文系李格非教授家里,请他推荐一位系主任。先生对我的请求极为重视,他在客厅踱步冥思,似乎把中文系的教师数了个遍。大约半个小时,他停下来说:"校长,有了,我推荐吴肇荣副教授,他1957年被划成右派,他完全能够胜任新闻学系主任的工作。"对格非先生的推荐,我完全接受了。同时,我又亲自物色吴高福担任党总支书记,他是党委宣传部宣传科的科长,长期负责学校的宣传报道。就这样,新闻学系筹建的领导班子组成了,由"两吴"来打天下。

果然,他们不负众望,迅速组建了新闻学系的教师队伍,当年就开始招生。他俩配合默契,总是形影不离,遇到任何困难,他们不需要约定,随时可以到家中找我。我记得,1984年初春的一天,"两吴"又急切地到家中找我,他们介绍说,他们在武汉和北京物色新闻学教师的时候,有人向他们推荐了何微教授,他是我国新闻界的老领导、老前辈、老权威。在我国新闻学界,素有"北甘(北京中国人民大学新闻学系的甘惜分教授)、南王(上海复旦大学新闻学系的王中教授)和西北何(陕西省社会科学院的何微教授)三足鼎立之说"。何微教授无疑是我国新闻学界的巨擘之一,如果能够把他调到武汉大学,那么我校新闻学系将迅速崛起,很快将进入全国新闻学系的三甲。

他们介绍时颇为激动,而我听后也十分兴奋,都希望我校新闻学系能够有他这样一面大旗。我请"二吴"亲自到古城西安求贤搬帅,所幸的是何微教授为武汉大学的教学改革所感召,他表示愿意接受武汉大学的聘任。

可是，为难的是，当年何微教授已68岁，是10级副省级的领导干部。那时，干部和教师的调动，大学尚没有自主权，都必须经过湖北省人事厅审批，而像何微这样级别的教授，还必须经过省委常委讨论批准。我校曾经三次向省人事厅呈递申请报告，但都被退回，不予批准。他们回复说："已经退休的干部，不能再调入公立事业单位。"不得已，我亲自找人事厅的厅长汇报，但他对我劝说道："刘校长，何微年事已高，而且又是10级干部，你们不要自找麻烦啦！"

我理解这些领导同志的劝解，但我仍然不死心，"追求第一"的办学决不动摇。于是，我又找到省委常委兼组织部部长刘奇志，他是武汉大学1952届数学系毕业的，平素我们多有交往，他对母校的建设也极为关心。于是，我直接向他汇报何微教授调动的事宜。我对他说，何微教授虽然已经68岁，但他身体康健，精神矍铄，冬天不穿棉衣，每天能够工作十七八个小时，可以再工作10年没有一点问题。因此，对于退休的知识分子不能一刀切，何况在这个年龄建功立业的大有人在。例如，我国唐朝武则天67岁登基称帝，在位15年，是我国历史上第一位女皇帝。又如英国首相丘吉尔，77岁时再次当选为英国首相，连任两届，而且还于79岁时获得了诺贝尔文学奖。刘奇志是一位开明的部长，他也为我的改革精神所感召，爽快地答应了我们的请求，以特事特办为由，批准何微教授调到武汉大学新闻学系，继续享受高干待遇。

1984年秋，何微教授正式调入武汉大学新闻学系，党政关系和户口一同迁入学校，显示了他办好新闻学系的决心。何微教授到任以后，立即投入到教学与研究工作中，他提出了办好新闻学系的三大目标：成立一个新闻学研究所，建立一个新闻学硕士学位点，办一个新闻学刊物。这再一次显示了他老骥伏枥、志在创新的可贵精神。由于有何微教授领衔，学位点顺利获得了教育部的批准，成为当时全国三个有招收研究生资格的新闻学系之一。何微教授的三大目标，前两个都顺利实现了，而创办《新闻学刊》的事，由于正遇到全国报刊整顿,一律停止申报,给他留下了一个遗憾。

俗话说,万事开头难。的确,创办新闻学系遇到的困难也是很多的。在工作中,他们遇到困难总是喜欢找我,而我也有责任为他们分忧排难。何微教授不仅是我校新闻学系的学术带头人,而且是我忘年交的挚友,他经常向我提出一些教育改革的建议,使我受益颇多。

何微教授在武汉大学工作了8年,这是他的新闻学教学继续发挥作用的8年,也是他的新闻事业辉煌的8年。在此期间,他培养了十多名研究生,并亲自给青年教师和研究生上课,发表了大量有价值的学术论文,撰写了《新闻研究纲要》,主编了《中国新闻思想发展研究文集》等。8年的时间,弹指一挥间,他没有辜负武汉大学师生们的期望,他竭尽了自己的所能,完成了他的使命。

我于1988年2月被突然免职,他感到心灰意冷。他曾经亲自到我家探望过一次,他语重心长地安慰我说:"道玉同志,纵观中国古今,变法和改革都是风险极大的事业。你尽到了一个校长应尽的全部责任,你改革的业绩将被载入史册。由于你已经不再担任校长,我也失去了依靠,看来我离开武汉大学是迟早的事,我的夫人还在西安,我将在那里安度晚年,我们的友谊是长存的。"

1992年上学期末,何微教授正式结束了在武汉大学的任职,将党政关系和户口重新又转回到西安。但是,我们一直保持通信联系,他于1999年4月6日在西安逝世,享年83岁。我对他的逝世表示了沉痛的哀悼,并发去了唁电。2002年是何微教授逝世3周年,我向西安为纪念他逝世召开的大会发去了一首怀念的诗,现抄录于此:

忆何微先生在珞珈山

2002年2月24日

刚直不阿浩然气,

老当益壮开新域。

育英书著争朝夕,

珞珈山上留伟绩。

十二、保护赵林

一个真正的爱才者,需要具有两识,一是卓识,二是胆识,前者是指要有发现人才的智慧,后者是指要敢于保护有争议或身处困境的人才。

赵林现在是武汉大学哲学系的教授、博士生导师,是研究西方哲学的著名学者,有武汉大学第一名嘴之称。但是,他在1984年研究生毕业时,却是一个没有任何单位敢接收的所谓"危险人物"。在分配不出去的情况下,我把他留在由我担任所长的自然辩证法研究所工作,暂时把他保护起来。

那么,我为什么要保护他,我又是怎样发现他的才华的呢?

这需要从他的经历和学历说起。赵林于1954年出生于北京市,但自幼却在武汉的外祖父和外祖母家长大。外祖父是一位博学的知识分子,为人正直,重视传统文化教育,这对赵林日后的成长起到了关键作用。1973年,赵林从武汉实验中学毕业,正赶上知识青年上山下乡高潮,他无奈地与几十个同学被下放到湖北襄阳朱坡公社插队,当了两年的"新式农民"。1975年,他被武汉市煤炭公司招工进城,并被派往山西大同市当了一名煤炭采购员。

1977年恢复高考后,赵林赶上了头班车,他自幼酷爱哲学,他的第一志愿是武汉大学哲学系,但却被乱点鸳鸯谱招到了历史系。他虽然不能选择自己的命运,但他喜爱哲学的志趣是没有人能够剥夺的。他利用学分制的优越性,选修了哲学系几乎所有的课程,为他以后成为一名著名的哲学家奠定了坚实的基础。

但是,另一件事情却给他带来了麻烦,差一点葬送了他的学术前途。事情的起因是,《中国青年》杂志1980年第5期组织了一场人生意义的大讨论,一个偶然的机会,赵林被推上了这场讨论的前台,并成为三个主角之一。

在《中国青年》1980年第5期这一期上,刊发了一篇"潘晓"的文章,标题是《人生的路呵,怎么越走越窄……》。"潘晓"是从读者来信的潘祎和黄晓菊二人名字中各取一个字组成的。编辑部以这篇文章为引子,开展了人生意义的大讨论。据赵林回忆,一个星期日的上午,他去系图书室翻阅报刊,忽然看到了"潘晓"的那封信,他的思想就像触电一样受到了刺激。当天晚上,他给《中国青年》编辑部写了一封信,编辑部根据他信中的核心观点,以《只有自我是绝对的》为题,在第8期全文刊发了他的信。

由于他的观点深邃而尖锐,所以备受各方面关注。编辑部后来在总结中说:"这篇文章收到已有一段时间,开始不敢刊发,结果发出来以后,果然起到了'奇峰突起'的效果。"赵林也因此几乎取代了"潘晓"而成了后期讨论的主角。

对于赵林的观点,赞成者有之,反对者亦大有人在。赞成者称他是"在人生的键盘上弹出了最强音……令我敬佩的是,你再现了布鲁诺式的献身精神;使我兴奋的是,真理复出所具有的伟大引力。"而反对者却认为赵文的观点是反科学的、盲目的。由于他"不是科学地认识自我,狂热地追求'自我表现'、'自我扩展',因此,它可能是'自我'释放出来的能量成为破坏力量。"还有的指出,"赵文'展示了一个赤裸裸的、活生生的灵魂'。"

应当说,这场讨论是思想解放的一部分,是引导青年自己教育自己的一种生动活泼的方式,不然编辑部怎么会收到6万多封信件,在广大青年中引起那么强烈的震撼呢?有评论说:"在中国思想史上,以前没有过,以后恐怕也不会再有如此壮观的、大规模的讨论了,尤其是不会有如此丰富和袒露思想作为人们研究的样本了……"

在最初的一段时间里,讨论的风气是健康的,无论是赞成或反对的意见都可以发表,而且是心平气和的、同志式的讨论。正因为如此,不仅《人民日报》和新华社都发表了消息和评论,对这场讨论给予了正面的评价,而且连中央理论权威胡乔木还亲自到《中国青年》杂志社表达了关心,并与编辑部全体工作人员合影留念。

可是,由于长期"左"倾思想的影响,有些人思想僵化,对这场讨论的内容与方式表示了强烈的不满。有些单位以党组织的名义写信给中央,或者写《内部参考》呈递到中央高层。正是在这个时候,我国理论界和思想界开始了反对"精神污染"的运动。

1980年底,人生意义大讨论戛然而止了。1980年6月,《中国青年》编辑部发表了《献给人生意义的思考者》的总结,实际上是一份对这场讨论的自我批评,一切都不可挽回了。

赵林因为此事成了一名"特殊的学生",受到了学校学工部的"关照"。1981年6月,他以优异成绩考取了我校哲学系的研究生,但该系以"政治不合格"不予录取,这对于一个酷爱哲学的学生来说,无疑是一个重大的打击。

我从惜才的角度,找到开明的历史学系刘绪贻教授,希望他接受赵林作为研究生。绪贻教授对赵林的政治不合格大不以为然,他不顾阻力把赵林招到门下,研究美国历史。三年很快过去了,赵林获得了硕士学位,面临毕业分配的问题。当时,清理"精神污染"的调子还是很高的,在文艺界,集中批判白桦的《苦恋》,在理论界是批判周扬和王若水的"人的异化",在思想界就是批判"人生意义的大讨论"。赵林也被点名,所以他的毕业分配遇到了困难。

学校毕业生分配办公室负责人告诉我,看来赵林没有单位愿意接收,只能作为待分配暂时挂起来。但是,校内也没有一个单位愿意接收他,都不愿意自找麻烦。我虽然不能强迫其他单位接收他,但我有权力把他留在由我担任所长的自然辩证法研究所工作,算是权宜之计吧,等以后再调整他的工作。1986年,风头过去了,我们就把赵林分配到哲学系当教师,以了却他的夙愿。

那么,我是怎样发现他是一个创造性的人才的呢?赵林在大学读书期间,我就认识他,他高高的个头,一口京腔,说话不仅流利,而且十分幽默。他是武汉大学多学科学生社团(也叫快乐学院)的积极分子,这是一个跨越各系科的一个社团,是一些都想当"九头鸟"的学生组成的,他们都有"舍我其谁"的超级自信心。我是这个社团的名誉顾问,常常参加他们的活动,对赵林的了解也是从这个社团开始的。

赵林酷爱读书,勤于思考,常常以幽默的语言给大家带来快乐。在讨论社团宗旨时,赵林的发言给我留下了深刻的印象。他说:"我国历代都以谦谦君子为美,我们多学科讨论会则要以显示欲为美。唯有每个人极力表现自己,别人才会受益,才会成为'九头鸟'。要不然,每个人都只会说'对对对,好好好',我们就会感到自己是在对着镜子说话,浪费生命,而且极其乏味。"这是他显示欲的个性,也是他的睿智的表现。

我从赵林的另一次发言中了解到他的智慧与才华。那是一次关于"浪漫主义"的演讲,主讲人就是博览群书的赵林,他的第一句话就非常浪漫。他说:"浪漫主义不仅是一个文学流派,而且也是人类感知世界的一种方式。我在哲学、物理学、数学、宗教等一切领域里,都找到了浪漫主义,就像在所有的生物体中找到细胞一样。"寥寥数语,赵林把自己的命题一下子上升到方法论的高度,从而显示了他的哲学功底。他旁征博引地列举了18世纪到19世纪浪漫主义的代表人物,如诗人雪莱、拜伦、普希金、莱蒙托夫,作家雨果、乔治·桑、密茨凯维奇,音乐家舒伯特、李斯特、柏辽兹,画家德拉克洛一瓦、基普连斯基,哲学家谢林,等等。

让人惊讶的是,他居然给浪漫主义下了一个与众不同的定义,他说:"什么是浪漫主义?就是言过其实,主观放大后的客观。"这哪里像是出自一个大二学生之口,简直就是一个权威学者的一家之言。

为了论证浪漫主义的重要性,赵林指出从中世纪以来,人性一直受到压抑,甚至被压得喘不过气来。于是,人们寻找发挥创造性的出路,并最终找到了一个超越现实确定性、突出感情色彩的、倾向于假设和幻想的看待世界的新方法,那就是浪漫主义。

他还风趣地介绍说,在古希腊有一个酒神节,在节日那天,人人都可以喝得酩酊大醉,任意识和感情奔放,想干什么就干什么,不承担任何责任,暂时摆脱各种压抑。实际上,浪漫主义是思想上的酒神节,难怪倜傥多才的西班牙画家戈雅深刻地指出:"与智慧结合的幻想是艺术之母和奇迹之源。"

这就是我对赵林最早的印象,也是偏爱他的原因。我之所以在他面临分配困难时保护他,的确是非常欣赏他的才华。这在当时,我也承受着巨大的压力。学校一些"左"倾思想严重的人,借机想找我的茬子,说我办学方向有问题,重用资产阶级思想严重的人。但是,我问心无愧,为了办好武汉大学,必须重用有才华的人。

实践既是检验真理的标准,也是检验人才的标准。赵林毕业40年了,他没有辜负母校培养,也没有让人们失望。他是一位德才兼备的著名哲学家,在教学和研究两方面都取得了突出的成就,不仅是哲学系而且是全校最受欢迎的教授。多年以来,他讲授西方哲学史、西方文化概论、基督教思想史、中西文化比较等课程。他的课堂总是被挤得水泄不通,选修他课程的学生,不限于校内,甚至华中师范大学、华中科技大学的学生,也跑来蹭课。学生们普遍反映,上大学如果不听赵林的课,那大学就等于是白上了,这对于一个教师是极高的赞誉。

在学术研究方面,赵林主要是研究西方宗教哲学、基督教思想和中西文化比较等,他的著述颇丰。迄今为止,他在大陆、台湾出版的专著就多达8部,如《协调与超越——中国思维方式探讨》、《神旨的感召——西方文化的传统与演进》、《文明形态论——文明发生与形态嬗变》、《西方宗教文化》、《告别洪荒——人类文明的演进》、《浪漫之魂——让-雅克·卢梭》等。

赵林的口才是公认的,得益于他的标准北京话,又加上他极富感染力的激情。他是武汉大学大学生辩论队的主教练,指导学生多次获得全国的总冠军、亚军,他还担任了全国大学生辩论的评委或主任评委,显示了一个哲学家的睿智和博学多识。

2010年初,我在校医院遇到赵林,师生见面自然十分高兴。他对我说:"校长,我真的非常幸运,如果你当年不把我留下来,我真不知道今天会是一个什么样子?"

"你如果是一块金子,即使埋在地下,仍然是金子,终有一天会发光的。把你留下来,只是省去了一番挖掘的功夫,让你更容易暴露出来,让人们更早地发现你、认可你。"

赵林仅仅是我发现和保护的优秀人才之一。

我校政治行政管理系有个研究生,他十分优秀,是校研究生学生会主席,才思敏捷,口才出众。中央一个重要部门的领导看中了他,毕业之前已经内定将其分配到该部理论处,这本已是铁板钉钉的事。可是,就在临近分配的时候,突然发生了一件意外的事把他扯进去了。他本是四川人,一些在武汉大学读书的四川籍学生非常崇拜他,出现了一些不当的议论信件。这些议论信件被有关部门截获了。于是,有关部门将这些情况反映到欲接收他的中央部门,强烈要求不准他进中央核心部门。

但是,我了解这个学生,对于那些议论和截获的信件,他完全是不知情的,他是无辜的,不应当影响他的分配。为此,我三次派学校保卫处处长张鼎到中央某部汇报,并且我亲自给有关领导人写信担保。但是,这一切都无济于事,最终还是取消了他的分配计划。在重新分配来不及的情况下,我找该生谈话说:"关于你的分配本已是决定了的事,但现在情况有变化,如果临时再找到一个合适的单位,恐怕很困难。我建议你先留校当教师,同时你可以再寻找自己满意的工作单位,如果找到了,我们随时给你办理分配手续。"

就这样,我们把该生保护起来了,但他并没有在武汉大学上一天班,他很快找到了国家发改委,并受到重用。没有多久,他旋即被任命为某省省会的市长,工作成就斐然。事实证明,个别人的那些怀疑是没有根据的,幸好这个优秀的人才没有被埋没,真是国家的幸事呀!

十三、放飞大鹏

一个真正的爱才者,必须有爱才若渴的思想境界,既要千方百计地把优秀的人才引进来,但求才又不能"囚才",一旦优秀的人才不能施展他们的才华时,又要敢于把他们放出去,让他们展翅翱翔。这就是"海阔凭鱼跃,天高任鸟飞"的道理。庄子在《逍遥游》中有一则寓言:"北冥有鱼,其名为鲲。鲲之大,不知其几千里也;化而为鸟,其名为鹏。鹏之背,不知其几千里也;怒而飞,其翼若垂天之云。"

武汉大学经济学系的田源,当初仅仅只是一个硕士毕业的讲师,但他却有着巨大的发展潜力,所以我把他比喻为这样的一只大鹏鸟。那么,我又是怎样把他放走的,他又是怎样说服我的呢?

田源于1954年出生在河南开封市,后随父母迁移到郑州市,在当地接受了正规的初级和中等教育。自1970年到1974年在郑州花园口农场当了4年的知识青年。1975年1月参军,被分配到云南昆明军区政治部。

1975年7月,他被部队推荐到武汉大学经济学系上大学,在校期间表现突出,学习成绩优秀,并于1978年以专业课第一名的成绩,被我校经济学系录取为首届硕士研究生。当时,他不仅是全班第一个军人研究生,而且是全军第一个硕士研究生。可惜的是,部队某院校拒绝他到该校任教,以至于他回部队办理转业手续时,该部队领导对全军第一个研究生没有回部队表示遗憾。然而,我校经济学系的领导却慧眼识才,把他留校当教师,他一边教学一边从事研究工作,两方面都取得了突出的成果。

然而,一次经济学的研讨会却成了改变他人生的转折点。

孙冶方是中国社会科学院经济研究所的名誉所长,是我国著名的经济学家,根据他的遗愿,于1993年9月下旬,在他的家乡无锡市召开了孙冶方经济思想研讨会,全国经济学界的著名学者都参加了这次会议,如薛暮桥、马洪、孙尚清、马家驹、古书堂、王振之和我校经济学系的曾启贤教授,田源作为曾启贤教授的助手也参加了会议。

田源是被会议秘书处点名的会议记录员,他工作勤奋、细致,所以引起了各方面的注意。会议内容丰富,争论也很激烈,田源都能把会议简报整理得条分缕析,会议总结也概括得非常全面和准确。他的表现赢得了代表们的一致好评。于是,各方面开始打他的主意。在会议结束的当天晚上,南开大学经济学系的古书堂找到田源说:"我看你的文笔很好,我正想找一名助手,共同完成《政治经济学》(北方本)的修订工作,你是否愿意调到南开大学经济学系工作?"田源对受到邀请感到很高兴,表示愿意到南开大学工作,希望把他的妻子从郑州也调到天津。古书堂满口答应,负责解决田源一家在天津的户口。

真是无巧不成书,当田源从宴会厅走出时,国务院价格研究中心主任王振之拦住他问道:"田源,古书堂是不是要调你到南开大学?"

"您怎么知道的?"

"我看有点像。"接着,王振之说:"田源,我看你的水平不错,你到我们国务院价格研究中心来工作好了。这个中心是国家主要负责人领导的中央政策研究机构,为国家价格改革设计方案,非常需要像你这样的年轻的研究人员,在会议中,我看了你写的材料,感觉不错,希望你到我们中心来工作,为国家经济改革做点事情。"

田源有点为难地说:"谷教授要我去南开大学,您要我到国务院价格研究中心,如果您先给武汉大学发商调函,并征得武汉大学的同意,那我也就愿意到国务院价格研究中心去工作。"王振之说:"好,我回到北京马上给武汉大学发商调函。"

田源怀着兴奋的心情回到学校,他很想有机会到更广阔的天地里工作,但他对经济学系是否同意他去北京工作心中没有一点数。回到学校不久,王振之就从北京打电话告诉田源说:"我们中心领导一致同意借调你到价格研究中心工作。同时,该中心也给武汉大学发去了借调函,希望你尽快来北京。"

于是,他怀着忐忑不安的心情去找经济学系主任汤再新教授汇报,希望系里同意他到北京去工作。但是,令田源意想不到的是,汤主任语重心长地劝说道:"你在武汉大学先后学了6年,学校对你培养付出了巨大的代价,因此不同意你去北京,希望你安心工作,不要再胡思乱想了。"

田源哀求道:"汤主任,希望你给我一个机会,我到北京工作一年,然后再回学校,岂不是对系里更有好处吗?"但是,汤主任就是不松口,无论田源怎么哀求,他就是不同意。在争论无果的情况下,二人争吵了起来,田源执拗地说:"我就是要去北京,这对学校有好处,你一定要放我走,你不放我走是不对的。"汤主任也很生气,他说:"你的事我管不了,你要走,你去找刘校长,他要是同意你走,我没意见,但我不同意。"

他们争吵以后,汤主任立即给我打了电话说:"田源是一个优秀的人才,他现在想去北京工作,他可能会去找你,希望校长多做劝说工作,挽留他不走。"我回答说:"他如果要找我,先听听他的意见再说。"

果然,第二天上午,田源径直找到我的办公室,这是我们第一次见面。他来到我的办公室,我请他坐下,给他倒了一杯开水,我们进行了开诚布公的交谈。我先开口问道:"你就是田源吗?汤主任给我打了电话,说你是一位优秀的青年教师,希望你安心工作,他们不同意借调你去北京工作,也希望我说服你不要走。"

田源急切地汇报说:"刘校长,北京的机会很好,我到北京以后,可以了解全国的情况,这对我们学校有好处。国务院价格研究中心借我去工作一年,待我'充电'以后,对提高教学质量有好处。"

我对田源说:"我们留校的毕业生都是优秀的,你们对学校的建设十分重要,希望你安心工作。"

"校长,国务院价格研究中心的王振之告诉我,他准备三下武汉,说服学校领导放我到国务院价格研究中心工作。我到北京以后,可以为国家的价格改革做出贡献,同时也是学校的光荣啊!"

我心想,为什么要让人家三下武汉,而不当一个开明的领导者呢? 于是,我再一次问田源:"你是不是铁了心要到北京去工作?"

"是的,校长。请您想一想,当年学校不是放了董辅礽老师去北京工作吗? 如果不放他走,他现在不就是一名经济学教授吗? 可是,他现在是中国社会科学院经济研究所的所长、著名的经济学家,对国家经济改革起着举足轻重的作用,不仅在北京而且全国都知道他是武大的毕业生,他成了广大学子们学习的楷模。到底是把他留在武大的作用大,抑或是到北京的贡献更大? 同样的,如果不放我走,我在学校也只能是从副教授到教授而已。"

田源的一席话,深深地打动了我,因为董辅礽先生是我的学长,他早年留学苏联,获得经济学副博士学位,是全国仅有的两名研究国民经济平衡的学者之一。当时,国家有关部门本不同意他回武汉大学工作,但辅礽先生考虑到要报效母校,于是他回到了母校。可是,工作了一年多,国家以工作需要为名又调他到中国社会科学院经济研究所工作。他到北京以后,依然心系母校,对我推行教育改革也提出了许多有益的建议。我转念一想,是呀,爱才但不能囚才,如果田源是一只大鹏鸟,那就不能把他囚禁在陆地上,应当让他在浩瀚的天宇中翱翔,这才是开明的态度。

于是,我对田源说:"你说服了我,我同意你去北京国务院价格研究中心工作,由我来做你们汤主任的思想工作。大学是培养人才的,我们应当做一名开明的领导者,要把最优秀的人才输送到国家重要部门去工作。现在,国务院价格研究中心看中了你,说明你有水平,这是学校的光荣。你去北京以后,努力工作,多出成果,为学校争光,为国家经济改革做出更大的贡献。"

据田源回忆说:"我当时怀着极其兴奋的心情离开了刘校长办公室。没过几天,汤主任就通知我,刘校长同他沟通了,一致同意我去北京工作。于是,我很快就办妥了借调的一切手续,于1983年10月到国务院价格研究中心报到,开始负责国家价格政策方面的工作。一年后,我正式调到这个中心工作,我的妻子赵莉也从郑州调到北京。"由于他的工作业绩出众,曾经多次受到国务院领导的赞扬,成为迅速崛起的新星,被任命为全国最年轻的司局长,1989年被评为全国十大杰出青年之一。

田源寻觅到英雄用武之地,他现在正要展翅飞翔了。

他在国务院价格研究中心工作期间,多次到美国、日本、欧洲等地考察西方国家和地区的经济体制,进一步增加了对市场经济的认识。在考察中,他了解到国外市场经济运行的机制,如期货市场以及对国民经济的重要作用。根据考察的资料,他起草了调研报告,提出建立中国期货市场的建议,他被任命为国家期货市场工作组组长,并负责进行期货市场的试点工作。

1990年到1991年,田源到美国留学,在科罗拉多大学经济学院学习,并到芝加哥期货交易所进行专题研究,专门研究期货交易的历史、设立和管理等问题,同时准备他的博士论文。这次考察,对田源的震动很大。他在离开芝加哥时发誓,回国后一定要创建中国第一代的期货公司,一定要重返芝加哥,一定要把中国的期货做到美国芝加哥来!

1991年底,田源学成归来。他决心要实现自己的夙愿,凭着借来的30万元,联合14家大股东,创办了中国国际期货有限公司。该公司是中国期货旗舰性集团公司,下属6家独立的期货公司,在中国期货市场有着举足轻重的作用。2004年,中国国际期货公司交易额为1.4万亿元,占全国期货市场的12%。与此同时,该公司为全国培养了大批优秀人才,在全国期货系统发挥了独特的作用。在组建和运行国际期货公司的13年中,田源创造了20多个第一。如果他还是武汉大学的一个教授,这是很难获得的成就,这也再次证明,当初放走他是一个正确的决策。

这诸多的第一中包括:他是第一个获得期货专业博士学位的人,创办了中国第一个期货专业,创办了全国第一份期货杂志《中国期货》,第一个在美国成立期货公司的中国人,举办了第一次美国期货经纪人考试,创办了亚布力企业家论坛,创建了中国第一家亚布力旅游滑雪场,等等。尤其是他的博士论文于1993年出版,被《经济日报》评选为当年十大畅销书之一,他的论著理论联系实际,对培育中国期货市场人才起着重要的作用。

国际期货交易对英语要求特别高,而田源真正实现了把英语作为第一语言的转变,这对于一个非英语国家的人来说,这种转变是非常艰难的,但他却做到了。我于1994年5月到他的公司参观,亲自看到他用两部电话以流利和娴熟的英语对谈。就在这当儿,我喃喃自语:"田源啊,当初放走你是正确的,你是大鹏,现在不正是'九万里风鹏正举'吗?"

2007年,国家对国际期货公司进行调整,期货公司需要大幅度增加净资本,以满足监管的要求。对于田源来说,他也卸掉了公司董事长的重任,并重新设计自己未来的事业。自2007年到2009年,他以全日制学生的身份到美国哥伦比亚大学学习两年,是我国企业家最早全脱产学习的第一人。对于这段学习,他回忆说:"这两年对于我来说是弥足珍贵的。"他最大的收获是,一是实现了英语作为第一语言的转变,为他日后从事国家金融投资奠定了坚实的基础;二是了解了过去自己不熟悉的东西,尤其是美国社会经济问题,唯有如此,才算是真正进入到美国的文化圈里。

从2012年开始,田源又开创了自己事业的新舞台,一是在美国创建了元明资本,专注于生物和医药的风险投资,并且已经获得了巨大的成功;二是他创建了中美企业家领袖圆桌会议,决心搭建中美企业领袖交流的桥梁。这是一个极为大胆和富有远见的举措。这个企业家领袖圆桌会议创建之初,立即获得了中美两国高层和企业家们的欢迎。例如,美国前总统克林顿、国务卿基辛格、商务部长罗斯、摩根大通公司首席执行官戴蒙、黑石集团创始人苏世民等都亲临会议,表示积极的支持。中国企业家也非常重视这个圆桌会议,如复星集团董事长郭广昌、泰康公司董事长陈东升、福耀玻璃集团公司董事长曹德旺、万科集团创始人王石等,都是这个圆桌会议的常客,他们都想借助这个平台,把他们的企业扩展到国外。经过 8 年的努力,这个圆桌会议已经成为中美贸易的桥梁。

田源是一位智慧型的企业家领袖,他不仅在国内,而且在国外都是备受瞩目的企业家领袖。2017 年,他又提出了"大健康"的理念,他认为健康产业是比房地产更大的产业,他正在率领一批杰出的企业家,努力实现他的理念。我们有理由相信,他的未来是一片光明的,希望他"百尺竿头,更进一步"!

十四、识才要旨

我记得日本著名的企业家、索尼公司的创始人盛田昭夫,在 50 多年以前曾经出版过一本《学历无用论》的书[1]。通览这本书,他并不是宣扬读书无用论的观点,而是要求在聘请人才的时候,不要迷信学历,同时论述他如何培养、评价和奖励员工的理念和经验。特别是他要求主管的领导人要亲自鉴别人才,凭借智慧把最杰出的人才选拔出来。

在识别人才方面,美国加利福尼亚大学圣塔芭芭拉分校校长杨祖佑先生给我们做出了榜样。1994 年 6 月,加利福尼亚大学总校校长

---

[1] 盛田昭夫:《学历无用论》,赵方方译,华夏出版社 2004 年版。

杰克·佩特森从150多人中,聘请了普渡大学工程学院院长杨祖佑为加利福尼亚大学圣塔芭芭拉分校校长,他成为继加利福尼亚大学伯克利分校田长霖校长之后,第二位华裔美国大学校长。他被称为"伯乐校长",在他任期的10年内,由他亲自鉴别和聘请的教授中,有六位获得了诺贝尔奖,从而创造了世界高等教育史上的奇迹。他的经验就是:第一要吸引、培养人才;第二要把吸引的人才留住。为此,校长必须事必躬亲,满足这些特殊人才研究条件的要求,营造所需要的自由环境。

在我主政武汉大学校长的近8年时间中,人才问题一直是我关注的重点,我事必躬亲,礼贤下士,频频参加各种活动,亲自接待来访人员,这一切都是为了观察、发现和鉴别人才。在本章中,所叙述的13个优秀人才引进的故事,其中有自己发现的,有伯乐推荐的,也有毛遂自荐的。从这些故事中,我想谈谈识别人才的一些要点或称为要旨。

但是,我必须指出,任何杰出的人才都是个性化的,正如没有两片树叶完全相同一样。同样的,任何经验都不能成为"万灵"的教条。如果有谁真的相信《3分钟识别人才》,那只能选聘流水线岗位上的员工,而绝不可能发现杰出的人才。然而,我在本章中却要谈谈自己识别人才的一些体会,但这只是我个人经历中的记载,只供人们参考,而绝无普遍推广之意。

◆ (一)识才看三性

我所说的三性,是指个性、灵性和悟性。俗话说,个性决定一个人的命运,所以个性是识别人才的窗口。什么是个性呢?个性一词来源于拉丁语person,它有两个含义:一个是指人在生命舞台上扮演的角色;另一个是指作为人的性质和作用,即人的实质的自我。① 一般来说,一个创造性的人才,大多都具有独立性、求异性、进攻性、坚韧性和争强好胜性等。如果我们把握住了这些特征,大体上就能够判断这个人的才华。

灵性是指人的天赋、智慧、才智等,也即灵感思维的表现,往往以灵商(spiritual intelligence quotient,简写为 SQ)来衡量。决定灵商高低的是人的右脑,它担负着想象、虚构、感受和创造的功能。无论是阿基米德在洗澡时发现浮力定律,或是凯库勒关于蛇首蛇尾相连的梦而导致苯环结构的发现,都堪为科学史上灵商闪现的不朽例证。

俗话说,一人之神在于脸,而一脸之精在于眼。因此,观察一个人的面部和眼神,大体上能够判断他的灵性之高低。有些人目光灼灼,而有的人目光呆滞;有些人语言流畅,而有的人语无伦次,这些都是他们灵性的反映。灵性是对外部事物的反应能力,从某事某物获得启示的能力。然而,悟性却是时时自己感受到的,它不再是通过五官感知事物,而是通过五官联合的作用,能够感悟到事物之间的内在联系与规律。

◆ (二) 辩才重"三力"

我所说的"三力",是指自学能力、实践能力和创造性的能力。这三者对于一个杰出的人才而言缺一不可。在我发现的人才当中,几乎每一个人都有非常突出的自学能力。例如,杨小凯仅仅是一个高中一年级的学生,在身陷囹圄的困境下,能够自学《资本论》、凯恩斯的《货币论》以及高等数学等高深的专著,那么还有什么知识他不能自学呢?因此,他能够站到经济学的最前沿,曾两次获得诺贝尔经济学奖的提名,也就不是偶然的了。

---

① 全国九所综合性大学《心理学》教材编写组编:《心理学》,广西人民出版社1982年版,第516页。

◆ (三) 用才"三不管"

一个开明的领导者必须明白,大凡那些杰出的人才,他们大多都有独特的性格,如有的孤傲、有的离群索居、有的怪异等。因此,对他们的管理一定要心胸开阔,用人不疑,放手大胆使用。对他们所需要的研究条件,给予足够的支持,使他们享有最充分的自由。我所奉行的三不管,就是不管他们做什么,不管他们的研究进度,不管成功与失败。一个杰出的科学家,他们具有最高的自觉性,往往惜时如金,视学术如生命。我从过去农村生产队队长的身上悟出一个道理,生产队长非常辛苦,他们天不亮就喊出工、记工分、分配食粮,但越管越穷。因此,在对杰出人才的管理上,我不当生产队长,甘当啦啦队长。我更愿意站在他们的背后,给他们鼓劲、加油,这就足够了。

◆ (四) 识才无定法

在教育上有一句约定俗成的口头禅,即教无定法,就是说一个好的教学方法,对王老师是合适的,但对李老师就不一定是合适的。每一个教师只有通过自己的实践,摸索出适合自己的方法,那才是属于自己的。同样的,识别人才也没有固定的方法,因为人是有能动性的,是不断变化的,无论是识别人才的人,或是被识别的人,他们都会随时间、地点和环境的变动而变动。人与人之间的差别,主要反映在感觉上,这是一种妙不可言的神奇力量。感觉是各种各样的,有数感、乐感、美感、球感、灵感、性感等。众所周知,高斯、欧拉、华罗庚、陶哲轩具有强烈的数感,这才使他们成为世界最伟大的数学家;乐感造就了世界第一男高音帕瓦罗蒂;美感造就了达·芬奇和梵高;球感造就了像库里、汤普森、杜兰特、勒布朗、朱芳雨、王仕鹏等一大批篮球职业联赛的高准确率和高分的射手。

同样地,也有对人才的特殊感觉,也就是"才感",有了这样的才感,在识别人才时,往往会起到决定性的作用。这种感觉,只可能会意,不可以言传。例如,我当初在观察易中天的时候,能够感觉到他有无双才气和豪气;感觉到邓晓芒有"大智若愚"的智慧;对赵林的观察,感觉到他具有超凡脱俗的睿智。我既不是伯乐,也没有智慧之眼。我只是爱才,愿意与人交往而已。我的才感是自己年深日久积累的结果,并不都是准确无误的,也有误判或是用人不当的时候。

那么,识别人才是否也有共同的规律借鉴呢?规律倒是有,那就是必须与被鉴别的人亲密接触,与他们交谈,参加他们的会议,听他们的演说,参观他们的研究实验等。那种高高在上,只凭人事部门汇报,或只看他们的文字介绍资料,是不足以判断人才之优劣的。

第四章

独辟蹊径

20世纪80年代，在解放思想的号召下，我国各条战线迅速投入到改革开放的大潮中，从而开创了一个黄金时代。那时，人人思变，个个拥护改革，其潮流势不可挡。1984年10月20日，中国共产党第十二届三中全会通过了《中共中央关于经济体制改革的决定》。紧接着，于1985年5月27日，又颁布了《中共中央关于教育体制改革的决定》，这对于教育改革起到了至关重要的指引作用。

在这些文件精神的鼓舞下，迅速掀起了教育改革的高潮，各大学争先恐后，真有点"八仙过海、各显神通"的局面。上海交通大学率先开始了人事制度的改革，对教职工的工资"上不封顶、下不保底"，令各大学羡慕不已。华中工学院率先提出"理工结合，科研要走在教学的前面"的口号。中国科学技术大学创办了少年班，在全国广泛挖掘少年尖子。南京大学大胆延揽人才，率先开设大学语文课程，提高大学生的人文素质。北京师范大学试行校长负责制，深圳大学试行党政分工的新体制，等等。霎时间，全国高教战线一片热火朝天，人人欢欣鼓舞，已经形成了浓厚的改革文化。

在这种形势下，武汉大学当然不甘落后，我也决心要当一回弄潮儿。那么，我们又从何处入手呢？根据中央教育体制改革的决定，我认定教育体制改革既是重点亦是难点。为什么我们选择从教学体制改革入手呢？这是基于三点来考虑的：首先教学是学校的中心任务，是培养人才的关键，唯有抓住这个关键，才能提高教学质量，为国家输送合格的人才；其次教学改革是办好学校的特色，也是体现大学个性的重要措施；最后是抓住教学改革就能够带动学校的各项工作，起到提纲挈领的作用。为此，我们首创了一系列崭新的教学制度，进而营造了学校自由民主的校园文化。

一、学分制首开先河

笼统而言，教学制度就是指学制，亦即在校学习的年限。在改革开放以前，我国高等教育的学制都是学年制，分为专科和本科，前者2年至3年，后者为4年或5年（医科）。很显然，这种学制是与我国实行的计划经济体制相适应的，学生是按照计划招生，毕业时亦按照计划分配。对于这种僵化的学制，人们似乎是熟视无睹，谁也没有意识到它有什么不合理，也没有人想到要去改变这种僵化的教学制度。

我第一次听到学分制，是于1977年8月10日至18日在北戴河的会议上，那次会议是为了适应恢复统一高考后的教学需要而召开的。众所周知，在科教座谈会上，邓小平同志根据代表的建议，一举推翻了"十六字"招生方针，恢复"文革"前的全国统一高考制度。时隔4天，我突然意识到，"工农兵学员"的教学计划也必须废除，而需要制定一个适应统考招生的教学计划。于是，我立即向教育部党组建议，尽快召开大学教学座谈会，以制定新的教学计划。这个建议立即得到国务院的批准，指示会议在北戴河召开，并派国务院机关事务管理局刘生处长和教育部有关的工作人员,以及新闻单位的记者,星夜赶赴北戴河。

为了改革开放的需要,会议特邀请了北京师范大学高等教育研究所和华东师范大学高等教育研究所的专家赴会,请他们介绍国外教育的情况。我记得华东师范大学的一位教育学家介绍了美国的学分制,使我茅塞顿开,原来有这么好的教学制度,我暗下决心,将来要借鉴这种好的制度。

据介绍,学分制(credit system)和学年制(academic year system)是对应的,前者是以修满所需的学分作为毕业的依据,而后者是以完成所规定的年限为毕业的根据。早在1914年,美国哈佛大学就率先实行了学分制,它是在选课制的基础上逐渐演变而来的。学分制的实施,标志着教育领域的一场革命,学校不再制定统一的课程表,同年级的学生,也不再按严格的班级授课。哈佛大学实验成功后,学分制很快在全美的大学得到推广和普及。到20世纪20年代,学分制开始传播到世界其他国家。在新中国成立以前,我国各大学基本上是实行学分制,直到1949年以后,我国开始一边倒向苏联的模式,重新恢复了学年制。

北戴河会议结束后,我向教育部党组汇报,建议在全国大学试行学分制。1978年5月22日,全国第一次教育工作会议在北京西苑饭店召开,大学实行学分制也正式写进了全国教育工作会议纪要之中。我出于对武汉大学的关心,早在当年3月,我就告知武汉大学的领导,由党委书记纪辉和原副校长高尚荫教授到北京,仔细了解学分制的情况,他们答应愿意率先实验。可是,他们回校以后,由于认识不统一,迟迟没有启动这项实验。

1979年5月初,我辞去了教育部党组成员兼高教司司长职务,回校后旋即被任命为武汉大学党委常委副书记和常务副校长。鉴于我对学分制情有独钟,立即启动了学分制的实验,并以物理系和历史学系为试点,由我负责抓物理系的试点,副校长童懋林负责抓历史学系的试点。试点期自 1979 年秋季到 1980 年上学期。一学年结束后，两个系分别进行了总结，一致认为学分制优于学年制。于是，自 1981 年秋季开始，武汉大学全校各系都普遍实行了学分制，从而首开了自 1950 年以后实行学分制的先河。

按照学分制的规定，凡是需要课外自习的课程，每周上课 1 学时修满一个学期并考试合格者，可以获得一个学分。在大学 4 年期间，总共修满 120 个学分并考试合格者，可以获得大学合格毕业文凭和学士学位证书。不言而喻，越是选修的课程越多，获得的学分也越多。如果提前修满所需要的总学分，那么这些学生就可以提前毕业，获得合格毕业证书和学位证书。在 20 世纪 80 年代初，我国尚处于计划经济时期，对于提前毕业的学生，能否提前分配工作，是衡量是否真正实行学分制的关键。通过我们与教育部的沟通，他们同意为我校提前毕业的学生打开绿灯，提前给他们分配工作。所以，我们是真刀真枪地搞学分制，而不是停留在口头上。

我们试点的经验表明，学分制的优越性在于：第一是大大地调动了学生们学习的主动性和积极性，他们的志趣得到了尊重，能够自主地选修他们喜爱的课程和专业。第二是把竞争的机制引入教学中，促进了教师提高业务水平。有时一门课程有两名或多名教师上课，无形之中形成了教师打擂台的局面，这就倒逼教师必须改进教学方法，提高教学质量，这样才能受学生们的欢迎；同时，也调动了教师开设新选修课的积极性，这有利于知识的更新，使学生们学到最新的专业知识。第三是缩短了学习的周期，有利于早出人才，提高了办学的经济效益。

那么，什么是学分制的本质呢？我曾经说过，学分制的本质是让学生中腿长的跑得快，肚皮大的吃得饱。在 1981 年 10 月召开的一次学分制的座谈会上，经济学系大四学生傅红春发言说："校长，你对学分制本质的说法，虽然很形象，但并没有点破学分制的本质。"

我听后颇感惊讶，于是我反问道："那就请你说说，学分制的本质究竟是什么?"

傅红春不慌不忙地说道:"我认为,学分制的本质是,在尊重学生志趣的基础上,合理地组建他们的知识结构。"

真是太妙了,多么高明的见解呀,我当即给他鼓掌表示赞赏。这说明,大学生是学校的主人,也是教学改革的主力,同时也是教学改革效果的检验者。在座谈会结束的总结发言中,我再一次肯定了傅红春给学分制本质下的定义,并宣布:今后关于学分制的本质的理解,就按照傅红春同学的说法。傅红春是学分制的受益者,他提前考取了经济学系的硕士研究生,后又被破格提升为学校党委宣传部副部长、教务处副处长。在以后的30多年中,我们是亦师亦友的关系,这个情缘也是因学分制而结下的。

学分制是从美国移植过来的,到底是完全模仿还是走创新的道路?这是摆在我们面前必须回答的问题。根据我国国情,我校又做出了以下四点补充规定。

第一,保持学生系科建制,以便开展党团活动,加强思想工作,培养大学生们的集体主义精神。第二,加强基础知识,保证质量,为此,规定基础课为必修课,暂定专业基础课和专业课为选修课。第三,鉴于我国适龄青年上大学的比例还不够高,所以允许修满学分的学生提前毕业,但不能滞后毕业。当我国大学入学率达到普及阶段以后,既允许学生中途休学,也允许学生滞后毕业,真正做到尊重学生的自主选择。第四,为了防止少数学生求量不求质,甚至有个别人混学分,所以对提前毕业的学生有严格的要求。他们不仅学习成绩、毕业论文优秀,而且必须具备较强的实际工作能力。这既是对用人单位负责的态度,也是维护学分制和学校信誉的需要。

在推行学分制的过程中,遇到的阻力还是比较大的,主要是来自领导和群众两个方面。对于少数教师的思想问题,是可以通过细致的思想说服工作来解决,而且实践也会使他们逐步转变观念。然而,来自教育主管部门的阻力,却是一股强大的压力。

1985年1月上旬,教育部在武汉召开了直属大学年度工作会议,由于我率团访问法国,与法外交部签订第三个合作协议,所以我没有参加这次会议。就是在这次会议上,教育部主要负责人在会议上说:"搞什么学分制,美国的学分制已经失败了,苏联不搞学分制,他们卫星也上了天。"很显然,这位领导人是不点名地批评武汉大学的学分制。

我从法国回来以后,学校教务处处长刘花元把教育部领导人批评学分制的讲话告诉了我。虽然我心中不悦,但我心中有数,一是美国学分制并没有失败,二是广大学生和教师拥护学分制。我不会因为某领导人的批评而动摇推行学分制的决心,我倒是很想找机会,就学分制与那位领导人进行一次坦诚的交流。

这年5月,我到北京办事,直接到这位领导同志的办公室,与他进行了一次面对面的讨论。我问道:"××同志,您听谁说,美国的学分制失败了,据我所知,美国学分制不仅没有失败,而且又有新的发展,由积分学分制发展到绩点学分制。您对我个人有意见,可以直接对我明说,但您不能对学分制抱有偏见。"那位领导人自知理亏,自圆其说地把话题岔开说道:"我们不谈这个问题,请你谈谈学校重点学科建设情况吧。"既然他不再指责学分制,我也借步让他体面地下了台阶。

到了80年代中期,武汉大学的学分制不仅在校内获得了成功,如英文系82级2班的学生,提前毕业的高达27%。与此同时,我校的学分制也有了新的发展,我们又引进了美国的绩点学分制。在英文中,以GPA表示绩点,就是平均成绩(grade point average)的点数。显而易见,绩点学分制克服了学分制的不足,它的优点在于:一是便于统计,数字简化;二是不仅反映出量,而且能够反映出质;三是与其他的计分办法有可比性。绩点分为四级:$A=4, B=3, C=2, D=1$。美国多数综合大学的本科教育,都设有荣誉学院(Honors College),这就是美国本科教育的"实验班",由荣誉学院开设的课程称为荣誉课程

(honors program)。这些课程不是专业课,选修荣誉课程的学生,不仅可以获得专业学士学位,而且能够获得荣誉学士学位(Honors Degree)。

武汉大学学分制的实施,对推动教学制度的改革,曾经起到了带头的作用,其经验迅速传播到全国其他大学。那时,来武汉大学参观和学习学分制经验的大学络绎不绝。例如北京大学党委书记韩天石、南京大学党委书记章德、复旦大学校长华中一、中山大学校长黄焕秋等。当然,我们自己要有自知之明,我校只是在教育体制改革上迈出了一小步,未来的路还很长,我们必须与时俱进,一定要戒骄戒躁,努力把教育体制改革进行到底。

二、学分制的受益者

我校计算机科学系1979级学生张瀚涛,他仅仅用两年半的时间就修满了所需要的总学分,而且全部课程都获得了优异成绩。因此,他被批准提前毕业,并参加了教育部组织的公派出国留学生考试,他被公派到法国攻读计算机科学的博士学位。所以,他是新中国实行学分制的第一个受益者,也是当时武汉大学学生学习的榜样。

关于我与他的故事,充分表明大学校长应该关爱学生;同时,也充分展现了一个受到爱心滋润的学生又是如何尊敬师长的。2010年7月5日下午,我接到一个电话,对方自称姓梁,是武汉大学计算机学院的教师。他说有一个在美国大学当教授的校友,这次来武汉大学讲学,明天就要离开,希望今天晚上去看望您,不知您是否方便?我说没有什么不方便的,欢迎他来访。梁老师说:"那就安排在今晚8

点左右,我陪他一起去。"

他们非常守时,晚上 8 点整,我家的门铃响了。我打开门后,两位中年人已站在我的面前,我指着那个高个子说:"你是张瀚涛,虽然 20 多年没有见面了,但你的相貌基本没有变,我一眼就认出了你。"个子稍矮的那位自我介绍说:"我叫梁意文,我与瀚涛既是同班同学,又同是孝感老乡。"

我以责怪的口吻说:"意文,你在电话里怎么也不告诉一声,说是张瀚涛来看我。"意文辩解说:"我是想给您一个惊喜,让校长好好地猜一猜,没想到校长的记忆力如此之好,一眼就认出了张瀚涛。"

我说:"是呀,我怎么会忘记呢?他是我校实行学分制的第一个受益者,也是武汉大学的骄傲。"1981 年,武汉大学率先在全国全面实行学分制,瀚涛积极响应学校的号召,他充分发挥了学习的积极性和主动性,用两年半的时间修满了 4 年所需要的学分,提前一年半获得了毕业文凭和学士学位。由于武汉大学是全国第一个实行学分制的,所以可以说张瀚涛是中国当代第一个学分制受益者。在第一批提前毕业的 28 个毕业生中,大多数都是提前半年或一年,而张瀚涛则提前了一年半,显示了他拥有巨大学习潜力。张瀚涛提前毕业后,他是武汉大学很多学生的偶像,以他为榜样,努力使自己成为杰出的人才,学校也以有这样的学生而骄傲。同时,从张瀚涛的身上,我们切实体会到学分制的优点,更加增强了我们推行学分制的信心和决心。

1981 年寒假,张瀚涛参加了公派出国研究生考试,以全系第一名的成绩,被录取赴法国留学。1982 年春到上海外国语学院学了半年的法语,这年夏天赴法国,在南锡大学读博士学位。1984 年他又以优异的成绩获得了法国计算机第三阶段博士学位,并准备攻读法国国家博士学位。但是,他的导师鉴于他的成绩特别优秀,建议他转到美国的大学去学习,以便受到更好的教育。于是,他转到了美国纽约州的朗萨拉尔理工学院学习,并于 1988 年获得博士学位。他毕业后,应聘到美国爱荷华大学任教,1994 年获得终身教授职位,1998 年成为正教授。在计算机研究方面,他一直从事机器证明和自动推理的研究,曾获得美国"青年科学家总统奖"。近10年以来,他一直想利用计算机解决组合理论中的一个世界性难题,但是到现在仍没有获得突破。

张瀚涛到美国后,我们之间还有书信往来,我鼓励他向更高的目标攀登。他在一次来信中吐露了他的苦恼,他的女朋友饶凌是上海华东化工学院的毕业生,毕业后被分配到武汉化工学院工作。他们是在1982年初,在北京召开的全国三好学生代表大会上认识和相恋的,饶凌当时是宜昌市一中的三好学生代表,当年她考录到上海华东化工学院学习,都是优秀大学生的代表。他们宛如月老玉成的一对比翼鸟,在那个对外开放的年代,青年人都希望到美国去学习,他的女朋友饶凌提出到美国陪读。可是,武汉化工学院不同意,反复申请也不批准。他的女朋友饶凌来找我,希望给予帮助。我告诉她,请她放心,我一定成全他们在美国团聚的希望。我找到武汉化工学院的教务长涂永仁,他是我的师兄,表示愿意从中斡旋。

最后,我们与武汉化工学院达成了协议,同意把张瀚涛的女朋友调入武汉大学计算机系,这样不至于引起武汉化工学院师资队伍的动荡。作为对武汉化工学院的补偿,第二年武汉大学分配两名毕业生给武汉化工学院。此事进展得很顺利,饶凌顺利地调到武汉大学,她一天班也没有上,我们立即批准她到美国去陪读。

谈到他女朋友出国的事情,张瀚涛铭记在心,他说:"校长是真心搞改革开放的,也是真正关心学生的,这使我们都很感动,绝不忘校长的栽培和关心!我们一直以校长为楷模,将继续向学术高峰攀登。"

在首批提前毕业的28个学生当中,胡树祥无疑也是一位佼佼者。他不仅学习优秀,而且是我校第19届学生会主席,全国学联副主席。他提前半年毕业,被留在学校学生工作处工作,同时他还是在职研究生,先后获得哲学硕士和博士学位。他后来被任命为学校党委副书记,继而又被教育部调到成都电子科技大学任党委书记。由于他的政绩突出,又被中央组织部任命为中央财经大学党委书记。他是哲学科班出身,善于以理论指导学生思想工作,曾出版了《大学生社会实践教育理论与方法》一书,还获得两次国家教学成果二等奖。

雷军也是赶上了武汉大学教育改革的黄金时代,他于1987年考取了武汉大学计算机科学系,这是当时最热门的学科,录取分数也是全校最高的。他入学以后,学习非常勤奋,每当周末其他同学都去看电影时,他却泡在机房里如饥似渴地学习编程序。雷军通过自学、编程序和为报刊写稿,极大地提高了他的悟性,这是学习的最高境界。我始终认为,学生与学生之间的差异,主要体现在他们的悟性之高低。悟性是隐藏在知识后面的智慧,它是通过反思、顿悟而获得的,有了悟性就能够达到触类旁通和融会贯通的目的。雷军是最富有悟性的学生之一,有了悟性甚至能够达到无师自通的境界。

大凡聪慧的学生,他们一般都是以研究带动学习,走自己的路,而学习书本知识是照着别人的路走。雷军通过自学,不仅熟练掌握了编写程序,而且撰写了《深入 DOS 编程》、《深入 Windows 编程:Windows 加密及压缩软件编程技巧与方法》两部书,先后由北京大学出版社和清华大学出版社出版。这些成果竟然是出自一个大学生之手,甚至连许多教授都无法企及。这再一次说明,雷军具有超强的自学与研究能力,这也为他日后创业奠定了坚实的基础。

在读大一的时候,雷军在图书馆无意中读到《硅谷之火》这本书,他以激动的心情看完了这本书,心情久久不能平静,夜不能眠,绕着学校大操场转了一圈又一圈,思绪不停地翻滚。一个朦胧的意识浮现在他的脑海:"我要像乔布斯一样,创办一个像苹果公司那样的世界一流的大公司。"这是《硅谷之火》点燃的灵感,并且在他胸中埋下了创业的"火种",只待来年被点燃,然后以燎原之势熊熊燃遍全世界。

雷军以超强的学习能力,仅用两年的时间完成了总学分的要求,他本可以提前毕业分配工作。可是,他并不急于毕业,而是始终没有忘记胸中的那颗"火种",他要寻找创业的机会。于是,他在武珞路科技一条街闯荡,尝试办过公司,以积蓄经验。

1991年7月,雷军大学毕业了,他被分配到北京航天工业部隶属的一个研究所工作。对于大多数毕业生来说,能够到这样一流的研究所工作,本应该是心满意足了。然而雷军并不看重这些物质条件,他没有忘记初心,仍然在不断地追逐创业的梦想。

在创业的路上,雷军在中关村打拼过,加盟过香港金山软件公司,担任过金山软件公司的CEO,也做过天使投资人。他的这些经历,都是非常成功的,但是,这些都不是他的梦想,《硅谷之火》仍在他胸中燃烧。2010年4月6日,这是改变雷军命运的一天,在他40岁的时候,"小米科技公司"成立了。这标志着雷军18岁时心中的火种开始熊熊燃烧起来了。他发誓:不做中国的苹果,但要做世界的"小米",要让世界的消费者们享受到"小米"科技给他们带来的幸福与乐趣。

雷军是一位非常成功的学者化的企业家,他的成功得益于学分制。这种自由、宽松的学习制度,使他的智慧迸发出来,也使他在学习、研究和创业的各个领域里游刃有余,我们学习雷军的成功经验,就是要善于发现自己的真正志趣,寻觅创业的灵感,执着地追求自己的挚爱,才能够成就一番伟业。

附:武汉大学首批提前毕业的学生名单

武汉大学首届提前毕业生的情况

	姓名	所在院系	毕业去向	文件编号与行文日期
1	徐超江	数学	先是留校任教,后到法国留学获得博士学位,曾获得ICTP Atiyah奖,现为Rouen大学教授	校行(1981)22号 1981年3月24日

续表

	姓名	所在院系	毕业去向	文件编号与行文日期
2	陈化	数学	先是留校任教,后到英国做博士后,现任武汉大学数学与统计学院院长	校行(1981)22号 1981年3月24日
3	周余	数学	留校任教	校行(1981)22号 1981年3月24日
4	陈泽华	数学	先是留校任教,后到美国留学,现是新加坡国立大学教授	校行(1981)22号 1981年3月24日
5	李汉萍	数学	留校任教	校行(1981)22号 1981年3月24日
6	牟发松	历史学	留校任教	校行(1981)22号 1981年3月24日
7	梁开平	历史学	留校任教	校行(1981)22号 1981年3月24日
8	荣肇隆	历史学	留校任教	校行(1981)22号 1981年3月24日
9	胡树祥	哲学	先是留校任教,后获得硕士和博士学位,先后任武汉大学党委副书记、电子科技大学和中央财经大学党委书记	校行(1981)22号 1981年3月24日
10	吴铁军	政治经济学	留校任系干部	校行(1981)22号 1981年3月24日
11	薛求知	政治经济学	留校任教	校行(1981)22号 1981年3月24日

续表

	姓名	所在院系	毕业去向	文件编号与行文日期
12	胡承仁	图书馆学	先是留校任教,后到美国留学,现在美国工作	校行(1981)22号 1981年3月24日
13	糜寿根	日语	留校任教	校行(1981)22号 1981年3月24日
14	魏亚军	日语	不详	校行(1981)22号 1981年3月24日
15	卜雁	日语	提前毕业后到日本留学,现是日本淑德大学教授	校行(1981)22号 1981年3月24日
16	刘成卿	英语	不详	校行(1981)22号 1981年3月24日
17	袁明全	历史学	不详	校行(1982)9号 1982年2月6日
18	杨颖	计算机系统结构	不详	校行(1982)9号 1982年2月6日
19	张瀚涛	计算机软件	现为美国爱荷华大学终身教授	校行(1982)9号 1982年2月6日
20	陈天仁	英语	提前毕业后,到加拿大留学,现在温哥华工作	校行(1982)9号 1982年2月6日
21	马骏	日语	留校任教	校行(1982)9号 1982年2月6日
22	余良迁	日语	留校任教	校行(1982)9号 1982年2月6日

续表

	姓名	所在院系	毕业去向	文件编号与行文日期
23	龚晴川	哲学	留校任教	校行(1982)9号 1982年2月6日
24	宾胜武	物理化学	不详	校行(1982)9号 1982年2月6日

三、主副修制拓新知

在1949年以前,我国高等教育是因袭欧美的教育制度,亦即实施的是通识教育。然而,1951年我国院系大调整之后,我国实行了"一边倒向苏联"的方针,在高等教育领域实行了苏式的专业化教育。60多年以来,尽管教育界的开明人士纷纷呼吁回归通识教育,但始终扭转不过来,而且专业越分越细。究其思想根源,主要是我国传统的"重器而轻道"思想所致,这也是我国科学理论长期落后的原因。

过度的专业细分,导致大学生的知识面越来越窄,难以适应不断变化的社会以及市场的需要。在国家教育体制尚没有改革的情况下,我们需要从局部进行改革,以提高大学毕业生对社会工作的适应性。有鉴于此,80年代初,我们在全校试行了主辅修制度。所谓主辅修制度,顾名思义就是以一种专业为主,而另选一个专业为辅,主辅结合,相互弥补,以拓宽学生的知识面,进而在知识的交叉点上,又产生新的知识。

最典型的是外语系，在全民外语水平极低的情况下，外语系的培养目标是翻译人才，包括口译和笔译。然而，一旦国人的外语水平极大地普及以后，熟练掌握外语就成了人们的必备技能，也就无需专职的翻译人才了。因此，以培养翻译人才的外语系就会出现学而无用的情况。在我校的教育改革中，我们预见到这种情况，而主辅修制度就有可能缓解这种矛盾。

例如，我校83级英文系有62人，其中有27人选择了第二专业作为辅修。在这27人中，有11人辅修国际金融、9人选择了国际法、7人选择了世界经济。当他们毕业时，同时获得了英语和相关专业的双学士学位。这些毕业生在政界、金融界、法律界都做出了重大的贡献。例如，涂慎在香港打拼多年，现在自主创办了武汉金拓合智地产投资有限公司，亲自担任法人、董事长。谭炯现任贵州省人民政府副省长，还有多人在美国和加拿大治学或创业，都颇有成就。

双学位制与主辅修制度是比较相近的，它们的区别在于前者以获取学士学位，而后者并不一定要获取学位，而是以拓宽知识为目的。无论是实行哪一种制度，指导学生的选择是十分重要的，以避免在选修时的盲目性。为此，教务处编制了《教学指导书》，要求双学位选择要做到三性，即双学位彼此的关联性、互补性和实用性。例如，数学系的学生，大多选择经济学、统计学、力学、应用物理学为第二学位；英、法、日、德、俄语系的学生，大多选择国际金融、国际法和世界经济学为第二学位；历史学系的学生，大多选择文学、行政管理学、哲学、秘书学为第二学位，等等。

实践证明，我校实行的这些教学制度，扩宽了学生的知识面，增强了他们分析问题和解决问题的能力。那时，我校的毕业生受到沿海改革开放城市的欢迎。我记得，每年分配到国家政府部门工作的毕业生，都是承包火车的几节车厢，我还曾多次到火车站为他们送行，目送他们个个兴高采烈地走向新的工作岗位，祝愿他们在新的工作岗位上做出巨大的成就。

四、嫁接培育出"良种"

在生物学中,遗传与变异是一对对立与统一的矛盾,它们是物种进化的原动力。根据遗传理论,近亲繁殖(inbreeding)与远缘杂交(outcrossing)是两种截然不同的现象,前者是必须避免的,而后者却是应当提倡的。自然界的一切动植物,都有一个共同的遗传特点,即近亲繁殖会导致物种的退化,而远缘杂交将培育出新的品种。

这种遗传现象,在教育中亦有类似的反映,教育中的学缘与生命体中的血缘或亲缘有些类似。无论是教师队伍的建设,或是学生的培养,都需要避免近亲繁殖,这样有利于营造民主自由的学风,也是培养博采众家之长的杰出人才所需要的。

根据这种想法,武汉大学首创了插班生制度,这在世界高等教育史上尚无先例。所谓的插班生制度,就是从社会上自学成才的或是其他大学的优秀学生,通过一种特殊的考核方式,凡是达到一定要求者,可以到我校有关院系的三年级班级学习,最后达到毕业标准者,将颁发合格毕业文凭和学士学位证书。

这个创意是怎么产生的呢?主要是以下三个因素促成的。

第一,我有与社会广大青年通信的习惯,而且做到有信必回的承诺。来信者既有一次高考失误者,也有自学成才者,还有业余科技发明者。他们在信中披露了心中的苦闷,表达了有进一步求知的欲望,甚至提出了近乎是求救的呼请,令我十分同情。

第二,我也时常收到普通大学学生的来信,他们认为:在重点大学与普通大学之间,缺乏公平竞争的机制。为什么普通大学的学生即使学得再好,也不能获得重点大学教育的资源,而重点大学的学生,即使学得不好,也可以混到毕业。他们建议,这两类大学的学生,应当互相流动,鼓励竞争。

第三,受到强烈振兴武汉大学心理的驱使。培养优秀的人才,是办好大学的重要任务之一,如果我们把非重点大学中的优秀学生,通过插班引入武汉大学,那么他们就会倍加珍惜学习机会,将有可能成为杰出的人才。

显而易见,插班生制度的优越性在于:一是在统一高考制度以外,另开辟了一条升大学的路子,这也弥补了全国统一高考的某些缺憾。二是把竞争机制引入教学之中,促进重点与非重点大学学生之间的流动,以校外促进校内,有利于出好人才。三是缩短了学制,提高了办学的经济效益,能够充分发挥重点大学教育资源的作用,体现了教育的公平性。

然而,一个好的创意,要把它付诸实施却是困难重重。我是一个痴情的教育改革者,抱着"不到长城非好汉"的信念,决心把这一崭新的教学制度付诸实践。

五、改革感动了"上帝"

20世纪80年代中期,我国高等教育体制依然还是计划经济指导的,大学按照全国计划统一招生,毕业生按照计划统一分配。在这种教育体制下,要在国家计划以外招收插班生是完全不可能的。

但是,改革就应当是走前人没有走过的路,创新就是做他人没有做过的事。武汉大学申办插班生制度,曾经经历了长达一年的时间,并且三上北京,最后是改革的诚意感动了"上帝",获得国家计划委员会批准。

1984年3月,我校正式向教育部递呈了"关于申请招收插班生试验"的报告,阐述了这项试验的目的和意义。然而两个月过去了,我们的报告石沉大海,渺无音讯。于是,我5月专程去北京,向教育部高教一司夏自强司长汇报。夏司长听后,解释说:"你校申请招收插班生的报告早已收到,我们没有批复的原因,是因为这是一个新的问题,过去没有这种做法,所以需要慎重。"

我解释道:"是的,这的确是一个新生事物,正因为没有人做过,所以才需要试验。改革本应当是走创新之路。当然,改革既有成功的可能,也许会有失败,但失败乃成功之母。"

夏司长接着说:"这个问题,还关系到招生计划问题,需要与计划司会商,你先回去,待有结果再通知你们。"

这次我空手而归,但也不虚此行,毕竟与高教一司做了沟通,为以后启动这项改革打下了基础。回校不久,我接到了高教一司的电话,告知他们已经签署"同意试验"的批示,转交计划司会签。

又是3个月过去了,我们仍然没有得到计划司的批复。这年8月下旬,学校本处于暑假,我想利用暑假到教育部催问插班生试验的事。我与教育部计划司司长徐敦煌也是熟人。见面后,他不无担心地说:"道玉同志,你大胆改革精神,我们是支持的,但插班生制度可是一个牵一发动全身的大事,弄不好将打乱全国招生计划,这可不是小事。因此,希望你们再考虑考虑,到底要不要搞这项试验?依我看,至少要再观察一下形势再说。"

我十分感谢敦煌司长的提醒与鼓励。至于说到计划一事,我很清楚每年招生计划是怎么一回事,那不就是一个加法运算嘛。学校每个系把招生的数字报到学校,综合各系的数字就是学校的招生数目。尔后,教育部根据各校和各省的招生数字,就是全国的招生数目。因此,招收几十个插班生,完全无碍国家的招生计划。

听后，徐敦煌司长诚恳地说："道玉同志。你们改革精神令我敬佩，你的一番说明，至少是说服了我。不过，这事还需要刘忠德副部长批示，他现在在外地出差，等他回来送他批签。你先回去，一旦有了结果，我会立即通知你们。"我估计，这事希望比较大，我怀着喜悦的心情回到了学校。

我们终于等到了这一天，大约半个月后，教育部计划司通知说，教育部已经同意你校进行插班生招生试验，不过还需要国家计划委员会批准。事已至此，绝不能行百里半九十，于是我第三次进京了。金秋十月，秋高气爽，我的心情格外高兴。我到教育部办公厅找到李健主任，拿到了教育部给国家计划委员会的公函，脚不停步地赶到位于三里河的国家计划委员会。接待我的是计划司司长李昌龙，我简要地向他汇报了准备招收插班生试验的方案，并讲述了我三次进京的情况。

李司长是四川人，他操着浓厚的四川话说道："听了你的介绍，我认为你是真心搞改革的。这使我想起了愚公移山的故事，年近九十的愚公挖山不止，他的精神感动了上帝，帮助他移走了阻其出入的两座大山。我不是上帝，但你的精神确实感动了我，国家计划委员会没有理由不支持你们搞改革。你们的报告我们立即批发，不能再让你跑冤枉路了。你们的插班生招生从明年开始实施，拨给你们90个指标，纳入国家统一分配计划，与国家统一招收的学生一视同仁。有了你这种执着的精神，相信你们的改革试验会获得成功。"我向李司长表示了衷心的感谢，并欢迎他到武汉大学视察工作。

李昌龙司长谦虚地说："我知道武汉大学是一所名校，风景优美。我年轻的时候，很想报考武汉大学，可惜呀，没有缘分。我争取以后去参观学习。"

我表示："随时欢迎你的光临！"

真是好事多磨！经过8个月的努力，一个新的插班生制度终于诞生了。插班生招生的消息公布之后，全国各媒体都在显著的位置报道了这条新闻,可以说是一石激起千层浪。当年报名的人数多达3000多人,来函询问的人更是不计其数。当然,像对待任何新生事物一样,持怀疑和冷嘲热讽态度的人也有。他们甚至说,什么插班生,不就是搞嫁接吗?听到这些议论,我大不以为然地说,嫁接这个词很好嘛,我们就是要搞嫁接,培养出优秀的人才。

我们对这次插班生的招生工作,准备得非常细致,从报名、资格审查和考试、阅卷、评分与录取,都做了认真的部署。学校各部门和各院系也都十分配合。插班生招生对象是具有大专文化水平的自学青年,或是在读的大二学生。这次插班生招生工作进行得很顺利,基本上没有出现差错。

在插班生入学考试方面,我们改革了传统的仅仅以分数高低录取的标准,改为既看考试成绩又看研究与发明成果,前者占总成绩的40%,而后者占60%,二者合并为总成绩,择优录取。这些改革措施的意义在于,打破了唯分数至上的观念,强调了分析和解决问题的能力,尤其是创造性的能力。

1985年9月初,首届插班生招生92人(超过了国家计划委员会规定的90名指标,因为有2人的成绩确实优秀,难以割舍)。这些插班生基本上涵盖了文理科各系,他们分别插入到相应的系科的三年级学习。我们对这些插班生进行了跟踪调查,发现他们都非常珍惜来之不易的学习机会,与统一高考招收的学生相处也很融洽,没有发现跟不上教学进度的。实践证明,我们设计的插班方案是可行的,这就为大面积地推广插班生制度提供了根据。

插班生入校后,学校单独为他们举行了开学典礼,对他们今后的学习提出了更高的要求。他们没有辜负学校对他们的期望,每个插班生都有明确的学习目的,扬长避短,他们的长处是实践,而短板是基础理论知识不足。通过两年的学习,全部插班生都顺利地毕业了,获得了合格的毕业文凭和学士学位证书,大多分配到他们心满意足的工作岗位。

在毕业的插班生中,也冒出了许多优秀的人才,无论是文科还是理科都有这样杰出的人才。

胡发云出生于1949年1月,与新中国是同龄人,他当过知青、电焊工、统计员。他自幼酷爱文学,通过自学从事文学创作道路。1985年武汉大学创办了插班生制度,他成了首届插班生,20世纪80年代开始成为职业作家。

他的笔触主要反映知识分子以及都市生活,鉴于他的作品的影响力,曾经被邀请担任全国、湖北以及武汉市作协的重要职务,但他对行政职务毫无兴趣,不愿为名所累,保持特立独行的个性,所以他拒不到任,这在一个官本位的国度是很少见到的。

他专注于文学创作,写出了许多极其有影响的作品,其代表作有《老海失踪》、《死于合唱》、《隐匿者》、《驼子要当红军》、《思想最后的飞跃》、《葛麻的1976—1978》、《老同学白汉生之死》、《如焉》、《迷冬》等,另有《胡发云文集》(四卷本)。他的创作特点是力图把笔触刺到历史最诡谲和人心最幽微的深处,展现和剖析一个世纪以来中国惊心动魄的真实相貌。

胡发云的作品曾经数十次获得全国优秀报告文学奖、《小说月报》"百花奖"、"屈原文学奖"等。除此以外,他还经常到各大学、电台、电视台做各种专题的演讲,颇受广大读者和听众的欢迎和赞誉。

杨代常也是武大插班生中的一员。他入学时仅是一个初中生,后来居然成为我国农业生物技术应用于制药的奠基者,一个插班生攻克国际上核心技术难题,这一切都是真的吗?这是千真万确的,"种"出人血清白蛋白不是幻想,故事的主人公就是武汉大学生命科学院教授杨代常。

他于1954年出生在素有"十年九不收"之称的沔阳县(现仙桃市),是一个初中也没有毕业的回乡青年。武汉大学教授朱英国于1975年在沔阳县举办杂交水稻培训班,偶然遇到了20岁出头的杨代常,他不怕累、不怕脏、不怕苦的精神感染了朱英国。10年之后,朱英国鼓励杨代常报考武汉大学首届插班生,由于他刻苦备考,被武大生物系录取为插班生,这就成了改变他命运的转折点。经过两年的学习,他获得了武汉大学生物系本科毕业证和学士学位。接下来,他又成为朱英国的第一个硕士生和第一个博士生,也是导师的得力助手,辛勤地耕耘在水稻杂交的创新研究与推广事业上,并助力朱英国院士在水稻杂交筛选新品种方面获得突破。

1996年,杨代常已到不惑之年,从40岁开始转向研究生物制药。正因为年龄大,所以他就以"高起点"着手,专攻一个国际性的难题。自1981年开始,国外研究者就开始尝试在细菌、酵母、动物细胞和植物等宿主中采用生物技术生产重组人血清白蛋白,但是,研究结果不尽如人意,细菌、酵母和动物细胞都不适宜表达重组人血清白蛋白。

杨代常从前人的失败中吸取了教训,他运用转换思维方法,把目标转移到植物胚乳细胞蛋白质,用自己经研究多年的水稻作为表达平台。他顶住了诸多的阻力和劝阻,经过10年的潜心研究,在水稻上"种出"人血清白蛋白的路径越来越清晰了,突破了国际上38年没有解决的难题。2018年,他的研究团队获得了全球首个植物源重组人血清白蛋白注射液的临床批件,2020年又获得美国食品药品监督管理局(Food and Drug Administration)的批准,已经在美国进行临床试验,这是中国第一个在美国批准进入临床的血液制品。

杨代常早有预见,他于2006年就创建了武汉禾元生物科技股份有限公司,亲任董事长兼首席科学家。在几年以前,他们已经获得美国的文件批号,在亚洲和非洲都有巨大的潜力。他估计,在未来的3年当中,有望推出3～4个"水稻系"的新药。也许在不久的将来,以水稻种子作为生物反应器的技术平台,将孵化出更多的新产品,成为我国生物制药的又一新途径,这将是广大患者的福音。

这一切对于杨代常来说,似乎都来得太迟,30岁通过插班上大学,40岁开始研究农业生物制药。但是,他是一位"嫁接"的人才,他是水稻杂交的研究者,凭着这些优势,他获得了十项国家和省部级

一、二等奖。他是英国 *Process Biochemistry* 的编委,曾经担任美国加州一家生物技术公司的首席科学家和实验室主任。2019 年,他成为中国工程院院士候选人,虽然最后落选,但他的显赫成就,将会实至名归地获得属于他的衔职和荣誉。

六、学者化的大作家

插班生与作家班是一对孪生姐妹,前者是培养大学本科毕业生,而后者是造就学者化的大作家,它们是武汉大学教学改革中培育出的并蒂莲。上面已经叙述了插班生诞生经过,那么作家班又是如何创办起来的呢?

20 世纪 70 年代末,在解放思想的鼓舞下,我国文学创作领域里出现了春意盎然的景象,一批新生的作家纷纷崭露头角,他们大都是 30 出头的年纪。但是,他们是被耽误的一代,大都没有接受系统的大学教育,知识结构存在缺陷,如果不弥补这些不足,势必影响他们的创作后劲。

针对这个问题,中国作协主席王蒙提出"作家学者化"的口号,呼吁各方面采取措施。我完全赞成王蒙先生的观点,认为大学负有义不容辞的职责。与此同时,我又收到了一些青年作家的来信,他们表达了希望到大学深造的愿望。这些信息在我的脑海里不断地"组合",总想为"作家学者化"做一点实事。我把插班生与作家学者化联系起来,于是一个作家班的设想在我的脑子里就产生了。

为了论证我的想法,我专门约请中文系副系主任白巍岐商讨此事。一开头我就问道:"白老师,我们中国有没有文化个体户?怎样提高文化个体户的素质？作家能否上大学？我想就这些问题听听你的高见。"

白老师后来回忆说："我揣测刘校长的提问，可能是考虑教育如何社会化和市场化的问题。当时，个体户、万元户上大学的例子倒不少，能不能给年轻的作家提供上大学的机会呢？就在那一刻，我猜想刘校长的又一个新事物可能走出设想了。果不出所料，他提出要创办作家班。"

其实，创办作家班的最初设想，还是从聂华苓女士与丈夫保罗·安格尔创办的"国际写作计划"得到的启示。聂华苓与胞弟物理学家聂华桐都出生在武汉，我与他们都相识，他们也分别到武汉大学讲过学。这个"国际写作计划"创办于1967年，它诞生在美国中部艾奥瓦州的碧蓝的克拉维尔水库地区，依托于爱荷华大学。自创办以来，先后有115个国家的1000多名作家到访过这个写作中心。

武汉大学依山傍水，也有碧蓝的东湖，也是滋润写作创意的理想之地。于是，我想借鉴聂华苓写作中心的做法，充分发挥我校多学科的资源，为培养学者化的作家做些实事，同时也扩大武汉大学的学术影响力。

中文系白崶岐老师支持我的设想，他对创办作家班的可行性做了分析。他认为举办作家班需要解决几个问题：一是资格问题，什么样的人可以进来，出去又颁发什么样的学历资格？二是生源问题，如何组织作家报考？三是经费问题，学费从哪里来？四是观念问题，大学中文系是否应该培养作家？这些问题必须统一思想，否则很难启动这个计划。

听了白老师的分析，我胸中已有了底数，于是我决心要在全国率先创办作家班。接着，我又召开了专题会议，学校有关领导、教务处、中文系有关人员均参加了会议。通过充分讨论，大家一致赞成创办作家班,并决定派教务处副处长於可训和白巘岐老师二位到北京向中国作协汇报和商量此事。

在北京,他们二位受到中国作协书记处书记唐达成和鲍昌二位领导的亲自接见,并进行了开诚布公的讨论。中国作协十分赞成武汉大学的做法,认为这是实现王蒙提出的"作家学者化"的具体步骤。但是,中国作协提出了两个困难:一是考试,年轻的作家没有进行过系统的学习,恐怕难以通过考试关;二是学费,中国作协是个清水衙门,承担不起学费开支,作家稿酬低,自己也交付不起学费。

学校对于中国作协提出的两个问题,分别进行了说明。对作家的考试必须从实际出发,既看考试成绩又看作品,二者权衡择优录取。关于学费问题,每人只收 2000 元,学校免除 1000 元,个别有困难的人可以全免。这两个问题解决了,阻碍开办作家班的问题也都解决了,于是作家班就正式启动了。

1985 年首批招收了 22 名作家班学生,到 1989 年总共招收了四届作家班,先后培养出了近百名学者化的作家。据不完全统计,当时全国大约三分之一的作家班毕业的人,担任了各省市作家协会或文联的主席或副主席。同时,作家班毕业的作家,是全国各类文学奖获奖的大户,显示了他们经过"充电"以后创作的后劲。例如,江西作协主席陈世旭的《镇长之死》获得了首届鲁迅文学奖;熊召政的《张居正》获得第六届茅盾文学奖;王梓夫的《死迷》获得第二届老舍文学奖优秀作品提名奖;晓剑获得香港庄重文文学奖;水运宪的《乌龙山剿匪记》获得金鹰奖最佳电视剧奖;袁厚春的《百万大裁军》获得昆仑文学奖;谭元亨的作品获得《十月》文学奖和两个"骏马奖",等等。这些作家不仅作品丰硕,而且还在大学兼职,在文学理论研究上亦有建树,他们还开展多方面的文学演讲活动,主持各种讲座,使广大读者收益良多。

七、创办摄影大专班

1985年是武汉大学教育改革关键的一年,在这一年里诞生了诸多的新生事物,如插班生、作家班和摄影大专班,它们都是解放思想和改革的产物。尤其是作家班与摄影大专班,堪为武汉大学教育改革中的两朵奇葩,是图文并茂的姊妹花。那么,摄影大专班又是怎么办起来的呢?

这个故事要从著名摄影艺术家吴印咸的一封信说起。1984年,吴印咸向胡耀邦总书记上书建言,希望创办中国摄影学院。他在信中介绍说,中国摄影教育落后,不能适应现代化的要求。他以日本为例,仅在东京、大阪就有50多所不同层次的摄影艺术学校或学院,而中国却没有一所摄影艺术学院或者摄影艺术系。胡耀邦总书记对吴老的信十分重视,亲笔回复表示支持,并批转给教育部。

中国摄影家协会得知胡总书记的批示,感到非常兴奋,中国摄影家协会的陈昌谦、陈淑芬、韩子善等,积极与国外有关机构联络,得到了美国纽约摄影学院的支持,也得到日本和德国一些摄影器材公司的响应,表示愿意合资办学。湖南省张家界旅游风景区表示愿意拨出土地,用于筹建摄影学院。当时的形势是,万事俱备,只欠东风,即获得教育部的批准。

然而,从教育部传出的消息是,办学条件不具备,故不予批准。教育部所指的条件是:第一要有足够的教师队伍;第二要有系统的教材;第三是要有明确的教育方针和长远规划。教育部的批示,不仅置总书记的批示而不顾,也给正处于兴高采烈状态中的人们泼了一瓢冷水。

可是，教育部的领导忘记了世界高等教育发展的历史，当初哈佛学院创建之初，仅有一间房、一个教师和三个学生。第一所大学的教师，肯定不会是大学毕业生，更不可能有教授。回顾大学的发展历史，欧洲草创时期的大学，几乎没有任何物质性的设施，教师是在办学过程中逐渐成长起来的，经验是在办学过程中慢慢积累的。中国没有摄影学校，自然就不会有经验，正好需要从办学实践中来积累。

但是，中国摄影家协会的领导和一批热心摄影教育的摄影家，并没有放弃创办摄影学院的初衷。1985年3月，中国摄影家协会召开第一次全国工作会议，规模很大，而且会议以流动的方式举办，从广东中山到深圳，又到珠海，最后通过一项决议，准备会后继续与教育部保持沟通，同时积极与各大学联系，争取得到它们的支持，争取从创办摄影大专班开始。

谢力行是湖北画报社的摄影记者，他长期负责文教体卫战线的采访，与我也很熟悉。他从南方摄影协会工作会议回武汉以后，第四天晚上，他给我打了一个电话，向我介绍了南方摄影协会会议情况，并提出湖北省文联和摄影家协会意欲与武汉大学联合举办摄影大专班。我听完他的汇报后说："一个与科技结合最紧的技术，现在还停留在农耕社会师傅带徒弟的传授方式，是应当改变了。"接着，我明确表态说："小谢同志，我完全支持你们的建议，我明天把你们的建议提到校长办公会议上研究，正式做出决定。"事后，谢力行回忆说，这么大的事，一个电话就敲定了，可见刘校长的远见卓识和果断的工作作风。

大约一周以后，湖北省摄影家协会与武汉大学宣传部正式签订了一份合作协议，双方议定：

①根据协议，武汉大学负责制定摄影大专班的教学计划和学籍管理制度，凡学满两年且考试成绩合格者，由武汉大学颁发大专毕业文凭；

②摄影家协会负责招生，聘请摄影专业教师，邀请国内外著名摄

影家来校讲学和指导学员的创作;

③摄影家协会负责学员入校考试的出题、阅卷和评分工作,根据考试成绩由武汉大学发出录取通知;

④招生收入由学校统一安排,协会不予以干预,但学校必须支付外请教师的接待费及劳酬,以及学员创作实习费用;

⑤首届摄影大专班于1985年9月1日开学。

在改革年代,办事的效率很高,一个前所未有的摄影大专班在短短的半年时间内就正式创办成功了。虽然协议是与湖北省摄影家协会签订的,但消息传出,全国各地的摄影爱好者也纷纷报名,所以这期大专班实际上是全国性的。

武汉大学摄影大专班虽然是试办,但由于首期获得了成功,所以声名远播。自1985年到1992年,先后办了5届摄影大专班,总共培养了628名合格的摄影艺术人才,他们毕业后分布在全国各地的新闻单位,几乎都成为国家一级摄影艺术家。其中,有多人获得世界新闻摄影比赛奖(荷赛奖)、中国摄影金像奖、全国摄影展览(国展)等诸多的奖项。

2019年是首届摄影大专班毕业30周年纪念,他们自豪地称他们是中国摄影黄埔一期。虽然深秋寒意笼罩,但他们热情似火,他们从海内外返回珞珈山,庆祝这个改变他们命运的时刻。与此同时,于11月28日上午,他们在万林博物馆举办了以"再珞珈"为名的摄影展,从一楼到三楼,贴满了他们的摄影作品,琳琅满目,美不胜收。

我十分荣幸地被邀请参加他们的聚会,在万林博物馆前广场与他们合影留念。然后,被安排在摄影作品展揭幕式上讲话,现抄录于下:

亲爱的摄影大专班黄埔一期的校友们:

今年是你们毕业30周年的日子,当我置身于你们之中,我感到万分的亲切,使我又回到了那个令人难于忘怀的年代,往日的幸福情景历历在目。30年以来,你们创作的佳作无数,获得的奖励与荣誉无数,我谨向你们获得的成就表示衷心的祝贺。

我常常想一个问题,论条件,北京、上海都比武汉好,为什么作家班、摄影大专班和插班生都诞生在武汉大学?这是因为武汉大学已经形成了浓厚的改革文化。什么是改革文化?所谓的改革文化,就是人人思考改革、人人拥护改革、人人践行改革。当一个改革倡议提出,立即会得到人们的响应,而反对改革的思想没有市场。一个学校如果形成了这种局面,不仅是改革文化形成了,而且是进入高境界了。

可是,我国现在的摄影艺术教育依然落后,至今仍然没有一所摄影艺术学院,也没有一个摄影艺术系,这是值得深思的。我建议你们联合起来,向学校提出倡议,在武汉大学新闻与传播学院或者艺术学院创办一个摄影艺术系,以培养高水平的摄影艺术家,以他们的镜头宣传我国改革开放的伟大成就、宣传中华悠久的文明历史。

你们都是摄影大专班的受益者,你们功成名就,呼吁摄影教育你们责无旁贷。我期待这一天尽快到来!

八、自由转学破禁区

在我国实行计划经济的年代,我国的高等教育也是计划经济的模式,大学按照专业统一招生,毕业生按照计划统一分配。大学生入校以后,按部就班地逐年升级,直到毕业。那时,计划就是"法律",是神圣不可变动的,一个学生即使不喜欢某个专业,也只能忍受着寂寞,耗费自己的青春岁月。针对这种弊端,武汉大学率先实行了大学生自由转学的制度,使他们的志趣得到了尊重,以充分发挥他们的学习积极性、主动性。

那么，我们是怎样萌发了转学制度的创意呢？这要从"野人"和"兔子"的故事说起。

王小村是我校 1977 级历史系的学生，但他非常不喜欢历史专业，而利用假日到神农架考察野人。他在给我的一封信中写道："我要求转到生物系学习，否则我会变成野人。"几乎同时，我又收到来自生物系学生田贞见的一封信，他本是 1979 年以高分被录取到生物系学习的，生物学是当时最热门的专业，可是他却不喜欢生物系，他组织创办了《生物天地》刊物，志在文学创作。他近乎是以求救的口吻在给我的信中写道："当我用注射器给活蹦乱跳的兔子注射空气时，我觉得我就是那只挣扎的兔子，我不忍心面对兔子绝望的眼睛。我请求刘校长，不让我做兔子，好吗？"

当我先后读了这两封信后，我的心情十分难过，难道我们的教育就是这样残忍的吗？我想到了 17 世纪捷克著名的教育家夸美纽斯的话，他说："学校是儿童心灵的屠宰场。"[①]其实，何止是儿童，广大的青少年不也正在备受应试教育的煎熬吗？一个教育者的良知，不允许我再熟视无睹，必须改革僵化的传统教育体制，破除一成不变的专业化教育，使学生的志趣得到尊重。于是，我批准了王小村由历史学系转到生物学系 1978 级，而田贞见由生物学系转到中文系 1980 级，从而揭开了武汉大学学生自由转学的序幕。王小村毕业后从事双螺旋的内在不稳定性与致癌基因自发活化机制的研究。1986 年 8 月，第十四届国际癌症大会在匈牙利布达佩斯召开，王小村被邀请参加了会议，他在会上宣读了他的论文，引起了广泛的关注。随后，他被推荐当选英国皇家学会会员。1987 年，他又收到美国哥伦比亚大学的邀请，赴该校做博士后研究，现在从事生物技术产品的开发。

1984 年 7 月，田贞见（笔名田天）从武汉大学中文系毕业，获得文学学士学位。他被分配在武汉市文联工作，担任《儿童文学》的主编

---

① 夸美纽斯：《大教学论》，傅任敢译，教育科学出版社 1999 年版，第 46 页。

和社长。先后出版了《蒹葭苍苍》、《从汉正街到洛杉矶》、《好男当兵》、《老百姓的天空》、《你是一座桥》、《向父亲倾诉》等小说。他的作品获得了众多的奖项,如"五个一工程奖"、"骏马奖"、"金凤奖"、黄鹤楼文学奖。2012年他当选为武汉市作家协会副主席。如果当年不批准他转到中文系,也许一个著名的作家就会被埋没了。

徐传毅是中文系1977级的学生,学中文本是他的志愿,但入校以后,他的兴趣突然发生了转变,他居然喜欢上了数学。在传统观点看来,中文与数学是天壤之别。然而,他转到数学系之后,却学得轻松自如,这就说明志趣是学习的原动力。他以优秀的成绩获得了毕业文凭和理学学士学位。接着,他又考取了公费留学生,被美国麻省理工学院数学系录取。一般留学生在5年内只能获得某个学科的博士学位,然而徐传毅以5年的时间,拿到了应用数学和物理学两个博士学位。在美国,一个博士学位获得者,一般被大学聘任为助理教授,而徐传毅却被斯坦福大学聘任为副教授,这再一次显示了他的实力。

这些转学成功的例子,在校内引起了强烈的反响,许多学生开始思考,自己的志趣究竟是什么?实际上,高中毕业报考大学填写的专业志愿,带有极大的盲目性。在他们之中,要么是父母包办,要么是班主任的建议,或者是赶热门、随大流,少有是自己真正的挚爱。当他们进入大学之后,经过一年半载的体验,是他们考虑自己志愿的最佳时期,而自由转学制度无疑为他们设计人生提供了可靠的保证。

80年代的武汉大学,在校园里转学成了一种新的风尚,大学生们都在谈论:"你喜欢什么专业?""怎么样正确地设计自我?""我将来将从事何种工作"……例如,有物理系学生转到经济学系的,有化学系转到金融保险系的,有图书馆学系转到哲学系的,有英语系转到国际法学系的,等等。这一切都说明,转学制度受到广大学生们的欢迎,也说明了这项创新是有生命力的。

经过媒体的报道,武汉大学自由转学的经验,逐步传播到其他高等学校。于是,又掀起了一股校际转学之风。我记得,首先由校外转到武汉大学学习的,是中国科学技术大学生物学系的学生李凡,他是当时湖北省高考理科"状元",虽然中国科学技术大学是名校,但他不喜欢生物学。他主动写信要求转到我校工商管理学系,我们批准了他的要求,从而开创了全国校际转学的先例。第二例是覃可,他是上海同济大学建筑系高才生,他的姐姐是我校生物系学生覃璐,后来考取了美国的留学生。他们的母亲是湖北中医院的医生,她亲自找我,我们也批准了该生的要求。覃可由我校生物系毕业后,也到美国留学,现在是一所大学的终身教授。

那时,我校的转学制度影响很大,但各大学都只是静观动向,而不敢轻举妄动。最明显的例子是清华大学,高景德校长曾经亲自与我交谈了一次。他问道:"道玉校长,自由转学好倒是好,但我担心的是,学生都往热门专业转,这将导致专业控制失调怎么办?"

高校长的担心不是不无道理的,因为我也有过类似的顾虑,于是我以自己的体验向他解释道:"所谓的国家专业培养计划,并不是严格和准确的,也基本上是由计划部门拍脑袋统计出来的。再说,冷与热也是相对的,冷过了头又会热的,同样的热过了头又会冷起来的,这就是客观自调机制,它们都需要遵循市场法则。"接着,我又向高校长介绍了我们的做法,虽然是叫作自由转学,但学校还是需要对转学的学生进行考核与评估,以鉴别他们是真正的喜欢某个专业还是赶潮流?对于前者,我予以批准,而对于后者,我们要加以劝阻。高校长听后,似乎释然了,但大多数大学仍然不敢冒险。

到了 2002 年,我从中央电视台的报道得知,上海复旦大学宣布在全国率先实行了转学制度,听后我大为惊讶,武汉大学早在 23 年以前就实行了这一制度,而且推广到了校际转学,怎么是复旦大学首创的呢?我并不认为该校有意掠人之美,而是某些年轻的管理干部不了解教育改革的历史,所以才闹出了这个笑话。不过,我对复旦大学实行这一制度还是感到十分高兴的,希望更多的大学都采取开明的办学制度,使大学不再属于一校、一地,大学生们可以自由流动,以最充分地利用我国高校的教育资源。

九、第三学期受欢迎

武汉大学教学制度的改革,引发了大学生们高涨的学习热情,但新的矛盾又出现了。俗话说,时间是个常数,学生们经常穿梭于各课堂、各讲座,选学他们所喜爱的课程,但时间从哪里来?由于经常遇到选课的冲突,一些学生不能选修某些喜爱的课程,这给他们造成了巨大的遗憾。

怎么解决这个矛盾呢?学生会根据同学们的建议,要求学校充分利用暑假的时间,把它作为第三学期利用起来。经过学校教务处的研究,认为把暑假当作第三学期是可行的。自1987年暑假,我们正式实行了第三学期制,大学生完全采取自愿的原则,放弃暑假留校选修自己平素无暇学习的课程。我记得,当年暑假开设的课程有大学语文、写作、唐宋诗词欣赏、宪法解说、国际私法、西方哲学史、西方文明史、基督教史、自然辩证法、科学方法论、新技术革命与第三次浪潮、人工智能、计算机编程、功能材料、基因重组等。

第三学期的选修课与学分制是相互补充的,暑假的课程亦计算学分。学生选修课程的积极性,又带动了教师开设新课的积极性。教师暑假讲课,亦计算工作量,超过工作量的教师,都能够获得超学时的奖金。这样体现了按劳付酬的原则,既调动了他们的积极性,又保障了他们的合法权益。

十、贷学金制有创新

自 1949 年以后,我国教育发展的轨迹与世界发达国家轨迹相比,是走着两条完全不同的路径。西方国家是实行免费基础义务教育,高等教育是需要交纳学费的。然而,我国却是高等教育实行免费,而基础教育则需要缴纳学费。后来,我们才发现,我国的做法是不符合教育规律的,也是不符合经济发展规律的。

1986 年 4 月 12 日,第六届全国人民代表大会第四次会议通过了《中华人民共和国义务教育法》,当年 7 月 1 日起实施。但是,国家教育行政部门依然收取基础教育学生的学费,直到 2006 年才开始免收学费。

随着市场经济的转型,1999 年我国高等教育开始实施并轨,所谓的"并轨"就是开始收取大学生的学费,同时取消了大学生包分配的制度。随着义务教育的实施和高等教育收费,这意味着我国把长期颠倒的教育收费政策纠正过来了。这毕竟是一个进步,值得肯定,也意味着我国教育与世界的接轨又前进了一步。

早在 1987 年,国家教委鉴于我校改革的成功经验,委托我校代拟助学贷学金实施办法,我们愉快地承担了这项任务。我亲自抓这项改革方案的调查和起草工作,组建了由教务处和财务处参加的贷学金方案起草小组。我校代拟定的方案,较之国外的助学贷学金办法,主要不同之处是把奖励机制引入贷学金中来,实行贷与免相结合。就这一点来说,我校代拟定的助学贷学金制度具有创新的特点。

我校代拟定的办法,其中免除偿还贷学金的条件有:

① 大学毕业生在毕业后 5 年之内,获得省部以上发明成果奖励者;

② 大学毕业生自愿到边疆、山区和贫困地区工作 5 年以上者;

③大学毕业生在 5 年内,获得省以上劳动模范者;
④大学毕业生自愿到国防建设单位工作 5 年以上者;
⑤大学毕业生自愿到少数民族地区工作 5 年以上者。

我们在论证时认为,大学作为学生贷学金的担保人,是要承担风险的。但是,如果把奖励机制引入,那么将对国家是有利的,能够激励毕业生奋发努力,促进边疆地区、边远地区、贫困地区和少数民族地区的经济发展以及国防建设的发展。从总体上看,对国家是有利的,对提高大学的声誉也大有裨益。

我校把草拟的《助学贷学金实施办法》呈送到教育部,得到国家教委计划司王显民司长的肯定,并表示愿意让武汉大学率先进行试验。可惜的是,由于我被免职,这项改革并未能启动,以至于延后了 12 年教育部才启动贷学金制度,但是现行的贷学金制度并不是我校代拟定的方案,否则武汉大学的教育体制改革又将增加一个新的成果。

十一、学术假制是方向

学术假制度源于 19 世纪末,它的英文词是 sabbatical leave 或者称为 sabbatical year。当时,美国研究型大学正在崛起,教师国际化的趋势日益明显,提高教授们的学术水平刻不容缓,于是,哈佛大学首创了学术假制度。时任哈佛大学校长艾略特(Charles W Eliot)批准,凡工作 7 年以上的教师,均可以享受休假一年,这期间享受半薪的待遇。实践证明,这项制度对于提高教师学术水平、促进科研创新能力、提振教师队伍的士气、缓解教师的倦怠感都具有明显的功效。因此,许多常春藤大学都效仿这一制度,使之成为美国研究型大学的一个学术传统。

在我国大学中,普遍存在一种倾向,即重科研而轻教学,以至于形成了一个不成文的潜规则,一流的教师搞科研,二流的教师教专业课,三流的教师教基础课。尽管各校都大声疾呼:名师要上教学第一线,但这个痼疾始终扭转不过来。

1979年底,武汉大学代表团首次访问法国,并与法国外交部签订了长期的合作与交流协议。在访问巴黎第十一大学时,我向该校校长卡昂提问:"校长先生,请问你们是怎样解决教学与科研矛盾的?"令我十分尴尬的是,他反问我:"你怎么认为教学与科研是矛盾的呢?"进而他解释说:"教学与科研是天平上的两个托盘,只有它们是等量时,才能达到平衡。教学是教师的天职,不担任教学的教师是不允许的。科学研究是提高教师学术水平的重要途径,不从事研究的教授是不称职的。"听后,我感到恍然大悟,原来我提了一个"中国式"的问题。

回国以后,我反复思忖这个问题,发现这既是我国大学体制问题(教师队伍编制过大),又有教师的思想问题。在不少教师看来,他们认为教学是支出,甚至像极个别的教师所说的,教学是照亮了别人而毁掉了自己。反观科学研究,既出成果又出名,可谓名利双收,这就是我国教师长期重科研而轻教学的思想根源。

从矛盾的主导方面来看,承担教学尤其是基础课的教师是需要被关注的,因为他们奔波在教学第一线,无暇从事可以提高自己业务水平的科学研究。为了解决这个矛盾,一方面需要做好教师的思想工作,使他们树立以"教书育人"的职业道德观,另一方面又要采取必要的措施,解决他们在实际工作中的困难。这时,我想到学术假制度,它对于缓解从事教学的教师的懈怠感、为他们提高学术水平将发挥积极的作用。

经过学校的充分讨论,我校从1985年开始实行学术假制度,主要是面向从事基础课的教师。经过学校充分讨论,制定了试行教师学术假制度与管理办法，其中规定：凡是担任基础课主讲的教师，连续5年且教学效果优异者，可以享受一年带薪的学术假，并可以享受5000元人民币的补贴，用于他们差旅和辛劳费。在一年的休假中，他们可以到国内外大学或研究机构进修或合作研究，也可以从事个人学术著作的整理和撰写。

这项工作由师资处、教务处和科研处协调管理，经过评估首批享受学术假的有4人，文理科各2人。理科是化学系的尹权教授和生物学系的宋运淳教授，他们都到美国大学进修；而文科的是历史系的关文发教授和经济系的李裕宜教授，他们都是撰写专著。从实施的效果来看，达到了我们预期的目的，显示了学术假制是提高教师水平的正确方向，应当在重点大学中普遍推广。

然而，由于我被免职，这项改革措施也就没有再坚持下去了。据了解，我国至今也没有一所大学真正实行了教师学术假制，不仅如此，学术假制还遭到了攻击，这实在是不可理喻的。究其原因，还是大学教师编制的问题，人浮于事的现象十分严重，同时平均主义的思想也是不可忽视的。

第五章

解放思想

在中国近现代史上,曾经有过三次思想解放运动,但怎样划分这三次思想解放,其观点并不甚一致。有人认为,这三次思想解放是1898年的戊戌变法、1911年的辛亥革命和1917年的新文化运动。从实质上来看,思想启蒙的特征是冲破思想牢笼,以开启大众蒙昧为目的。因此,我认为辛亥革命是武装起义,虽然具有资产阶级民主革命的作用,但它不是思想解放运动。据此,我认为三次思想解放运动应当是:第一次是戊戌变法,虽然它仅有103天且以失败而告终,但它是欧洲思想启蒙在中国的初现。第二次是1917年的新文化运动与1919年的五四运动,二者前后仅隔两年时间,而且它们彼此是相互联系的,前者为后者做了思想准备,而后者是前者所要达到的目的。而且,"德先生"和"赛先生"成了这次思想解放的两面旗子。第三次当属1978年的"真理标准"大讨论,它揭开了我国改革开放的序幕。1978年5月11日,《光明日报》在头版发表了特约评论员的文章,标题是《实践是检验真理的唯一标准》,当天新华社全文转载,12日《人民日报》和《解放军报》同时全文转载,一时引起全国的大讨论。这篇文章被称为东风第一枝,从根本理论上为推翻"两个凡是"做了准备。我们试想一下,如果不推翻"两个凡是",就不会迎来改革开放的新时代,不可能平反冤假错案,也不会落实知识分子的政策,更不可能出现 80 年代教育改革的黄金时代!

一、"右派"领衔办新系

1957 年是我国知识分子的"灾难年",当年开展的反右派斗争扩大化失误,全国有 55 万人被划成"资产阶级右派分子",其中绝大多数都是教育界的知识分子和民主党派的领导人,他们被剥夺了工作的权利,许多人被发配到农村劳动改造,有的人甚至被囚禁,造成妻离子散和家破人亡的悲惨境况。

在反右派斗争中,武汉大学法律系和中文系是所谓"右派分子"比较集中的单位,尤其是法律系,被认为是基本"烂掉"了的系。于是,1958 年,湖北省决定将武汉大学法律系合并到地方所属的湖北大学(现中南财经政法大学),这是"蛇吞象"的典型做法。但是,湖北大学拒绝接收武大法律系的"右派分子",美其名曰"就地消化",从此武汉大学的王牌法律系就不复存在了。

1961 年,有部分"右派分子"被摘帽,有的恢复了工作。但是,"文革"开始以后,他们又被重新戴上"右派分子"的帽子,遭受到更加残酷的迫害,他们先后被送到武昌县(现江夏区)五里界和沙洋八里湖农场接受劳动改造。程千帆教授是武汉大学"右派元帅",虽然头戴右派分子的帽子,但他口不服心亦不服。他曾经调侃地说:"我走得慢,十年才走了三里路。"(注:从 1957 年的五里界到 1967 年的八里湖)

十一届三中全会是一次伟大历史性转变的会议,通过拨乱反正,推翻了"两个凡是",摘掉了被冤屈的"右派分子"的帽子。到 1980

年,改正右派分子54万人,占整个右派分子的98%以上。被平反的所谓"右派",绝大多数人回到自己的工作岗位。平反意味着他们是受冤屈的,他们重新成为知识分子队伍中的一分子,是工人阶级的一部分,是社会主义建设可以相信和依靠的力量。

根据中央的精神,武汉大学在党委书记纪辉的亲自领导下,对原有的右派分子进行了甄别、平反,他要求做到完全、彻底和不留尾巴。与此同时,为平反的"右派分子"重新安排了工作。当年,被湖北大学拒绝接收的原法律系的"右派分子",也都一一被平反了,落实了对他们的政策。

1979年3月,我辞去了教育部党组成员兼高等教育司司长职务,回到武汉大学,本想从事我钟爱的元素有机化学研究,但是,出乎所料又被任命为武汉大学党委常委副书记和常务副校长,我没有选择的余地,只能不情愿地履行自己的职责,不辜负师生们的期望。

"文革"时期无法无天的状况一去不复返了,我本能地意识到,一个"依法治国"的新时代必将到来。这时我想到,武汉大学的法律系是过去的一张"王牌",我们必须恢复法律系,以重整昔日的辉煌。主意已定,我立即向党委提出恢复法律系的建议。

大约是1979年5月初,党委常委正式召开会议,研究恢复法律系的问题。让我始料不及的是,会上争论非常激烈,有的说法律系是"右派窝子",多一事不如少一事,恢复法律系是自找麻烦;有的说就靠那几个右派能够恢复法律系吗?还有的说办法律系也有个方向问题,绝不能让右派重新掌权,如此等等。当时,党委常委总共有8个人,有4人坚决反对恢复,2人持中立态度,只有我与党委书记纪辉赞成恢复。如果投票表决的话,肯定是不能获得通过的。鉴于这种情况,纪辉书记当机立断地说:"我认为恢复法律系的方向是正确的,所以我同意道玉同志的建议。我看这个问题就不要再争论了。我作为书记就拍板恢复法律系,如果今后证明恢复是错误的,我甘愿承担全部责任。"

既然党委书记纪辉明确表态,大家也不再争论了,恢复法律系算是一锤定音了。根据会议的议定,我于5月中旬召开了恢复法律系的筹备工作会议,参加会议的有教务处、人事处的负责人,还有拟议中担任恢复法律系筹备小组的负责人。他们是筹备组组长韩德培教授、副组长马克昌和陈明义等人。我在会议上传达了学校党委的决定。接着,我讲了恢复法律系的意义,以及筹备工作需要采取的重大措施。我的发言如下:

现在看来,1958年撤销我校法律系是完全错误的,是"左"倾路线的表现,是自己砸了自己的金字招牌。今天我们恢复法律系就是纠正历史的错误,重振武汉大学昔日的辉煌。在历史上,我校法律系是一张王牌,是学校的骄傲。如果说法律系是一块水晶,它曾经被打破了,所幸的是晶体虽破,但晶核尚存。这颗晶核就是法学大师韩德培先生,他是我们恢复法律系的信心之所在。我相信,只要他登高一呼,法学人才就会聚集在他的大旗之下,用不了多长时间,就会在这颗晶核周围生长出一块硕大的晶体来。

既然恢复法律系是重塑金牌工程,那么就应当把它作为重中之重的工作来抓,全校各部门都倾力支持恢复法律系。为此,我宣布了三条措施:第一,要把物色和调配教师作为头等大事来抓,只要物色到合格的教师,人事处要以最快的速度办理调动手续。第二,鉴于法学图书资料都被调到湖北大学(今中南财经政法大学)去了,因此必须大力抓好图书资料的建设,采用购、调、复印和交流等措施,尽快把图书资料室建设起来。第三,凡是办不通的事,可以直接找我,不许搞"中梗阻",如果有谁刁难,我将拿他是问。

当初,湖北大学(今中南财经政法大学)不要的"右派",现在成了我们恢复法律系的宝贵财富。有人调侃说,恢复法律系是依靠八君子,他们是韩德培(国际私法)、姚梅镇(国际经济法)、马克昌(刑法)、何华辉(宪法)、杨鸿年(法制史)、张泉林(法学理论)、曹罗瀛(诉讼法)、凌相权(民法)。也就是说,在没有外援的情况下,他们能够开出法律系的几乎全部课程。

为了进一步调动韩德培先生的积极性,我们很快去掉了筹备的帽子,正式挂起了法律系的牌子,并任命韩德培教授为恢复法律后的首任系主任,马克昌为副系主任,陈明义为总支书记。虽然办公条件非常简陋,但大家热情非常之高。因此,恢复法律系的工作进展十分顺利,速度是超前的。1980年就开始招收本科生,同时招收研究生。到80级新生进校时,法律系已经拥有30多名教师了,能够开出全部本科生和研究生的课程。对此,韩德培先生非常动情地说,要珍惜来之不易的机遇,把被耽误的时间抢回来。

落实知识分子的政策,是调动他们积极性的重要措施。为此,我们调整了韩德培先生的住房,从两室一厅搬到比较宽敞的三室一厅,同时把他的女儿从校外调进武汉大学图书馆,以便照顾他,使他集中精力用于学术研究。在我国法学界素有北李(李浩培)南韩之说,前者是周总理的外交顾问,后者就是武汉大学的韩培德先生。但是,由于政治原因,韩德培先生仅仅是三级教授,他为此心中多有不悦。为此,我专门找到教育部蒋南翔部长,经过他特批将韩德培从三级晋升为二级,这是自1956年以后,全国教授唯一破格晋级的例子。

果然不出所料,到1984年,法律系恢复5周年之际,法律系升格为法学院,拥有两系(法律系、国际法学系)和两所(国际法研究所和环境法研究所)。教师也由最初的8个人增加到70多人,令全国法学界刮目相看。现在来看,我们当初抢先了一步,这是非常有眼光的。我们感到欣慰的是,这项"晶核再生"的工程初步完成了,但重铸金牌的路还远没有完成。

到了20世纪末,武汉大学法学院恢复20年了,事实证明恢复法律系是完全正确的,纪辉书记的果断决策是英明的。虽然他已经去世30多年了,我们可以告慰他说:"您可以含笑九泉了,我校法学院的师生将永远怀念您!"

恢复法律系40年了,经过几代人的努力,我校法学院在全国法学

教育界创造了诸多的第一。据不完全的统计,获得了如下的成就:

①编写出了全国第一部《国际私法》网络教程,填补了国内的空白;

②先后十多次参加国家立法百余项,居全国高校之首;

③在全国社会科学基金评奖和教育部两届人文社科评奖中,武汉大学法学院获奖数均居全国法学院第一名;

④全国第一家成立网络经济与法律研究中心,发起制定了《中华人民共和国电子商务法》(示范法);

⑤全国率先开辟计算机犯罪及法律对策研究方向,培养出了我国第一位计算机犯罪学专业博士;

⑥出版了全国第一部《计算机犯罪的定罪与量刑》专著;

⑦在全国第一个开办WTO(世界贸易组织)强化班和实验班;

⑧在全国六个法学类人文社科重点研究基地中,武汉大学占据两个,居全国高校第一;

⑨在教育部"跨世纪优秀人才培养计划"法学类的16名入选人中,武汉大学占了4个,以单位计,武汉大学也居全国第一;

⑩在中国最高人民法院中,武汉大学先后有三人担任大法官,他们是万鄂湘、陶凯元、罗东川;

⑪在中国最高人民检察院中,校友张军是现任首席大检察官。

此外,在各大学法学院担任院长的校友和在各省市法院和检察院中担任高职的校友更是不胜枚举。

以上众多的第一说明了什么呢?它们充分表明,我们重铸金牌工程的目标,已经初步实现了,"卧薪尝胆、十年雪耻"的誓言也兑现了。但是,当我们在享受这些成果的欢乐的时候,千万不能忘记40年以前,关于恢复法律系的一场争论。孰是孰非,已经无需再做赘述。从恢复法律系的经历说明,解放思想是多么的重要,如果以"左"倾思想来看,那么韩德培先生等,仍然被视为"阶级敌人";如果以改革的观点来看,他们是我国现代化建设依靠的力量。我个人的体会更为深切,不清除"左"倾思想,改革寸步难行。

二、中法数学实验班

20世纪80年代初,在改革开放政策的指引下,我国高校创办了三个对外教育与文化交流中心,它们是上海同济大学与德国的中德交流中心、南京大学与美国霍普金斯大学的中美交流中心和武汉大学的中法教育交流中心。这在当时被全国许多大学羡慕不已。

在武汉大学与法国交流协议中,有一个特别引人注目的项目,即中法数学实验班。该班全部采用法国大学的教学大纲,全部课程用法语授课,由中法两国教师共同讲授。我国大学向来反对崇洋媚外,坚决维护我国的教育主权。在20世纪以前,法国在世界上有不少的殖民地,法语自然是他们的母语,法国政府设立了世界法语协会。武汉大学中法数学实验班用法语教学,是否有丧失主权的嫌疑?经过我们请示中国驻法国大使黄镇,他认为殖民地用法语与我们用法语授课是完全不同的两码事。因此,我们打消了思想顾虑,开创了全国用外语讲课的先例。仅此一点,说明这个数学实验班有点"离经叛道",如果没有解放思想的大环境,那是根本不可能实施这个计划的。

这个数学实验班的创办,需要从与法国建立交流与合作协议说起。

在1949年新中国成立初期,我国执行"一边倒"的外交方针,先后与苏联和东欧各国建立了外交关系,陆续向这些国家派遣留学生,我是1962年最后一批被苏联接受的研究生之一。到了60年代,中苏关系恶化,随后与东欧各国的关系也基本上处于停滞状态。那时,我国与西方各国关系依然处于敌对状态,既没有外交关系,更没有文化与教育方面的交流,因此,我们犹如世外桃源,只能是坐井观天,致使我国科学技术与发达国家存在着很大的差距。

1978年中共十一届三中全会召开,国家高层提出了改革开放的方针,我们都诚心地拥护这个方针。后来,我被任命为武汉大学第28任校长,我欲借助改革开放的形势,努力振兴武汉大学。那时,各个大学都利用学校教授们的关系,争先与欧美国家的大学建立姊妹学校关系。例如,上海同济大学率先与德国建立了中德教育交流中心,南京大学与美国霍普金斯大学建立了中美教育交流中心,上海复旦大学凭借苏步青先生留日的关系,与日本东京大学建立了姊妹学校等。可是,武汉大学早先留学生以德、日居多,而且他们现在年事都已很高,与这些国家的学者们早就没有联系了,因此,在改革开放之初,我校与欧美国家的教育交流处于十分被动的状态。

一个偶然的机会,我去北京办事,遇到教育部副部长李琦,他对我说:"道玉,你来得正好,法国大使馆希望找一所大学建立合作关系,中央的意见是只能在北京和上海以外,因为北京是政治中心,而上海过去曾经有一个震旦大学的背景,也不宜建立中法教育交流中心。如果武大有兴趣,我们与法国大使馆联系,请他们去武汉大学考察,我想听听你的意见。"

我当即表态说,这是一件好事,我校正好有着与法国交流的有利条件。我列举了三个有利条件:一是我国科学院学部委员李国平教授和余家荣教授都是留法的著名数学家,而法国的数学在世界是领先的,对我国培养数学人才有好处;二是我校设有法语专业,有利于提高我校法语水平;三是湖北省是中央指定的援助非洲国家的省市,每年有大量的援外人员需要学习法语,我校完全可以承担培训任务。我认为,这些条件都是法国方面感兴趣的,武汉大学愿意与法国建立全面的交流与合作关系。听后,李琦副部长说:"这事我看十之八九能够成功。"我说:"感谢李琦部长的推荐,希望您继续推进。"

通过我国教育部和外交部与法国政府的交涉,由武汉大学与法国建立全面合作与交流的关系,在两国政府间已经达成了共识。中华人民共和国国务院总理华国锋与法国外交部长蓬塞于1979年10月在法国巴黎签订了"1980年至1981年文化交流计划",其中规定:"武汉大学从1980年开始采取措施,加强该校的法语教学,并在科技方面与法国建立合作关系。"作为实施这个计划的第一步,应法国政府的邀请,一个由教育部派出顾问参加的武汉大学代表团一行14人于1980年1月20日至2月10日对法国进行了访问和考察,并将与法国政府外交部签订合作与交流协议。

法国外交部对我们的访问十分重视,专门派外交总司司长德拉泽尔负责安排我们的参观和考察,聘请了两名翻译全程陪同。经过21天的考察我们获得了圆满的成功。在参观的基础上,又经过两天的会谈,很快达成了共识,于1月18日双方正式签订了《武汉大学与法国合作与交流纪要》。在外交上本是十分讲究对等原则的,由一所大学与一个国家的外交部签订协议则是十分罕见的,这充分说明法国政府对于武汉大学的合作是非常重视的。

在中法合作与交流的纪要中,总共有10多项合作内容,其中最重要的是创办中法数学实验班。从1980年秋季开始,在武汉大学招收一个五年制的数学实验班,借鉴法国数学教学的经验,对数学教学体系进行改革试验。法国方面对此予以全面的合作,派一名数学教授在武汉大学工作3个月,与武汉大学数学系的教师共同讨论数学教学改革问题,使用法国大学数学教学大纲,并逐步过渡到完全使用法语教学。在当时,创办这个实验班是很大胆的,因为那时还处在拨乱反正的初期。教育中的"左"倾思想还有很大的市场,动辄可能会被扣上"洋奴思想"或者"丧失教育主权"等帽子。但是,我们在解放思想的指导下,认为这是技术领域的合作,对发展我国数学学科有益,既无政治问题,也不涉及主权问题。这个合作计划得到了我国驻法国大使黄镇的支持,也得到教育部的批准。

创办数学实验班的创意是怎么产生的呢？数学实验班的创始人是武汉大学数学系余家荣教授，他是新中国成立前中央大学数学系毕业生，后到法国留学，于1950年获得法国巴黎大学数学科学博士学位，1951年回国被武汉大学聘为数学系教授，专长于复变函数研究。他曾经对我说："法国是一个数学大国，自文艺复兴以来，全世界最具影响的数学家，几乎一半都是法国人。在20世纪30年代，法国数学界的布尔巴基学派曾经名噪一时，诞生了一批年轻有为的数学家，虽然到70年代衰落了，但布尔巴基学派的名声不可磨灭，它的遗产将永世长存。"我校之所以创办中法数学实验班，主要的目的是学习法国数学教学的经验，培养出更多的中国数学家。鉴于余家荣教授在促进中国与法国数学交流的贡献，法国政府于1991年授予他法国棕榈勋章。我本人也因为积极推动中国与法国教育交流与合作，在武汉大学与法兰西共和国签订协议5周年之际，于1985年5月24日在武汉大学举行的庆祝会议上，法国驻华大使馆拉奥公使向我颁发了法国总统密特朗最高勋章。

武汉大学中法数学交流始于1980年，它是教育部批准的中法交流计划下的一个项目，余家荣担任这个项目的负责人。这是数学教学改革的一个尝试，最初叫数学实验班，由于实验卓有成效，到1983年在名称中取消了"实验"二字。经教育部批准，正式建立了中法数学教学与研究中心，余家荣教授担任主任。到了1988年，又扩大建立了中法数学与计算机科学中心。在数学教学方面，1980年招收了首届实验班的学生，由于冠以"中法合作"的名义，所以报名情况十分火爆，最后只录取了40名学生，可以说是十里挑一。

在中法教师的辛勤教育下，经过5年刻苦的学习，学生们出色地完成了学习任务，以优异的成绩获得了合格的学历和学位文凭。在40位毕业生中，除了3人失去联系以外，其他37人分布在世界7个国家和中国香港与澳门两个特别行政区。数学实验班毕业生分布之广，所从事职业的多样性，都是前所未有的。这说明实验班培养的人才是一流的,具有非常强的适应性。有谁能想到,从纯数学专业的毕业生中,居然出现了计算机、经济、金融、管理、贸易、环保的专家,甚至还有成为物理学家和化学家的,这是非实验班数学专业的毕业生难以望其项背的。这充分说明,中法数学实验班有强大的生命力。正如考斯奎尔先生所说:"这个计划表现的合作模式是无与伦比的。这些学生后来职业的多样化让人们赞叹!"这是一个很高的评价,我完全同意考斯奎尔先生的结论。

2015年是首届中法数学实验班学生毕业30周年,来自法国的专家和国内外的校友,于4月25日下午举行聚会,隆重地纪念这个令人难以忘怀的教育改革实验班。我与武汉大学党委副书记黄训腾应邀参加了纪念会。遗憾的是,实验班的倡导者和创始人余家荣教授,已经95岁高龄不便参加活动,但与会者一致向他表示了敬意。

从1980年到90年代中期,这个实验班总共招收了8届本科生230人(不是每年都招生),两届研究生班18人,总共248人。实践证明,数学实验班是中法合作成功的典范,是超前国际化的教育模式,是真正通识教育的样板。我们可以自豪地说,武汉大学中法数学实验班是空前绝后的,迄今还没有人复制我们的数学教学模式,更没有人能够超越我们。这不仅是武汉大学历史上的奇迹,也是中法两国众多的专家们共同创造的奇迹。我希望今后有人能超越我们,因为时代在前进,教育需要不断地创新。

但是,实验班像其他任何新生事物一样,在其发展过程中,也存在不同的思想认识,也经历了艰难的过程。1985年由于法国方面有不同意见,中法数学交流面临极大的困难。为了克服这些困难,余家荣教授当即与法国数学界享有盛名的嘉当(Elie Joseph Cartan)、肖盖(Y. Choquet-Bruhat)和梅耶(Meillet Antoine)等院士联系,得到了他们的支持。这几位院士联名写信给密特朗总统,他把信件批转给驻华大使馆,交流情况很快得到改善。1987年底至1988年初,中法数学交流又一次遇到了困难,余家荣教授不顾年迈亲赴法国斡旋,再次获得法国数学界学者们的支持,艰难地使中法数学交流得以继续进行。但是,到了 90 年代中期,由于种种原因,武汉大学与法国数学交流实在是难以为继,不得不遗憾地被迫停止。

但是,中法数学实验班的成绩与经验是值得借鉴的,尤其是它培养出来的一批知名数学家群体,他们所取得的学术成就,令世界数学界瞩目。他们有的在国外著名大学执教,有的成为我国国务院学位评议组成员,有的被聘为长江学者。例如,1985 年考上中法数学实验班的姜钟平,1988 年获得武汉大学学士学位,同年赴法国继续深造,1989 年获得巴黎南部大学硕士,1993 年获得法国高等矿业大学自动控制与数学博士学位。尔后,在法国、澳大利亚和美国任教。从 1999 年起,被聘为美国纽约科技大学(现合并成为纽约大学工学院)教授。他是非线性小增益理论的创立者,曾经出版了 4 部学术专著,发表了 200 多篇国际期刊论文。他是多个国际学术刊物的主编或副主编,曾获得美国国家科学基金会成就奖、澳大利亚伊丽莎白二世杰出研究奖、日本科学振兴会研究奖。鉴于他的巨大学术成就,当选了美国电气电子工程师协会会士、国际自动控制联合会会士等。

麻小南是武汉大学 1989 级中法数学实验班的学生,1998 年获得法国巴黎南部大学博士学位,师从法国科学院院士比斯姆特,他是国际指标理论研究权威。他先后在意大利、德国和美国的几所著名大学做博士后研究。从 2001 年起,他先后在法国巴黎综合理工学院和巴黎第七大学任教授。2006 年获得西班牙 Ferran Sunyeri Balaguer 奖,2009 年被任命为法国大学研究院的青年研究员,2010 年在印度海德巴拉召开的第 26 届国际数学家大会上做特邀报告,2013 年被聘请为德国科隆大学数学系国际教员,2017 年被中国科技大学聘为长江学者奖励计划讲座教授等。2017 年获法国科学院授予的索菲杰尔曼 2017 年度大奖。

实际上,从中法数学实验班毕业的学生,抑或是通过中法数学交流培养出来的数学家还有很多,如叶东、方诗赞、吴黎明等,他们都是在国际数学界崭露头角的人物。吴黎明是武汉大学数学系 1979 级学生,他得益于中法数学交流,曾经获得了著名的巴黎第六大学的博士学位,他在大偏差理论研究上取得了巨大的突破,被国际数学界认为是刷新了大偏差理论的面貌。鉴于他的突出成就,28 岁就晋升为正教授,30 岁成为博士生导师。其他的还有文志英、步尚全、邓冠铁、章逸平等教授,现在都正处于学术事业的黄金年龄,相信他们会做出更大的成就,为发展我国数学学科做出巨大的贡献!

三、教会大学结姊妹

改革开放以后,我国走出了长期禁锢的状态,各大学开始把目标瞄准到国外,积极寻找合作与交流的姊妹学校。北京和上海的一些大学,他们利用地理位置的优势,以及他们的教授留学欧美的背景,率先与欧美等地的大学签订了友好姊妹学校,这令其他大学羡慕不已。

美国是当今世界教育和科技大国,很自然各大学都把交流的目标瞄准美国的各研究型大学。武汉大学虽然是一所历史悠久的老校,但是在新中国成立以前,大多数教授都是留学德国和日本的,而且他们年事已高,旧有的关系都早已中断。新中国成立以后,武汉大学虽然派出了大批留学生到苏联和东欧各国留学,但鉴于中苏关系恶化,也不能再向这些国家继续派出留学生。因此,武汉大学与国外交流迟迟开展不起来,这种尴尬的情况令我寝食难安。

1980 年春,我到北京开会,会后去教育部拜会我的老上级李琦副部长,他是主管外事的,我在教育部工作期间,与他的关系很好。见面后,他说:"哎呀,道玉,你来得正好。昨天,我接见美国一所大学的代表，他们有意与中国的大学建立友好姊妹学校，希望教育部给他们推荐一所大学，我想推荐你们武汉大学，不知你们是否感兴趣？"

接着，李琦副部长介绍说："美国西东大学是一所私立大学，由天主教会创办。它在美国不是一流大学，但化学和微生物两个系的学术水平比较高，该校对与中国大学的交流非常热心，对交流中国文化很重视，是美国最早倡导发展与中国大学交流的学校之一。鉴于该校有天主教的背景，不知你们是否有思想顾虑？"

高等学校历来是比较敏感的地方，过去对教会是比较忌讳的，主要担心他们是否有传教的活动。但是，我思索片刻以后对李琦副部长说："现在改革开放了，思想也解放了，我没有顾虑。再说，大学之间学术交流与传教是两回事，即使有人进行传教活动，相信在我国大学是没有市场的，广大教师和学生也是有识别能力的。我相信，在中美人民友好的大前提下，不愉快的事情是不会发生的。"

幸好，西东大学的代表还没有离开北京，我与他约定在北京饭店会面。西东大学的代表是一位华裔教授，他叫杨力宇，是著名的国际政治评论家。我们相互介绍了各自学校的概况，表明了结为姊妹学校的意向，并具体讨论了合作交流的内容。我们商定，当年秋天，我校副校长高尚荫教授将访问西东大学，并正式签订合作协议。

俗话说，良好的开端就是成功的一半，我校与西东大学合作的开端是顺利的，但后来却是麻烦不断。原因是因为李琦副部长调离了教育部，而接任他的一位副部长反对与教会大学合作与交流，处处作梗。他认为，社会主义大学不应该与教会大学交流，这涉及教育主权问题，是办学方向问题。我认为，这位副部长的看法是不正确的，是对教会大学的误解。实际上，自文艺复兴以后，教会大学已经摆脱了教会的控制，实行学校与教会分离，使大学成为传播科学文明的场所。在现代西方国家中，教会大学与私立大学一样，都建立了独立的办学体制，他们的区别仅仅只是经费的来源不同而已。

经过多次与这位副部长沟通，总算是说服了他，不再坚持不许与教会大学交流。但他留了一个尾巴,说你们可以交流,但要提高警惕,如果出了问题,要追究你们的责任。让人感到欣慰的是,我们与西东大学的交流是顺利的,是我校与国外 70 多所大学合作与交流比较成功的大学之一。在过去 10 多年里,我校先后派出 20 多位教师到西东大学合作研究,两校先后召开了两次国际楚文化学术讨论会,收到了非常好的效果,对宣传湖北楚文化起到了很好的作用。与此同时,西东大学也派出了多名教授到武汉大学研究和讲学,从未发现有任何传教的活动。

上述情况都说明,对外开放必须解放思想,开放是改革的前提,没有真正的开放,也不能有彻底的改革。我们必须分清学术与政治、教会的界线,只要是有利于提高学术水平的事,我们都应该大胆地开展,也不会迷失我国大学的办学方向。

四、智力超常的实验

在人类的历史上,曾经出现过许多神童或天才,而且不少天才的科学家都是源于"神童"。所谓"神童",一般是指相对于普通儿童而言的智力超常的儿童。心理学家认为,人的智力主要包括观察能力、记忆能力、注意能力、思维能力和想象力等。智力超常的儿童,在这些能力方面,都要超出普通儿童。

怎样界定智力超常儿童呢?这是一个似乎人人都知道,但又是人人都说不太清楚的概念。在教育学上,也是一个争论不休的问题。为了操作的方便,心理学家们以智商(IQ)来表示,并设计出了各种测试智商的方法,主要是韦氏法和比纳法,凡智商达到 130 以上者,都被称为智力超常儿童。根据心理学家们的测算,在少年儿童中,大约有1‰～3‰属于智力超常儿童。按照这个比例，我国应当有600万的智力超常儿童，他们是我国人才资源的重要组成部分，应当引起我国教育界的高度重视。

1984年秋，《武汉晚报》曾经报道了一个年仅4岁的智力超常儿童，他叫小津津，孩子的父亲姓陈，毕业于医士学校，是武汉某工厂医务室的医师。他迷恋胎教，在浙江认识了一位农村女青年，后来他们结了婚，生下了小津津。他四处向人宣传说，他的妻子妊娠时，吃了他从山上采寻的一种草药，所以小津津特别聪慧，并极力鼓吹和推广他的胎教法。

这则消息引起了我的注意。时隔不久，小津津的父亲带着他到武汉大学来找我，向我们展示了小津津的智力超常表现，如背诵唐诗，朗诵英文诗词，演算数学四则运算题等，他希望学校接收他儿子为实验班的学生，盼望他的儿子成为杰出的天才人物。

著名经济学家于光远先生是我校的名誉教授，他正好在我校讲学，关于小津津的报道也引起了光远先生的注意。我与光远先生商定，欲对小津津进行一次现场测试。1985年元月初，在武汉大学第二会议室，由于光远先生主持，对小津津进行了考察。当时，小津津背诵的是英文《伊索寓言》中的一篇文章，还做了几道数学四则运算题，流畅地背诵了几首唐诗。他的表现获得了令人满意的结果，观看的人们无不称赞小津津是智力超常儿童。

根据我们考察的结果，这孩子已经掌握了近千个英文单词，背诵了几十篇古诗文，能够演算初中一、二年级的数学试题。与此同时，我们对他的智商也进行了测试，他的IQ达到135，完全符合智力超常儿童的标准。根据考核的结果，经过学校研究并征得于光远先生的同意，决定接收小津津到学校进行智力超常教育实验。

1985年2月14日，《人民日报》专门做了报道，但有一些报刊误报说，武汉大学招收了一名4岁的大学生，这纯粹是误解。当时，武汉大学已经开办了大学少年班，但小津津并不是少年班的学生，更不是大学生，而只是一个特殊教育的个案。为了开展这项实验，学校成立了实验教育小组，由学校高教所、教务处和附属中、小学的有关人员组成，高教所常务副所长卫道治教授负责指导。学校对这项实验的指导思想是明确的，并提出了三个基本原则：一是必须坚持循序渐进的原则，可以实行跨越式的教学，但主要的教育阶段不能缺失，如初级、中级和高级中学需要进行体验。二是儿童必须回到儿童世界，享受儿童的乐趣，在儿童群体中成长。三是不能脱离集体，从幼儿开始要养成合作的能力，做到智力与思想教育并重的原则，二者不可偏废。

超常智力实验领导小组制订了一个实验计划，简称《2-3-2-3 计划》。按照这个计划，准备将小津津收入附属小学学习，用 2 年时间完成小学六年的学习任务；用 3 年完成从初中到高中的学习任务；用 2 年完成大学四年的学习任务；再用 3 年完成从硕士到博士阶段的学习与研究任务。如果这个计划得到顺利实施，那么小津津 14 岁将获得博士学位，比正常的儿童达到这个目标提前了 16 年的时间，这既是符合教育规律的计划，又是一个超前快出人才的可行方案。

可是，小津津的父亲坚决不同意这个计划，要求从中文系、英文系和数学系各抽调一名教授，对小津津进行个别教学，不同意入小学随班学习，即使跳级他也不同意。我们向他指出，他的要求既不符合教育规律，亦违背儿童身心成长的原则。由于我们与小津津父亲的认识不一致，以至于这项实验不能按照计划实施，拖延了一年多的时间。

据小津津的妈妈说，她的丈夫是采用粗暴的方法教育孩子，经常打骂，甚至用脚踢蹬，打得小津津在地上爬不起来。看来，我们与小津津父亲的分歧，不仅仅是随小学上课的问题，而是在教育原则上的根本分歧，是关于培养什么样的人的分歧。因此，这项计划被终止是必然的事，当然也是好事，所幸的是作为教育工作者，我们坚持了教育实验的原则。

据说，小津津离开武汉大学以后，他的父亲又带着他到东北某师范大学,后来又辗转了几所大学,但都以失败而告终。大约20年以后,我又偶然遇到小津津的妈妈,她告诉我,小津津后来上了一所普通大学,但他并不是什么杰出的人才。听后,又引起了我对这项实验改革的思考。

第一,从教育理论来看,我们设计的"2-3-2-3"实验方案是有理论根据的,也是可行的。德国卡尔·威特是19世纪的天才,他9岁上大学,12岁发表数学论文,13岁出版数学专著,14岁获得博士学位。我们的实验方案,与卡尔·威特的成长经历,正是不谋而合。

第二,小津津到底是真正的早慧儿童,还是棍棒教育下的"神童"?我们暂且不做结论,实践将会说明一切。他如果是真正的早慧,那他就是其父亲棍棒教育下的牺牲品,致使他的早慧夭折,实属可惜。如果其父是把他当作宣传工具,那就是对教育的亵渎。当然,我们也因为没有把这个实验进行到底而惋惜,这说明任何教育改革的实验,都必须遵循教育规律,否则只能是事与愿违!

五、为"三个面向"正名

正名一词,最早出现在孔子的《论语》中,子曰:"名不正,则言不顺;言不顺,则事不成。"[①]在《汉语大词典》中解释说,辨正名分,使名实相符。

1983年国庆节前夕,邓小平同志为北京景山学校题词:"教育要面向现代化,面向世界,面向未来。"1985年5月27日,《中共中央关于教育体制改革的决定》再一次引用了这幅题词,这是邓小平

---

① 杨伯峻译注:《论语译注》,中华书局2009年版,第131-132页。

同志根据我国新时期的总路线、总任务对教育战线提出的战略方针和教育发展方向。这个题词,一时成为全国家喻户晓的名言警句,对当时正在进行的教育改革,起着巨大的推动作用。

邓小平同志的题词,具有丰富的内涵,我们应当进行深刻的理解。在邓小平同志题词后的10年、20年和30年,都专门召开过座谈会,与会者都畅谈了对这幅题词的理解。应该说,邓小平的题词与他整个科教兴国的战略思想是一致的。他曾经尖锐地指出:"我们有个危机,可能发生在教育部门,把整个现代化水平拖住了。""靠空讲不能实现现代化,必须有知识,有人才。"

1984年6月8日至15日,在北京京西宾馆召开的全国高等学校思想政治工作会议上,各校都是党委书记参加会议,我作为武汉大学的党委副书记兼校长,也参加了此次会议。在6月9日上午的开幕式上,教育部邀请了时任中央书记处书记兼中宣部部长邓力群同志做报告,讲完之后他就离京到福建三明市参加精神文明建设会议去了。

第二天,与会代表分组讨论邓力群同志的报告,我被编在中南地区小组。我首先发言就邓力群同志对"三个面向"的解读提出了尖锐的批评。他在会议上对"三个面向"解读说:"面向现代化,就是不能只抓生产力,而且还要抓生产关系,绝不能放松阶级斗争。面向世界,就是要看到帝国主义还存在,他们亡我之心不死,必须提高警惕。面向未来,就是要坚信共产主义必胜,树立为共产主义奋斗终生的理想。"

我针对邓力群同志的解读,用了30分钟进行了批驳。我说,本来党的十一届三中全会已有决议,今后不能再搞政治运动,停止使用阶级斗争的口号,将全国的工作重心转移到现代化建设上来。可是,邓力群同志不是这样解读"三个面向"的。与此同时,我也讲述了自己对"三个面向"的理解,愿意就这些问题向与会代表求教。

我说面向现代化,就是教育必须为国家现代化建设服务,具体地说就是为国家现代化建设输送更多的合格人才,没有人才,建设现代化只能是一句空话。面向世界就是既要学习外国教育的先进教育和教育理念;同时我国教育也必须走向世界,传播我国悠久的文化,宣传我国教育改革的成就。面向未来就是要有预见性,从本质上说,教育是超前的事业,它是为未来培养和储备人才的,所谓"今日桃李,明天栋梁",就是这个意思。当时,会议是非常严肃的,既没有人插话,也没有人附和,寂静得甚至让人窒息。

《人民日报》的记者庄永龄同志参加了会议,会后他对我说,你讲得非常好,是实事求是的,开会就应该这样讨论,只有畅所欲言,才能明辨是非。第二天早晨,他又告诉我,他以我的发言为内容连夜赶写了一份《动态清样》,只打印了5份,呈报中央政治局常委。中央政治局常委对《动态清样》做何反应,我自然是不得而知。

这次思想政治工作会议后,我先拜会了武汉大学老校友李锐同志,向他转述了我在京西宾馆会议上的发言,他认为我对"三个面向"的理解是正确的,而邓力群的解读是错误的。

为了验证我对"三个面向"的理解是否正确,会后我又拜会了童大林同志,他时任国家科委副主任。童大林素有党内秀才的美誉,他35岁就担任了中宣部的秘书长,1960年创办景山学校时,他受中宣部的委托,亲自抓这所学校的教育改革实验。而且邓小平同志的题词也是他策划和参与的。我向他转述了在京西宾馆会议上的发言,询问他我对邓力群同志的观点的批评是否妥当。他听后明确地表示,我对"三个面向"的理解基本上是正确的,与邓小平同志题词的本意是相符的。否则,那岂不是又要回到阶级斗争的时代了吗?知识分子不又要"接受再教育"吗?

六、自我设计应提倡

自我设计与被塑造,这是两种截然不同的教育理念和教育模式,前者是强调发挥学习者的主动性、积极性和创造性,而后者是被动的,是被教育者当作原料倒入模具中,被注塑成为某种器皿。显然,前者是我们所需要提倡的,而后者则是我们应当反对的。

在20世纪80年代的教学改革中,我大胆地提出,大学生都要学会自我设计,做到我的选择我喜爱,我的学习我做主,我的未来我负责。但是,口号一提出,有人质问道:"一个十七八岁的青年,他们还没有成熟,能够自我设计吗?"群众中有不同的看法,我完全理解,而且是能够通过做思想工作来解决的。然而,教育部的某位负责人也反对"自我设计",他认为这是个人主义的表现。在他看来,好像只能是"革命战士一块砖,哪里需要哪里搬",如果按照他的逻辑,我们怎么能够培养出杰出的人才呢?我曾经与这位负责人面对面地争论过这个问题,我说如果每个人不能自我设计,那他们应该由谁来设计呢?

其实,设计与人生自我规划是相同的意思,我们不是经常要求学生制定学习规划吗?在人才学研究的历史上,这样的成才事例是不胜枚举的。例如,瑞士著名数学泰斗莱昂哈德·欧拉(Leonhard Euler),就是一个自我设计的典型。他13岁就进入巴塞尔大学,开始学神学,父亲希望他成为一位神父。可是他却挚爱数学,很快他就转学数学,结果成就了一位世界最伟大的数学家,一生写出了800多篇数学专著和论文,成为近代数学的先驱。

我国第三代杰出导演谢晋,从小父亲希望他学医,将来成为一名医生。可是,他自己却选择投考南京国立戏剧专科学校导演系,从而走上了艺术的道路,创作和导演了 20 多部著名的电影,成为中国家喻户晓的著名电影导演。

20 世纪 80 年代,武汉大学的学风异常活跃,每个大学生都在思考:我将成为一个什么样的人,将成就一番什么样的事业?例如,中文系的学生成为数学家,数学系的学生成为经济学家,经济学系的学生成为雕塑艺术家,物理系的学生成为经济学家,化学系的学生成为金融学家,生物学系的学生成为文学家,哲学系的学生成为音乐指挥家,历史学系的学生成为哲学家,等等。这一系列成功的例子,不都是证明了自我设计是一条成才的必由之路吗?因此,我们必须解放思想,鼓励和指导大学生自我设计,使他们在成才的大道上健康地成长。

七、快乐学院香饽饽

在 20 世纪 80 年代的教育改革大潮中,武汉大学诞生了一个跨系的学生社团,叫作多学科讨论会,昵称为快乐学院。这个社团创立的起因是模仿。爱因斯坦于 1902 年(直到 1905 年)成立的奥林比亚科学院,实际上是一个俱乐部,他们时常在这里讨论物理、数学和哲学。爱因斯坦的研究院只有他和索洛文(Maurice Solovine)、哈比希特(Conrad Habicht)3 个人,而武汉大学的快乐学院多达几百人,而且一直延续到 80 年代末。在奥林比亚科学院中,由爱因斯坦创立了相对论,武汉大学的快乐学院虽然没有爱因斯坦那样显赫的成就,但也诞生了一大批杰出的人物。

武汉大学快乐学院的创始人,公认是后来的著名企业家艾路明,这个社团的出现得益于那时改革开放的校园文化。我在履任校长之初就提出，大学生应当学会运用两个课堂学习，也就是第一课堂和第二课堂，前者是指教学计划规定的教学内容，而后者是课外社团活动。我要求每个学生至少要参加一个社团，如果没有自己喜爱的社团，那就应当创建一个自己喜爱的社团。这是成才的需要，是获得全面知识的需要，也是锻炼实际工作能力的需要。

在讨论这个社团宗旨的时候，更是百花齐放，你一言我一语，意见纷繁，莫衷一是。数学系高才生陈化说："我的章法是构成一个高维精神空间，它有着处于低维空间的人们所不能理解的思维自由。"一心想当哲学家的历史系学生赵林说："我国历代都以谦谦君子为美，我们多学科讨论会则要以显示欲为美。唯有每个人都极力表现自己，别人才会受益，才会成为'九头鸟'。要不然，每个人都只会说'对对对，好好好'，我们就会感到自己是在对着镜子说话，浪费生命，而且极其乏味。"全校写作一等奖获得者、图书馆学系77级学生李云帆更是别出心裁地建议说："一个人主讲一个主题，其他人无论是赞成或是反对，都要群起而攻（或刁难）之，谁提的问题越刁，越有创意，那么他就越高明，给他打100分。这是刺激积极思维能力的需要，并且使命题立于不败之地的最佳方法。我们要在多学科讨论会上，进行'思想碰撞'，使它变成爱因斯坦的思想实验室，这样才能达到发明创造的目的。"

每个星期三的晚上，是多学科讨论会的例会，届时各系的一些"不安分"的学生，不约而同地来到学生会会议室，展开唇枪舌剑式的辩论，气氛热烈非凡。虽然他们争论得面红耳赤，甚至是声嘶力竭，但这个学术社团却是雷打不动，他们个个都是快乐的人。

在多学科讨论会上，他们提出和辩论的主题，大都是学术前沿的一些问题，这是他们智慧的表现，例如，"超级计算机"、"生物变异新观"、"外来文化论"、"黑洞是什么"、"浪漫主义"、"耗散结构论"、"有万有斥力吗？"、"罢免权浅议"、"逻辑实证主义与证伪主义"，等等。

从这一批题目可以看出,他们思想是多么的活跃,敢于向权威理论挑战,敢于进入学术研究的无人区,这正是快乐学院成员所具有的可贵素质。

在校内,对于快乐学院的认识并不甚一致,持反对意见的也大有人在。他们说是"狂人会"、是"嬉皮士"、是"吹牛皮会"。针对这些非议,我明确地支持多学科讨论会,并且亲自担任了他们社团的荣誉会长,参加他们的讨论或争论。在一次讨论会上,我鼓励他们说:"人类已经进入新的技术革命时代,多学科的交叉与相互渗透,是科学技术发展与发明的源泉。例如,原子弹、计算机、激光、基因工程、控制论等,都是诞生在多学科交叉与合作的产床上。"但是,持反对观点的只是极少数人,而大多数学生都视快乐学院为香饽饽,这个社团组织延续了很多年就是证明。

快乐学院诞生于解放思想和改革的大潮中,它的出现又推动了全校的教育改革。但是,对于民主自由的校园文化,并不是人人都是认同的。在20世纪80年代中期,武汉流行一句顺口溜:"学在华工、吃在湖医、玩在武大。"这个顺口溜传播得很广,不仅在校内,而且校外也流行得很广泛。在一些不明真相的人看来,似乎武汉大学的学风不严,纪律松弛,是误人子弟。更有甚者,校内有些对改革不满的人,在校外某些人别有用心的唆使下,写诬告信,制造流言蜚语,说刘道玉的改革是搞"花架子",迁就学生,降低了教育质量,等等。对此,教育部高教一司司长黄天祥率调查组来校调查。经过10多天的调查,查看了学籍档案。最后,调查组得出结论:"武汉大学的教学改革是成功的,学风是严谨的,教学质量是上乘的。"

对于这句顺口溜,我并不在意,也从来没有动摇我的改革决心。改革是走前人没有走过的路,必定会触及某些人的既得利益,所以他们要出来反对。改革与守旧的思想分歧,主要表现在对待"玩"字上面。谁能说多学科讨论会的讨论或争论是在玩呢?他们是在学习,是在研讨中学习,在争论中学习,这种学习是不可能从书本上学得来的。在守旧者看来,只有禁锢在教室里,起早贪黑地加班加点这才是学习。可是,他们却忘了,这种僵化的学习,至多获得一些零星的知识,但不能获得智慧,也不能锻炼独立分析和解决问题的能力。

在2500多年以前,我国至圣先师孔子就主张乐教,他曾经说:"知之者不如好之者,好之者不如乐之者。"①他的意思是说,对于任何学问或专业,懂得它的人不如喜欢它的人,喜欢它的人不如以它为乐的人。那么,怎样才能实行乐教呢?乐教的关键在教师,只有教师乐教,学生才能够乐学,要做到这一点,必须改革传统的"三中心"的教学模式,真正实行启发式的教学。

实践是检验真理的标准,即使是对快乐学院有偏见的人,他们也不得不承认,从当年快乐学院涌现了一大批杰出的人才。其中有著名的生物学家、中科院外籍院士王小凡,美国科学院院士董欣年,著名数学家陈化,著名哲学家赵林、肖阳,著名企业家艾路明、周汉生,等等。事实说明,快乐地学习能够启迪灵感,获得知识背后的智慧,从而释放出创造性的能力。

八、社团实行登记制

在高等教育发展的历史上,学生社团具有悠久的传统,无论是国外或者新中国成立以前的大学,学生社团都是屡见不鲜的。这种以学习为主要目的学生社团,都是由学生自主发起的,由学生自己选举负责人,自己组织各种他们喜爱和适宜的活动,以有利于他们的成才。

登记制与审批制是完全不同的,所谓

---

① 杨伯峻译注:《论语译注》,中华书局2009年版,第60页。

登记制，就是只要向学生管理部门登记就算成立了，而审批制是需要审查社团的宗旨、目的和活动计划等。登记的目的是备案，以作为统计的需要，并不需要审查社团的宗旨与活动。

正是由于我们采取了开明的政策和态度，所以80年代武大的社团活动非常踊跃，就像雨后春笋一样地冒了出来。据不完全统计，在80年代，武汉大学有各类社团400多个，如"这一代"、"浪淘石"、"樱花诗社"、"珞珈山"、"思想家"、"管理者"、"信息社"、"读书俱乐部"、"莎士比亚剧社"、"生物天地"、"三界联谊会"、"翻译爱好者"、"未来"、"求索"……

"蟾蜍社"是在众多社团中格外显眼的一个社团，因为蟾蜍就是癞蛤蟆，不免让人感到有些怪异。这个社团就是经济系79级学生陈东升和毛振华创办的，传说中的癞蛤蟆是天上月亮中三只脚的癞蛤蟆。陈东升和毛振华创办这个社团的初衷是，他们要有敢于上天捉拿癞蛤蟆的精神。正是这种大无畏的精神，使他们于1992年辞职下海，成为"92派"下海大军的领袖人物，成为著名企业家双子星。

俗话说，"铁打的营盘流水的兵"。大学也是一样。校园就如铁打的营盘，而过往的学生，就是流水兵。在这样的特殊环境下，如何保持学生社团的连续性呢？这是一个值得探讨的问题。但是，变化是绝对的，不变只是相对性的。我从改革的实践中体会到，一个社团是否受欢迎，是否能延续下来，关键取决于三个因素：第一要有一个或几个热心社团的带头人，他们愿意花时间，密切联系广大同学，经常听取大家的建议；第二要有创意，取一个十分有创意的社团名称，吸引大家；第三要有新意，经常开展有新意的活动，使大家感到有收获，这样才能保证学生社团持久地开展下去。

九、自由恋爱受保护

在我上大学的时候,大学生谈恋爱是不受限制的,甚至学生可以结婚,女生怀孕可以休学生产,而后复学跟班学习。不知从什么时候开始,教育部门和各大学的学生管理规定中,都有一条"不许谈恋爱"的校规,其理由是谈恋爱影响学习。果真是如此吗?这个规定有法律依据吗?符合人的生理特点吗?这些问题,确实需要教育部门和大学的领导人认真思考和回答。

清朝文学家张潮在《幽梦影》中,有一句非常精辟的至理名言:"情之一字,所以维持世界;才之一字,所以粉饰乾坤。"作者高度重视"情"和"才"这两个问题,把它们提高到维持和建设世界的高度,这是完全符合事物发展规律的,没有"情"就没有人类的繁衍和延续;没有"才"就不能改造客观世界,创建人类美好的生存环境和物质生活。

人类的延续始于情,有了情才会有爱情,才会有夫妻、有子女、有兄弟姐妹。之后有人与人的交往,又出现了政府、商业,彼此构成了相互依赖关系,同时出现了朋友、同事,继而构成人群和人类社会。因此,男女青年到了一定年龄,就会对异性产生冲动,这是生理的自然现象,人们必须承认和顺应这种现象,任何行政干预和压制都是不可取的。大学生都已进入成人阶段,生理发育已趋于成熟,谈婚论嫁已是不可避免的了。

可是,80年代初,各大学的《学生守则》中,都有明确的规定:大学生在学习期间不允许谈恋爱,规定当然是来自教育部的政策。然而,对这个规定一直争议不断,也从来没有被认真地执行过。那么,教育部为什么要做出这样的规定呢?据分析主要是两点理由:一是怕恋爱影响学习,大学生要珍惜大好学习时光,不能分心旁顾,尤其是谈恋爱;二是怕相爱的男女越轨出问题,造成不良的影响,败坏校风,禁止谈恋爱就是防患于未然。

那么,这条规定是否合法呢?我国《婚姻法》是国家大法,而《学生手册》并不是法律条文,且后者显然是与《婚姻法》相悖的。《婚姻法》规定:结婚年龄,男不得早于22周岁,女不得早于20周岁。可以合法结婚,更遑论是谈恋爱了。在我50年代初上大学那会儿,不仅可以谈恋爱,而且可以结婚,女学生怀孕可以休学,产假休完复学继续学习,跟班学习如期毕业获得合格毕业文凭。即使在80年代,开明的大学领导人也会不顾《学生手册》的限令,允许大学生谈恋爱,尊重大学生的合法权益。实践证明,大多数谈恋爱的学生,并没有影响学习,反而促进了他们成才。

我校数学系77级学生汤敏与左晓蕾就是一对恋人,汤敏是数学系团总支书记,而左晓蕾是系学生会主席。他们成双成对地在一起学习和从事社会工作。他们率先在全校开展学术讲座和学习竞赛,极大地带动了全系的学习风气,使数学系的学生成为全校最用功的学生。此外,他们开展了许多为学生服务的活动,如购买一台洗衣机,每洗一桶衣服只收两分钱。针对当时图书馆畅销期刊份数太少的问题,他们自筹资金订购了许多颇受欢迎的刊物,如《人民文学》、《传记文学》、《大众电影》、《人民画报》、《知识就是力量》等。借一份杂志,每阅读一天,只收一分钱,受到同学们的欢迎。

他俩的学习成绩都是优秀,社会工作积极,成绩显著,毕业时双双被留校到经济管理系当教师,这是为了加强数学向经济渗透的需要。后来,左晓蕾利用中法交流的名额被派法国南锡大学留学,由于受到年限的限制,学校又向教育部申请延长她的学习时间,保证她获得博士学位。汤敏被公费派到美国伊利诺伊大学厄巴纳香槟分校,也获得了经济管理博士学位。汤敏毕业后,被聘为亚洲银行(马尼拉)首席经济学家,后被任命为中国办事处主任。左晓蕾是中国银河证券公司首席经济学家,在学术与实际工作中,都获得了巨大的成就。

实行改革开放政策以后,在李政道先生的斡旋下,1980年开启了中美共同招收物理学研究生(中美联合培养物理类研究生项目,即China-United States Physics Examination and Application,简称CUSPEA)。全国只有36所大学有资格推荐考生,武汉大学是其中之一,可是1980年我校被录取的学生只有一名,学校感觉脸上无光。于是,我召开会议,协同物理学系抓好选拔和备考工作。功夫不负有心人,在1981年的考试中,我校有13名学生被录取,位居全国大学的前列,总算是扬眉吐气了。于刚是空间物理学系1977级学生,在被录取的123个名额中他以第26名的成绩被录取,后被康奈尔大学物理学专业录取。

在当时,出国留学是非常稀少的,那些被录取的准留学生令全校刮目相看。于刚想在出国前解决女朋友的问题,便于出国后安心学习,这是完全可以理解和得到支持的。他心仪的女孩是物理学1980级的宋小妹,因为他们都是校学生会的干部,彼此也心心相印。于刚出国前,他带着宋小妹专门来我家辞行,我用咖啡招待他们,并衷心祝贺他们相爱,希望小妹好好学习,然后也争取去美国留学。于刚获得物理学硕士后,转到宾夕法尼亚大学沃顿商学院,获得了运营与管理学博士学位,毕业后受聘于得克萨斯大学奥斯汀分校管理学院,从助理教授直到终身教授,著作颇丰。2004年他辞去了教授,先后担任亚马逊和戴尔公司的副总裁。但是,创业的冲动一直在激励他,于是在2007年创建了1号店,2015年被沃尔玛并购。接着,他又创建了1药网,致力于解决看病难和买药贵的问题,这是关系到民生的大问题,相信他会在创业的道路上获得新的成就。

我校生物学生化专业的王小凡和董欣年,他们也是一对恋人,王小凡只有小学五年级的文化程度,他完全没有学过英文,高考时的英文成绩只有5分,是凭猜题而获得的。入校后,他担任了校学生会常务副主席兼秘书长,可谓是工作十分繁忙。但是,他于 1981 年参加中美生物化学联合招生项目(CUSBEA, China-United States Biochemistry Examination and Application)时,考卷和答卷全用英语,他却获得全国第一名的好成绩,堪为奇迹。他于 1982 年 8 月到美国加利福尼亚大学洛杉矶分校攻读博士学位,现在是美国杜克大学终身教授,中国科学院外籍院士。董欣年也于 1982 年 9 月赴美国留学,获得美国西北大学生物化学博士学位,现在也是杜克大学终身教授,由于她的学术成就突出,于 2012 年当选为美国科学院院士。

杨志是我校病毒系 77 级的毕业生,他毕业后考取了哈佛大学生物系的研究生,这是很多学生梦寐以求的求学的理想之地。他准备出国前与外文系 77 级日语专业的毕业生冯惠敏结婚,以完成终身大事。可是,他们向该系书记提出结婚申请时,却被泼了一瓢冷水。书记对他们说:"你们是想出国的话,就不能结婚;如果要结婚,就不能出国。"这位书记的话完全是形而上学的,怎么能够把出国与结婚对立起来呢?杨志与冯惠敏非常伤心,怀着忐忑不安的心情来找我,提出他们准备在出国前结婚的打算。听后,我说:"这是好事嘛,我恭喜你们。"并在他们的申请报告上签下了"同意"二字。杨志先后获得哈佛大学微生物学硕士和分子生物学博士学位,他在学术领域耕耘了 20 年,学术成果丰硕,可是他决定下海,回到上海创办了百奥维达中国基金,专门投资医药与医疗行业,他被称为中国医药投资教父。40 年以后,他回校参加我校 1977 级入校暨恢复高考 40 周年活动时对我说:"校长您当年批准我们结婚令我们终生难忘,非常感谢您的开明办学思想,成就了一大批杰出的人才,人们不会忘记您的功德!"

以上四对恋人都是我所熟悉的学生,与他们也有过密的交往,事实证明在学习期间谈恋爱,并没有影响他们的学习,反而是促进了他们成为杰出的人才。当然,任何事物都有两面性,因为谈恋爱影响学习的也大有人在,因为三角恋爱而发生悲惨事件的也偶有发生。但是,这些都是个别事例,是属于教育和引导的问题,我们绝不能因负面的事件就做出限制学生谈恋爱的校规。其实,无论做什么事情,都有发生问题的可能,如体育锻炼也有可能发生意外的,盛夏也有因中暑发生意外的,走路也有摔伤的,吃饭也有中毒的,出行也会遇到飞机或汽车坠毁事故的,等等。因此,我们绝不能因噎废食,一朝被蛇咬十年怕井绳!我认为,既然青年人之间的爱慕是不可避免的,那么公开比地下活动要好,其实最危险的是地下"活动",既不易发现,也不能预防。

  我为什么对大学生恋爱持开明的态度呢?我认为,自由应该是大学的核心理念,允许学生转专业、允许学生选择自学而不上课、允许学生谈恋爱,这些都是每一个大学生不可剥夺的权利。可是,我们的许多办学者视自由如洪水猛兽,千方百计地限制学生的自由。可是,他们却不知道,创造性的果实只生长在自由的园地,他们可以不给学生自由,但很难收获具有创造性的人才。

第六章

创建新系

在我国高等教育的历史上,武汉大学既是一所著名的老校,但又是一所思想守旧的大学。它的保守性主要表现在两点:第一,长期抱着"述而不作"的治学观点,一些颇有名气的教授,他们重视教学而忽视科学研究;第二,不能与时俱进,死守传统的学科,而不能跟上时代的步伐,积极发展新兴的系科,以至于长期保持着文、史、哲、经、图、外和数、理、化、生等10个系。这仅仅是一个小型的文理大学,算不得是一所真正的综合大学,已经严重不适应科学技术发展的需要,也不适应现代化建设的需要。

20世纪80年代,还没有大学合并的浪潮,只能靠内部挖潜来实现大综合大学的模式。那时,教育经费严重不足,更没有可能延聘教师,增添设备,只能因陋就简、因地制宜地发展某些系科。显然,困难是很多的,但我们没有坐等其成,而是凭着艰苦创业的精神,基本上实现了文、法、理、信、技、管六类综合大学的办学模式。

一、瞄准21世纪

20世纪80年代初,刚刚结束了灾难性的"文革",在那时谈论21世纪,无疑是非常超前的。从本质上说,教育应当是属于超前的事业,甚至可以说它是为未来的社会培养人才的。因此,教育尤其是高等教育,一定要走在经济建设的前面。我是一个理想主义者,总是喜欢想一些未来的问题,这就是所谓的凡事"预则立,不预则废"的道理。一个大学的领导者,应当有这种远见卓识,站在未来的高度,着手于现在的规划和工作。

那么,未来究竟是一个什么样的社会呢?当时,在国内正在流行阿尔温·托夫勒的《第三次浪潮》①一书,同时在内部还放映了《第三次浪潮》的彩色电影,我先睹为快。他正确地预测到:"今天第二次浪潮的教育模式到处受到了怀疑。第三次浪潮对于第二次浪潮关于教育必须在教室进行的观念进行了挑战。……所有我们关于教育的传统观念,不论在富国还是穷国,都需要重新加以审查。"他在这本书的结尾中呼吁道:"就像革命先辈那样,我们的使命注定是创造未来!"

在托夫勒《第三次浪潮》的启发下,我认为未来科学研究的方向,将是向无限的宇宙空间发展,向深层的微观生物工程进军,面向无边的海洋探索。据此,我校创建新系必须瞄准空间物理、生物工程和信息科学与技术。为此,我们要积极创建三个新的系科,即空间物理系、病毒学系和信息科学与技术系。

---

① 阿尔温·托夫勒:《第三次浪潮》,朱志焱、潘琪、张焱译,生活·读书·新知三联书店1984年版,第452、548页。

(一) 创建空间物理系

在武汉大学的校史上，曾经有过不少令人刮目相看的重点实验室，而国立武汉大学游离层实验室就是其中之一。这个实验室的创立人就是桂质廷教授，他于1912年毕业于清华学校，后被保送赴美留学，先后在美国耶鲁大学、芝加哥大学、康奈尔大学留学，最后转到普林斯顿大学，师从著名的物理学家康普顿（K T Compton），于1925年获得博士学位。

1944年，桂质廷教授经美国卡耐基学院地磁研究所与标准局无线电短波传播实验室的推荐，接受美国科学研究与发展局的邀请，计划在中国建立一个观测游离层的实验室，与武汉大学合作，实验室建在四川乐山，这是中国第一个国际合作的实验室，它已处于世界先进水平。自1946年到1949年，这个实验室研究取得了丰硕的成果，研究论文均发表在国内外一流的学术刊物上，如英国的 *Nature*、《美国无线电工程师协会会刊》（*Proc L R E*）、我国的《地球物理学报》《科学世界》《武汉大学理科季刊》等。

在桂质廷教授的带领下，已经形成了以梁百先教授、龙咸灵教授、王燊教授为梯队的强大的师资队伍。可是，这个实验室长期附属于物理系，在平均使用资源的情况下，很难得到壮大。我根据植物分蘖的理论，断然决定把游离层实验室从物理系分出来，正式建立空间物理系。当时研究这一领域的只有北京大学和中国科学技术大学，但它们都还是一个教研室，而我校则成立了空间物理学系，把研究的领域从电离层扩大到磁层等空间更广阔的领域，我们一下子站到了学术的制高点。

空间物理系从1977年开始招生，每年招收30名学生，由于是新成立的系科，所以颇受高考学生的青睐。该系的毕业生，在参加中美物理学类联合培养研究生的考试中，连年获得好成绩。在建系后的40年中，从它的毕业生中冒出了一批杰出的科学家，其中中国科学院院士万卫星,中国科学院国家空间科学中心"国际子午圈"项目首席科学家刘维宁教授,中国科技大学合肥微尺度物质科学国家实验室国际功能材料量子设计中心主任张振宇教授,上海中国极地研究中心主任杨惠根教授等。

◆ (二) 独特的病毒学系

武汉大学一级教授、中国科学院院士高尚荫先生,是中国微生物学研究的先驱者之一,是我国病毒学的奠基人,是真正的生物学学术泰斗。他于1935年2月获得耶鲁大学博士学位,旋即于8月回国,年仅26岁被聘任为武汉大学教授,成为校史上最年轻的教授。1945年,他第二次赴美做访问研究,在美国著名生物化学家、诺贝尔奖获得者斯坦利(W. M. Staley)的实验室,从事病毒学研究,回国后创办了第一个病毒学研究室,它是中国最早的病毒学研究机构。[①]

以高尚荫教授为核心,围绕着昆虫病毒学研究,当时已经形成了一支老中青三结合的学术梯队,其中有刘年翠、卢志宇、谢天恩、齐义鹏、彭珍荣、张楚瑜、胡远扬、叶林柏等。根据师资条件,完全有力量创办病毒学系,既培养人才又从事科学研究。

在建系的10年中,该系完成了许多重大科研项目,在昆虫病毒研究方面获得了重大的突破,获得了1990年国家教委科技进步一等奖,获得国家自然科学二等奖(一等奖空缺)。在培养人才方面,更是英才辈出,例如付向东是病毒学系首届毕业生,参加中美生物化学联合招生项目获得优异成绩,被美国西储大学录取,从事分子病毒学研究。现在是加利福尼亚大学圣地亚哥分校终身教授,在研究mRNA加工和调控机制与病毒的关系上有重大的突破。

与此同时,学校还成立了生物工程研究中心,由著名的生物化学

---

① 胡远扬、齐义鹏、张楚瑜等主编:《高尚荫纪念文集》,武汉大学出版社,2002年,第2页。

教授严家琪和留苏副博士郑正炯教授领导。学校还计划从化学系调一批教授,以加强生物化学的研究力量,进而联合生物学系组建生命科学学院,迎接21世纪的挑战。

◆(三)预见到信息社会

信息是什么?信息无处不在,一切图书、报刊、论文、资料、数据、情报、专利、图纸、影像、音响、图画等,都可称为信息。笼统而言,信息就是知识的载体,也可以说是知识的元素,把它们组合在一起,又可以加工出新的发现与发明成果,也即新的知识形态。

人类经历了各种各样的时代,远古时期姑且不论,仅从近代以来,就经历了启蒙时代、蒸汽时代、电气时代、原子时代。自20世纪60年代末,随着计算机的出现以及普及,又出现了信息时代。在工业革命时期,生产资料是金钱,在新技术革命时期,时间就是金钱,而在信息时代,信息就是金钱。

从功能上说,教育是超前的事业,它应当走在经济建设的前面。从这个意义上说,大学必须为现在或未来信息社会培养和输送人才。在80年代中期,我隐约地意识到信息产业的重要性,我们必须紧跟时代的步伐,着手创建新的信息科学与技术学系。

为了适应电子信息科学发展的需要,学校决定将原物理系的无线电教研室独立出来,扩充成为无线电工程学系。人才从哪里来?途径有两条:一是内部挖潜,二是从校外调入。物理系无线电教研室的廖孟杨和王延平都是中生代的学术带头人,又从华中工学院调进了张肃文教授,这样就形成了学术领导核心。后来,又经过几次调整,最后正式组建了实力雄厚的电子信息学院,拥有培养信息科学与技术时代需要的多层次的人才,包括学士、硕士和博士。

2000年8月2日,武汉大学与武汉测绘科技大学、武汉水利电力大学和湖北医科大学合并,使武汉大学实力大增,学科更加齐全。新武汉大学涵盖文理学部、信息学部、工学部和医学部。其中,信息学部整合了几所大学的师资,组建了六院一系,在双院士李德仁教授的领导下,其实力和成果令其他大学刮目相看。

二、重视交叉科学

现代最多才多艺的科学巨人莫过于诺伯特·维纳(Norbert Wiener),在他70年的学术生涯中,先后涉及数学、哲学、物理学、工程学、生物学,而且在每一个学术领域里,都取得了丰硕的成果。他一生发表了240篇论文,出版了14部著作。对于科学的发展,他有一句名言:"在科学发展上,可以得到最大收获的领域是各种已经建立起来的部门之间的被忽视的无人区。"

我极为敬仰维纳的才华,在改造和发展武汉大学的学科上,也深受他思想的影响。科学发展史表明,在交叉学科的边缘上,不仅仅会诞生新的发现、发明和新的理论,而且会出现新的学科。例如,计算机科学、控制论、统计学和环境科学等,就是在交叉学科的边缘上诞生的。在80年代创建的新学科中,我校就从数学系分离出了计算机科学系和统计学系,又从化学系、生物学系、物理学系以及从校外调入环境工程专业教师,组建了环境科学系。

计算机广泛涉及计算科学、信息科学、生物学、逻辑学、心理学、行为科学等。尤其是在今天,没有哪一个学科与计算机没有联系,因为人类已经进入了智能化的新时代。当今,计算机发展异常迅速,除了工业计算机、个人计算机、网络计算机以外,又发明了生物计算机、光子计算机和量子计算机等。

武汉大学计算机学科的发展,始于1957年前后,那时计算机刚刚在我国出现,还是模仿苏联的老式电子管计算机。1956年,中国科学院成立了计算所筹备委员会,在北京举办了计算机培训班,主要是面向大学三、四年级的学生,开办了一个计算机训练班和数学训练班。这就为全国计算机教育培训和储备了最早的一批骨干,他们也是我校创办计算机科学系的依靠力量。

统计学是一门一级学科,它既是一门古老的学科,又是一门预测未来的综合学科。在它的发展中,广泛应用到数学、气象学、地质学、交通、石化工业等知识,几乎覆盖了社会科学和自然科学的各个领域。

武汉大学统计学系的创立,得益于张尧庭教授,他是全国著名的统计学权威,是我们从贵州山沟里挖出来的一块瑰宝。在他的领导下,统计学系接受了国家气象局、交通部和石化部多项科研任务,既为国家输送了急需的统计学人才,又完成多项国家研究任务。

环境科学涉及的范围更加广泛,几乎包含了人类生存环境有关的一切方面,如工业生产对环境造成的破坏、自然灾害的破坏、人类行为对环境的影响等。同时,又涉及环境的治理,这又需要科学技术与工程的互相配合。

相比较而言,环境科学系的创建,要比其他系科的创建困难得多。但是,我们知难而进,武汉大学环境科学系是全国最早创建的系科之一,其中克服了许多的困难,包括解决思想认识问题、组建领导班子和组建多学科的师资队伍等。

首先是要找到一个热心和有领导能力的系主任,经过我反复做工作,邀请我的留苏同学姚禄安教授出山。他于1954年毕业于华东药学院(现中国药科大学),后被分配到国务院从事国家领导人的营养与保健工作,成了一名"红墙卫士"。鉴于他卓越的工作表现,被派往苏联学习电化学,师从最著名的苏联电化学专家。经过三年刻苦学习与研究,获得了副博士学位,回国后被分配到武汉大学电化学研究室工作。在留苏期间,他担任了留苏研究生学生会主席,具有很强的管理工作能力。我亲自拜访他,请他负责筹建这个新的学科,他是研究电化防腐的著名教授,他接受了我的邀请,同意出任创系系主任,由原科研处处长柳大志担任党委书记,科研处副处长胡鸿兴担任副系主任,这是一个很强的领导班子。

其次是组建一支强有力且相互协调的教师队伍,他们分别是从化学系、生物学系和物理学系自愿报名者中选拔的。其中有从事动物、植物、湿地研究和环境探测等方面的专家。就这样,一支30多人的教师队伍组建起来了,他们基本上满足了该系各课程教学的需要。

最后是调入环境工程方面的教师,以弥补纯理科教师的不足。经人介绍,我们发现有几个环境工程的工程师很适合我们建系的需要。他们就是国营181厂的工程师韩庆生等3人,他们是一个所谓的"受贿案件"的主角。事情的起因是,他们利用业余时间为一家乡镇企业设计和研发了一款污水处理装置,使这家濒临倒闭的农机厂起死回生。该厂为了感谢他们的贡献,给每人发了600元的奖金。

但是,他们所在的工厂认为他们是用国家的资源捞到了个人的好处,是贪污受贿行为,遂把他们告上法庭,而法院以"受贿罪"一审判处入狱300天。但韩庆生不服,上京申诉。经过中央有关部门调查,直接由湖北省高级人民法院宣布韩庆生无罪释放,武汉市委副书记、政法委书记等先后到韩庆生家中赔礼道歉。20多年以后,《长江商报》曾经以"解放千千万万个韩庆生"做了专题报道。①

韩庆生无罪释放之日,正是武汉大学招聘环境保护工程师之时,我毫不犹豫地将他们3位工程师聘请到新创建的环境科学系。韩庆生只是一个中专毕业生,但是我们聘请他为高级工程师,另外两人聘请为工程师,他们的加入加强了我校环境工程方面的力量,以他们之

---

① 易清:《解放千千万万个韩庆生》,《长江商报》2007年12月19日。

长弥补环境科学系之短。

韩庆生到职以后,我们拨给他10000元的经费,支持他继续研发环境保护的新技术与设备。果然,他不负众望,经过几年的努力,由他的团队开发的"S系列电化净化设备"获得国务院颁发的"国家星火奖",与此同时,向全国推广了10多项新型技术。在实践的基础上,他撰写了《污水净化电化学技术》一书,发表了5篇学术论文,为我校和环境科学系的建设做出了应有的贡献。

三、加强应用性学科

教学、科研和为社会服务是大学必须承担的三项职能,在重视基础学科研究的同时,必须重视应用性的系科建设。为此,在创建新系科之时,我们新建了图书发行系、金融保险学系和工商管理学系,前两个系都是全国独一无二的,填补了我国在学科建设方面的空白点。图书发行涉及全国新华书店系统以及全国出版系统,该系毕业生非常吃香,基本上都分配到省级以上的单位。

金融保险学系,是我校率先创办的,它的创办归功于张旭初教授,他是全国第一个金融保险学的教授。他向我建议道:"保险业必将随着市场经济的发展而发展,今后对金融保险人才的需要必将与日俱增,因此武大应当先行。"我坚决支持他的倡议,经过他多次向有关部门争取,最终获得了教育部和中国人民银行的批准。该系于1985年开始招生,他的毕业生全部分配到中央和省市一级的保险公司工作。2019年是他们毕业30周年纪念,他们自豪地说,他们是中国保险业黄埔一期的学生,为能够给中国保险业的开创做了奠基性的工作而自豪。

总之,经过几年的努力,武大的学科建设取得了显著的变化,由原来的10个系变成了25个系。一个以文、法、理、信、技、管六类学科构成的大综合大学的雏形已经形成,为以后的发展和壮大奠定了必要的基础。

第七章

爱生如子

爱是什么？爱是一种感觉，是心理现象，它产生于情，所谓"景无情不发，而情无景不生"就是这个道理。具体地说，当人们处于困难或困境时，凡是给予理解、同情和帮助的行为，都被称作是爱。爱与教育的关系至为密切，没有爱就没有成功的教育，没有爱也就培养不出杰出的人才。正如苏联著名教育家安东·谢苗诺维奇·马卡连柯（Makarenko, Anto Cemiohovich）所说："必须拿出父母全部的爱、全部的智慧和所有的能力，才能教养出伟大的人来。"[①]

1982年7月，我校经济学78级毕业生吴志远是解放军现役学生，他的学习成绩很优秀，学校想把他留校当教师。可是，经反复与部队协商却无果，他无奈地回到江西部队驻地当了一名宣传干事。为我的爱才精神所感，在离校时他赠送一个32开的笔记本给我，他在扉页上写道："天下良师皆父母，满园桃李亦儿女。"这就是真情实意师生关系的写照，每个学生要把有真才实学的教师当作父母对待，而每个教师也要把勤学上进的学生看作自己的子女来教来培育。我记住了这句赠言，并且以"爱生如子"精神来对待我的学生。

---

① 安·谢·马卡连柯：《父母必读》，耿济安译，人民教育出版社1980年版，第125页。

一、大学生也是"上帝"

20世纪80年代,是思想解放的黄金时期,那个时候新鲜的事物每天都会出现。1984年,媒体报道说,广州白天鹅大酒店的经营理念是,把顾客当作上帝对待。就在看到这则消息的一瞬间,我立刻想到,在大学中,大学生不也是上帝吗?这个想法似乎是不可理喻的,大学生是接受教育的对象,怎么能够把他们当作上帝供奉起来呢?

其实,顾客是上帝(customer is god)是一种经营理念,它最早源于19世纪中后期美国的马歇尔·菲尔德的百货公司,这是一个极而言之的宣传语词。西方人大多数是信奉基督教的,所以他们不会以"上帝"来表示对顾客的尊重。后来,这个经营理念逐渐演变成为"顾客优先"(the customer is first)、"顾客是国王"(the customer is king)或者"顾客总是对的"(the customer is always right)等,以表示对顾客虔诚服务的态度。

在我的思想中,为什么要把学生当作"上帝"对待呢?我认为,既然商业上把陌生的顾客当上帝,那么大学生在校学习四年或者更长,校长和教师与他们朝夕相处,那岂不是更应当视他们为"上帝"吗?至于说到服务,商场是向顾客推销商品,而大学是培养人才,这远比商业服务重要得多。

大学把学生视为"上帝",绝不是要把学生当作"上帝"供奉起来,也不是放弃对他们的教育责任,更不是放任自流。我始终认为,大学的领导、教师和各行政部门,都是为学生服务的,也即为学生成才服务。服务有好坏之分,服务的质量决定于消费者的满意程度。大学中的消费者亦即受教育的学生,从心理上说,满意的程度决定了他们学习的积极性、主动性和创造性,使他们能够健康地成长为杰出的人才。

  显而易见,把学生当作"上帝"对待,这是一种虔诚的服务态度。我们应当承认,现在我们对大学生的服务不是多了,而是太少了。现在,各大学的规模都有数万人之众,不仅教师不了解本科生,甚至连研究生也不认识。不少研究生反映,教授们把他们当作雇工使用,这是把教育服务的功能倒置了,难怪当今大学很难培养出杰出的人才。

  相比民国时期的大学,那时学校规模都很小,是真正的精英教育。教授们不仅传道、授业、解惑,而且负责学生的品行教育、指导他们选择专业、保护他们的安全、推荐他们就业。例如,武汉大学化学系的张资珙教授,他是美国约翰斯·霍普金斯大学的博士毕业生。在新中国成立前,他在厦门大学讲授普通化学,数学系学生卢嘉锡选修他的课程,在对卢嘉锡细致了解的基础上,他对卢嘉锡建议说:"你不是不可以学数学,但我认为你转到化学系学习,今后你的成就会更大。"卢嘉锡接受了张资珙教授的建议,后来他果然成为著名的结构化学家,发明了固氮结构模型——福州-Ⅰ和福州-Ⅱ,获得世界学术界的公认。后来,他担任了两届中国科学院的院长,成为世界多个国家科学院的外籍院士,他在学术研究和科学管理方面,都做出了巨大的贡献。

二、校长怎样爱学生

  校长热爱学生,似乎不应该是一个问题,但这却是我国教育工作中的大问题。国家某报一位专司教育报道的资深记者,她先后到过数百所大学,采访过几乎每一位大学校长。令她吃惊的是,她发现许多大学校长都不爱学生,对学生的情况也不甚了解。她怀疑地说道:"不热爱学生的校长，怎么能够教育好学生，又怎么能够办好学校？

苏联著名教育家马卡连柯说："爱是一种伟大的感情，它总在创造奇迹，创造新人。唯有爱，教师才会用伯乐的眼光去发现学生的闪光点，才会把辛苦的教育工作当作乐趣来从事……这种根植于教育的爱就是'教育爱'。"因此，校长必须为教师做出表率，做到真正地热爱教育、热爱学生，并以身作则地实践爱的教育。

埃迪蒙托·德·阿米琪斯（Edemondo De Amicis）是意大利的著名作家、教育家，他用8年时间，于1886年写作完成和出版了他的名著《爱的教育》。书中专门记叙了一位校长，他从不发火训斥学生，总是耐心地给学生们讲道理，告诉他们该做什么，不该做什么，要他们知错必改。他每天第一个到校，耐心听取家长们的意见。放学后，学生和老师们都回家了，而校长还在学校巡视。这就是热爱学生的好校长，他也赢得了学生无限的爱戴和尊敬。

利奥·巴斯卡利亚（Leo Buscaglia）是美国南加利福尼亚大学教育学系的教授，1972年第一次面向大学生开设爱的课程，开始选课的只有20人，后来发展到200人，而且还有600人在选课的候选名单上。他不仅是美国而且是全世界第一个开出爱的课程的教授，他的讲授大获成功。他开设这门课程的起因，正是由于看到人们之间的隔阂和疏远，才萌发了他要用爱的手臂来推倒阻碍人与人心灵之间交流的墙，激励学生奋发进取的热情。

英国著名哲学家罗素（Betrand Russell）是一位百科全书式的天才，他通晓数学、哲学、逻辑学、伦理学、教育学等多门学科，被称为20世纪欧洲的亚里士多德。罗素的教育思想十分先进，他十分强调爱在教育中的作用。教育中的爱，是博爱，爱一切人，是给予而不是索取。正如罗素所说："一般地说，能博得别人爱的人，是能够给予爱的人。不过，给予爱是为了别人爱的回报，像借钱算利息一样斤斤计较，是毫无益处的。"他对于传统的教育十分不满，为了以自己满意的方式教育自己的两个孩子，他与妻子创办了比肯山学校，一直坚持了

7年之久,由于与妻子离异才被迫终止。

从我国教育界的情况看,中小学的校长比大学校长更热爱学生,因为他们更接近学生。就大学而言,20世纪80年代以前的校长比现在的大学校长更关心和爱护学生。那么,是什么原因使得现在的一些大学校长不热爱学生呢?我认为主要有以下几个原因。

第一,学者型双肩挑的校长体制,使得校长们在领导职务与个人的学术研究之间疲于奔命,不能专心致志做好校长的工作,也基本上无暇经常和广泛地接触学生。同时,现在大学校长按照政府官员选任制的办法,使得大学校长们就像走马灯一样频繁地被更换。因此,这样的体制既不能产生教育家,也不利于他们树立终身献身教育事业的抱负。他们都给自己留了后路,依然是把精力放在自己的学术研究上,以便任期届满后重操旧业。

第二,越演越烈的官本位主义,使得不少大学校长高高在上,严重脱离了广大群众。他们颠倒了学校主客体的关系,忽视了包括校长在内学校的一切工作都是为学生服务的,为学生成才服务的。每一个大学校长都要关爱、了解和接待学生,参加他们的各种活动,绝不能以工作繁忙为由而拒绝学生们的求见。接待来访的学生,听取他们的批评与建议,是校长不可推卸的责任。

第三,大学的规模越来越大,几乎每所大学都是万人大学了,有的是近10万之众的大学了,分散在七八个校区。这些大学的校长都是停留在会议上,满足于上传下达的领导方式,完全舍弃了"从群众中来到群众中去"这样行之有效的决策和领导方法。现在不用说学生见不到校长,即使是教师、院长、系主任们也难得直接向校长汇报工作。这是与20世纪80年代最大的区别,应当引起我们的深思,坚决纠正官本位主义的作风。

怎样才能真正成为热爱学生的校长呢?我认为,一定要做到以下三点。

第一,要爱一切学生,也就是树立博爱的思想。苏联教育学家赞可夫说："漂亮的孩子人人喜爱，而爱难看的孩子才是真正的爱。"在教育工作中普遍存在一种倾向，即爱漂亮的学生，不爱丑陋的学生；爱成绩优秀的学生，不爱成绩差的学生；爱循规蹈矩的乖孩子，不爱调皮捣蛋的学生。这不是真正的爱，夹杂着不纯的思想动机，从教育的效果来看，丑陋的、学习成绩差的和调皮捣蛋的学生更需要爱，爱是一种巨大的力量，如果我们真正地给予了我们的爱护，相信对他们的成长会起到奇特的效果。

第二，爱学生就要理解和相信学生，相信学生能够自己教育自己，相信学生是会变化的。如果我们不相信这一点，那就是不相信教育的力量，也不相信我们自己工作的成效。1986年7月，在北京召开的高等学校思想政治工作会议上，参加会议的许多党委书记、副书记、校长们，无论是在会上或会下，也无论是在餐桌上或是房间里，都是一片责骂学生的声音，什么"没有希望的一代"、"垮掉了的一代"、"贪图享受的一代"……听到这些责骂，我感到十分难过，在会上公然表示不同意这些指责，尽管学生中存在这样或那样的问题，有的甚至是严重的，但他们是可以教育的。如果我们不相信广大青年，那我们国家未来依靠谁呢？面对学生中的某些问题，我们校长的责任是什么？我们究竟做了哪些教育工作？如果我们有爱心，对他们思想上的某些错误或是违反校纪、校规的行为，应该采取循循善诱的教育方法，给予改正错误的机会。

第三，教育的最高原则是教，而不是惩罚，动辄"勒令退学"的做法是不可取的。一件往事值得一提。1985年5月，教育部统一部署各大学进行整顿学风，清查和处理多门功课不及格的学生，全国高校迅速掀起了清查的高潮，并且处理了大量的学生。根据这一部署，我校也进行了清理，发现总共有25名学生的两门或两门以上的主课不及格，经过补考仍不及格。按照传统的学籍管理规定，他们都必须"勒令退学"。我们经过认真研究，认为一刀切的做法是不可取的，应当具体问题具体分析，并采取区别对待的办法。

我校对这25名学生进行了具体的分析,他们分属于三类情况:一是已经学完了三年的课程;二是有的是因为对所学专业不感兴趣,致使多门课程不及格;三是学习基础太差,赶不上同班同学的进度。针对三种不同的情况,我们分别做出了处理决定:对第一类学生,给他们颁发大专(三年制)的毕业文凭,并给他们介绍适当工作;对第二类学生,允许他们转到他们喜爱的专业学习,但要跟下一个年级学习;对第三类学生,允许他们留级,并指定专门教师给他们补课,使他们尽快赶上学习进度。也就是说,在这次清理中,我们没有让一个学生退学,更没有采取伤害学生心灵的所谓"勒令退学"的做法。我们这种做法,受到了学生们的欢迎,收到了意想不到的效果。

校长必须爱学生,这不但是人文主义思想的体现,也是对学生们的未来负责任的态度。正是爱的力量把世界不同民族、不同语言和不同信仰的人们联系在一起。也正如阿米琪斯一书的译者夏丏尊在译序中所说:"教育上的水是什么?就是情,就是爱。教育没有了情爱,就成了无水的池,任你四方形也罢、圆形也罢,总逃不出一个空虚。"

三、做学生的监护人

当今,考上大学的学生,大多数都是十七八岁的青年人,少数的是十四五岁的少年,极个别的是还处于10岁左右的儿童。按照法律的规定,未成年的学生,在家中父母亲是他们的监护人,而在学校则校长应当是他们的监护人。我国法律规定,18岁进入成年人的行列,他们应该对自己的行为承担责任。但是,从广义上来说，既然大学生们来到学校学习，那么校长是受其父母的托付，应当承担保护他们的责任，使其不至于受到伤害。

然而，我认为关于这个问题，现在不少学校的领导人，并没有意识到自己的责任，以至于学生受到伤害的事件屡有发生。可是，又有谁来保护学生的权利呢？学校的学生是弱势群体，如果发生了这类事件，在大多数情况下，也只是"大事化小，小事化了"而已。

1986年初夏，我校少数学生在校园张贴了大字报，要求民主选举人大代表，这本来是大学生们关心国家大事的热诚之心。我校某学院一个S学生贴出了大字报，公安部门也已经拍照了，内容他们也知道了，并没有违反国家法律的言行。然而，有一天公安局到学校找我，他们要求逮捕这名学生。我对来人询问道："你们掌握了他的哪些罪证？如果你们没有十足的罪证材料，没有出示逮捕证，我不能同意你们在学校逮捕学生。"来人见我不予配合，扫兴而去，我以为此事就算过去了。

不料，就在当年暑假期间，该生由武汉回家，在回家的路上被公安局的人员逮捕了，缘起还是那张大字报。S生被拘留3个月，反复审讯，依然没有找到任何犯罪的证据，于是又不得不把他释放。其实，他们当初不听我的劝告，既然知道了大字报的内容，又何必冒着抓人的风险，这岂不是执法犯法吗？

这名学生毕业后，先是下海到海南创业，但适逢海南经济紧缩。于是，他又返回学校攻读法律研究生，先后获得法学硕士和博士学位，后被聘任到一所重点大学任教，晋升为法学教授。实践是检验真理的标准，也是判断一个人的依据，无论是公安部门的处理结果或是该生的经历，都证明了他是无辜的，是可以信赖的一名高级知识分子。

四、不教而罚不可取

在我国的学校教育中,考试成绩直接关系到学生的升留级、毕业、退学,甚至是勒令退学。这些做法世代相袭,少有人想到要改革这条规定。当然,教育与任何行业都一样,必须有规范的管理办法。

我国亚圣孟轲曾说:"离娄之明,公输子之巧。不以规矩,不能成方圆。"这句话现代解释是,无论做任何事情,都要有规矩和规范行为的管理制度,使之成为人们共同遵守的准则。世界大学走过了近千年的历史,早期草创时期的大学,是学术共同体,甚至学生还可以担任校长,大学既没有任何物质性的设施,也没有管理规章制度,追求真理就是一切,师生行为完全都是自觉的。自从进入近代以来,随着大学规模的扩大,学生数量的急剧增加,社会对大学的影响越来越大,需要规范学生的行为,于是制定相应的管理制度就是不可缺少的了。

中国大学是洋务运动前后,在"中体西用"实用主义思想指导下,由西方国家舶来的,无论是大学的模式、系科设置、教授衔职、教学内容或是管理制度,也基本上沿袭了西方大学的做法。1949年是我国高等教育发展史上的一个分水岭,尤其是1951年大学院系调整,教会大学、私立大学被撤销了,完全照搬苏联的一套,再加上中国原有的一些传统的做法,致使形成了一种混杂的大学体制。"文革"对教育的破坏是史无前例的,"读书无用"、"教书倒霉"、"理论危险"等错误口号泛滥,极大地破坏了学校的学风。为了正本清源,需要进行一场政策上的拨乱反正,肃清"左"倾错误思想的流毒,以端正求实、勤奋和严谨的学风。

1978年12月13日,教育部颁布了《高等学校学生学籍管理的暂行规定》,对学籍管理的各个环节进行了系统的梳理和规范,这是我国当代第一个系统规范学生管理的文件。1983年1月20日,教育部又颁布了《全日制普通高等学校学生学籍管理办法》,据称这是我国教育学籍管理的范式。1990年1月20日,国家教委会以7号文件又颁布了《普通高等学校学生管理规定》,与以前的规定不同之处在于,这个规定不仅限于学籍,而且包括思想、政治和行为的管理。在所有这些规定中,对于学生考试舞弊和多门功课考试不及格者,都有一条"勒令"退学的规定。

当我看到或听到"勒令"二字,都不禁感到毛骨悚然,并引起我对"文革"的痛苦的回忆。在"文革"中,我既是一个小小的"走资本主义道路的当权派",又是炮打中央"文革"的"黑炮手",属于被打倒之列,常常被"造反派"揪去接受残酷的批斗。每次批斗之前,都是通过高音喇叭广播出"勒令"通知,限定到达的时间和地点,如果稍有迟缓,就要遭到皮鞭和棍棒的毒打。由于我家住在一区(即十八栋),常常无法听到"勒令"的通知,曾几次被打得鼻青眼肿和皮开肉绽。因此,我对"勒令"一词非常敏感,认为这个词是以命令方式和强迫人做某事,当事人既没有讨论的余地,也没有申诉的权利,它不符合民主管理的原则。于是,我曾经对教务处负责人说,我校以后不要再使用这个刺伤学生心灵的词语,即使要处罚学生,以"劝其退学"代替"勒令退学"。

我是一个球迷,喜欢观看各种球类的比赛,这是我唯一的业余爱好。在足球比赛中,对于犯规的球员处罚有口头警告、黄牌警告和红牌罚下场,黄牌累计两次等同红牌,球员被罚下场(不能再参加当场的比赛)。我认为黄牌和红牌的处罚有警示的作用,教育中处罚学生完全可以借鉴这种处罚,符合允许犯错误和允许改正错误的原则,也是关爱学生的体现。

究竟怎么处罚学生,这里有一个出发点的问题,是爱护、关心,还是一味地惩罚而不给出路？学习成绩不好，或是犯有其他错误的学生，本来他们就处于痛苦之中，如果给以过重的处罚，可能进一步把他们推向反面，而不利于他们吸取错误教训和改正错误。我们应当记住，教育者的职责是教育人，放弃教育是不可取的。同时，我们还应当相信，爱是一种力量，爱能够感化人，转变人，我们应当化消极因素为积极因素，为国家培养出更多的建设人才。

时隔30多年以后，2017年2月16日，教育部再次修订了《普通高等学校学生管理规定》，其中主要的改变是强调了以学生为本，取消了勒令退学、品质恶劣和道德败坏等提法，并且新增加了《学生申诉》一章，保障学生应具有的合法权益。这次修订是符合时代精神的，是开明的表现，值得肯定。但是，文件虽然颁布了，仍然有些大学或者高中坚持传统的观念，自行其是地颁布了以"勒令"处罚学生的土政策。例如，有的学校规定"八条禁令"：

①严禁打架斗殴或校外参与违规活动，一经发现，勒令退学。

②严禁外出上网，一经发现，勒令退学。

③严禁偷盗，一经发现，勒令退学。

④严禁在校外举行生日聚会，一经发现，勒令退学。

⑤严禁携带手机，首次留校察看，回家反思一周，第二次发现勒令退学。

⑥严禁谈情说爱（在校园男女拉手），首次发现留校察看，回家反思一周，第二次勒令退学。

⑦严禁抽烟喝酒，首次留校察看，回家反思一周，第二次勒令退学。

⑧严禁考试作弊，手机作弊直接勒令退学，其他作弊首次留校察看，回家反思一周，第二次勒令退学。

以上所列八条，被认为是历史上最严格的禁令。条条都刺伤学生的心灵，但学校的职责是教育人，当你们处罚学生时，是否反思过自己的责任呢？孔子在2500多年以前就说过："不教而杀谓之虐。"[①]现在已经是21世纪了，传统僵化的思想应当转变了，在管理和规范学生的行为时，一定要"以学生为主体"，体现人文情怀，多一份爱心，尽可能地少处罚，即使必须处罚时，也要留有余地，允许学生有申诉的权利，给学生改正错误的机会，这才是我们应当坚持的正确管理方向。

五、甘为学生做嫁衣

中国近代派遣留学生出国学习始于1847年，19岁的容闳成为第一个赴美国耶鲁大学学习的留学生。此后，100多年，我国向欧美各国派遣留学生一直是一浪高过一浪，先后经历了十代留学生接力浪潮，为我国各个时代和各学科领域培养了许多杰出的人才，尤其是第四代即庚子赔款派出的留学生，可谓个个都是大师级的俊杰。我国之所以要派留学生到欧美国家学习，主要是因为我国科学技术落后，也就是英国著名生物化学和科学技术史学者李约瑟（Joseph Needham）提出的"李约瑟难题"。

1949年以后，中国与西方国家没有外交关系，只能派留学生到苏联和东欧国家学习。自1950年到1963年，先后向这些国家派出了9594人，对我国的经济建设起到了一定的作用。可是，1961年中苏大论战以后，两国关系处于十分紧张的状态，与这些国家之间的教育和科技交流也完全终止了，那时我国完全处于"闭关自守"的状态。科学界与大学中的知识分子，不仅不能与国外交流，甚至连国外的书

[①] 杨伯峻译注：《论语译注》，中华书局2009年版，第208页。

刊也不能订购，对国外兴起的新技术革命全然不知，致使我国与世界科学技术水平的差距越来越大。

1978年国家实行改革开放的方针，终于结束了"闭关自守"的状态。1978年7月，美国卡特总统的科技顾问弗兰克·普雷斯向方毅副总理发出邀请信，请中国政府派代表团赴美商谈留学生计划。中国与美国签署协议后，于1978年12月，首次派出50名公费留学生，进入美国各大学学习。在李政道先生的斡旋下，中美两国共同招收物理学的留学生，简称CUSPEA，此举在中美两国都产生了广泛的影响。随后，康奈尔大学吴瑞教授倡导了中美生物与生物化学考试及应用项目，简称CUSBEA，哈佛大学化学系主任威廉·多林（William Von Eggers Doering）倡导了中美化学研究生项目，简称CGP（Chemistry Graduate Program），以及美国向海外设立的各种奖学金计划，为我国梦寐以求出国留学的学生提供了更多的机会。

长期闭关自守的国门一打开，可想而知，那些一心想到国外学习的年轻人，该是多么欢欣鼓舞。可是，出国的名额极少，国家外汇紧缺，单位和个人完全不允许持有外汇，所以自费留学也是根本不可能的。因此出国学习的机会竞争非常激烈，用万里挑一来说也绝不为过。每所大学都十分重视派青年教师出国学习，既是办好各自大学的重要措施，也被视为一所大学的荣誉。但是，在出国问题上，各单位又存在矛盾的心情，既想多多地派出，但又怕出去了不回来。

我记得在1985年前后，教育部从各国大使馆获得的信息，在国外学习的留学生学成以后，绝大多数不准备回国。这一下吓坏了教育部的领导人，他们组织了几个政治思想工作的说教者到美国、欧洲去演说，动员留学生学成按期回国，甚至采取不换护照、不批准配偶陪读或探亲的做法，并要求各大学要负责动员自己派出的留学生必须回国。这是不相信留学生的思想表现，也是在留学生政策上的短视症，我认为对待留学生的政策态度是反映真开放和假开放的问题。

1986年10月，我曾经接受新华社内参部主任俞权域的专访，认为国家对留学生政策不应当收缩,而应当继续开放。我说,农民都知道,要想多收获,就得多播种。我们利用美国的师资、经费和设备,为我国培养高级人才何乐而不为呢?至于回国与不回国,应当看远一点,如果当年李政道和杨振宁回国了,可能就少了两个华裔诺贝尔物理学奖获得者了。再说,美国的人才市场是有控制的,一旦饱和了,一些学成的留学生还是会回来的,只是迟早的事。今天大量的海归派不就是印证了我的判断吗?俞主任完全同意我的观点,他写了一篇内参,向国家高层反映我对留学生政策的看法。

基于我对留学生政策的认识,我尽可能多地派人出国,相信他们终有报国的机会。因此,凡是受到"管卡压"不能出国者,我在力所能及的情况下,尽可能地予以成全。杨蔚是武汉大学计算机系85届的毕业生,一天我下班回家,她在校医院前的马路上遇到我,一直把我护送到家门口。她有点害羞地问道:"校长,我想到美国去留学,您能够帮我写一封推荐信吗?"我回答说:"当然,哪个校长不希望自己的学生有出息呢?"她说,她想申请美国位于费城的私立德莱塞尔大学的 AI(artificial intelligence)博士研究生。我了解这个学生,她是武汉人,学习成绩优秀,于是我就给她写了推荐信。她非常幸运,获得该校全额奖学金。她离开学校的时候,还采摘了一片香樟树叶做成书签送给我留作纪念。

然而,她到美国以后,我们的联系中断了,或许她的学业太忙,或许因为我已不再是校长了。但是,我们彼此都没有忘记对方,时隔34年,我突然接到一个电话,她说叫杨蔚,问我还记不记得这个名字?我说,当然记得,木易杨,蔚蓝色的蔚,计算机系81级学生。她非常激动,说校长的记性真好。我们约定于 2018 年 11 月 13 日会面。令我十分惊奇的是,她来的时候带来一件十分特别的礼品,是一幅装帧别致的生日名画。她在美国纽约拍卖行购买到著名画家韩美林的《雄鸡一唱天下白》,带到上海装裱,再带回武汉。这说明她记得我的生日,还知道我的生肖是属鸡的。她的到来和礼品,令我十分感动,真是让她费心了。

通过交谈才知道,她在德莱赛尔大学只获得了硕士学位,没有继续攻读博士学位。毕业后,她开始研发中药护肤美容品,创建了全球唯一的中药护肤美容品牌——"WEI 蔚蓝之美",公司总部在美国纽约,产品销售到全世界,现在已经是一家世界级的大公司了。对她的创业之路,我并不感到突然,因为我历来主张要淡化专业,学什么、干什么和成什么,并不是必然的规律,而志趣才是决定成功的关键,对杨蔚取得的成就,我向她表示了祝贺。杨蔚却十分谦虚地说:"校长,您是我的贵人,没有您的推荐,我不可能获得全额奖学金,也不可能有今天的成就。"杨蔚知道我有一个基金会,在武汉大学设立创造学习奖,于是她主动向基金会捐赠了 10 万元,鼓励学弟学妹们在成才的道路上奋勇前进!

我始终认为,在解决留学生出国或者配偶出国的问题上,到底是成人之美还是搞"管卡压",这是衡量一个领导者是否有爱心的标志。爱心是人的高尚品德,如果有了爱心,就应当解决他们两地分居的苦恼,使他们安心从事学术研究,实现他们人生的最大价值,这既是人性的表现也是一个爱才者应尽之责。

六、成全邹恒甫高攀

邹恒甫是我校 77 级经济学系的学生,他 15 岁上大学,是这个年级年纪最小的学生。他虽然是学经济学的,但他利用学分制的优点,既选修艰涩难懂的数学课,又广泛涉猎人文科学的课程,可谓是文理兼备的优秀学生。他是湖南岳阳人,有着湖南人倔强和刻苦的精神,他认定的道理是绝不会轻易放弃的。

1981年毕业时，他报考教育部组织的公费留学生考试，他获得了第一名的好成绩。按照惯例，申请到美国大学留学，可以同时填写5所大学，学校和个人实行双向选择。鉴于他的考试成绩优秀，他同时被美国哈佛大学和威斯康星大学、伊利诺伊大学等校所录取。80年代初期，国家外汇短缺，为了能派出更多的学生出国，教育部有一条不成文的规定，尽量选择收取学费低的学校派遣。由于这个原因，教育部批准邹恒甫到威斯康星大学学习。

但是，教育部的这个批示，既引起了邹恒甫的不快，又使得经济学系主任吴纪先教授不满。一天清早，我在珞珈山环山路上散步，正好遇见吴纪先教授，他是下江人，一口难懂的江浙话，而且说话异常激动，有时竟然激动得颤抖。他看到我说："校长，我有事正好要找你，既然碰到你，我就当面向你反映我的意见。邹恒甫是我系25年以来，我遇到的最好的学生，他报考公费留学考试，获得了第一名的好成绩，可是教育部却批准他去威斯康星大学学习，而不准他到哈佛大学，这简直是莫名其妙。我是哈佛大学毕业的，好学生上好学校，这是天经地义的。我希望你向教育部反映我的意见，要求他们改派邹恒甫去哈佛，否则我将辞去经济学系主任。"

我见吴先生非常激动，便马上安抚他说："吴先生，请您安静一下，不要太激动，这对您身体不好。"稍过片刻，吴先生稍微平静下来了，他继续对我说："你一定要亲自过问，最好到教育部去争取。"我答应了吴先生，说："我一定会争取的，我也为您爱才之情所感动。"

1982年3月，我利用到北京开会的机会，首先找到教育部学生司李力群处长，她是分管公费生出国的。我在教育部工作时，与她的关系很好，心想她也许能够帮上忙。然而，当我向她提出改派邹恒甫到哈佛大学的时候，她一口拒绝了我的要求。她说："刘校长，国家外汇短缺你是知道的，我们只能少量派遣留学生。威斯康星大学学费是5000美金，而哈佛大学是15000美元，也就是说，向哈佛大学派一个留学生要占其他大学3个指标。这对其他人和大学是不公平的，希望你要有全局观念。"

我是一个"不到黄河心不死"的人,我又去找教育部外事局局长李涛,我在苏联留学时,他是留学生管理处的处长,我想凭着这个老关系,兴许能够帮我的忙。当我向李局长说明来意以后,他为难地说道:"道玉同志,我们是熟人了,不是我不帮忙,而是这是一个牵一发而动全身的问题,如果开了头,都要改派怎么办?"

稍停了一会,他接着补充道:"我知道你是爱才的,不然你不会为一个学生留学到教育部来汇报。我建议你去找蒋南翔部长,他也很爱才,如果他批示了,财务司就会增拨外汇,不至于影响教育部的派出计划。"

我按照李局长的指点,通过蒋部长的秘书刘一清的安排,我向蒋南翔部长做了汇报。说来也真是天赐良机,刘一清是武汉大学经济学系毕业生,也是吴纪先教授的学生,对老师的要求,他肯定是会帮忙的。南翔部长知道吴纪先是研究北美经济学的,武汉大学的北美经济研究所就是他批准建立的。因此,蒋部长同意改派邹恒甫到哈佛大学留学。

武汉大学接到了教育部对邹恒甫改派的通知,邹恒甫自然欣喜若狂,这也达成了吴纪先教授的愿望。就这样,1982年6月,他顺利到达美国哈佛大学学习,很快适应了美国的生活和学校环境。1986年,他获得了经济学硕士学位,1989年5月又获得了哈佛大学经济学博士学位,从而成为1949年以后第一个获得哈佛大学经济学博士学位的中国人,后被聘任在世界银行工作。

俗话说:吃水不忘挖井人。邹恒甫没有忘掉这条古训,他要将自己的才华贡献给培养他的母校,报效哺育他的祖国。于是,他于1994年在武汉大学创办了高级研究中心(IAS),这是国内第一个经济学改革的试验田。这个中心创办之初,一无所有,他几乎把所有节假日积攒起来,回到武汉大学义务给学生上课。1996年,他开始开设"数理经济与数理金融"实验班,所有学生在四年内完成数学和经济学两个硕士学位的课程。这是一项高难度的改革试验，数学系的学生要强化经济学，而经济系的学生要补上数学课程。他的目的是想改革传统的经济学，以培养现代化市场经济学的人才。

在这条经济学的改革路上，他踽踽独行了20年，从武汉大学到北京大学，从南到北，足迹遍布大江南北。据我所知，从这个实验班毕业的学生，已经有1200多人，他亲自推荐了500多人到美国著名大学学习，如哈佛大学、耶鲁大学、芝加哥大学、斯坦福大学等。应该说，邹恒甫的经济学改革实验班获得了成功，到处都有邹恒甫的学生，这是他最引以为傲的业绩。

邹恒甫还是中央财经大学的教授，他创办了一本英文经济学杂志《经济学与金融年刊》（Annals of Economics and Finance），在世界经济学界具有很大的影响力。2014年1月，IDEAS/RePEc给近十年全世界经济学家的排名，邹恒甫名列第47名，在华人经济学家中排名第一。这些显赫的成就，足以证明他是一个杰出的人才，当年我们为他改派留学计划是值得的。

七、为考生借外汇

20世纪80年代，国家的经济尚处于困难时期，外汇非常短缺，所以外汇完全由国家控制。大学校长没有一美元外汇的支配权，每年的外汇额度都是由教育部根据学校的申请，经核定后拨给的，主要是用于进口外刊、图书，购买科研仪器，以及支付出席国际学术会议的注册费等。

那时，大学生们都想出国留学，其唯一的途径就是参加美国考试服务中心组织的托福（test of English as a foreign language，TOEFL）考试,按照规定需要汇寄50美元的报名费。但是,那时兑换外汇是完全被控制的,甚至在自由市场以高价兑换也是不可能的,如果在国外有亲戚朋友,他们可以帮助代交报名费,否则是没有任何门路可走的。

1986年6月,我在北京京西宾馆开会,一天晚上我校经济系学生高光雨到宾馆找我,他说:"校长,我打听你在这里开会,特地赶到北京找你,希望你到教育部帮我借50美元的外汇,我想考美国的研究生,真不好意思,为这区区小事打扰您,但我实在是走投无路了。"听后,我对小高说:"我理解你的心情,我愿意去试试,但不知是否能够借到。"

正好第二天下午是小组讨论,我请假与高光雨一起到教育部财务司,司长任振东是我的老朋友。他见到我问:"道玉校长,你有何贵干啦?"我说:"你看,这个学生想考美国研究生,但他没有报名费,到北京来找我,我只能求你帮忙了。"任司长颇为感动地说:"道玉校长,你爱才的思想我们都知道,这事我就答应了,请你写个借条,金额从你校明年的经费中扣除,外汇额度就不扣了,区区小数不足挂齿。"对任司长的慷慨,我表示了感谢,小高也向任司长深深地鞠了一个躬。任司长对小高说,小伙子要好好考,不要辜负你们校长的一番爱才之心呀!

高光雨本来学习就很好,他知道这笔报名费来之不易,所以他认真备考,果真考得了高分,被美国伊利诺伊大学香槟分校录取。我1996年到美国访问,在伊利诺伊大学还见到了高光雨,他旧事重提,充满了感激之情。我说:"你不用感谢了,这是一个大学校长应该做的事,希望你珍惜现在的工作,在学术研究中做出重大的成就,这就是对关心你的人们的最好回报。"

八、关心学生的分配

自 1950 年以后,我国大学是实行统一招生和统一分配的制度,虽然不是每一个学生都能够分配到称心如意的工作,但也没有就业的后顾之忧。这个制度是与那个时候的经济建设和大学的规模相适应的。就一所大学来说,毕业生分配工作的好坏,不仅直接关系到学生的才能是否能够得到发挥,也对大学招生起着某些宣传的效果。

作为一所大学的校长,既要抓好教学质量,培养合格的人才,又要把优秀的人才输送到适合的工作岗位上,使他们用其所长。基于这种认识,每年大学生毕业季,我都必须亲自过问毕业生分配的去向。20 世纪 80 年代,武汉大学教学改革促进了教学质量的提高,毕业生也深受社会用人单位的欢迎。我曾经对学校毕业生分配办公室的负责人说,要力争把最好的毕业生分配到中央各部门和沿海改革开放的城市。对于准备报考研究生的毕业生,我并不是希望他们都留本校做研究生,而是希望他们报考中国科学院各研究所和各重点大学的研究所,这既有利于人才的交流,又避免了近亲繁殖。

在 80 年代中期,我校进京和南下的毕业生,由于人数太多,都是包下一节或几节车厢,我还亲自到火车站为他们送行,这既是告别,也是祝愿,希望他们在新的工作岗位发挥更大的作用,为国家的建设做出更大的贡献。

那时,武汉大学改革的名声远播,不少中央和改革开放城市的人事部门,往往派专人住校挑选毕业生,我们都积极予以配合,使他们满意而归。我记得,中央宣传部、《经济日报》、新华社和中共中央纪律检查委员会都派人到了我校,我亲自接待,并向他们推荐优秀毕业生,其中,哲学系79级的陈建国被分配到中共中央纪律检查委员会,庹震被分到《经济日报》,卢建被分到中央财经领导小组,等等。

刘华新是武汉大学79级德语专业的毕业生,于1983年毕业。当年他与另外12名毕业生被分配到内蒙古伊敏河矿区建设指挥部科技处。对他们支边的行动,学校予以了表扬,我还亲自为他们送行。但是,刘华新到达单位以后,发现那里根本不需要德语,学非所用。他给我写了一封信反映学非所用的情况,希望我协助改派。我请毕业生分配办公室调查,情况完全属实,于是我决定用次年进京的指标,把刘华新改派到中国国际旅行社北京分社,使他的作用得以发挥。

时隔36年以后,我收到刘华新的信函,详细叙述了这件事情,现抄录如下。

校长:

您好!请允许我作为学生,在您生日之际,首先祝您老健康长寿!

因您对我的教导,我的心中流动着您的思想血脉,而这一血脉也将一代一代传下去。所以我认为,在我的心中您永远年轻;所以,我专门订制了一个广西绣球,让绣工在上面绣着"道玉校长永远年轻"8个大字,向您致以诚挚的祝福!

去年11月中旬,武大领导来广西看望校友,我曾借机与您通话,报告我在武大享受您恩泽的经过:

我于1965年3月出生在湖北枝江县(现枝江市),是79级德专的学生,可能是当时年龄最小的学生之一。1983年毕业分配到内蒙古伊敏河矿区建设指挥部科技处。当时,全校13个同学到边疆,您亲自话别送行。我父母因舍不得我年纪小(18岁武大毕业到边疆)而来到学校。您亲自设宴款待,并嘱咐:孩子到了边疆有什么事可以给我写信。

我到了单位,发现专业不对口。1983年中苏关系解冻,原来这个矿区购买西德的设备，现在准备买苏联的，于是德语在这里不被需要了。我壮着胆子给您写信，没想到您亲自批转给学生科。他们调查情况完全属实，问我有什么要求。我提出希望到北京旅行社的想法，获得您的批准。学生科告诉我，您说让刘华新占84届毕业生进京的指标，武大不缺一个指标。

我回校办理派遣手续时，带着父母交给我的一只老母鸡去珞珈山您的住处表示感谢。这些情景至今历历在目，我的人生因此而改变！您爱生如子，我因此而永远感谢校长！

后来，我考上了北京大学的研究生，毕业后到人民日报社工作，被派往德国当了7年的记者，现在是人民日报社广西分社社长。无论我走到何处，永远记得：我在武大选修了很多文史哲的课程，这是您率先实行学分制的结果；我们在武大思想活跃，这是您开放包容、鼓励求索的结果。我们永远爱着这个国家，这是您深爱祖国、心系千秋万代宽阔胸怀影响的结果！我为在武大、在您任校长期间扣好人生第一粒扣子而永怀感激！

我本想借79级入校40周年亲赴武大看望您，不巧有一重要采访而不能如愿。因此，特地托同学转来我的衷心问候和此书信，想让您记得：我们永远爱您！

学生：刘华新（人民日报社广西分社社长）
2019年11月18日于广西南宁市

周中华是武汉大学哲学系78级的学生，当年以湖北省黄石市文科第一名的成绩被武汉大学哲学系录取。但是，他从小喜欢画漫画，在学校学习期间，他创办了《哈哈镜》漫画专栏，在学习期间总共创办了100期，平均每个星期办一期。《哈哈镜》的出现是那时自由创作学风的产物，是周中华才华的表现，它也极大地活跃了校园文化生活。

1982年6月，他以优异的成绩毕业了，离校前夕他准备向我告别，但我因患流感在武汉陆军总院住院，他到医院向我辞行。我对他说:"你既然喜欢漫画,希望你继续发挥你的长处,做一个著名的漫画家。漫画家方成是武汉大学1942年化学系毕业的,他现在是《人民日报》国际版的著名漫画家。"周中华回复说:"校长,我会坚持走自己的路,绝不会让校长失望的。"

可是,他被分配到北京市邮电局党校工作,这显然有点"乱点鸳鸯谱"。在统一分配的年代,这种情况时有发生,学校主管部门应当负责调整他的工作,这既是对国家负责,也是避免人才浪费。周中华到北京市邮电局报到以后,他发现专业不对口,于是他给我写了一封信,希望我能帮忙把他调到一个能够发挥他长处的单位。

后来,在我的帮助下,1983年9月他被调到中国青年报社,为他从事漫画创作提供了舞台。在此后多年里,他迎来了自己漫画创作的高峰,佳作不断刊发出来。1987年1月18日,在中国历史博物馆二楼,举办了周中华漫画展览,展出了80多幅作品。1988年6月,他的《周中华漫画选》由武汉大学出版社出版,共收入100幅作品。我应他的邀请,给他的漫画选集写了一篇序言,从人才学上总结出了三条规律,其中的一条是在"结合"上下功夫,即将漫画与哲学紧密结合起来,做到画中有哲理,这是他成功的秘诀之一。

为了进一步开阔眼界,他于1988年初选择了东渡日本留学,于1993年到1995年在日本东京艺术大学深造,获得了艺术硕士学位。此后,他接受了日本漫画泰斗植田正志的聘请去做了公司的顾问,在日期间,又迎来了他创作的第二次高峰。许多佳作均刊发于日本各种报刊,获得了众多的奖励与荣誉。

周中华认为,自己的根在中国,他的事业也在中国,尽管他在日本已经工作了25年,但他于2013年9月正式回到了家乡,受聘于武汉华夏理工学院的艺术与传媒学院,担任教授,主持周中华漫画工作室。他是公认的中国哲理漫画和哲理诗的创始人,活跃在我国诗画的创作领域中。

一个大学校长既要精心培育人才,又要将优秀的人才推荐给社会,这二者是相辅相成的。郭永航是武汉大学第 22 届学生会主席,这一届学生会主席、副主席都是通过竞选方式当选的。郭永航是历史系的学生,学习优秀,社会工作能力很强,是我最欣赏的学生之一。

可是,1989 年 7 月毕业的时候,由于他要在学生会值班,站好最后一班岗,因此他没有为自己的毕业分配而分心学生会的工作。到了 8 月中旬,他给我打了一个电话说:"校长,我的工作尚没有着落,请您帮我推荐一个单位好吗?"我对他说:"学校都放假了,今年毕业生都已经分配完毕,其他学生也都放假了,你怎么还在学生会值班呢?好吧,我推荐你到深圳市委宣传部,我马上给杨广慧部长打电话。"

我与深圳市委宣传部部长杨广慧是老朋友了,他原来是新华社记者,早在 1977 年 8 月北戴河会议上,我们就认识了。后来,他由新华社调任中央组织部干部局,关于任命我为武汉大学校长的电讯稿,就是他亲自起草的。因此,我们彼此了解,心心相印,志同道合。最后,他又由中央组织部调到中央宣传部,再由中央宣传部派到深圳市担任市委常委兼宣传部部长。

广慧部长接到我的电话后,非常客气地说:"道玉校长,现在虽然晚了一些,但你推荐的人我信得过。我决定接受你推荐的学生会主席,相信他是一个优秀的人才。"

听到深圳市杨部长的承诺以后,我立即打电话通知郭永航,让他尽快处理好学生会的工作,未尽事情,请以书面写下来,交给下一任的学生会主席,然后尽快去深圳市委宣传部报到。郭永航怀着喜悦的心情,踏上了南下的征程,这可是那个时候众多毕业生的理想创业之地呀!临别时,永航来家向我辞行,并问道:"校长,请您给学生说几句勉励的话吧。"我说:"深圳市是改革开放的前沿阵地,希望你继续解放思想,坚定不移地走改革开放之路。工作要踏踏实实,保持谦虚谨慎的态度。"永航说:"校长,我记住了您的赠言,绝不辜负校长的教诲,为母校争光。"

我感到十分欣慰，永航的确没有让我失望，他的工作获得了深圳市领导与群众的称赞。他在深圳市委宣传部，由科长、处长提升为副部长，后又被任命为深圳市盐田区委书记、深圳市委常委兼秘书长，现在又被任命为广东省珠海市委书记。他现在正值年富力强之时，相信他在仕途上将会发挥更大的作用。

九、爱心化解了矛盾

大学的研究生教育，是1825年由哈佛大学乔治·提克诺倡导的，率先试行"一带一或一带多"模式的研究生教育，以培养高级的专业人才。我国的高等教育源于19世纪末，基本上是由欧美国家舶来的，研究生教育也是因袭欧美国家的培养模式。我国研究生教育起步比较晚，不仅招生数量少，而且师资水平和研究条件落后，所以我国研究生教育水平与欧美国家相比，有着巨大的差距。据统计，从1935年到1949年，我国先后共举行了9届学位考试，被授予硕士学位的仅有232人。自1949年到1965年的17年间，总共招收研究生2.4万人，但是没有授予学位，因为那时认为学位是属于资产阶级的，被列入取消之列。

1977年随着全国统一高考的恢复，我在担任教育部高教司司长时，制定了《关于一九七七年招收研究生具体办法的通知》，从而恢复了中断12年的研究生教育，同时也恢复了学位制度。但是，由于"文革"十年浩劫，大学中的高级知识分子遭受到残酷的迫害，致使大学中的学术带头人青黄不接，符合招收研究生的教授数量很少，每所大学研究生规模都很小。1978年全国仅招收研究生一万名，在现在看来,是一个很小的数目。① 以武汉大学为例,1978 年仅招收硕士生 168 人,1980 年仅招收硕士生 24 人,1981 年才招收博士生 6 人。从 1984 年开始,招收研究生的数量成倍增长,但住房却开始紧张起来了,必须新建研究生宿舍,以适应研究生大发展的需要。

自 1980 年开始,各校逐步开始扩招研究生,武汉大学也顺应了这种形势,这既是国家现代化建设的需要,也是大学本科生们继续深入学习的必要条件。但是,由于教育经费短缺,学生宿舍建筑跟不上需要,于是就产生了扩招与宿舍之间的供需矛盾。为了适应研究生扩招的需要,我校在经费紧张的情况下,优先建设研究生专用宿舍。为此,我们开辟了一个专门供研究生居住的新园区,并命名为枫园,与原有的樱园、梅园、桂园相呼应。从 1983 年开始,我校在学校八区建了 4 栋研究生宿舍,计划 1985 年新学年开始,全校研究生都迁往枫园。为了适应研究生学习与生活的需要,在园区内新建了餐厅、锅炉房、开水房、澡堂、文化俱乐部等设施,在通向园区的大道两旁种植了红枫树,每逢深秋,一片橘红的枫叶,点缀着绿色的琉璃瓦宇和青松翠柏,将珞珈山衬托得更加美丽。

可是,研究生们并不领情,1985 年 6 月,在桂园食堂的布告栏和墙壁上贴满了大字报,他们纷纷表示拒绝迁往新建的枫园。原来,研究生数量很少的时候,他们居住在桂园,上课的教室和实验室大多都分布在附近,他们上课或做实验都很方便。我校开辟研究生园区的目的,既是扩招的需要,也是为了改善研究生住宿条件。我们计划硕士生宿舍每间住 3 人,博士生宿舍每间住 2 人。为了说服他们搬迁,学校派总务长夏都锟与他们沟通,但没有谈拢,不欢而散,形势一下子变得紧张起来了。

据说,这次拒绝搬迁带头的是化学系博士生邱峰,他是校研究生会的副主席。但他并没有出面,可能是他顾及我们师生的情面。大概是 5 月底,图书情报学院研究生党支部书记叶千军来到我家,反映

---

① 吴本厦:《新中国研究生教育和学位制度的发展历程》,《中国高等教育》1999 年第 20 期。

研究生们不愿搬迁的情况。我刚从法国访问回校,虽然时差还没有倒过来,但我仍热情地接待了他,夫人给他冲了咖啡。这是我第一次与叶千军面对面地沟通。我对他说:今晚我不以校长的身份与学生来谈话,而是以党员之间来谈话,希望你们站在学校的角度,帮助学校想想办法,怎么解决发展中供需的矛盾。我理解你们拒迁的理由,虽然枫园条件比你们现在居住的条件好,但远离教学区和实验室,的确给你们增添了不少困难。但是,如果你们不搬迁,学校的困难是无法解决的,而你们的困难是可以克服的。因此,希望你们顾全大局,为学校分忧解难,也使得学校跟上全国研究生扩招的步伐。

叶千军是研究生党支部书记,他是做思想工作的,是通情达理的。本来,千军是怀着忐忑不安的心情来找我的,他以为事情闹大了,原打算挨批评的,不料我却心平气和,不仅没有批评研究生贴大字报,而且以平等的态度对待学生,耐心地讲清了发展中的供需矛盾。我们谈了一个多小时,他听了我的解释后说:"校长您说服我了,建议您亲自到研究生宿舍与大家再做一次沟通。"我当即表示同意。当晚,千军把我谈话的内容向各系研究生负责人做了通报,很多研究生不大相信。第二天晚上,我如约出现在研究生宿舍,大家立即围拢过来,我把对叶千军说的道理又重复给大家讲了一遍,听后有些同学担心新建的枫园设施不配套,怕迁入后生活没有保障,如道路、洗澡等问题。我向他们表示,一定抓紧配套措施落实,保障新学年开学后全部落实。于是,同学们一致表示:让校长操心了,我们保证按时搬迁。一个因搬迁引起的矛盾终于化解了。

我趁热打铁,在8月31日那一天,动员机关干部100多人,携带大扫除工具,到枫园进行义务劳动。有的铲除杂草、清理路边的乱石块,有的打扫树叶,有的洗擦厨房的玻璃窗,用水把水磨石地冲洗得干干净净,迎接9月1日新学年的开学。研究生们见状,纷纷称赞干部们带头搞义务劳动,这是落实校长与研究生对话的承诺。他们完全放心了,决心好好学习,以丰硕的研究成果回报学校的关爱。20多年以后,叶千军在回忆往事时,写了"有些好的传统应当发扬"的感想,他与我也成了忘年交的朋友。

从这次冲突中,我也受到了极大的教益,作为一个高校领导者,任何时候绝不能怕学生,以平等的态度开展对话和沟通,是解决矛盾的唯一正确方法。我还体会到,如果自己不能说服学生,说明自己没有道理,或者不能把道理说清楚。只要把道理讲清楚了,学生是通情达理的,问题也是可以解决的。可是,我们有些学校的领导人常常高高在上,听不进学生们的意见,一旦看到大字报,就错误地认为学生要闹事,动辄上纲上线,以强硬的态度企图把学生的意见压制下去,其结果往往是适得其反,既不能解决问题,又破坏了领导与学生们的关系。

那么,在工作中怕学生和接近学生的区别在哪里呢?我认为其区别就在心中是否有爱,如果心中没有对学生的挚爱,他们就会把学生们的要求当作耳边风;如果心中有爱,他们就会接近学生,倾听他们的要求,解决他们的实际困难,促进他们成才。此外,学生也是教育改革的动力,我们80年代的教育改革,有不少措施都是来自学生。每当我回忆往事时,我总是感谢那些为武汉大学教育改革做出贡献的教师和学生们。可是如今大学行政化越来越严重,不仅学生见不到校长,甚至连院长一年之中也难得见到校长,这可能是当前教育改革裹足不前的原因之一。

十、对话沟通好办法

1986年秋冬,在我国高等教育史上,是一个多事之秋,全国各地先后发生了多起学潮。这次学潮的起因是,全国各省市普遍开展人大代表基层选举,大学生们希望表达他们的意志,选举他们心仪的代表。这次学潮,最先由中国科学技术大学学生发起,他们要求区人大代表进行民主选举,随之影响到上海、进而波及北京等全国多个城市。

1986年10月中旬,我校桂园食堂贴出了大字报,提出了反贪污、惩治腐败的口号。我在校长办公室主任牛太臣的陪同下,前往桂园食堂去看大字报,学生们见我到来,立即围拢上来,要求与我进行对话。鉴于当时的情况,对话势在必行,于是我同意第二天上午在教三楼101教室与学生代表进行一次对话。信息传出,第二天一大早,教三楼101教室被挤得水泄不通,甚至连教室外的窗台上也爬满了人。

对话从8点半开始,这次对话会议,由校办主任牛太臣主持,他要求大家先递条子,然后依照秩序发言。刚开始,会场秩序良好,第一个发言的是历史系学生,他提出要求进行民主选举人大代表。在他发言之后,秩序开始有点失控,有人高喊:"这个教室太小,要求将对话会场迁到梅园操场进行。"这时对话已经不能进行下去了,会场上一致高喊:"迁到小操场去!"我们已经意识到没有后退之路了,继续对话不可能,取消更不可能。我心想,只能进而不能退,于是我同意马上将对话会场迁移到梅园操场。

在改革年代,工作效率非常高,学校广播站站长温瑞阳很快将梅园操场的广播音响安装完毕。一场与大学生的对话会议,在中断了45分钟后,又重新开始了。据统计,参加对话的学生人数高达3000多人,而且消息传出,周边的武汉测绘学院和武汉水利电力学院的干部和教师,也赶来观摩。他们是抱着防微杜渐的态度来观摩的,即一旦他们学校发生了类似的情况应当怎样应对。

梅园操场的对话会,依然由牛太臣主任主持,他首先宣布了对话会的纪律:第一,发言者应先递条子,依序安排发言;第二,对话会希望在平静的气氛中进行,请大家保持安静,以达到最好的效果;第三,在同学们提意见以后,请刘校长一次性回答大家的提问。

在对话过程中,虽然有少数同学比较激动,但大多数同学都是理智的。大约到了11点45分的时候,牛太臣主任宣布:"鉴于时间有限,提问暂时到此告一段落。也许,还有不少同学未来得及发表意见,但我们根据大家的意见,还会安排第二次或者第三次对话,请同学们相信学校的诚意。"接着,他提高嗓门大声说:同学们,现在我们请刘校长回答同学们的提问,好不好?同学们应声回答说:"好!"

于是,我走到主席台,以平和的语气回答道:

同学们:大家好!我听清楚了大家的意见,也记住了你们的要求。归纳起来,主要是五个问题,即关于民主选举人大代表、关于反对腐败和惩治"官倒"、关于加快改革的步伐、关于提高教学质量、关于改善生活条件等问题。现在,我就你们提出的主要问题,回答你们的要求。总的来说,你们提出的意见是诚恳的,是实事求是的,是你们关心国家大事的表现,是你们拥护改革开放的表现,是你们渴望成为国家栋梁之材的反映。在那么多的意见当中,如关于民主选举人大代表和惩治腐败问题,这是属于国家领导部门的事,需要纳入法制的轨道来解决,但我们有责任向国家有关部门反映你们的要求,我们一定做好上传下达的工作。

关于我校加快改革步伐、提高教学质量和改善学习与生活条件等问题,我们决定成立三个常设的对话机构:一是由吴贻谷教务长挂帅,成立由学校各有关部门和学生会以及各系学生会主席参加的教学整改小组,负责改进教学,提高教学质量。二是由总务长夏都琨为首的整改小组,负责改善学习和生活条件。三是我亲自抓教育改革,积极进行调查研究,着手制定我校下一步的改革规划,决心将我校的改革再登上一个新的台阶,绝不辜负全校师生员工的厚望。

我最后说道:如果我们不能兑现对你们的承诺,你们可以再喳我是问,甚至可以要求上级免除我的校长职务。

我的讲话,虽然没有博得热烈的掌声,但也有少数学生鼓了掌。这时时针已到12点,牛太臣主任当机立断地宣布:"今天的对话会到此结束。"虽然还有少数同学不肯离去,但广播系统已经切断了,人群也慢慢地散去了。就这样,一场令人担心的大规模的对话会,总算平静地落下帷幕。许多担心我下不来台的好心人,也算松了一口气,校外来观摩的人也赞叹了我们的勇气。

事后我总结了这次对话的体会,主要是四点:第一,领导者必须到群众中去,不要怕群众,要真诚地听取他们的意见。第二,对话必须透明,要开诚布公,绝不能支吾和搪塞,那只能适得其反。第三,凡是属于自己分内的工作,只要条件允许,必须立即整改,不能拖延。第四,凡是属于国家领导部门职权范围的事,一定要向大家说清楚,一个校长的权力有限,他没有能力解决超出他的职权以外的问题,要求同学们理解和谅解。

在1986年秋冬的那一波学潮中,武汉大学基本上是平静的,虽然也有少数学生上街游行,但没有造成较大的负面影响。我认为,这是我校教育改革奠定的思想基础,广大教师和各部门深入到学生中做思想工作,也起了很大的作用。每当想起那个令人难忘的年代,我都由衷地感谢学校的广大师生员工们。

十一、学生会将我的军

学生会是大学生群众性的组织,它是伴随我国大学的诞生而出现的,在校学生是当然的会员。在研究生数量很少的情况下,学生会包括大学生和研究生,后来随着研究生数量的剧增,武汉大学又分设了研究生会,它们都是在学校统一领导下开展工作。学生会是大学中不可缺少的群众性组织,它们提倡自我服务、自我管理、自我教育和自我监督。同时,它们又是联系广大同学与学校领导以及各部门的纽带。如果充分发挥学生会的作用,对推动学校的教育改革和改进各部门的工作,都具有重要的作用。

"将军"本是中国象棋中的一个术语,表明对方要攻击你的将或帅,如果不采取有效的对抗措施,一旦将或帅被对方吃掉,那么你就输掉了这盘棋。后来,"将军"一词也常常用于军事或者工作中,意为对某人来说,可能遇到最为关键的事情,时机来得突然,将会使你处于被动或难堪的地步。

1986年9月15日至10月22日,我率团访问美国和加拿大,与十多所大学签订友好学校的协议。在访问期间,校长办公室告知我,校学生会干部多次约我,他们表达出对学校改革状况强烈的不满,要求我与学生会的干部开展一次对话,想了解学校下一步教学改革的打算。

我于10月24日回到了学校,没有休息,也没来得及处理积压一个多月的工作。我知道学生会的要求应当优先安排,于是于10月25日晚上,在位于樱顶的学生会会议室,召开对话会议,认真地听取他们的意见。

此次对话会议由学生会主席郭跃主持,与会人员有学生会副主席、各部部长、委员,以及各院系学生会主席,总共50多人。除了我以外,学校各部门的负责人也参加了会议,我们都是有备而来。

郭跃是哲学系83级学生,他于1985年至1986年担任学生会主席。他首先开头,他说:"校长访问美、加,一路十分辛苦,刚刚回到学校,优先参加我们的对话会,表明校长是非常重视这次对话的。"接着,与会代表纷纷发言,用群情激动、言辞犀利来形容,绝对不过分。有人说,武汉大学前几年的改革一直走在全国高校的前头,在全国赢得了"中国高校的深圳"的美誉。可是,自1985年以来,我们学校再没有推出新的改革措施了,如果再不采取措施,我们将被其他大学超越。

另一个代表更为尖锐地说,武汉大学现在有骄傲自满情绪,故步自封,希望学校领导好好反省一下。还有的代表说,我们学生整天都在观望,报刊上我们学校的消息少了,是不是黔驴技穷呢?会场上的气氛是严肃的,几乎没有嘈杂声。我一边听大家的发言,一边在思索,多么可爱的学生!他们关心学校的改革,视学校的荣誉如生命,我真的非常感谢他们对学校的关心以及对我个人的促进。

对话会从晚上 7 点半开到 9 点半,已经两个小时,大家的意见基本上都说完了。这时郭跃提议:"现在我们请刘校长谈谈他对学校改革状况的看法和下一步的打算。"这是直接将我的军,于是我在众人的期望中发表了以下的意见。

学生会各位干部和委员们:大家晚上好!

我认真听了你们的发言,你们关心学校、拥护改革的精神令我十分感动。今晚你们的发言再次说明,你们既是教育的对象,又是教学改革的动力。有了你们的支持和推动,武汉大学的教学改革绝不会停下脚步,我们的前景是一片光明的。我们必须承认,近一两年以来,我们的改革步伐确实是慢了一些。这就犹如跳高运动一样,在跳低杆时,会一厘米甚至两厘米地增加。但是到了跳高杆时,增加一毫米都是困难的,我们正是处于跳高杆的状况。但我们必须超越极限,勇于挑战自我,超越自我。

说实在的,我们这次访问美、加,就是出去取经,他山之玉,可以攻石。我沿途无心欣赏湖光山色,都在盘算我校的改革。现在,我心里已经有了一些底数,如果说我们前 5 年的改革重点在本科生教育,那么下一步在巩固本科教育改革成果的基础上,将把改革重点转移到研究生教育上,既出人才又出成果。会后,我将组织一个班子,开始调查研究,在此基础上制定我校第二个 5 年改革规划,将会推出一系列重大的改革措施。

最后,我激情地说,我们没有退路,我们也绝不会退却,我们必须超越自己。是的,前一段关于我校的经验报道少了,但我们正在酝酿一次巨大的突破。我还引用了鲁迅先生在《纪念刘和珍君》一文中的名句:"不在沉默中爆发,就在沉默中灭亡。"我的讲话获得了学生会干部们的掌声,表明他们赞同我的观点,这也是信任我的体现。

可是，就在当年12月，全国爆发了学潮。有人说，我引用鲁迅的那句话起到了煽动学潮的作用。这是天大的冤枉，我们的对话是讲教学改革，是针对武汉大学前一段沉闷的状况而言的，表明我们的改革决心，好在学生会主席郭跃给我正了名。这也说明断章取义、穿凿附会是不可取的，是一种不良的文风。

十二、学生是依靠力量

学校是为学生服务的，具体地说是为学生成才服务的，如果学校没有了学生，那学校岂不是就不存在了。我们为什么要进行教学改革，正是因为旧的传统教育已经束缚了学生们的主动性、积极性和创造性。改革是以解放思想为前提的，解放思想就是解放人们的智慧，解放学生们的个性，这是造就杰出人才最根本的措施。

与此同时，学生又是检验教学改革效果的唯一标准，他们对教学改革的好与坏是最有发言权的。从动因来说，爱心和需要都是改革的动力，也是行为的驱动力。回忆我校教学改革，其中不少倡议就是由学生们提出来的。例如，转学制度就是由生物学系大一新生田贞见给我写的呼吁信而促成的。对学分制本质的诠释，是由经济学系大三学生傅红春提出的。插班生制是由于受到几个校外的大学生来信的启发而萌发的，他们希望打破一考定终身，建议大学应当分流，优胜劣汰，这样就把学校搞活了。

同样地，关于运用双语教学，也是由计算机科学系的学生提出的。众所周知，我国的公共外语教学并不是成功的，为什么从初中到研究生阶段，学了十五六年的英语，而毕业生还是不会说英语，也不能顺利地运用英语写作。原因无外乎两点：一是教学方法陈旧落后，要求学生死抠文法、死背生字，这样必然导致学了忘、忘了再学，以至于陷入无解的重复怪圈。二是没有形成运用英语的环境，再加上人们爱面子的观念严重，怕说错了丢人，所以大多学的都是哑巴英语。

根据我国学生学习英语的弱点，学生们建议用双语讲课，这样既学了专业知识，又强化了英语，这真是一举两得！我接受了学生们的建议，在计算机系和物理系开展双语教学实验。周宪和是计算机系青年教师，曾经留学加拿大，具有用英语讲课的能力，所以他用英语讲授人工智能，我曾经去理学院103教室听他的课，他确实讲得声情并茂，颇受学生们的欢迎。

物理系中年教师李培泳，他出生于香港，自幼学习英语，英语口语也很棒。他用英语讲授的电动力学也获得了极大的成功。虽然我们的试点获得了成功，但是由于能够用英语授课的教师极其缺少，所以这个教学经验无法大规模地推广。不过，我们从双语教学的成功经验中得到了启发：学习英语一定要学以致用，唯如此才能真正在我国大面积地普及英语和提高运用英语的水平，彻底改变我国学生英语水平普遍低下的状况。

在90年代初中期，一个叫李阳的教师，倡导"疯狂英语"，一时走红大江南北，家喻户晓，受益者众多。李阳获得的荣誉很多，但非议也很多。尽管如此，瑕不掩瑜。他从一个非英语专业出身的人，能够成为英语教学奇迹的创造者，他的独特英语教学理念是以"句子量代替单词量"，克服了"学了忘，忘了学；背了忘，忘了背"的被动局面。这是一场英语教学的彻底革命，李阳能够做到，其他人也都能够做到，关键是要大胆、不要怕丢脸、不要怕失败，永远记住：失败乃成功之母！

在新中国成立以前，我国有众多的教会中学和大学，它们都是用英语教学的，所以培养出来的学生，都能够熟练地应用英语，甚至连学校的工友都能够讲一口流利的英语。我国目前英语普及程度可能是世界各国中相对偏低的国家,这应当引起我们的高度重视。早几年,有人主张高考取消英语考试,这是一种短视症,将会导致我国英语普及率的进一步下降。

十三、《这一代》获得正名

20世纪80年代初,恢复高考入校的第一批大学生(77级),他们都具舍我其谁的超常自信心,自豪地称他们是"这一代"。武汉大学中文系77级学生入校后,刚刚放下背包还没缓过神,就创办了一个名为《珞珈山》的刊物,在全校一炮走红。这是一份64页的油印刊物,是他们习作的园地,他们多么想展现自我啊!这一届学生总共有65人,他们也就印了65份,人手一份。同学们既是作者又是读者,还是编者兼发行者。这65名同学,就是一个微型的文学界,他们甚至狂想,也许它将成为中国未来的文学界。

为了办好《珞珈山》这个刊物,他们通过推选组成了8人的编辑委员会,由高伐林、张桦、於可训、王庆存、赵誉泳、陈晋、王家新、王东升等组成,高伐林任组长,张桦任副组长兼美编——因为他担任过三年中学的美术老师,其他人各司其职。

据张桦回忆,也许是为了炫耀,或许是为了交流,他把自己手上的一份《珞珈山》寄给了北京大学中文系77级的师哥郭小聪。不久,他也收到郭小聪寄来的他们年级的刊物《早晨》。这引起了张桦的思考,《珞珈山》并不是一枝独秀,真是"天外有天"啊。从《珞珈山》第二期,他们有意地多印了若干份,分别寄给几十所大学中文系的同学。反馈回来的有中山大学的《红豆》、中国人民大学的《大学生》、北京广播学院的《秋实》、北京师范大学的《初航》、西北大学的《希望》、吉林大学的《红叶》、杭州大学的《杨帆》、南京大学的《耕耘》、贵州大学的《春泥》等。

那他们又怎么会走向联合办刊道路的呢？这源于一位热心读者的来信，他在信中写道："我读过几本类似《珞珈山》的刊物，都办得很棒。为什么不联合办一个呢？那岂不是更棒！"这几句话，让张桦辗转反侧了一整夜，第二天一早去找高伐林，建议马上召开一次编委会讨论此事。在讨论中，意见分为两派，一派主张立即行动；另一派认为可能有困难，建议由领导部门去办。

张桦热心快肠，他分别给教育部、团中央、中国作协、全国学联等单位去函，呼吁创办全国大学生文艺刊物。然而，要么渺无音讯，要么婉言拒绝。满腔热血，得到的是一瓢冷水，吉林大学中文系 77 级学生徐敬亚来信说，祈求上帝，不如我们自己来感动上帝！

1979 年 6 月，他们以《珞珈山》编辑部的名义，向已有联系的十多所大学中文系发出邀请函，将于北京召开一次由各大学文学社团参加的会议，商议联合办刊的事宜。这次与会的有北京大学、中国人民大学、北京师范大学、北京广播学院、南京大学、武汉大学、吉林大学、杭州大学、中山大学、西北大学等高校学生 15 人。那时，学生都没有钱住旅店，也没有开会的场所，只能在张桦原在北京工作时住的 10 平方米的宿舍召开。显然，条件十分简陋，大家挤成一团，热得汗流浃背。会议开到中午，煮了 5 斤打卤面条，每人一碗，算是解决"肚皮"的问题。关于刊名问题，提出的有《暴风》、《青年文学》、《大学生》等，但久议决定不下来。

半个月以后，召开第二次会议，除了原来的学校以外，又增加了两个伙伴——杭州师范学院的《我们》和贵州大学的《春泥》。这次会议的重点是决定刊物的名字。最后，确定为《这一代》，这个名字出自北京大学的黄子平和中山大学的苏伟的提议，因而发刊词也就委托他们二人起草。鉴于武汉大学是发起者，学校和系里又都很支持，而且学校还拨专款2000元,所以创刊号就由武汉大学主编。

新学期开学后,他们立即投入组稿、编辑和印刷等工作,8个编辑各负其责,一切都进行得很顺利。李刚也是武汉大学中文系77级的学生,他的父亲李春建是武汉市委宣传部部长,通过这个关系,他们联系到《长江日报》印刷厂,承担《这一代》创刊号的印刷。可是,该厂印刷到一半却停下不印了,谎称说印刷机坏了。

那时,尚处于拨乱反正初期,"坚冰尚未融化",各种新旧思想交织在一起,这也是难免的。他们感到蹊跷的是,正在印刷的《这一代》,为什么工厂托故不印了?也许是刊物的内容走漏了风声,或许有什么人说了这个刊物的坏话,于是创刊号的印刷接连受阻,虽几经周折,但最后还是以残缺不全的"面目"与读者见面了。即便如此,创刊号在北京、天津、广州、杭州等地,都是一抢而空。据说,杭州某大学的一位同学站在桌子上吆喝:"快来看,快来看,没有上一代也没有下一代的《这一代》呀!"虽然这是一个冷幽默,但却真实地预示到那时这个自发创办刊物的命运啊!

创刊号发行后,喝彩声一浪高过一浪,赞叹声、呼吁扩大发行声、要求加盟的声音也不绝于耳。全国许多权威杂志,主动要求建立长期交换刊物,甚至国家图书馆也主动要求收藏。然而,群众与某些领导人的看法却是两极的,他们预感到山雨欲来风满楼!

可是,作为首创者之一的张桦,他仍怀着侥幸的心理,利用寒假的机会,在北京举办了第二次协商会议。虽然会议比较沉闷,但大家没有就此放弃的打算,不仅要办,而且准备长期办下去。可是,有谁能够想象得到,事情变化得竟如此之迅速。张桦回校后即得到北京四校同学的信息,说他们已经得到校方的指示,不得再搞串联,不得再办杂志。于是,《这一代》被迫停办,"八大金刚"之一的高伐林代表编委会写了一封致《这一代》的读者的信,也算是给《这一代》画上了句号。

让学生们始料不及的是,北京和外省市的领导视《这一代》为洪水猛兽,在同学中搞清查,大搞"人人过关",并威胁说不交代清楚,是党员的就开除党籍,是团员的就开除团籍,甚至以开除学籍相威胁。许多人的毕业档案中,都塞进了参加《这一代》的资料,使他们多少年都受到影响。

对比起来,武汉大学参加《这一代》的同学算是幸运的了,主要是党委书记纪辉的保护。当时,我是党委副书记兼常务副校长,我们党委在这个问题上是一致的。据我校中文系77级辅导员韩德全老师回忆,有一天纪辉书记要请几位77级同学到他家中谈话,他通知於可训、高伐林等几位同学去了。事后同学们说,纪书记只是问了一些情况,并没有批评他们,更没有提到就《这一代》写检讨的事情。纪辉书记是一位革命老干部,他作风正派,正确掌握政策,曾经保护过许多干部,他是在武汉大学党委书记任上病逝的,年仅63岁,人们对他常常思念不已。

这届毕业生离校时,我也对他们说,今后若你们单位问起《这一代》的问题,如果他们有怀疑,就请他们来找我调查,它不是地下组织,也不是地下刊物,而是学校批准办的刊物;也不是非法串联,而是校际学生的交流。他们的活动经费2000元,是我批拨的,如果有问题我负全部责任。由于我的表态,才使得一些毕业生在使用、晋级和提职上都没有受到影响。

《这一代》已经远离我们40年了,他们于2019年正式出版了两卷本《我们这一代》,一部是回忆录,另一部是作品选,合计77万字。在封面人物的面前有一块告示,写着:"我们这一代全部在此。"在扉页上,他们写着:"献给敬爱的刘校长:我们的故事,浸透着您的心血!"落款是:武汉大学中文系77级全体同学,2019年11月22日。

历史是一面镜子,鉴往知今。这两部大部头的著作,是他们成长的证明,也是他们成就的反映。当年65个同学,个个都是俊才,其中有作家、诗人、剧作家、教授、文化事业部门司局长以上的领导人,没有一个是有"问题"人。他们的表现和成就,也是对40年前倡导的

《这一代》的正名。这是一个团结的集体，是一个幸福的集体，我为曾经有这样的学生而感到万分的骄傲和自豪！

十四、保护失恋的学生

大学生正处于青春发育时期，男女之间的爱慕之情是自然生理现象，是不能用校规或是行政手段能够禁止的。即使是强行禁止，也必然是禁而不止的。武汉大学80年代的开明政策，就表现在不仅不禁止谈恋爱，而且还保护失恋的学生，校长还请失恋学生到家中喝咖啡。

1980年中美之间开启了中美联合培养物理类研究生计划，从中选拔优秀者赴美国大学攻读博士学位。1981年我校从物理系和空间物理系共选拔了20人参加考试，有13人被美国各知名大学录取。然后，他们被集中起来，请美国英语教师给他们补习英语，尤其是口语，为他们赴美后的学习奠定基础。就在这期间，这些已被录取的留美预备生，想趁出国前解决个人问题，以免到了美国后使学习分心。

一个被录取的学生，相中了比他低三届的一个漂亮女生，她是校学生会文艺部长，能歌善舞。让他始料不及的是，当他向这个女生敞开心扉时，却遭到她有礼貌的拒绝。他似乎一下子觉得无地自容，于是他写了一个字条留在宿舍的桌子上，内容是"我寻长江而去，请不要去找我"。从字面上理解，他有可能轻生，并引起了许多猜测。空间物理系的领导，从档案中查出该生家庭和亲属的地址，派多人去这些地方询问。功夫不负有心人，终于在大连他的姑妈家找到他，并劝说他一起回到了学校，待他情绪安定后，重新开始了正常的学习与生活。

到底怎样处置这个事件呢？校系都有不同的意见,有的主张批评教育,也有的提出取消他出国的资格。意见反映到我这里后,经我冷静思考,认为这件事最好大事化小小事化了。于是,我决定:第一,不能在学生中传播此事,也不能对该生进行公开批评;第二,此事不能上报给教育部,以息事宁人为好;第三,不影响他出国,请他继续参加英语培训班,按计划做出国的各种准备工作。

这个学生于1982年8月赴美国纽约大学物理系学习,1984年转到哈佛大学改学生物学。他对生物技术有着痴迷的爱好,为美国公司做过大大小小200多个项目,业绩出众。他在哈佛大学学习时,深受该校校风的影响,如"不出版即死亡(publish or perish);不当头即平庸(leader or mediocrity)"。因此,该生总是思考最前卫的问题。现在他成为海归,受聘担任杭州世平信息公司首席科学家,从事新的生物技术信息安全项目研究。

1986年9月16日,我率代表团访问美国和加拿大十多所大学。9月16日,他邀请我们一行到他家中做客,在波士顿的武汉大学的所有留学生都参加了。他们夫妇准备了丰盛的晚餐,我们也一饱口福。那天晚上,师生在异国他乡见面,自然都非常高兴,欢声笑语此起彼伏,我们谈话一直到凌晨4点多钟。

第二天,我们代表团要赶往位于康涅狄格州的纽黑文市,参加耶鲁大学第20任校长班诺·斯密特(Banno C Smidt)的新校长就职典礼。这位研究生与他的同学徐传毅亲自开车,沿着高速公路行驶193公里,耗时3个半小时,我们顺利到达耶鲁大学所在地,领略了庄严、壮观的美式大学校长就职典礼。

光阴荏苒,转眼37年过去了。2019年7月8日晚上,他与同班同学查乐平来家探望。见面时,我几乎不认识这位高才生了,他略微胖了一些,人也更成熟了,口才更加出色,他滔滔不绝地讲了一个多小时。从初恋到失恋,从物理到生物再到信息学。他最后说道:"校长,如果不是您当年的开明态度,我真不知道今天会是什么样子。回首往事,我非常感谢校长的保护。"

我说:"校长爱学生,保护学生,是应尽之责,看到你今天的成就,我真的非常高兴。"

十五、做梦也在护学生

心理学家们的研究已经证明,做梦有两种,一是模糊不清的梦,醒后不记得梦的内容,甚至完全不知道做过梦;二是清醒的梦,醒后仍能够记得梦的内容,甚至时隔一两天对梦的内容依然记忆犹新。我是一个爱做梦的人,而且绝大多数都是清醒的梦。我曾经记录过395天的梦,总共1001个,其中清醒的梦有950个,占总数的94.9%。这究竟是什么原因?这需要心理学家和脑外科专家,经过研究甚至解剖才能够做出结论。

1996年7月27日,我乘坐中国国际航空公司CA985航班去美国,参加于7月28日至8月2日在犹他州雪鸟(Snowbird)召开的学术会议。飞机从上海起飞,然后飞向日本海、太平洋……大约北京时间22点,飞机上的强光灯都已关闭,随后我关闭了座位上的微光灯,调整了座椅准备睡觉。一般我很会睡觉,立即就进入了梦乡,而且做了一个很长的清醒的梦。

梦的大意是……

一天下午快下班的时候,外文系一个叫于洁的女生到办公室找我,她向我申诉道:"我们系的总支副书记和辅导员通知我,他们要开对我的批判会,我认为他们的做法是错误的,希望校长制止他们这样做。"

我问道:"他们为什么要开你的批判会呢?"

"他们说我不爱上课,谈男朋友影响学习,学习成绩不佳,经多次谈话仍无悔改。"

"那你对这些问题是如何认识的呢?"

于洁说道:"我是不爱上课,但我爱去图书馆,在那里自学,而且还看许多参考书。至于谈恋爱,这是合法的,是宪法规定的权利。我的学习成绩虽然不是高分,但都在合格成绩以上。因此,他们批判我是错误的,我拒绝参加。"

听后,我心中有数了,但我并没有对于洁表明我的看法,只是说,于洁你先回去,我需要再找你们书记了解情况,至于开不开对你的批判会,相信我们会正确处理的。也许是于洁找我的消息走漏了风声,第二天上午,外文系总支书记、副书记和辅导员三人来到我的办公室,他们反映说:"于洁一贯自由散漫,不上课、谈恋爱、学习成绩不佳,更严重的是她拒绝帮助、讳疾忌医,不下猛药,她是不会醒悟的。因此,希望校长批准我们对她的批判会。"

我耐心地对几位领导说:"应当肯定,于洁是有缺点的,批评教育也是需要的,但开批判会是不可取的。对待思想认识问题,只能说服而不能压服,只能和风细雨,不能下猛药,否则可能会起到适得其反的效果。"

听了我的谈话,几位领导点头笑了,表示接受我的建议。随着笑声,我也从梦中醒了过来。

……

我看了下手表,时针正指向北京时间凌晨 1 时,也就是说这个梦足足做了 3 个小时。俗话说,日有所思夜有所梦,它反映了我对学生爱之深和关之切的情怀,这是每一个热爱教育的人必须具有的情结。

十六、怎样对待退档生

我校计算机科学系78级学生Y,学习成绩优异,大学毕业后考取了本系的研究生,导师是胡久清和郑振楣,他的硕士论文题目是《关系数据库模型的函数描述与设计》,这在当时是一个起点很高的课题。在导师的指导下,他顺利地完成了这项研究,以优异的成绩通过了论文答辩,获得了理学硕士学位。当时,武汉大学尚没有计算机学科的博士授予权,于是他报考了吉林大学的博士生,也以头名的成绩被录取,并正式收到了该校的录取通知书。这本来是铁板钉钉的事。可是,意外的事发生了,他的女朋友给吉林大学写了一封揭发信,称他们发生过性关系。吉林大学接到告发以后,在Y生于9月报到入学时,宣布取消他的博士生资格,并将人和档案一并退回到武汉大学。

这突如其来的变故,使计算机系的领导颇为头疼,本系当时还没有博士授予权,不能让他留校继续读博士研究生,如果重新分配,但档案中有女友的揭发信,哪个单位又愿意接受呢?该系主任黄俊杰和研究生处处长胡茂基来向我汇报,经我们研究认为,这件事情吉林大学的做法值得商榷,因为一封告发信件取消博士生的资格似乎欠妥当。男女之间的爱恋是自由的,显然发生性关系也是双方自愿的,否则就是强暴,但女方并没有报警。最有可能的是,在性关系之后,他们的关系可能破裂。于是,女方以泄露隐私而报复男方。在改革开放年代,这样的事情本可以淡化处理,也不应该影响到该生的学业。

但是,事情既然发生了,应该给学生出路,也许他将来能够成为一个有用的人才。于是,经我们共同研究决定,将该生留校当教师,后来他又出国深造,并在加拿大定居和工作。对此,该生非常感谢我,他于1992年回国还专门来看望我。我们应当相信,人非圣贤,孰能无过呢?知错必改,吸取了教训,兴许今后的路会走得更好。

研究生录取退档的事时有发生,怎样对待是属于正确掌握政策的问题。我校计算机科学系81级汤庸,毕业时报考长沙铁道学院(现中南大学铁道学院)的研究生,但在录取时该校准备退档不予录取(据说档案中有对该生不利的材料),这使得汤庸同学十分焦虑。我得知后,请武汉大学研究生院与长沙铁道学院沟通,证明该生在校表现很好,没有任何问题,这才使得汤庸同学顺利地被录取。

在获得硕士学位以后,他继而又获得了工学博士学位。现在是华南师范大学二级教授,计算机学院院长、博士生导师,校学术委员会副主任,广东省服务计算工程研究开发中心主任,中国协同计算机专业委员会主任,享受政府特殊津贴的专家。鉴于他的突出成绩,曾经获得宝钢教育奖、丁颖科技奖、中山大学教学名师、南粤教坛新秀等荣誉。很难想象,如果当年退档了,也许一位杰出的人才就被扼杀了。

十七、对新生的欢迎词

1981年8月,我被任命为武汉大学第28任校长,当年新生也于9月1日报到注册。9月4日,在宋卿体育馆举行了新生开学典礼,这是我第一次以校长的身份向新生致欢迎词。我开头的一句话是:"我被任命为武汉大学校长,这是历史的误会。"同学们一下被我的话惊得愣住了,他们非常奇怪,刘道玉怎么说是误会呢?一些思想开小差的同学立即提起了精神，看看校长究竟要讲些什么？

这次致辞是我任校长后的处女作，具有代表性，不妨全文抄录如下：

亲爱的新入校的同学们：

一年一度的新学年开始了，欢迎新同学们来到美丽的珞珈山！今天，我想与你们谈谈学习与成才问题，主要讲三个问题。

（一）坚持正确的学习方向

人才是国家宝贵的资源。我们的祖国不仅拥有丰富的农产品、矿藏、水利资源，而且还蕴藏着无穷无尽的人才资源。人和物是"四化"建设最重要的物质基础。成才与学习是密切相联系的。诸葛亮曾经说"非学无以成才"，这句话蕴含着丰富的内容。学习是成才的必要前提，成才是学习的根本目的。同学们上了大学，国家为你们创造了良好的学习条件，但能否成才，还决定于你们自己的努力，同时也还受着各种因素的影响。

学习与做任何事情一样，必须有一个明确的方向。没有方向，就会到处乱撞，达不到预定的目标。中央十一届六中全会会议决议指出："坚持德智体全面发展，又红又专，知识分子与工人农民相结合、脑力劳动与体力劳动相结合的教育方针。"这就是我们青年前进的方向，也是我们学习与成才的方向。离开了这个方向，不仅不能学好和成才，而且还会走上错误的道路。

德智体三者是辩证统一的，是互相联系、相互促进的。德育是统帅，是灵魂，是发展智育和体育的动力；智育是成才的基础，是以丰富的科学文化知识为内容的，为德育和体育提供科学的内容和理论根据；体育是发展德育和智育必要的物质基础，只有有了健康的体魄，才能完成发展德育和智育的任务。德智体三者的关系，不仅在理论上是统一的，而且在实际上也是互相促进的。

当前，绝大多数同学都能够正确处理这三者的关系。但是，也有极少数同学对德育和体育存在偏废的现象，还有极个别的人贪图享受,缺乏人生的理想,没有树立为科学而献身的精神。有些人以"独立思考的一代"而自居,对于独立思考我们并不反对,但是具体问题应当具体分析,做到思而不出其位。青年人对事物比较敏感,富有创新精神,这些都是我们应当提倡的,在发扬你们长处的同时,应时刻注意克服自身的不足,这样才能不断进步。

(二) 树立良好的学风

古今中外办学,都十分重视学风的营造。纵观世界各著名大学,它们的盛名都与它们的优良学风紧密联系在一起。一切大学问家、科学家的成就也是与他们严谨治学的学风分不开。一个大学的好学风是通过几代人积累养成的,而且会一代一代地传承下去。例如,美国几所著名大学都形成了自己独特的学风,哈佛大学的学风是建立导师个别指导制,设立优等证书,鼓励独立钻研,倡导追求真理;麻省理工学院的学风是强调应用知识与获取新知识同等重要,强调教学与研究相结合,提倡教授与学生一起参加研究工作;普林斯顿大学的学风是鼓励学生参加研究工作,发扬学术民主,提倡自由争论;等等。

武汉大学历史悠久,建校已经68年了。在长期办学过程中,许多教育学家、科学家在这里辛勤育人,严谨治学,积累了许多办学的好经验、好学风。比如,重视基础、朴实、严谨、勤奋等,都是十分宝贵的经验,值得大力发扬。为了提高教学质量和学术水平,多出人才、早出人才、出高质量的人才,在吸取历史经验的基础上,我校的学风概括为:"诚实朴素,勤奋刻苦,严谨治学,勇于创新。"简而言之,可以概括为四个字:"诚勤严勇。"诚,就是要树立实事求是和诚信的理念,发扬艰苦朴素的作风。勤,就是勤奋学习,勤于思考,勤于观察。我国著名数学家华罗庚先生说过:"天才在于勤奋,知识在于积累。"唐代著名的文学家韩愈曾说:"业精于勤荒于嬉,行成于思毁于随。"严,就是要树立严肃的作风,严谨的态度,严格的要求。勇,就是勇于创新、勇于争鸣、勇于克服困难。当今,科学技术发展很快,要求我们培养适应性很强的创新人才。以上四个方面是互相联系的,应当贯穿于学习和研究的全过程。

学风是一个客观存在的思想理念，不管你是否愿意，自觉或不自觉，都有一种学风在起作用。问题是我们要正确地分析自己的学校有哪些好的和不好的学风，要发扬好的，改正不好的。养成好的学风，要从自己的实际出发，克服自己的弱点。养成良好学风的过程，实际上是磨炼意志的过程，是修炼心灵的过程。我们坚信，只要严格要求自己，虚心求教，身体力行地去实践，并且善于总结，我们就一定能够树立这样好的学风。

（三）掌握科学的学习方法

爱因斯坦是同学们所熟悉的著名科学家。他在成名之后，有一个青年向他请教学习方法，爱因斯坦告诉他一个公式，要他按照这个公式去做。这个公式是：$W=X+Y+Z$。爱因斯坦解释说：W代表所做的功，也就是你所获得的学习成绩；X代表刻苦的劳动，所付出的努力；Y代表代表学习方法，那Z代表什么呢？爱因斯坦回答道：就是少说空话。这个故事说明，学习方法对于获得优异的成就和成才是极其重要的。毛泽东也说过："我们不但要完成任务，而且要解决完成任务的方法问题。我们的任务是过河，但是没有桥或没有船就不能过。不解决桥或船的问题，过河就是一句空话。不解决方法问题，任务也只是瞎说一顿。"我们的学习和成才，好比是过河，也有一个桥或船的问题，这就是科学的学习方法。

学习方法很多，但是采取何种方法，还必须从个人的实际出发，因人而异。掌握一种科学的学习方法，并不是一件容易的事，要靠自己亲自实践，通过比较，选择适合自己的学习方法。这里，我不妨简要地介绍几种方法，以供同学们参考。

1. 自学的方法

从中学到大学，不仅在学历上跨过了一个台阶，而且在培养目标、教学内容、教学方法等方面都有着质的变化。一般来说，中学是以课本为主，以课堂讲授为主，通过大量的作业培养学生解题的能力、思维能力和初步解决问题的能力。但到了大学阶段，课堂教学少，作业也不太多，除了教材以外，还会指定许多参考书。因此，刚入校的新同学们，要尽快转变角色，适应大学的学习环境，必须学会自学。许多有经验的教师都知道，要学得一点真知，主要靠自学。自学与教师的指导和同学互助并不矛盾。从唯物辩证法的观点来看，自学是内因，教师的指导和同学们的互助是外因，外因通过内因而起作用。自学能力并不是天生的，而是在实践中逐渐养成的，包括如何制订学习计划、如何寻觅到自己的志趣、如何选择参考书籍，等等。

2. 观大略式的学习方法

"观大略"就是"牵牛鼻子"的方法。人类有文字记载的历史已有 5000 多年，积累了堆积如山的知识，知识的淘汰与更新的速度非常迅速，我们面临的是知识爆炸的时代。据统计，每天出版的图书有 70 多万种，仅科技就有 12 万种之多。一个大学生在校期间，至少要学 30 门以上的课程，每个学期面对如此丰富的学习内容，怎么才能有效地掌握它们呢？一种是"观大略"式的学习方法，一种是"流水账"式的背诵法。从实际情况来看，一般以前一种方法为好。在考试以前，我们常常遇到这样的情况，有的人对某门功课复习三五遍，但仍然不能考得好成绩；而另一种人只复习一两遍就能够考得好成绩。其奥妙就在于：后一种人，通过观大略的方法，掌握了重点和难点，能够做到一通百通，所以能够取得好成绩；而前一种人，死记硬背，囫囵吞枣，食而不化，其结果是"捡了芝麻而丢了西瓜"。

3. 研究式的学习方法

大学的培养目标是各个领域的研究型人才。现代科学技术和经济的关系，要求培养的人才具有创造精神。很显然，传统的"经院式"的学习方法已经不适应培养现代人才的需要了。在科学史上，有许多有成就的科学家，大多是采用研究式的学习方法，在学习中提出研究的课题，在研究中增长才干。科学研究是发现、是创造和创新，而创造精神又需要通过科学研究来培养。研究式的学习方法与"经院式"的学习方法的区别在于：它不重视现存的教条，而力求用自己的思想来概括已有的知识，它不满足一种解题证明的方法，而寻求多种证明的方法；对疑难或怀疑的问题，不是绕开，而是力求解决；不停留在已有的成就上，而是要发现新的真理。

人才的成长，不仅与学习有密切的关系，而且还受着多种因素的影响。应当说，每一个青年都是有作为的，希望你们珍惜来之不易的学习机会。学校为你们成才提供了必要的条件，希望大家不要辜负学校对你们的期望。你们要认识到自己的使命，以振兴中华为己任，从现在做起，时不待我。我们深信，只要你们认清了方向，有了良好的学风，掌握了科学的学习方法，就一定能够成为杰出的人才。

我讲完了。谢谢同学们！

沈煜峰是图书馆学系81级新生，他毕业后考取了武汉大学教育学的硕士研究生，毕业后留校任教。后来，他到美国留学，现在是美国一家公司的高级工程师。40年以后，他回忆写道："入学之前，我已经在《人民日报》上看到国务院任命刘道玉为武汉大学的校长，我有幸聆听了他履职后的第一次讲话。他高高的个子，额骨略微突出，戴着眼镜，胸前戴着红字白底的'武汉大学'校徽。他讲话铿锵有力，激情昂扬，抑扬顿挫，磁性带着坚韧。这是第一次见到刘校长的印象，并且他的精神影响了我的一生。"

十八、给毕业生题赠言

过去，有一句口头禅是，铁打的营盘流水的兵，这是形容军旅流动的生活。其实，大学又何尝不是铁打的校园流水的学生呢！一年四季更迭，周而复始，一拨毕业生离校了，又一拨新生入校了，年复一年地轮转着，这就是大学生生不息的象征。

一所大学的校长，也是不断更迭的，

任期有长有短，但他们都必须面对这种不断变化的环境。"十年树木，百年树人"是一句老话，但每一位校长都应当有"百年树人"的情怀，以培养旷世英才为己任。大学生毕业的时候，每个院系的毕业生要求与学校的领导人照一张毕业合影，似乎已经成了不成文的习俗，这张合影也将成为永远的纪念。有时候，也有毕业生找校长题写赠言的，以示对他们的勉励。我在任校长的七年多时间里，给毕业生题写了多少赠言，我也记不清楚了，反正是不少。

一般来说，写赠言大都是自己信奉的格言，或者是自己感受最深的一些话语。我记得清楚的题词有如下这些：

莫愁前路无知己，天下谁人不知君。

思若大海，行如天马。

苦读知书味，创造乐无穷。

苦读知书味，艰难识世情。

读万卷书，行万里路。

世事洞明皆学问，人情练达即文章。

铁肩担道义，妙手著文章。

江山代有才人出，各领风骚数百年。

从来好事天生俭，自古瓜儿苦后甜。

海内存知己，天涯若比邻。

努力须从今日始。

学无止境，创新无止境。

大学毕业不是学习的结束，而是新学习的开始。

……

在诸多的题词中，有一帧特别的题词，整整有250个字。它产生于特殊的年代，题写于激情之下，所谓的特殊年代，就是1988年2月我被突然免职之后，当年的毕业生，还差5个月不能获取由我签发的毕业证书，他们感到沮丧和愤懑，有些毕业生甚至提出拒绝新校长签发的毕业证，或要求在毕业证上加盖我的专用章。所谓激情，就是我被毕业生们的热情所感动，在激情之下一口气写了这份超长赠言。毕业生们拒绝新校长颁发的毕业证，自然是不可取的，他们被我说服了，但他们把我的题词放在毕业纪念册的首页，才算平息了他们心中的不悦。

这一届毕业生大约有1500多人，自5月到7月初离校，他们络绎不绝地来到我的家中，向我辞行、向我赠送小纪念品，同时索取我的照片作为纪念。他们在我家楼前排起了长龙，依序到家中与我话别，我估计有800人，那种场面令我十分感动，也终生难忘，使我获得了极大的慰藉！

现在，我把这帧题词抄录于此：

一个社会的进步，是基于社会是否有革新的风气；一个国家是否有活力，主要看青年人的聪明才智是否得到充分的发挥。世界大也无限，小也无限，每个青年人都会寻觅到英雄用武之地。

你想要有所作为吗？那么，你就要不怕艰难困苦，不要怕竞争，不要怕转行，不要怕闲言碎语。对于创业者来说，绝对需要的是敢于向传统的观念挑战，敢于同流行的时弊做斗争，敢于冒风险，敢于闯入无人涉足的禁区。

改革、创新有险阻，需要付出代价，甚至是几代人为之而奋斗。但是，我丝毫不怀疑，改革、开放的方向是不可逆转的，中国的未来是属于一大批有作为的青年人！

刘道玉
1988年5月5日

十九、为学生书写序言

序文是我国古老的文体之一,早在先秦时代就产生了,并且广泛应用。序文是指依附于典籍、书著、文章、诗文之前或之后,旨在说明与该文体有关的内容,是在自由发挥中又讲究行文次第的文体。序的家族非常庞大,有书序、文序、诗序、杂序、赠序、字序、寿序等。被邀请写序者与作者之间,要么是师生关系,要么是亲朋好友。序言一般是作序者抒发与作者之间的逸闻趣事,或者画龙点睛式地对书文予以评点。

大学是从事高深学问研究之地,而书著就是反映研究成果的一种方式。大学的老师或校长,为学生的书著写序,是义不容辞的责任。这正如清朝诗人郑板桥在《新竹》中所写:"新竹高于旧竹枝,全凭老干为扶持。"教师和校长都应当为人师表,他们必须具备两个职业操守:一是要心甘情愿地做扶持学生的老干枝;二是要有青出于蓝而胜于蓝的博大胸怀,乐见学生超过先生。

在我担任校长期间,甚至卸任校长之后,常常应邀为人写序言。在长达30多年中,我大概写过近百篇序文,其中约有半数是为学生的书著而写的。我是一个事必躬亲的人,这些序文都由我亲自书写,其中都会阐发我的教育或人才理念,它们都是我的教育思想的组成部分。我选择了70年代、80年代和90年代的三篇序文予以展示。这三篇序文分属三部著作,作者分别是:周中华,78级哲学系学生,他的著作是《周中华漫画选》;徐鸿,80级图书馆学系学生,她的著作是《暮雨弦歌:西德尼·D.甘博镜头下的民国教育(1917—1932)》;龚航宇,92级政治思想教育系学生,她的著作是《穿旗袍的女人》。现分别把三篇序文抄录于此。

(一) 周中华：哲理漫画的创始人 (代序)

周中华是武汉大学78级哲学系的学生，1982年以优异的成绩获得毕业文凭和学士学位。他在读书期间，我就认识他，不止一次地看过他主办的《哈哈镜》漫画专栏。他毕业前夕，正值我患流感住在武汉陆军总医院，他到医院探视我，向我辞行，并要求我对他提出希望与要求。

他到北京工作后，我们常有书信来往，每当我到北京出差，只要他知道了，他也是要来看我的，向我介绍他创作情况和对未来的设想。爱心是每个教育工作者所共有的品德，爱什么？爱教育、爱学生、爱才。周中华是我喜爱的学生之一。他毕业4年多了，通过实际工作，他更成熟了。几年以来，他先后发表了400多幅漫画，8次获得国内和国外优秀奖和特别奖，两次举办画展，是国内比较瞩目的青年画家之一。现在，《周中华漫画选》又将出版，的确又是一个喜讯。当我看到这些成果时，我是无限高兴的，这篇文字正是寄托我的喜悦、祝贺与希望。

周中华是学哲学的，但他却成了画家。在我校的校友中还有这样的一个例子。《人民日报》国际版的方成同志，原是武汉大学化学系1942年毕业生，但他却成了大名鼎鼎的漫画家。我知道，周中华对方成同志是很敬佩的，也许周中华是受到了方成的影响而走上了画漫画的道路。

从唯物主义的观点来看，周中华所选的道路既有偶然性，但又有必然性。高考的时候，他被录取到武汉大学哲学系学习，毕业后被分配到一所党校工作，这些都带有偶然性。但是，他自幼喜欢画画，勤奋刻苦，虚心拜师，从没有放弃对艺术的追求，这就是他成为一位画家的必然性因素。

研究人才学，不仅要研究荐才、育才和用才，而且要研究人才成长的规律。那么，周中华的道路给我们什么启示呢？我以为有以下三点。

第一,要尊重和保护青年人的志趣。爱因斯坦说过:"热爱就是最好的老师。"一个人无论做何种事情,一定要使他对那件事情产生兴趣,否则是不可能有所创造的。周中华对漫画的爱好是执着的,这是他成功的原因之一。我认为,重要的还不在于此,而在于各部门、各级领导能否尊重和保护青年们的兴趣。所幸的是,周中华的愿望实现了。在大学期间,他主办的《哈哈镜》专栏使他的爱好得到了发展。他毕业后的工作,开始虽不遂人意,但在我的帮助下,他很快被调到中国青年报社工作,为他从事漫画提供了舞台。正是得到了诸多部门的爱护与帮助,使他得以茁壮成长。

第二,关键是在结合上下功夫。马克思在中学毕业时说过一句话:"我们并不总是能选择我们自认为合适的职业;我们在社会上的关系,还在我们有能力对它们起决定性影响以前就已经在某种程度上开始确立了。"我想,周中华在高中毕业时也遇到了这个问题,他没有被录取到艺术学院,而被录取到武汉大学哲学系。类似的问题,恐怕有一些大学生也会遇到。面对这种情况,是沮丧、颓废、弃学,还是因地制宜,把个人的兴趣与所学专业结合起来呢?周中华选择了后者。他认为,世界是统一的,艺术形式与抽象思维却是反映世界的,于是他把哲学与对艺术的兴趣统一起来了。在创作的探索中,他重新发现了绘画,也重新发现了哲学与思想。周中华发挥了自己的优势,把哲理寓于漫画中,从而成为哲理漫画的创始人。

第三,重要的是出成果。幻想是重要的,它往往推动科学发现与发明。但是,幻想不等于现实,科学幻想的实现,是要靠脚踏实地的精神。青年人希望早日成才,尽快扩大在学术界的影响力,这是可以理解的,也是应当得到支持的。但是,如何才能提高知名度呢?所谓知名度,就是一个人在社会上或是学术领域里的名气。对于一个科学家来说,其知名度由他们的贡献大小直接决定。衡量贡献大小的标准有二:一是经济和社会的价值,即对解决经济和社会实际问题所起的作用;二是学术价值,即发表的论文和著作的数量以及对科学发展所起的作用。

周中华作为一名青年漫画家,现在已经有了一定的知名度。这知名度是用汗水换来的,是作品与奖章的积分。但是,对于周中华来说,今后的道路还是漫长的,在艺术的追求上也仅仅是开始。因此,我希望他谦虚谨慎,再接再厉,永远进取,不断创新!

是以为序。

刘道玉
1987年1月15日于珞珈山

(二) 再现民国教育的本相(代序)

去年11月上旬,昆山杜克大学图书馆馆长、杜克大学图书馆副馆长、我的学生徐鸿博士来访时告诉我,她与武汉大学信息管理学院的李明杰教授,根据杜克大学图书馆收藏的西德尼·D.甘博家族捐赠的照片,准备编撰一本民国教育的照片集。我没想到今年9月,她就来信告诉我:"该书的中文平装版已经写好了,将由武汉大学出版社出版。我非常想请您给该书写篇序言。其实,您很忙,手又不便打字,我内心非常纠结。如果换作其他领域的著作,我一定不会来打扰您,可这是一本跟教育有关的书,所以就开口了,哪怕写一段简短的文字都行。"

我历来是遵循"有求必应"的信条,从来不会让有求于我的人失望,何况这是一本有关教育的书,因为教育就是我的挚爱。于是,我就同意来写这篇序言,让我有机会了解我国民国时期的教育状况,从中吸取有益的经验,以推动我国目前步履艰难的教育改革。

这本书的主人翁当是西德尼·D.甘博(Sidney D. Gamble,1890—1968),他是美国传教士、社会经济学家,出版过多部关于中国社会调查的著作,如《北京社会调查》等;同时他也是一位卓有成就的摄影爱好者。自1908年到1932年,他先后四次来到中国,一边从事北京市和华北农村的社会调查,一边用照相机镜头记录下中国社会真实的场景,拍摄了近6000张照片。这些珍贵照片的发现,倒是有点偶然性,甘博于1968年在美国纽约逝世,但他并没有把这些照片向家人作交代,所以他的部分照片一直未被发现。直到1984年,他的女儿凯瑟琳在一个鞋盒中发现了甘博摄影的胶卷,杜克大学图书馆有关人员得知信息后,主动联系凯瑟琳,获得同意后收藏了这些照片,并以数字化方式扫描所有的照片,使得这些珍贵的照片才有可能与读者见面。

到了1989年,甘博的这些照片首次在美国19个城市展出,反响强烈。自20世纪末到21世纪初,他的摄影作品在中国27个城市展出。他的摄影作品与他的学术著作一样,体现了他严谨治学的态度,敏锐的历史眼光,深厚的艺术修养,以及对异国民族的善良和友好的品格。近年以来,随着学术界对民国时期问题研究的开展,甘博的照片也异常火爆,先后在中国大陆和台湾地区出版过多个版本的甘博摄影集。但是,李明杰与徐鸿博士的《暮雨弦歌:西德尼·D.甘博镜头下的民国教育(1917—1932)》却与众不同,他们从近6000张照片中特别选出了300张与教育有关的照片,最后再从中挑选了182张收入到本书中。

坦率地说,我非常喜欢这本书,特别是书名开头的"暮雨弦歌"的引语,更是令人陶醉。在那细雨蒙蒙的黄昏伴着弦琴而歌,该是何等的惬意啊!这本书是我迄今看到的唯一的一本民国时期教育的照片集,为了让读者了解照片的内涵,作者还实地考察了部分照片的原址,或者借助文献资料撰写了详尽和生动的文字说明,真可谓是一部图文并茂的文化史奇迹!

我虽然出生于20世纪30年代,但孩提乃至少年时代,足迹没有离开过落后的农村故土,所以对民国时期的教育,我也不甚了解。因而,这本书又把我带回到那遥远的年代,使我有机会了解到更多民国时期教育的情况。民国与人民共和国是前后两个朝代,由于制度和意识形态的不同,所以生活在人民共和国时代的人们很少知道民国教育的本相，而甘博的这部民国教育影集正好再现了那个时期教育的原貌。所谓的本相就是指事物或重大事件原来真实的形态，既没有裹上艳丽的华衮，也没有因人的爱恨而增添或删除或篡改，保持了民国时期教育的原始状态。至于说到再现的手段，当然也是各式各样的，如照相机拍摄、手工临摹、文字写真、泥模雕塑等，如果是生命体的话，甚至还可以用克隆技术复制。但是，就景物而言，照相机拍摄无疑是最能够再现事物本相的手段了。

那么，甘博镜头下的民国教育集，又再现了哪些民国教育的本相呢？我要特别指出的是，甘博拍摄照片的时间是自1917年到1932年期间，这是一个烽火遍地的年代，又是新思想风起云涌的时代，可谓是中国几千年历史上思想碰撞最为激烈的时期。然而，甘博既不避风险又不怕旅途劳顿，怀着对东方文化的好奇和博爱情怀来到中国，从北到南，由东到西，断断续续地历时15年，足迹遍布大半个中国，记录下了具有珍贵价值的民国教育照片。

我们从甘博的有关教育照片可以看出，那个时代中国还是非常落后的，校舍简陋，学校规模也很小，人民生活贫苦，能够接受教育的儿童是极其有限的。同时，教会学校在中国得到迅速的发展，从幼儿园、小学、中学到大学。据统计，在本书中收入的与特定教育机构相关的138张照片中，教会办学机构84幅，占比高达60.9%；公立教育机构38幅，占比为27.5%；私人教育机构16幅，占比为11.6%。虽然这个占比带有一定的随机性，但从一个侧面也反映出教会学校在民国教育中占有重要的地位，尤其是高等教育。在1949年以前，公立大学、教会大学和私立大学几乎是三足鼎立，这是一个结构合理的办学模式。可是，1951年院系调整时，撤销了教会大学和私立大学，从而使公立大学独霸天下。没有比较就没有鉴别，也不会有竞争，从而造成我国高校"千校一面"的局面。

在本书中，第十三章是异彩纷呈的大学建筑，所介绍的8所大学，除由庚子赔款建立的清华学校外，其他全都是教会办的大学。在19

世纪末和20世纪初,在我国各地创办了30多所教会大学,而于1916年创办的燕京大学却是后来居上,成为众多教会大学中的一朵奇葩。燕京大学创校即首任校长是约翰·司徒雷登(John Leighton Stuart, 1876—1962),他四处奔波为大学募集资金,呕心沥血管理这所大学,无论是选择校址或是办学理念,或聘请教师,他都是追求卓越,以达到至善至美。在短短的12年中,使燕京大学成为世界一流水平的大学,令我国的国立大学或其他私立大学刮目相看。

这样评价燕京大学,绝非是杜撰出来的,而是以翔实的资料做出的评估。据研究者的结论,1928年是燕京大学成为世界一流大学的标志年,其标准有以下三点。一是大师云集,如冯友兰、吴文藻、钱穆、陈垣、郭少虞、朱自清、侯仁之、周作人、顾颉刚、许地山、沈君默、容庚、冰心,等等。在33年中,共培养了近万名学生,平均每年330人左右,从中涌现出了57名两院院士。1945年9月2日,日本在美国战列舰"密苏里"号上举行签订投降书仪式,与会的三个中国记者全都是燕京大学毕业生。二是美国加州的大学对亚洲高等学校的学术水平调查,认为燕京大学是亚洲最好的两所基督教大学之一,其毕业生可以直接进入美国大学研究院攻读学位研究生。1936年民国政府教育部部长王世杰向司徒雷登先生颁发嘉奖状,以奖励他创办燕京大学的功绩。三是1928年1月4日,美国哈佛大学与燕京大学合作共同创建哈佛燕京学社,促进中国学术研究成果的出版,这被认为是一流大学标志性的事件。

然而,至今我国仍然没有世界一流水平的大学,其实撤销燕京大学是我们自己毁掉了曾经的一流大学,这是令人痛惜的。司徒雷登先生创办燕京大学是功勋卓著的,在抗日战争中,他拒不与日本侵略军合作,被日本关押在集中营3年多,直至日本投降后才出狱,可见他爱中国和保护燕京大学不是虚伪的。然而,过去对他的评价却是狭隘和偏颇的,现在应当对他做出公正的评价,还以历史的本相。

1968年他在美国纽约逝世时留下遗言，希望死后与于1926年逝世的夫人艾琳（安葬在燕京园临湖轩的湖边）合葬在一起，虽然中央政府批准了他的遗愿，但由于有人联名反对而作罢，最后他被安葬在杭州东北郊的安贤园，留下一个永远无法弥补的遗憾。

1951年院系调整中，撤销了燕京大学，其所属系科合并到北京大学。目前在北京大学的燕园中，矗立着林林总总姿态各异的雕塑，然而竟没有当时燕京大学创始人司徒雷登的雕塑像。北京大学，你欠了司徒雷登先生一座铜像。

公正地说，没有司徒雷登就没有燕园，也就没有北京大学的今天。为了购买这块宝地，司徒雷登先是坐两天火车，后在督军的护卫下，再骑马7天，穿过土匪经常出没的危险地带，到达西安与军阀陈树藩商谈，最后以6万大洋买下了这块风水宝地，后又购置了周边的一些荒地，从而奠定了燕园的基础。我们姑且不论他创办燕京大学的卓越成就，仅就他不辞劳苦和冒着生命危险购买校址，难道不应当在燕园为他建造一座纪念铜像吗？

读《暮雨弦歌：西德尼·D.甘博镜头下的民国教育（1917—1932）》有感，特抒发了以上的感言。

兹忝为序。

刘道玉　谨识

2018年9月12日于珞珈山寒宬斋

（三）一个特殊人才成长之路（代序）

今年8月底，我收到了武汉大学出版社责任编辑郭静转给我的一本书，是由经济科学出版社出版的《穿旗袍的女人》，作者是龚航宇。现在，作者又进一步做了修订，准备以《一袭香黛——航宇旗袍诗集》为名由武汉大学出版社重新出版。我浏览了这本诗影并茂的书，发现作者原来是武汉大学1996届的毕业生，是一位著名的服装设计师，是香黛宫品牌的创始人。读完这本书后，留给我的第一印象是，她是一个特殊的人才,《穿旗袍的女人》是一本特别的书。

我是一个有求必应的人,尤其是武汉大学的学生,甚至是外校的大学生,凡是有求于我的人,只要我能够做得到,我一般都不会拒绝他们。但是,我面对的是一个陌生的作者,而旗袍文化又是一个陌生的领域。为了写好这篇序言,我需要了解作者和她写作的情况。于是,我通过责任编辑郭静联系上了龚航宇,我对她说:"我同意为你的书写序言,但希望你提供个人的一些背景材料,我将把你作为一个人才的个案进行研究,以便总结你成才的经验。"她同意了,先后把她写的《我与香黛宫》、《生命的颜色与线条》以及与她相关的报道和专访以电子邮件发给了我。这使我对她有了一些初步的感性认识,但我还需要从理性上分析她究竟是怎样走上了热爱和开发旗袍文化的道路的。

1992年夏季,龚航宇以优异的成绩被武汉大学录取,她选择的是政治思想教育专业。该专业的培养目标是:具有在党政机关、企事业单位、高等学校和社会服务机构,从事马克思主义理论和思想政治学科的教学、科研和思想宣传工作。很显然,龚航宇现在从事的职业与该专业的培养目标完全不一致。

在新生入学后的一个晚会上,同学们举荐她表演文艺节目,她急中生智,临时根据理查德·克莱德曼的钢琴曲,自编自演钢琴舞《雨丝》,以雨丝寓意飘逸、轻盈和恣意的长发。她的表演获得了成功,同学们簇拥过来向她表示祝贺,而学校负责文艺活动的老师却发现了一个文艺骨干,把她吸收到学校文艺队,准备彩排迎接校庆100周年的文艺演出。为此,她利用晚上时间,自费到武汉音乐学院学习舞蹈,虽然经历一段极为艰辛的磨砺,但在她的心田里却播下了艺术美的种子,只是等待来年发芽、生长、开花和结果。

1996年夏天,龚航宇顺利完成学业,获得了武汉大学毕业证书和学士学位。武汉电视台对她非常赏识,意欲聘请她为节目主持人,这本是一个众多毕业生梦寐以求的职位。可是，龚航宇却婉言谢绝了，她选择了到韩国学习服装设计，在3年的时间里，她先学习服装设计，后又学习做服装。没有比较就没有鉴别，于是自2000年到2002年，她又到法国学习服装设计。每一个女人都有一个巴黎梦，而龚航宇到法国留学也是为了寻觅自己的梦。

此后，她又先后考察了欧美40多个国家，目的依然还是寻求美和自己的梦。什么是美？美感起源于直觉，我国美学大师朱光潜先生认为："美不完全在物外，也不完全在人心，它是心物婚媾后所产生的婴儿。"龚航宇通过考察发现，韩国女性是优雅的美，法国女性是浪漫风情的美，美国女性是舒适加个性的美。她考察了那么多的国家，以为自己很国际化了。其实，跟着大牌名家学风格是没有根的，到头来唯独没有自己的风格。她经过对比、反思，认识到外求与内求的关系，这就犹如王阳明"龙场悟道"一样。王阳明因反对宦官刘瑾，被谪贬至贵州边缘荒芜之地龙场。他追问怎样才能成为圣贤，不断叩问尧舜、孔孟："圣人之道何也？"在一个疾风暴雨的夜晚，他从梦中惊醒，突然意识到："圣人之道，吾性自足，向之求理于事物者误也。"最后，王阳明被称为心学的创始人，也是继孔子、孟子、朱熹之后的第四位圣人。

王阳明悟的是道，而龚航宇悟的是美，他们的共同点是寻觅到了自己追求的理想。自从龚航宇顿悟到寻美的内求哲理以后，她的思想境界升华到一个新的高度，她把目标聚焦到中国的女服旗袍，而且一头扎进去就出不来了。她认识到，从西方形式的美到东方意念美和境界美，是美的升华，旗袍文化博、深、韵，它体现的是东方女性的委婉多情、含蓄内秀，或藏或露，或曲或直，尽显不同女性的美艳之中。龚航宇认为："女人没有丑的，只有丑陋的心态和懒惰的心。"这个观点与爱因斯坦认为"每个人都是天才"如出一辙，问题就在于我们如何设计和实现自我，是否把我们的潜质发挥到极致，如果每个人做到了这一点,那么他们都不再会是一个俗人了。

龚航宇的美是骨子里的美,她找到了美,也找到了自己的事业。在最近的 4 年中,她创造了无数的奇迹,一人包揽塑造三大顶级国际选美机构的冠军形象,创立了"香黛宫"品牌,营造了特色的香黛文化,开办全球首家旗袍剧场,被评选为中国十杰设计师、文化素养讲师、旗袍文化国际交流大使、新西兰王室华服设计师,出版了《女人花》、《穿旗袍的女人》等畅销著作。龚航宇开发的以旗袍为主的时尚服装产业,正处于如日中天的时期,她正在进一步策划,寻找合伙人,进行资金链整合,准备把她的香黛宫文化公司扩大到上海、苏杭、萧山、武汉等地,相信她的事业会越来越红火。

那么,一个学习政教专业的女生,是怎么成为中国当代时尚旗袍文化的创始人的呢?我说她是一个特殊人才,也就是从这个意义上说的。她的成才与所学专业无关,与通常成才的道路也大相径庭。我是研究创造教育学的,从创造的角度说,我认为她成才的主要经验可以归结为以下三点。

第一,兴趣是成才的关键。每个人都是自己命运的设计者和实践者,而兴趣是成才的出发点。龚航宇自幼喜欢歌舞、绘画,老师也鼓励她学文艺,可是父母却认为读书和掌握专业知识才有出路,于是航宇从小学到高中都远离文艺演出。我始终认为,在选择专业问题上,由父母或者老师越俎代庖是不可取的,正确的方法应当是顺应孩子的天性发展,尊重他们的志趣。我还认为,一个人成才与否,与所学专业没有绝对的关系,学什么、做什么和成就什么,也不是铁定的规律。所幸的是,航宇到大学毕业时,她回归了自我,正确地设计了自我,选择了时尚服装设计为自己的毕生事业。

第二,梦想不息,寻梦不止。她大学毕业以后,大约用了 10 年的时间,到韩国、法国和欧美 40 多个国家留学和考察,义无反顾地踏上了寻梦之旅,这也是她寻觅美的人生历程。对于一个刚刚毕业的女孩来说，如果没有执着的精神，是不可能坚持到底的。她的寻梦并不是一帆风顺的，在法国她遭遇到绑架，在欧洲她露宿过公园，在加拿大魁北克遭遇到冷眼。但是，正如《警世贤文·勤奋篇》所说："宝剑锋从磨砺出，梅花香自苦寒来。"古人说"十年磨一剑"，航宇做到了这一点，历经十年的寻觅和顿悟，寻找到中国时尚服饰文化的根，先后四次访问多伦多，从 Chantel Gong 翻译过来香黛宫这个品牌。

第三，灵感是创造之源。武汉大学汪柏安教授等于 2016 年编辑和出版了《就这样望着你的脸——武汉大学校园歌曲三十年精选集》，他多次来访请我为该书题词，在没有准备的情况下，我信手题写了八个字："唯有创造才有艺术。"这就说明，艺术与创造是如影随形的东西，没有灵感也就没有创造。龚航宇是诗人、时装设计师、时尚文化开拓者，灵感对于这些职业是须臾不可少的。时尚之所以流行，就是因为它具有新颖性，如果没有创意，那就不再是时尚，而成为过时、落伍和土气，自然就将被淘汰。从龚航宇的经历来看，她是一个富有灵感的人，无论写诗或是时装设计，都需要灵感。例如，她即兴表演的钢琴舞《雨丝》、香黛宫品牌的创意、十二香黛文化、旗袍剧场等都是灵感诱发出的创意。灵感并不神秘，它无时无刻都存在于我们的周围，问题是我们要有一个"有准备的头脑"，随时随地捕捉稍纵即逝的灵感。我衷心希望她的灵感迸发，站在时尚文化潮流的潮头，开拓中国文化时尚的未来！

龚航宇是我未曾授业的学生，也没有获得由我签发的毕业证书，但我们却因书而结缘，因爱美而相识。这是一份迟到的师生情谊，她恳请我为其书作序，我为她追求美的执着精神所感动，故特写了以上一段文字。兹忝为序。

刘道玉
2017 年 9 月 18 日于珞珈山 寒宬斋

二十、为学生『树碑立传』

在汉语中,树碑立传是一个专用术语,专指后人为前人立传,学生为老师立传。广义上说,为英雄立传,为奉献者立传,为可敬的人立传,也都是屡见不鲜的。所谓立传,就是将传主的生平或者英雄模范事迹镌刻在大理石碑上,或者以文字著作颂扬传主的业绩,让后人铭记他们的功绩,并激励一代又一代的年轻人沿着他们的足迹前进。

在教育上,我有一个理念,杰出的学生就是大学的名片。根据这个理念,我曾经出版了《大学的名片——我的人才理念与实践》一书,先后出版过三个版本,2006年美国溪流出版社出版第一版(中文),2010年湖南教育出版社出版了第二个版本,2019年湖南教育出版社又出版了第三个版本。

我认为,一所大学应当有许多美丽动人的故事,他们产生于教育改革之中,是由校长、教师和学生共同创造出来的。这本书写作的缘起,是在我担任武汉大学校长之初,我准备了一个16开的硬皮笔记本,在扉页上写着"十年树木,百年树人"八个字,打算记录和追踪100个优秀的学生,把我与他们交往的故事,以及他们毕业后创业的成就如实地记录下来。我的初衷是想观察和研究他们成才与成功的规律,为以后培养学生提供借鉴。可是,由于我被提前免职,所以这项工作并没有达到预期的目的,以至于留下了无法弥补的遗憾。

这本书的书名是《大学的名片》,副标题是"我的人才理念与实践",主要内容是叙述优秀学生的业绩,其中穿插了我的人才理念,包括如何识别人才、如何培养人才、如何使用人才、如何推荐人才、如何保护人才等。自古以来,都认识到得人才者得天下,但获得人才又是一个困难的问题,以至于连孔子也认为"才难"。难在何处呢？难就难在于一个"格",不破除"格"的束缚,人才就不可能冒出来。

在《大学的名片——我的人才理念与实践》一书中,作为传主的有42人,而涉及的优秀人才总共68人。在他们之中,有院士2人、著名数学家6人、著名作家8人、著名哲学家3人、著名经济学家5人、著名文学家和资深教授2人、著名科学家4人、著名企业家12人。他们的业绩在业界是有目共睹的,都堪为领军人物,我之所以宣传他们的事迹,是表明我对他们的崇敬。看过这本书的人评价说,自古都是学生给老师作传,尚没有校长为学生写传的。其实,这也没有什么不可理解的,哪一个教师或是校长不希望看到自己的学生成功呢？

在70多年以前,人民教育家陶行知先生曾经说过:"教师的成功是创造出值得自己崇拜的人,先生之最大的快乐,是创造出值得自己崇拜的学生。"就我自己的感情而言,我也是抱着这样崇敬的心情来写他们的故事,他们都是青出于蓝而胜于蓝的典型代表,我为他们的业绩而自豪。当然,由于我个人收集资料的局限性,也有些杰出的学生不便暴露自己的身份,所以很多人的事迹没有被收入到书中,但并不影响他们也是母校的名片和骄傲。

在该书的末尾,第四篇是附录,有国内外13个学生写的文章,是讲述他们与我的故事。也可以说,这本书是我与学生们互相讲我们之间的故事,或者说是校长为学生作传,而学生们也是在为校长作传。这是我们之间情谊的记载,是在那个特殊年代形成的友谊象征,是非常值得发扬光大的好传统。

二十一、服务无大小之分

大学的校长和各行政部门都是为学生服务的,具体说就是围绕着为学生成才这个中心而开展的各种服务的活动。所谓服务,就是为集体或个人做事,使他们从中受益的一种无偿的劳动。服务是无条件的、无偿的,只有好坏之别,而无大小和贵贱之分。

抓好教学工作,推动教学改革,提高教学质量,这些当然是为学生服务的;组织学生参加科学研究,在教师的指导下完成某个科研项目,也是为学生服务;营造良好的学风,制定奖励优秀学生的制度,也是为学生服务。与此同时,解决学生们日常生活中的困难,这也是为学生服务。服务是经常性的,必须事事抓、时时抓和处处抓,绝不可能一劳永逸。我们必须承认,大学的领导层中,时而有官僚主义,或是行政化的作风,这些都会严重影响服务工作。因此,大学的校长要利用自己的权威,督促各行政部门做好为学生服务的工作。

◆（一）半夜派车救护重病的学生

罗敏是计算机科学系81级学生,他是湖南籍学生,学习成绩一贯优秀。不料,1982年11月,他突发急性阑尾炎,被同学护送到校医院,医生处置是输液和保守治疗一天,但病情并没有得到控制,而且还有加重的趋势。在紧急的情况下,校医院决定将罗敏送往湖北医学院附属第二医院(简称湖医二院),但是校医院仅有一辆救护车,已经派出救护运动会上受伤的学生。

那时,市场上还没有出租车,在急切之中,罗敏的同学徐徽想到了我,于是他半夜拨通了我家中的电话,希望校长帮助解决送罗敏到医院的汽车问题。我预感到病情的严重性,马上通知车队司机何光畴尽快赶到校医院,立即把罗敏送到湖医二院,并要求司机在医院等候,直到病人安全后才能离开。

罗敏被送到湖医二院,经主治医生检查,认为病情非常严重,必须马上手术,否则一旦阑尾穿孔,将有生命危险。深夜1点多钟,医院对罗敏实施了阑尾切除手术,使他转危为安。事后,罗敏的故事在学生中广为流传。2005年,他们毕业20周年聚会时,我参加了这次聚会,当罗敏和他的辅导员朱立胜谈起这件事时,大家为罗敏经历了人生的一次考验而高兴,我也为他的手术尽一己之力而感到欣慰。

1985年毕业时,罗敏考取了国防科技大学的研究生,获得硕士研究生文凭和学位后,又被分配到中国人民解放军总参谋部第六十一研究所工作,一直到2000年转业。然后,他加入Oracle(甲骨文公司)工作至今,担任资深技术顾问,常年为银行、电信、政府和保险业服务,他的技术水平和工作成就,获得各部门的称赞。

◆ (二) 疏通学生厕所下水道

梅园四舍是法律系学生居住的宿舍,是我经常去的地方,也是我每日上下班必经之地。1983年5月上旬,我收到法律系学生的一封信,他们反映宿舍厕所下水道堵塞已经两个月,多次要求水电部门来修理,但都杳无音信,他们呼吁我关心此事。收到这封信后,我真的有点火冒三丈,这是典型的衙门作风。于是,我要求学校水电科立即派人于当天必须疏通。同时,我打算晚上下班路过时查看一下,目的是了解现场情况,同时也检验一下我的批示是否有用。当我到达梅园四舍二楼时,学生们立即把我围起来,他们欢呼说:"校长,下水道已经疏通了,谢谢校长!"事后,该年级大二学生周叶中,给《人民日报》写了一封信,于1983年5月14日刊登,标题是《如果每个领导同志都这样》。事情虽然已经过去快 40 年了,但是经历过这件事情的人,依然记忆犹新。当时的舆论反应是两极的,赞成者说这是校长的亲民作风;反对者说校长抓这样芝麻点的小事是不务正业。我并不这样认为,事情虽小,但关系到学生切身利益问题,必须亲自督办,这既是为学生服务,也是以实际行动纠正官僚主义的作风。

◆ (三) 要让学生吃得好

　　大学生处于长身体和长知识的关键年龄,关心他们的饮食,就是关心他们的身心发展,也是他们成才的物质基础。1984 年秋,我接到桂园学生的信件,他们反映伙食不好,希望我关心一下。为了摸清问题所在,我到桂园食堂帮厨,名义上是帮厨,但实际上是为摸清伙食不好的原因。我一连三天到食堂帮厨,既向学生们了解情况,又与食堂厨师们个别谈话。通过几天的了解,我发现食堂伙食质量下降的原因,主要是管理体制方面的问题。

　　原来,在桂园进餐的学生很多,是全校最大的食堂,涉及中文系、历史学系、外文系、图书馆学系、哲学系、经济学系和化学系 7 个系近 3000 人进餐。根据这种情况,我约请总务处处长夏都琨和伙食科科长叶汉坤开会研究,同时也邀请了各系学生会生活部长参加讨论怎么解决学生进餐排队现象,同时又保证伙食质量不断得到提高。

　　经过我们充分酝酿,一致认为采取分而治之的办法,把一个大食堂分为两个食堂,即三食堂和四食堂。这样一来,既解决了排队就餐的问题,同时两个食堂又展开良性的相互竞争。为了保持良好的服务,经过商议,成立了由总务处统一领导的伙食管理委员会,实行民主管理,互相支持和相互监督。这个经验后来在全校推广,受到了广大学生们的欢迎。

◆ (四) 与学生一起过除夕

　　80 年代的大学生,都比较艰苦,逢年过节大多数都是留校,既节省了路费,又充分利用假日进行学习。尤其是春节,一些边远省份的学生,不少人都是留校过年。可是,每逢佳节倍思亲,他们难免在春节有思念家人的忧愁。在我任校长的7年中,每年除夕基本上没有在家与家人团聚,而是选择与留校的大学生们一起过年和吃年饭。

1984年除夕,我选择了与四川籍留校生一起过除夕。我们事先与食堂商量好,希望食堂给我们提供包饺子的菜馅、面粉和面板。我们相约于除夕晚上6点聚会在桂园十舍,大家围拢在一起包饺子,边包、边煮、边吃,直到8时春节联欢晚会开始,大家过了一个非常愉快的除夕。我很喜欢四川籍的学生,与不少人都建立友谊,直到现在有些人还是我的忘年交朋友。

◆ (五) 我是春游的常客

20世纪80年代的大学生,学风踏实,彼此友爱,经常由年级或者学生会组织春游或秋游,他们常常都会邀请我参加。1983年的春游,是由校学生会组织的,这届学生会主席是哲学系80级学生杨毅,他热心为学生服务,具有很强的组织能力,在我看来,这届学生会工作是历届学生会工作中做得最好的一届。

这次春游是在磨山植物园举行的,主题是请《女大学生宿舍》的作者喻杉谈创作体会,她是中文系大二学生,她的创作灵感来自美丽的珞珈山,湖光山色给予她创作的灵性。座谈会后,参观游览了武汉市最大的植物园,我们观赏到许多稀有的植物和花卉,增长了不少生物学的知识。中午时刻,学校伙食科送来了蒸饺、肉包和稀饭,大家吃了一顿可口的午餐。饭后,男女生又在草地上跳起了集体舞,尽情地歌唱,直到夕阳西下,我们愉快地返回校园。对于我来说,这既是了解学生情况的好机会,也是一次休息,实在是难得。

二十二、爱学生不分内外

一个热爱教育的工作者,必须爱学生,这是由教育的目的所决定的。因此,无论是我在担任武汉大学校长期间,或是被免职以后,甚至到了耄耋之年,我对学生的爱仍然矢志不渝。在我任校长时,除了关爱本校的学生外,曾经与北京中关村小学生讨论过教育改革问题,解答天津的一个自称"丑小鸭"的女生的疑难问题,帮助过沂蒙山区一个准备轻生的女生,还为不少农村青年咨询自学和创业,等等。

大学校长公务繁忙是人所皆知的,即便如此,也是能够抽出时间关心有求于你的社会青年人的。对于给我写信的人,我都一律亲自回复,在我看来,即使自己再辛苦,助人为乐也是一种享受。不仅仅如此,我个人从来信中,也获得诸多的信息,甚至是启发我从事改革的灵感。即使到了老年以后,接待南来北往的学生,仍然是我日常生活的重要内容,我乐此不疲。

20世纪80年代,武汉大学学生社团活动非常活跃,这一好的传统被后来的大学生们继承了下来。我校哲学学院大四学生王庆勋,对学生社团大胆创新,于2017年组织了全国大学生跨校社团,目的是开阔眼界,参观和了解各校的学术与文化传统,交流各校教育改革经验,拜访名师,增长才干。应王庆勋同学的邀请,2017年1月18日下午,在武汉大学老干活动中心,与来自北京、广州、西安、济南、南昌、合肥、恩施等18所大学的20多位同学进行了座谈。他们提出的问题有:什么叫学习?怎样学会学习?大学应当怎样推进教育改革?

大学的真谛是什么？在僵化的教育体制下，怎样搭建自己的学习平台？怎样对待专业学习？

看来，这些大学生们对学习是十分关心的，他们的问题也基本集中在学习与教育改革，这是与他们切身利益息息相关的。应他们的要求，我根据他们的问题，就大学生如何认识学习的本质、目的和境界做了发言。学习是一个老生常谈的问题，只要不是十足的文盲，都有过在校学习的经历，可是绝大多数的人，包括各级学校的教师们，对学习的真谛可能不甚了解，这在极大程度上影响了学习的效果，也是不能冒出杰出人才的原因之一。

什么叫学习？在汉语中，学习是由学与习二字组成的，它们分别代表两层意思。孔子在《论语》开篇首句就说："学而时习之，不亦说乎？"显然，他也是把学与习分开使用的，意思是说，学了知识经常复习，是很快乐的事。把学习作为一个词使用，最早出现在西汉《礼记·月令》，其中说"鹰乃学习"，意思是说，雏鹰模仿老鹰飞行，反反复复试飞，最终学会了飞行。这就是学习一词最早的含义，后来被广泛地应用到教育中，包括自学、学校中的学习和社会的学习。

学习的本质是什么呢？对于这个问题，虽然有不少研究者有所论及，但我认为都没有触及本质。我认为，学习的本质就是感知、重复和记忆，仅此6个字就足够了，多了没有必要，少了又不能概括全部意义。我没有使用"认知"，虽然它是认知学派的主要观点，但感知更能够反映人的五官在认识客观事物中的作用。人们无论是获取直接知识（指亲自实践获得）或是间接知识（书本知识），无不是通过五官而获得的。感知是学习的基础，重复是学习的过程，而记忆是学习的目的，这三者是互为因果关系，而且是步步深入的。

真正的学习必须经过三个阶段，即感性、理性和悟性，它们是逐步深入的。在感性阶段，人们只是"知其然，而不知其所以然"。人的认识有待继续深化，进入到理性阶段，这时不仅要知其然，而且要知其所以然。但人的认识仍然没有完成，还有待继续深化，从而进入到悟性阶段,这时不仅要知其所以然,而且要达到知其超然,即超然自得,超然于物外。如果用一个字来概括学习的最高境界,那就是悟。人们学习优劣的差异,主要表现在悟性之有无。纵观人们的学习,只有极少数的人能够达到悟性阶段,也就是说,只有悟才能获得智慧。

学习都是有目的的,无目的的学习,当然是徒劳无益的。什么是学习的目的呢?依我之见,学习的目的也有高低之分,这就是"知"、"懂"和"通"。在感性阶段获得的只是知,也就是知道,而知道并不一定是正确的;在理性阶段,经过了去伪存真的加工,获得的是系统知道,所以获得的是真,也就是真知灼见、正确的知识或是真理。学习的最高目的是"通",这时人的认识已经超出狭隘的专业范畴,达到触类旁通、融会贯通、博古通今,所以"通"是学习的最高目的,这就是为什么说"一通百通"和"心有灵犀一点通"的道理了。古往今来,绝大多数的学习者只是停留在知的阶段,少部分达到懂的阶段,只有极个别的人达到了通的阶段,这就是那些大师级的人物。我们明白了学习的本质、境界和目的,就应当自觉地修炼,使自己的学习更有效,才能够进入到博古通今的杰出人才行列。

我们谈论学习,绝不能离开学习方法,它们是达到知识彼岸的桥梁。自古以来,人类积累了许多有效的学习方法。但是,别人的方法再好,那都是他们创造的,适合于自己的学习方法,必须由自己摸索和创造。只有适合自己的学习方法才是最好的方法。不过,有一个学习方法却是共同的,那就是自学。联合国教科文组织在《学会生存——教育世界的今天和明天》一书中指出:"自学,尤其是在帮助下的自学,在任何教育体系中,都具有无可替代的价值。"纵观人类学习的历史,就是始于自学,而后当学校出现以后,才演变成以讲授为主的教学方法。但是,随着信息化的普及,线上学习越来越便捷,人们必将又回到以自学为主的时代。因此,我认为自学是人类的第一大法,人人都必须掌握,它应该是立学之本。

20世纪80年代,我担任武汉大学校长时,如果学生能够通过自学达到教学大纲的要求,就可以允许学生不上课。可是,这毕竟是个别大学,绝大多数学校是不允许学生缺课的,而且教师用点名或扣分的方法把学生束缚在课堂上。我想大多数学生可能就遇到过这样的困惑。但是,这些管理制度,并不能限制大家自学,制度可以捆住大家的身体,但不能束缚大家的心。自学是最有效的学习方法,是随时随地都可以采用的方法,早晚自习、双休日、寒暑假,大家都可以自习。即使在课堂上,大家也可以思考自己感兴趣的问题,老师又怎么能限制呢?学习是学生自主的行为,学会学习是成才的关键。

无可讳言,我国僵化的大一统教育体制,是阻碍教育改革的障碍。教育部几乎垄断了全国教育的决策和管理权,也垄断了全部的教育资源,使得我国教育改革寸步难行。现在看来,结束这种集权式的教育体制,还是遥遥无期的。在这种情况下,大学生也无法撼动这种体制,但大学生能够掌握自己的命运。具体地说,大家完全可以搭建自己的学习平台,采用自学的方法来完成教学计划规定的任务。同时,大家还可以根据自己的兴趣,选择既有意义又有研究价值的课题进行研究。在科学发展的历史上,自学成才的例子很多,由大学生做出科学发明的人也多得不胜枚举。因此,大家千万不要有依赖思想,也不能迷信科学研究,路是自己走出来的。

在我发言即将结束时,有一个学哲学的学生问道:"刘校长,你能否用最简单的话给大学的真谛下一个定义?"我凝思片刻回答说:"大学是自由思考的地方,因此大学的真谛应当是:启蒙之所,智慧之源。"这个学生对我的回答似乎是满意的,这次座谈就在这个问题回答后结束了。随后,我与参加座谈的全体同学合影留念,并与他们一一告别,我预祝他们考察与交流获得圆满成功!

二十三、旁听生也能成才

旁听生与正式学生的区别在于,前者是指无法获得学籍和学位的学习者,而后者是指被大学正式录取和注册的学生。旁听生这种学习方式,早在我国大学诞生之初就有了,它指的是那些因贫穷而无法考上大学的求学者。最著名的旁听生就是沈从文,他是从旁听生到文学大师的杰出代表。他出生于湖南湘西,最高的学历仅仅是小学程度,1923年夏天,他来到北京成了北京大学校园里的一名旁听生。这是校长蔡元培开明思想的体现,他提出"来者不拒,去者不追"的办学理念,从而奠定了旁听生学习制度的基础。功夫不负有心人,后来沈从文成为北京大学文学院的教授,是我国著名的文学家、历史文物研究家。

按照常规,一个大学校长做好自己分内的事就可以了,哪有闲心关注校外的事呢?但是,我是一个理想主义者,教育者应当具有博大的胸怀,不仅要教育好本校的学生,而且应当关注社会上有志于求学的人,他们也是教育的一大资源,在他们之中也有俊才,如华罗庚、梁漱溟、叶圣陶、钱穆、启功等。

20世纪80年代初,武汉大学也尝试了旁听生制度,为一批失去上大学机会的青年人提供了机会。山东沂蒙山地区初中毕业生魏屹然,幸运地成为武汉大学第一个旁听生,她也因此而改变了人生的命运。

魏屹然于1966年10月出生于山东省沂蒙山地区的平邑县,父亲是个医生,她是长女,还有一个弟弟和一个妹妹。她的童年是在"文革"中度过的,初中毕业后,她没有继续上高中,较早地开始了打工的生涯,先后在砖瓦厂、罐头厂、晶体管厂当过临时工。早年打工的经历,让她品尝到缺少文化知识的苦恼,于是下决心要弥补自己知识不足的缺憾。她一边打工,一边坚持学习,先后在函授大学学习,并希望有机会到大学里去深造。

1985年1月11日和12日,《中国青年报》刊登了《刘道玉晶核》的长篇报告文学,她认真阅读了这篇报道,让她心潮澎湃。她被武汉大学的教育改革所吸引,她极为崇拜刘道玉的改革精神。她心想:也许刘校长是能够帮助她的人。于是,她大胆地做出了一个决定:我要离开家乡,要读书,准备到武汉大学去找刘校长。

这一年秋季开学不久,她来到武汉大学,贸然地找到了我的办公室,怯生生地对我说:"刘校长,我是山东沂蒙山区来的,想在武汉大学读书,请您给我一个机会吧。"她一边说,一边弯下腰恭恭敬敬地给我鞠了一个躬,同时流出了泪水。我被她渴求读书的诚意所感动,对她说:"大学的门对一切渴望学习的人是敞开的,虽然我们不能满足每一个人的要求,但我们将尽可能为个别特殊情况的人提供帮助。我看这样吧,你去找教务处刘花元处长,他会具体安排你的学习。"

刘花元处长是一个开明的人,他励志教育改革,我们志同道合,配合默契。他热情地接待了小魏,根据她本人的志愿,安排她到中文系旁听。从此,小魏就与中文系结下了不解之缘,在那里度过了她的青春韶华。熬过7个酷暑与寒冬,她频繁地穿梭于中文系、新闻学系和政治学系的课堂,选学她感兴趣的课程。功夫不负有心人,她最后获得了新闻学本科毕业文凭,还获得了汉语言文学(大专)和管理心理学(大专)两个文凭。

对一个旁听生来说,熬过7年需要克服多少困难啦?她没有助学金,需要打工维持生计,她没有住所,不停地到处"打游击"。她凭着山东人倔强的个性,终于克服了一个又一个的困难。当然,在学习期间,她也获得了包括我在内的不少教师的帮助,这也增添了她克服困难的力量和信心。

在我任校长期间，小魏经常找我，她也不再怯生，似乎她把我当作她的师长和朋友，遇到困难总是向我倾诉。有一次，她到我家中，说要与我谈心，但她还没有开口就泪流满面。我问道："小魏，为何伤心啦？"

她害羞地说："校长，真不好意思，我知道我的学习机会是来之不易的，本不应该分心，但我不能控制自己。"我说："没有关系，有心思谈出来就好，不要闷在心里。"她说："我不久前谈了一个男朋友，可是后来又分手了，所以心里很难过。"

"啊，原来这样，女孩子大了，谈情说爱是人之常情嘛！有些大学规定在校不能谈恋爱，但我并不认同这种做法。大学生谈恋爱是合法的，只要正确地处理好，并不一定影响学习。至于你与男朋友分手，这也不值得难过，要尽快从失恋中走出来。恋爱是男女双方相互了解的过程，任何一方都是自愿的，只有建立在真正爱慕基础上的爱情，那才是真诚和持久的。我相信，你今后一定会找到心仪的白马王子。"小魏破涕为笑，感谢我的安慰，并对我说："校长，请您相信我，这一定不会影响我的学习。"武汉距离山东沂蒙山区并不遥远，但是她为了学习和打工，很少回家探亲。我怕她一个人比较孤独，所以有时我就邀请她到我家过年，我们待她犹如自己的孩子。

我于1988年2月10日被免去校长职务，她知道以后，特地到家中看望我们。她不解地问道："我知道全校都拥护您当校长，为什么要免去您的职务？"我说："不为什么，我干久了，他们想换换人嘛！"我只能这样回答，除此以外，我还能说什么呢？"小魏，虽然我不是校长了，如果你今后有什么困难，只要我能够做得到，我会一如既往地帮助你。"我对她说。她毕业后，我还亲自为她介绍工作，后来也帮助她解决了她的户口问题，这在当时是一个非常困难的问题。

大学毕业后，她不仅找到了满意的工作，而且找到了如意的白马王子。一次，她带着一个温文尔雅的青年来看我，他是中南政法学院

(现中南财经政法大学)的教师,叫金善良,是江西人,后来他们喜结连理。小魏先后在几个单位工作过,最后被全国知名的刊物《知音》聘用,担任广告总策划人,颇受领导的重用,他们有一个女儿叫金山,也是学经济管理的,现在也已经从业了。他们早已进入小康之家,我为她的成功而感到无比的高兴!

二十四、宽容偷书的学生

在我国,自古读书人都有爱书、爱购书和爱藏书的习惯,这大概就是造就学富五车和才高八斗的大学问家必备的条件。我也是一个爱逛书店和买书、藏书的人,但我并不是大学问家,仅仅只是爱书而已。

有谁能够相信,在武汉大学偌大的校园内,现在居然没有一个实体书店,而且周边的大学书店、新华书店和外文书店也都纷纷倒闭了。虽然网上书店发展很快,但中国人平均读书量是世界读书最少的,说明我国存在着文化危机。

可是,在20世纪80年代,武汉大学校园内有多家书店,而且还有不少个体书摊,教师和学生们都可以很方便地买到自己所需要的各种书籍。学生宿舍本来很狭窄,但每个学生的床头都备有一个小书架,存放经常必读之书。因此,大学生们经常逛书店和购书,也是普遍现象。中文系的学生,爱书和读书,可能是全校最为突出的,这兴许是他们的专业习惯以及学习和创作的需要吧。

据中文系反映,有一个贫困生,他也是书店的常客,但他又没有钱购书，于是他心生歹念。那时，既没有条形码，也没有扫描仪，鉴别购书与否的标志，就是在新书的扉页或是尾页盖上刻有查讫字样的紫色椭圆形的印章，表明是经过检查或是收银的意思。这个学生就用肥皂模仿制作了这样的印章，自带印泥，将书店喜欢的书盖上伪造的印章带回。就这样，他宿舍的书越来越多，从而引起大家的怀疑，后来他偷书的秘诀被揭穿了。

事情败露以后，中文系的领导和辅导员准备处分这个学生，他们将处分的报告呈送学校批准。这份报告转到我的手上，我犹豫了，如果给予处分，那就意味着将终止他的学业，而且最终将毁掉他的前程。这时，我想到了鲁迅先生在《孔乙己》这篇杂文中借孔乙己之口说的"窃书不能算偷……"

于是，我对该系的领导说："该生的行为肯定是不当的，应当进行批评教育，让他吸取教训，永不再犯这样的错误。但是，开除学籍或给以处分就不必了，也不要在学生中张扬这件事。"我之所以采取宽容的态度，是基于我的教育理念，罚而不教不足取。同时，相信人是会变化的，犯错误的人一旦认识到错误，吸取了教训，可能比没有犯错误的人更会珍惜自己的人生，也会创造出更大的成就。

当年夏天，该生毕业了，他被分配到北京国家机关工作。据后来反映，他真的吸取了教训，依然勤奋好学，工作任劳任怨，生活勤俭节约，与同事友好相处，深受领导与群众的赞誉。鉴于他的突出工作能力，后来他成为该部门的一名司局级的领导干部。现在回想起来，两种不同的处理方法，其结果也是迥异的，孰好孰坏不是十分明显的吗？

二十五、探望服刑的学生

张二江是武汉大学历史系78级的学生,曾担任校第20届学生会主席。在校期间,他热心社会工作,积极开展社团活动,曾经倡导成立了快乐学院,支持艾路明畅游万里长江。他领导的那一届学生会是最活跃的,对于创建自由民主和创新的校园文化,协助学校进行教学改革,都曾经起到了很大的作用。

他毕业后被分配到湖北省纺织工业局工作,后来被任命为湖北省丹江口市市长,1993年5月在历史系著名世界史教授吴于廑先生的追悼会上,我们曾经见过一次面。后来,他又被任命为湖北省天门市委书记,大约是在1997年他从天门给我打过一次电话,向我问好。虽然我们师生很少见面,但我对他的工作却始终是关注的,希望他洁身自好,保持清正廉明,为人民办实事。

大约是2002年夏天,我从报纸上看到他因为经济等问题被起诉,后被判处有期徒刑18年。对于他的错误,我感到十分意外,也非常痛心。一个人如果不洁身自爱,不严格要求自己,在物欲横流的环境中,随时都会栽跟斗,他的错误具有很重要的警示作用。

从他入狱以后,我就想去探视他,可是我的学生们都建议我不要去,由他们代我向他表示问候。也有的学生认为,去探视一个判处有期徒刑的学生,是不必要的。但是,我认为,师生关系犹如父母子女,如果自己的孩子犯罪坐牢,难道父母不应当去探视吗?因此,这些年以来,我始终没有放弃想去探视他的想法,作为他昔日的校长、师长,这种探视兴许会给他改正错误增加一分力量。

自 2008 年初，我通过学生皮勇建和刘家清，请他们帮助安排我去看望张二江。开始他们说，初春天寒不便，后来又说奥运会筹备和举行期间不宜安排。本打算国庆节期间去探视，但监狱管理方面说，出于安全考虑，拟安排在国庆节以后。平心而论，监狱管理方面，并不是为难我们，而是想安排一个合适的机会。最后商定于 10 月 8 日去探视，我原本以为是到监狱去看望，但监狱管理方面认为我不宜去那种场合。于是，他们特意安排在琴断口的三五大酒店见面，营造一种和谐、宽松的环境。

是日，学生皮勇建和刘家清开车过来接我，汽车大约行驶了 45 分钟到达了琴断口的三五大酒店。当我们到达三楼的包房时，汉阳监狱管理所的人和张二江已先于我们到了。相互介绍后，方知参加的人中有管理所的所长曹文强和政委等 6 人，他们既是监督和陪伴张二江的，又是特意要借此机会希望见到我的。

曹所长寒暄几句话后，请我们入席，说边吃饭边谈话。由于我的右耳听力衰退，曹所长特意安排张二江坐在我的左边，说是为了让二江能够与我交流。我拉着二江一起入席，我说："二江，我们 15 年没有见面了，你比那时老了一些，不过气色还不错，比我想象的要好多了。"他说："校长，我都 54 岁了，很快将到花甲之年，怎么不老呢？"我说："不算老，我 60 岁时写了一篇长文，题目叫作《生命 60 始》，发表在《传记文学》上，我今年已经 75 岁了，而且还准备至少再活 20 年。"二江说："校长，看到您身体健康，学生感到非常高兴，您这么大的年纪，还惦记和来探视我，令学生十分不安，学生这次所犯的错误是不可饶恕的，一定吸取教训，将重新做人。"我说："认识到错误，吸取了教训，今后的路会走得更稳当，但永远不要丧失生活的信心。"

这时，曹所长接过二江的话介绍说："二江的表现不错，鉴于他年纪偏大，而且又是一个知识分子，所以我们没有安排他干重活，给他配了一台电脑，他可以利用电脑写书，但不能上网。这些年他已写了 5 本书稿，我们对他比较优待，他可以吸烟、喝酒，只是带进来的酒需要经我们改装成为塑料瓶,这是管理规定。"

对管教所对二江的教育、帮助,我向曹所长表示了感谢。曹所长说:"刘校长,您这么大的年纪,看望和关心二江,这是对我们工作的最大支持,本来今天我们的吴局长也要来会见您,但他去陪同中央法制工作委员会的领导参观,特地要我们向您表示敬意。"

时间过得很快,两个小时过去了。皮勇建叫来了服务小姐,准备付款结账,可是曹所长坚决不肯,说今天刘校长是我们的客人,必须由我们买单,他是大家仰慕已久的名人,让我们表示一点心意。话既然这样说,皮勇建没有再坚持,代表我们一行向曹所长表示感谢!

用餐结束后,在酒店一楼大厅,我准备去洗手间,二江见机跟我去了洗手间。我对二江说:"看来,你这辈子从政是无望了,经商恐怕也为时已晚,但你可以发挥自己专业知识的长处,不妨在做学问上下点功夫,干出一番成绩。"二江说:"校长,我也是这么想的,我会记住您的教导,一定会努力,我绝不会虚度时光的。"

到了大厅,我们相互告别,曹所长执意让我们先上车离去。当我们的汽车离开酒店很远时,他们还在酒店门前向我们挥手致意。这次探望的时间不长,但无论是我或是二江,都不会忘记这次特殊的会面!

野夫本名叫郑世平,是诗人、作家、电影编剧和制片人。他因为一起案件被判处10年监禁。我得知后,携同李为、王卫东等人到武昌起义街的监狱探视。我们去的时候,不巧不是探视时间,李为博士请岗哨去通报一下,说武汉大学刘道玉校长来探视他的学生,监狱所所长听后,破例请我们进去,并把他的办公室腾出来,由于得到所长的特许,我们在所长办公室谈话两个小时,还参观了整个监狱的劳动场所。我们探视不久,野夫被提前释放,现在是自由作家、电影编导和制片人。

二十六、向学生认错道歉

武汉大学原新闻学系(现在改为新闻与传播学院),是我一手创办起来的,我对它怀有特别的感情。因此,我与这个系有的教师保持着良好的关系,也认识其中不少的毕业生,如2009届的学生赵晓悦、2011届的学生郑思斯、2011届的学生肖曼等。

孙亚萍是1997级的学生,2001年毕业后被北京中国国际电视总公司聘为在线记者,现在是新闻自由撰稿人。她是一个有个性、有才华的女孩,多年以来,她总想写一篇关于我的长篇采访,以了却她在读书期间的夙愿。于是,她通过新闻与传播学院的老师找到我的联系方式,通过手机号码又搜索到我的微信,就这样我们取得了联系。

2015年8月30日,她约了同班的另外三个女生来家中看望我。金源在湖北电视台工作,杨慧霞在华中师范大学工作,李爽是湖北枣阳的小老乡,在武汉市公安局从事刑事侦查(文字鉴定)工作。她们一行四人于上午9时到达家中,令我十分惊讶的是,孙亚萍从北京带来了一份礼物,是装裱得很精致的一个镜框,看得出它是手工制作的,里面用209个不同颜色剪贴的心脏形状的"心",把它们拼成一个大心,在相框的上部运用彩纸前贴了"刘道 您好"4个大字,真是匠心独具呀。她的真情令我十分感动,我将这件礼品珍藏起来,作为永远的纪念。

时值盛夏,天气有点热,但我不顾年迈仍陪她们在校园散步。我们先从行政大楼到新闻与传播学院大楼,再到樱花大道,最后到樱顶,沿途不断地拍照,留下了不少的合影。时针已经指向12点了,她们邀请我一起共进午餐,可是由于夫人身体患病,我不能在外面用餐,于是她们又一直把我送回到家中,我们这才一一道别。

第二天,孙亚萍约我在家谈谈自己的工作和生活情况,她知道我的听力不济,所以特地坐在我左边。我比较详细地谈了老年生活,衰老是自然现象,疾病也是难免的,问题是老年人应当保持一颗年轻的心态,这不仅可以减轻病痛,而且可以延年益寿。虽然年龄不饶人,但我至今仍然坚持学而不厌、诲人不倦、笔耕不辍。她对我的工作和生活状态极为赞赏,认为是为青年人树立了很好的榜样。她知道,我曾经出版过一本《爱的学校》的书,但现在只有一本孤本,所以她特地借去复印了一本,兴许她是为了教育女儿作为参考吧。

孙亚萍觉得似乎还不满足,于当年11月第二次到武汉来采访我。这一次她还约请了香港《亚洲周刊》社长王璞先生一同前来,他是专程到江西井冈山共青城给胡耀邦同志墓园扫墓的,并以我的名义给胡耀邦陵园献了一个花篮。王璞社长在我家小坐以后,他说过去还没有来过武汉大学,他想去参加一下武汉大学美丽的校园,让孙亚萍与我自由交谈,索取她想要采访的资料。

孙亚萍回北京以后,又找到不少武汉大学毕业的校友,进一步收集与我有关的一些小故事,她甚至克服困难去找当年诺贝尔生理学或医学奖获得者屠呦呦,希望她作为同代人,谈一谈对我的印象,但被屠呦呦婉言谢绝。由此可见,孙亚萍对写这篇采访稿,备足了功课,耗费了许多心血。

大约12月底,孙亚萍写出对我采访的初稿,题目是《校长之暖》。在文稿中,包括5个小标题:右手退役,左手上班;我的校长;校长的冬天;来者不拒30年;校长的拍拍肩。我看后,认为文稿实事无误,行文流畅,只是我对那个"暖"字有些不悦。我认为它是一个流行的网络字眼,什么暖女、暖男等。于是,我建议她修改这个标题,但我们没有达成一致的意见。我激情之下,给《亚洲周刊》发一个邮件,说明我没有同意这篇采访稿,希望不要刊发。出于对我的尊重,王社长没有刊发。其实,这是王社长特邀约稿,并预付了稿酬,由于我的固执导致了这篇长篇未能刊出,以至于引起几方面的不悦。

2016年1月4日,我夫人患腰椎骨质疏松性骨折住院,先后4个多月,我也在医院陪伴左右。但是,拒绝发表孙亚萍采访稿的事,并没有从我脑子里消掉,只要一空闲下来,"校长之暖"就会浮现在脑海里。

我一生有不断反思自己的习惯,这是受儒学的影响。孔子晚期弟子曾子曰:"吾日三省吾身——为人谋而不忠乎?与朋友交而不信乎?传不习乎?"①因此,自2015年12月以后,在将近4年的时间里,我不断反思在处理孙亚萍的采访稿问题上,我究竟做错了什么?反思是自我解剖,虽然是痛苦的,但对一个人来说,是必要的,唯有反思才能超越自我。2019年7月底,我终于明白了,在对待孙亚萍的采访稿问题上,是我做错了,既然错了就应当大胆地承认自己的错误,向学生认错道歉。于是,我在给孙亚萍的信中写道:

亲爱的亚萍:

快4年过去了,但我时时都在反省自己。我一生从来没有伤害过任何学生,你可能是我伤害的第一个学生。我们为了一篇专访稿件的标题不能统一意见,居然让你很失望。你为了写这篇稿子,曾经两次到武汉,先后也走访了许多校友,说明你采访的态度是十分认真的。可是,因为我不能接受一个自己不喜欢的字眼"暖"字,从而对你造成了伤害。现在我向你认错,表示道歉。

我的错误是什么呢?我想至少有两点:一是对你的劳动不够尊重,你为写这篇稿子花费了许多心血;二是对你的创意不理解,虽然我是研究创造教育学的,但有时也有保守的一面,不能与时俱进,固守老观念。现在,我完全明白了,完全同意你的观点,你的稿子可以在任何刊物上发表,包括《亚洲周刊》,虽然晚刊发了几年,但日久见真情呀!希望你从伤害中能够走出来,我们师生情谊依然如故。

---

① 杨伯峻译注:《论语译注》,中华书局2009年版,第3页。

孙亚萍在接到我的道歉信后,她写道:

那一刻,我的泪水一下子涌出来了。首先是高兴、激动,因为得知校长身体和精神仍然很好,还在工作着。然后,是被校长如此平易、诚恳的态度所感动。

《亚洲周刊》的姊妹媒体《亚洲新视野》在发表《校长之暖》一文时特别加了"编者按语",现抄录一下:

【编者按:这篇文章写作于4年前,由于彼时刘道玉校长对文章的切入点不甚认同,出于对这位教育家深深的尊重,本刊未发表。前不久,刘道玉校长重新审视此文,对文章及作者都给予了充分的肯定,故而本刊欣然发表。文章采写于2015年8月至12月,采访对象10余人,值得你花时间品读。为了保持准确性,所有的数字、数据未改动,因此也烦请读者在阅读时,以2015年底为时间坐标。文章后面的"记者手记",对刘道玉的近况进行了更新。】[1]

对此,王璞社长也发表了感慨,他写道:"刘道玉校长可以说是功成名就了,但他能够向一个学生道歉,说明他的胸怀多么宽广。在中国'道歉'这个词是不多见的,有些人做错了事,就是希望让它尽快地过去,而是鲜有道歉的。"

在我国,人们在对待错误这件事情上,往往心情非常纠结,主要是情面观点拉不下来。其实,这是完全不必要的,既然自己错了,那就痛痛快快地认错,一旦认错了,自己心里也就坦然了,失去的是虚荣,而得到的是真诚、信任和友谊。

---

[1] 孙亚萍:《校长之暖》,《亚洲新视野》2019年第12月期。

二十七、学生真情的回报

自从学校出现以后,就有了以授业为职业的教师,他们与接受教育的学生就构成了师生关系。这是一种特殊的社会和人际关系,他们是彼此平等、和谐、信任、互助的关系。校长既是为学生服务的,也是为教师服务的。他们共同的任务是把学校建成"两个中心",以培养合格的人才。

◆（一）教育是只问耕耘

爱心是连接学生与教师的中心点,唯有爱才会有成功的教育,也方能够培养出杰出的人才。爱是施予,是无私的奉献,是不以求回报为前提的。从这个意思上说,教育是"只问耕耘,不问收获"的事业。也许,有人不甚理解,培养人才不就是收获,为什么不问收获呢？

这句名言出自晚清名臣、政治家、战略家、文学家曾国藩的话,这是他一生的座右铭,后被他的崇拜者梁启超、梁漱溟和闻一多等都引用过。其实,这句话与科学研究中"重过程、轻结果"也是一致的。这句话的点睛之笔在于耕耘,人们应当专注于耕耘,只要耕耘做好了,田间管理做得好,收获就是不成问题的问题嘛。

近些年来,我们发现在科学研究中,出现了少数人造假、剽窃、抄袭等学术腐败现象。究其原因,就在于这些人功利化思想太严重,太专注于研究结果,他们做梦都想拿到一个什么科学成果大奖,于是就不择手段,抄袭、剽窃、造假无所不为。一个真正的学者做研究,他们向来是只重过程而轻结果的,过程比结果更值得关注。这样,他们就能够以淡泊的态度对待研究结果,注重研究过程中的严密求证,享受研究过程中美妙有趣的现象。如果过于追求眼前的功利,那就会走偏方向,以至于导致学术腐败的丑闻。这也印证了一句古谚:无意得之终究得,刻意追求偏不得。

我在担任校长的近 8 年时间里,以及被免职以后的这 30 多年中,始终关爱着学生,竭尽自己所能,给他们力所能及的帮助。我的人生信条是,只记得我欠人家的情,而从不记得有谁欠我什么东西。有了这样的情怀,就会自愿去做自己想做的事情,也就会知足常乐。

但是,一个教师就像是播种和耕耘的农民,既然耕耘了,自然是会得到收获的。不管你是否愿意,这种回报必然是会到来的。每每遇到这种情况,都会使我倍受感动,他们的真情实意让我无法拒绝,否则会伤害他们的感情。多少年以来,每逢佳节、生日、教师节,我都会收到来自海内外学生们的电话、贺卡、鲜花、果篮、营养品,有时摆满了客厅。这时我会沉浸在无比的幸福之中,使我体会到教育是值得为之而献身的伟大事业。

◆ (二) 干女儿奉献爱心

爱是多么神圣的字眼,是多么伟大的力量呀!爱本天然,她与生俱有,她无处不在。清朝文学家张潮在《幽梦影》中写道:"情之一字,所以维持世界;才之一字,所以粉饰乾坤。"作者高度重视情和才二字,没有情世界将不复存在,没有才就不能建设世界。

从本质上说,教育是爱的事业,没有爱就没有成功的教育,也不可能培育出杰出的人才。因此,在我履任校长之初,就决心把爱心倾注到教育中,奉献给每一个学生。为此,我不分节假日,不论是酷暑还是寒冬,我都一心扑在教育上。当然,我的付出也得到了大学生们的爱戴,他们也以不同的方式向我回报了他们的爱心。

1988 年的初春,是一个十分寒冷的冬天,比这个冬天更凄楚的是,我于 2 月 10 日被无缘由地突然免职,此举震撼了全国新闻界和教育界，也令武汉大学全体教师和学生们非常失望。然而，再过一个星期就是春节，许多人都担心我们该怎么过这个春节。知我者，我生也，这年除夕学生会主席杨毅、艾路明和徐鸿等几个学生说要陪我们全家过年，我知道他们是担心我们孤单和沮丧。夫人刘高伟虽然心里也不好受，但她还是准备了一桌丰盛的菜肴，大家有说有笑，是晚我们过得十分愉快。

就在晚宴快结束之时，杨毅说："校长，你们有两个儿子，没有女儿，就让徐鸿做你们的干女儿吧！"徐鸿正好在座，她应口答道："校长，不，干爸，您就把我当作女儿看待吧！"我和夫人会心一笑说："哎呀，真是上天赐给我们的好女儿，是我们的福气呀！"

1989年春节，徐鸿的妈妈彭玉琼老师和妹妹徐琳及女儿，专程从四川来武汉过年，我们特地邀请她们到家里做客。大年初一，我们举办家宴款待彭老师一行，同时又邀请了徐鸿的几个好朋友参加。按照中国的习俗，认干亲戚是要置办酒席的，实际上我们这次家宴也有这一层意思。夫人高伟做得一手好菜，特别擅长的是珍珠圆子、糖醋鳜鱼、蛋卷、春卷、八宝饭、糖醋排骨和莲藕排骨汤等，五颜六色的菜肴摆满了整桌。

在家宴开始时，我首先致辞："今天我们备置薄酒，欢迎徐妈妈和徐琳及女儿，感谢你们认同徐鸿做我们的干女儿，从广义上说，天下良师皆父母，满园桃李亦儿女，但徐鸿这个女儿与学生不同，含有更深的一层意思。我们真有点不好意思，我们大有掠你们之爱之感，既然我们认了她是干女儿，那我们在享受她给予我们爱心的同时，我们也会尽一份关爱她的责任与义务。"

接着，彭玉琼老师说："徐鸿到武汉大学读书，受到了学校多方面的照顾，她的每一个进步都是校长和老师们教诲的结果。现在，刘校长又认她作干女儿，这是她的福分，我们甚是放心，希望校长今后继续教育她、帮助她，使她能成为有用之才。"由于有了这层关系，徐鸿从1988年到1990年，连续三年都是在我们家过年，她已经融入了我们这个家庭，与我们的小儿子刘维东也亲如姐弟。

徐鸿出生于四川眉山县（现眉山市），她是长女，下面还有一个妹妹和弟弟。她是我校图书馆学系80级的学生，天资聪明，能歌善舞，是该系优秀学生之一。她毕业后，考取该系谢灼华教授的研究生，获得硕士学位以后，被分配到华中师范大学任教。但是，她有心到美国攻读博士研究生，她希望我给她写推荐信，我愉快地答应了。美国伊利诺伊大学香槟分校是美国三所著名公立大学之一，我认识该校图书情报学教授兰卡斯特（F W Lancaster），他是美国情报学的权威之一，具有很高的知名度，他于1992年和1993年两次到我校讲学，我都接见过他，也算是老朋友了。

我的推荐信寄出以后，很快收到了他的回复，欣然同意接收徐鸿为博士研究生，并提供全额奖学金。徐鸿知道后当然非常高兴，她说："还是干爸好，我一定好好学习，不辜负您的期望。"

1991年3月，徐鸿准备动身赴美，行前我们设家宴为她饯行，并到火车站为她送行。她到美国后，很快适应了美国的学习与生活，她一边打工一边学习，而我们的书信往来也不断。1996年7月27日至8月2日，我赴美国盐湖城郊区雪鸟（Snowbird）参加国际第九届合成金属有机化学学术会议，会后我专程到芝加哥去看望徐鸿，在她家住了5天，她陪同我参观了伊利诺伊大学香槟分校，以及当地的一些中小学。这次参观，由于干女儿的细心安排和陪同，使我过得非常愉快，也增加了对美国教育的了解。

时间过得很快，一晃5年过去了，1996年底，徐鸿顺利地通过了博士论文答辩，获得了图书情报学的博士学位。此前，她还获得了该校的教育学硕士学位，这是非常不容易的。毕业后，她立即被纽约州萨拉纳克莱克大学聘为助理教授，后又被聘为匹兹堡大学东亚图书馆馆长。徐鸿是一个不断挑战自我的人，为了在更大的空间得到发展，2013年她辞去了匹兹堡大学东亚图书馆馆长职务，受聘为香港城市大学图书馆副馆长，致力于该校图书馆机构和阅览空间的设计与改造,取得令人满意的效果。

随着我国大学国际合作与交流的发展,美国的一些大学纷纷在中国开办分校。2017 年,美国杜克大学与武汉大学合作,在江苏创办了昆山分校。鉴于徐鸿是武汉大学校友,杜克大学特聘请她担任杜克大学图书馆副馆长兼昆山分校图书馆馆长,以发挥她具有两国文化背景的作用。她的确未辱使命,由她支持召开的 21 世纪大学图书馆趋势研讨会取得了圆满的成功。几十年以来,徐鸿活跃在国际图书情报学领域,出版了多种学术著作。与此同时,她几乎每一年都会到武汉来看望我们,给我们以最大的慰藉。当我看到她获得的成就,作为她的干爸,我感到十分欣慰,期望她再接再厉,争取获得更大的成就!

◆ (三) 相约在六十生日

许金龙是日语系 1985 级插班生,他在 1987 年毕业时,同班同学做了一个游戏,每个人在一个纸条上写一句话,然后同时亮出各自的纸条。当主持人宣布展开纸条时,居然都写着:"相约刘道玉校长 60 岁生日回校聚会。"真是心有灵犀一点通,它凝聚着全班 30 个同学的爱心。

1993 年 11 月 24 日,是我 60 岁生日,平时我从来都没有过生日的习惯。但是,首届毕业的插班生,他们记住了我的生日。他们联合作家班的校友,于 11 月 21 日聚会在珞珈山宾馆,为我举办了一场大型的生日庆祝活动,下午是插班生改革经验交流会,每个人畅谈了毕业后取得的成就。许金龙代表插班生赠送了一枚 35 克纯金制作的"桃形"寿礼,背后刻着赠予者的名字;湖南作协副主席水运先赠送了湘绣"八骏马"寿匾,作家熊召政向基金会捐赠了 5 万元人民币;军旅作家文新国,专门从广州扛了一篓子香蕉到会上,与大家分享了广东时令鲜果。

是日晚上举行了生日庆典,有 200 多人参加。军旅作家、解放军艺术学院副院长袁厚春发表了热情洋溢的致辞,还有各地校友发表了讲话,然后是吹蜡烛、切蛋糕,与会者共同分享了生日的欢乐。我的夫人代表我做了致谢词,这一切都令我十分感动。最后,大家纷纷进入舞厅翩翩起舞,真是热闹非凡,我们度过了一个愉快的夜晚,这也是我平生第一次见到如此壮观的生日活动。

◆(四)一张特大生日贺卡

自80年代初期实行改革开放以后,西方国家的文化逐渐传播到国内,其中按照西方的方式过生日、吃蛋糕、许愿、吹蜡烛、唱生日快乐歌(Happy birthday to you)和寄生日贺卡,成为最流行的时尚。另外,在圣诞节到来之前,人们纷纷寄圣诞贺卡,彼此相互祝福。在平安夜的晚上,各单位都要举办圣诞节晚会,会场内装饰有挂满圣诞礼物的圣诞树,青年男女分别装扮圣诞老人和雪姑娘,各种圣诞礼物也成了热销的商品。对于一个以无神论自居的国度,这无疑具有极大的讽刺意味。这至少说明,许多中国人的信仰发生了危机,已不再相信各种空泛的说教,虽然他们不相信耶稣但却成了圣诞节的狂热拥趸者!

在信息高度发达的时代,在国外的留学生通过各种途径得知了我60岁生日的消息。于是,在美国、法国、日本的武汉大学留学生们,先后也寄来了大批的生日贺卡和礼物,女学生们大都是寄的领带。在国内的校友,有的寄生日贺卡,有的带着礼物登门祝贺,使我享受到一个为师的最大的欢乐。

来自美国的一张特大生日贺卡,引起了人们的注意,它是我今生见到的最大的贺卡。出于好奇,我用卷尺量了一下尺寸,高61厘米,宽84厘米,面积为5124平方厘米。贺卡设计精美,绘着各类年龄的运动员,正面写的字是:"Places everyone ready. set! Go!!"它的中文意思是:各就各位,预备,跑!! 贺卡的抬头写的是"刘道玉校长",正中间写的是"恭祝您六十华诞,祝您健康长寿!",落款是武汉大学部分留美学生(1992年9月)。其实,在贺卡上签名的并不只是武汉大学的学生,还有北京大学、清华大学、北京外国语学院(现北京外国语大学)、复旦大学、华东师范大学等六校的留学生,他们分别是来自美国哥伦布、芝加哥、坎布里奇等城市的31名留学生。

这份贺卡是寄到化学系的,由夫人刘高伟从系里带回家,由于它的面积特大,所以沿途格外引人注目。当我拿到这份凝结着许多人深情的礼物,心情十分激动。当我准备开启贺卡信封的封口时,发现它已经被扯开,检查的痕迹明显。这对于我来说,并不是什么秘密,因为在对我审查的长时间内,我的所有邮件都是被检查过的,更何况这个庞然大物呢!好在贺卡内并没有某些人所需要的所谓"反动内容",而仅仅只是祝贺生日而已,如果真是被保卫部门扣留了,那我就没有保存至今的这份珍贵纪念品了。

后来,我得知策划寄这张特大贺卡的是李敏儒,他的经历颇有传奇色彩。他没有上大学,当了8年的工厂锅炉工,居然以同等学力考取了四川中文系1978级硕士研究生,毕业后自愿选择到武汉大学任教。1986年9月,我到耶鲁大学参加第20任校长班罗·斯密特(Benno C. Schmidt)就职典礼时,他陪伴我们在纽黑文校园度过了几天愉快的时光。回校后,我批准他的妻子赴美国探亲,使他们全家得以团聚。

本来,文科学生很难获得美国大学的经济资助,但他却成功地到美国留学,先后在美国耶鲁大学、斯坦福大学和俄亥俄州立大学学习,并获得了博士学位。他现在是俄亥俄州立大学美国教育部全美东亚语文资源中心的助理主任,经常往返于中美之间,推动两国的文化交流。

我是一个来信必回的人,每年圣诞节和新年期间,我都收到大量的圣诞贺卡,我都一一回复。每年12月中旬到1月中旬,我要花费大量的时间回复朋友和学生们的来信和贺卡,每周至少两次到邮局取发信。虽然我花费了许多时间,但我践行了自己有信必回的诺言,与青年们通信和交朋友，使我获得了很多的信息，也是我防止思想僵化的措施之一。

◆（五）八十生日赶场子

"赶场子"本是戏剧圈子里的一句行话，是指在一个地方演出后，立即赶到另一个地方演出，接二连三地演出。我借用这句行话来形容我的80岁生日，确实有点神似的味道。

中国给老人做生日有个习俗，就是祝九不祝十，主要是讨得一个吉利。2012年我79岁，但各地的校友们都在张罗给我做80岁生日的活动。最先发起的是广州校友会，那里的校友最多，校友会的活动也开展得很活跃。朱征夫是法学博士，是韩德培先生的高足，他是广州校友会的常务副会长。在他的倡导和组织下，于2012年10月23日晚，在广州白云国际会议中心为我举行生日聚会，100多人参加了，还有从深圳、珠海和湛江等地赶来的校友，他们从数百公里以外赶来，足见他们的真情厚谊。

广州阳普医疗科技股份有限公司董事长邓冠华代表广州校友会向刘道玉教育基金会捐资300万元人民币。广州社会科学院哲学所所长李明华捐赠了一幅寿桃的国画，蒋小衡捐赠了书法、字画等。整个生日聚会洋溢着深情厚谊，我在致谢时，对各位校友的爱心表示了衷心的感谢，这将激励我继续在教育改革的道路上前行。

北京也是武汉大学校友较为集中的地方，他们于10月28日在昌平"共识堂"为我举行了生日聚会，这是继广州之后的第二场生日活动。这个"共识堂"是校友喻杉买下的地产，大约有20亩，装修得优雅别致，是一个多功能的会所。祝寿活动于11时开始，室外铺了一条长达10米的红地毯，在左右墙壁上各悬挂着一个长卷轴，是用宣纸装裱的，专供来宾签名留念。大约120人参加了庆典，接着放鞭炮、照相，最后进入聚会的会堂，用PPT播放字幕："八十华诞，桃李满天下。"

陈东升代表北京地区的校友致辞,接着由我发表致谢词,然后是自由发言,中国载人航天工程副总设计师陈善广等10多人发言,气氛热烈非凡。北京著名书法家赵冠一先生赠送了一个硕大的"寿"字,其他校友分别赠送各种礼品。最后,由礼仪小姐推出了巨大的生日蛋糕,由8个人各拿一个打火机,点燃了象征80岁的8根蜡烛,这时全场唱起了"祝您生日快乐"的歌曲。

北京青年书法家陈义望赠送寿联一幅"耆添海屋筹,德侪渭水翁"。

上海是国际大都市,武汉大学在上海的校友,数量虽然不及北京和广东,但武汉大学在上海的校友少而精干,个个都出类拔萃。2012年11月17日,《南方周末》在上海东方艺术中心举行2012年(第四届)"中国梦践行者致敬盛典",我是受致敬的七人之一,也是最受观众称赞的人。武汉大学插班生许金龙专门从北京赶到会场,展示了诺贝尔文学奖获得者莫言赠送的祝寿诗,这时会场的气氛达到了高潮,观众的掌声经久不息。莫言的赠诗是:

先生声名重,改革举大旗。敢为天下先,甘做护春泥。桃李遍九州,文章焕万世。八十正当年,百岁众人期。

按照事先的安排,11月18日,100多人在上海东方万国会议中心聚会,举行我80岁生日庆典,杜平会长(法学院博士)致祝贺词,学生廖金林向基金会捐赠了10万元人民币,我向与会的校友们表示了衷心的感谢。最后,全体与会人员移至建国饭店,在那里举行了生日午宴,他们特地邀请了原化学系毕业的我的师兄王新民(1956届),以及1957届同学周岳雷和1958届的郑莉敏,我们坐在一起,畅谈了我们分别以后各自的情况。在午宴期间,主持者组织了即兴演出,有独唱、合唱、诗朗诵和独舞等,气氛十分热烈,活动一直持续到下午2时,我与广大校友度过了一个愉快的周末(是日是星期天)。

第四场生日会,自然是我工作和生活近60年的武汉,分布在武汉三镇的武汉大学校友可谓居全国之首。武汉的生日活动与其他三地有所不同，活动包括两项内容，其一是教育改革论坛于下午3时在化学与分子科学学院创隆厅举行，发表演讲的人员如下。

杨东平，21世纪教育研究院院长，讲题是"中国高教发展模式的反思"；

王思悦，山东大学高教所教授，讲题是"向老一辈教育家学习，为创造教育掬心尽力"；

卫道治，武汉大学教授，讲题是"大学校长的素质"；

杨卫东，江汉大学校长，讲题是"创造教育试点的初步体会"；

刘亚敏，武汉大学教育科学学院副教授，讲题是"求解创造教育的方程式"；

杨德广，上海师范大学原校长，讲题是"打一场教育制度改革的硬仗"；

刘道玉，武汉大学原校长，讲题是"论大学创新体系的构建"。

当天晚上6时，祝寿会在东湖易斯特国际大酒店举行，大约有300多人参加了会议，还有来自北京、广州、汕头、长沙、郑州、宜昌、十堰的代表。武汉大学校长李晓红访美归来，本来要参加在上海的一个重要会议，但他直接飞回武汉参加我的生日庆典，他讲完话后又立即飞到上海开会，足以说明他的诚意。在庆典会上，没有按照职务高低排座位，而是尊老不尊爵，我是与同届同学坐在一起，其他与会者自由组合，以体现宽松的气氛。

在庆典会上，发言的有化学与分子科学学院院长周翔、江汉大学党委书记谭仁杰、枣阳市委书记陈东灵等，活动一直到晚上8点30分结束。是日是星期六，大家又一起过了一个愉快的周末。

◆ (六) 八十六生日共享会

2019年是我86岁生日，本来既不是逢五，也不是逢十，我自然是极不情愿搞生日庆祝活动的。但是，我在1月出版了《大学的名片——我的人才理念与实践》(第二次修订版)一书，于是有人建议组织一次《大学的名片——我的人才理念与实践》共享会,由作者与书中主人公互谈感想和体会,同时借机祝贺我86岁生日,我无法拒绝大家的深情厚谊。

共享会于11月22日晚上在武汉大学标志性建筑万林博物馆咖啡厅举行,大约有80人参加了此次会议。会议由刘道玉教育基金会理事长陈广胜主持。首先我讲述了写作《大学的名片——我的人才理念与实践》一书的缘起与经过,然后由武汉大学文学院资深教授於可训和华中科技大学著名哲学家邓晓芒分别讲述了他们的感想,他们都是书中的主人公。接着发言的有著名企业家艾路明、北京来的谢湘和陈建国、广州来的高光明等。著名哲学教授彭富春和漫画家周中华,在会上朗诵了他们的诗作。现把彭富春的诗抄录于此:

祝贺刘道玉校长八十六华诞

珞珈山是佛国观音的道场
您就是观音当代的化身
您听到了风声、雨声、读书声
更听到了珞珈山人的心声

令人激动的八十年代
珞珈山人成了时代的开路人
伟大的真理与自由
正是您高举起的教育的明灯

一个十六岁的农民儿子
从东荆河走向了珞珈山
有幸遇到了您这位伯乐
恨不得瞬间如千里马奔腾

从珞珈山到北京再到德意志

最后归于珞珈山的林间

我的心灵如风

从珞珈山吹到天边外

亲爱的老校长

感谢我们命运中的奇异相逢

用什么回馈您的恩惠

唯有我的思想与思念

当分享会告一段落时,会议转向生日的祝贺。来自北京的谢湘、陈建国,来自广州的高光明,以及武汉著名企业家艾路明等,发表了热情洋溢的讲话,向我表示了诚挚的生日祝福。最后,推出了一座塔式大蛋糕,在一片掌声中,举行了吹蜡烛和切蛋糕仪式,在"祝您生日快乐"的歌声中,大家分享了生日蛋糕。然后,全体与会人员到万林博物馆的顶层集体合影留念,背景是珞珈山的老图书馆和"天、地、玄、黄、宇、宙、洪、荒、日、月、盈、仄、辰、宿、列、张"十六斋的背景,简直是美不胜收。

◆ (七) 两尊半身雕塑像

2011年5月,我们的两个孙女从加拿大回国探望我们,这使我与夫人感到极大的欣慰。由于夫人身体不好,我带着她们参观了武汉大学校园,我们沿着防空洞、行政大楼、理学院、老图书馆、樱顶、心池……当我们走到老校长李达的雕塑像时,大孙女莎莎用生硬的汉语问道:"爷爷,你的石头在哪里?"我对她们说:"爷爷没有石头,爷爷不需要石头。"我并不是即兴的回答,而发自我内心的情结。我是一头躬耕牛,只顾耕耘,不问收获。我一生不准备在武汉大学留下雕像和墨迹,这是我发自肺腑的决定。

可是,有时候自己并不能完全主宰自己,违背自己意志的事情,也时而会发生。就拿雕塑像来说,学生们赠送的两尊半身雕塑像,就是我不得已而为之。我心想,大家对我的一片好心,我是会领受的,但有时候好心也会帮倒忙啊!

2002年3月22日,正值樱花怒放的季节,武汉大学首届作家班的毕业生20人,在珞珈山庄举行聚会。不巧的是,那时我因前列腺炎发作在中南医院住院。但是,盛情难却,机会也难得,所以我抱病参加了他们的聚会,听取他们关于举办作家班的经验交流,并与他们合影留念。就是在这次聚会的会议上,他们通过了一项决议,要在武汉大学的校园里为刘道玉老校长建立一座铜像。可是,当他们向校方提出这一动议时,学校领导人以校园里没有合适的地方为由予以拒绝。

但是,作家班的毕业生们仍然不准备放弃,他们说不准在校园里建塑像,那我们就赠送一尊半身雕塑像,学校当局该限制不了吧!这项动议获得通过,并全权委托北京人民艺术剧院的作家王梓夫筹集款项和设计。梓夫是北京通州人,而通州青铜艺术铸造有限公司是久负盛名的,曾经雕塑过许多国家级的艺术品,作为国家的礼物赠送给外国的国家元首。同时,该公司的艺术总设计师是他的老朋友,答应免收设计费和制造费,只收取材料费。

这件事是由学校教务处原教学实验科科长肖爱琼负责,她与王梓夫保持频繁的联系。当我得知此事以后,一再劝阻他们,但他们说这是大家的决定,不能改变而只能完成。经过近3年的设计、修改、铸造等环节,一座高达1米的半身青铜塑像终于完成了。2005年5月,我收到王梓夫的通知,他说半身雕塑铜像以两个快件的形式已经寄出,希望我查收。我亲自从雄楚大道的快递站取出,用出租货车把快件取回。我向梓夫表示了真诚的感谢,可是让我十分为难的是,这尊铜像并没有合适的地方存放。后来,盛隆大学武汉创业学院得知这一消息,铜像就被他们借去存放在他们学院的大厅,因为我被聘为这所学院的校长,这总算是给这尊铜像找到一个合适的存放地。

第二座半身铜像是海南省戴秀丽女士赠送的。她原本是武汉大学图书馆学系的资料员,后来下海到海南省创业,她自学雕塑艺术,事业有成。她一直感恩武汉大学对她的教诲与关心。在一年多以前,她就准备给我赠送一座半身雕塑铜像,她与雕塑家李刚先生制作了一年的时间,准备在我86岁生日时亲自驾车送到武汉大学。不料她患了重病,不得不住进医院接受治疗。她将铜像快递过来,武汉大学出版社副社长张俊超是她红安老乡,她委托张俊超在生日庆典上献上了这尊铜像,令我以及与会者们无比感动。湖北省刘道玉教育基金会向戴秀丽女士和李刚先生分别颁发了荣誉证书,以表示感谢,这尊半身铜像现存放在刘道玉教育基金会,也算是名实相副吧。

◆ (八) 冬日雨夜来探视

2018年11月26日,我夫人刘高伟的焦虑症复发,在紧急的情况下,我们住进了武汉大学人民医院光谷分院。每次夫人住院时,我都陪伴左右,让她感受到亲人的关爱,兴许能够减轻她的焦虑。老人生病住院需要安静修养,所以我们不希望外人探视,因此几乎所有的人都不知道我们住院的地方。

12月2日,我突然接到一个发自广州的微信,是中山大学周超教授发来的,他是武汉大学哲学系1985级硕士研究生,在读书期间和毕业后,我们多有联系。但是,后来有20多年没有联系了,不知他怎么知道了我的微信。他听说我和夫人身体有病住院,准备到武汉来看望,并询问住在什么医院,地址在哪里。我十分感谢他的关心,但不希望他远行千里来探视,所以我拒不告诉他我们住的医院的地址。

让我十分惊奇的是,12月7日是农历大雪节令,天下着小雨,气温已下降到5摄氏度左右。当晚8时,我们本已准备入睡了,就在这时周超来到我们的病房,真让我惊讶不已。我问他:"你怎么知道我们住的医院?"他说,他打电话问哲学系朱传棨教授,他又通过老干处了解到你们住的医院。多么好的学生啊;他为了来探视,不仅颇费周折,而且冒着风雪而来,真让我们感动。他来之前,还专门找到广州中医药大学黎敬波教授,专门给夫人配制了口服膏剂,带了一箱云南特产褚橙(著名企业家褚时健种植的)。

周超事业有成,他在广州莲花山风景区购买了一栋别墅,特邀请我与夫人出院后到广州过冬,那里气候温暖,风景区内林木花草茂盛,非常适合疗养康复。别墅内设施俱全,炊事员、汽车司机都可供我们使用。而且说,他的学生何斌是广东人民医院的副院长,可以给我们做全面体检,也可以组织最好的专家给夫人治病。这是爱心的连接,居然能够享受到学生的如此关爱,这就是伟大爱心的回报。我对周超说:"非常感谢你,感谢黎敬波教授,感谢何斌院长。鉴于夫人患有腰椎骨质疏松性骨折,不能长途旅行,谢谢你的一番好意。虽然我们不能去你在风景区的别墅休养,但你的盛情我们已经领受了。"

其实,周超并不是我授业的学生,他在武汉大学哲学系的导师是朱传榮。那么,他为什么对我有如此的厚谊呢?这源于1985年1月11日和12日,《中国青年报》连续两天刊载了大型报告文学《刘道玉晶核》,周超本是四川大学哲学系1981级学生,看了这篇报道,知道了武汉大学教育改革,于是决心报考武汉大学哲学系的研究生。正如他所说:"没有这段激情燃烧的岁月,就不可能有我今天的成就。因此,刘校长的关心和栽培永志难忘!"

◆ (九) 老年健康为首要

人的衰老是自然规律,但可以保持年轻的心态,身体患疾病也是难以避免,但可以保持健康的心态。我遵循着这些信条,所以才能够走到今天,而且还想争取走得更远。我感到最大欣慰的是,在我的背后,有着无数的校友们的支持,他们既是最信赖和崇拜的人,也是支撑我生命的重要力量。无论是逢年过节,或是教师节,我都会收到来自四面八方昔日学生的信件或电话,他们都异口同声地说:"希望校长要保护好健康,您的健康不仅仅属于自己,而且也牵动着无数学生们的心。"这些暖心的话语,怎么不让我感动万分呢!

知识分子是脑力劳动者,阅读和写作都要靠视力,一旦眼睛失明了,就会遭受瑞士伟大数学家欧拉和中国史学泰斗陈寅恪等人晚年的痛苦。大多数知识分子到了晚年,视力都是非常差的,不少人几近眼盲。

我83岁时,阅读已经很困难了,经过检查发现我的眼睛患白内障需要开刀。我意识到情况严重,于是马上到武汉大学人民医院眼科中心,请著名的专家邢贻桥教授做手术。本来这种手术是很成熟的,有的甚至不需住院,也有的说术后揭开纱布,就一片光明。我的白内障手术是2016年10月11日和18日分别做的,虽然手术没有一点麻烦,因为我左右眼都有闪光,需要配置闪光的人工晶体,而且价格十分昂贵,我右眼中的闪光晶体花费了2万多元。邢教授对我特别关照,手术也是成功的,晶体材料都是最好的。可是,我手术后,并没有出现"一片光明"的景象。

我曾经说过,不怕听力失聪,也不怕断臂和腿瘸,就怕眼盲。对于我来说,没有了视力,也许生命就不再有任何意义了。遵照医嘱,术后3个月不宜看书,于是我就调整了往日的工作习惯,以户外走路、听音乐和写毛笔字为主,这是一个很大的转变。当时,曾经写了一首《眼疾》有感的诗,反映了那时我的心态。

眼疾有感

双目内障难看书,
习练大字以解愁。
本有墨汁便利用,
我愿挨墨当学童。

祝去瑕是武汉大学英文系1982级的学生,她在武汉大学获得硕士学位后,先是留校任教,后来到深圳大学当教师,最后她应聘到香港凤凰卫视担任国际学院院长。2018年,凤凰卫视评选我为时代人物,但我因夫人病重不能前往北京接受奖品。祝去瑕与教育总经理吕资惠专门到武汉来将奖品赠予我,其情令我非常感动。祝去瑕了解到我的眼疾,她向我赠送了日本生产的蓝莓素,这是一种保护视力的有效保健品,每日服一粒,一盒服用一个月。

她的同班同学向清早年留学日本,现在已在日本定居。2019年11月21日,她们相约来看望我,向清又给我带来了一大盒蓝莓素,可以服用一年半,并且她说:"校长用完以后,我从日本再快递寄来,只要对您保护视力有好处,学生能够为您做一点有益的事,真的感到非常幸福。"

邓冠华是武汉大学化学系1984级的学生,在学习期间担任化学系学生会主席,是与我交往较多的学生之一。他深受武汉大学80年代改革的熏陶,认为我是对他人生影响最大的人之一。他于1996年辞去武汉大学化学研究所所长职务,毅然南下创业,创建了全国最大的医疗保健公司,产品远销世界90多个国家。为了感恩,他于2017年11月22日在广州又为我组织了85岁生日庆祝。虽然他公务繁忙,但他全程陪同我,让我又一次感受到学生的尊师之情。

在离开广州回校时,他又赠送了服用三年的安宫牛黄丸,这是广东岭南重要文化遗产。在包装盒的外面写着:"广药白云山,爱心满人间。"是的,这是邓冠华的爱心。临别时,他说:"校长,这是三年的保命药,你一个季度只服一粒,保您百病远离。"现在,已经快到三年了,我的健康状况良好,这怎么不让我感谢学生的爱戴呢!

◆ (十) 一件传统的长袍

我自幼生活在贫穷落后的农村,过着食不果腹、衣不保暖的贫困生活。尽管如此,我小时候也穿过棉长袍,因为它是我国传统的服装。同时,一提起长袍,我不禁想起了在读私塾时的翟老先生,他平素总是穿着长袍,头戴瓜皮帽,手里拿着一把戒尺,威风凛凛地站在我们的面前,呵斥我们背诵课文。

新中国成立以后,在大学里的教授们分为两派,教授文科的大多数是穿长袍,到国外留过学的教授们则西装革履。自从我上大学以后师生们的服装逐渐趋于单一化,基本上都是被中山装和解放装所替代,此后再也没有穿过长袍了。

龚航宇是武汉大学1996届政治教育专业的毕业生,她毕业后先后到韩国和法国留学,后来又游历南美洲多个国家,考察和比较世界各国的服装,希望创建自己心仪的最美服装品牌。她的经历颇为传奇,在周游了亚洲、欧洲和南北美洲之后,她发现美原来就在自己的心中,正如王阳明"龙场悟道"一样:"圣人之道吾性自足,向之求理于事物者误也。"她在加拿大多伦多突然获得了灵感,于是就创建了自己"香黛宫"服饰品牌。

龚航宇并不是我任校长时的学生,原来也不认识她,也许是相同的教育价值观把我们联系起来了。龚航宇是旗袍和服饰的设计师,同时她还是一位诗人。2017年,她的一部旗袍诗选集将在武汉大学出版社出版,她委托责任编辑郭静转赠我一本《穿旗袍的女人》,同时给我写了一封信,希望我为她的诗集写篇序言,这就是前文提到的"一个特殊人才成长之路"。此后,航宇与我的联系日益多了起来,我们既是师生又是忘年交的朋友。

2018年5月,她来家中探视我,并向我赠送了两件唐装,一件是暗红色的,一件是翠蓝色的,面料考究、做工精细,的确非常漂亮。但是,我已老迈,不好意思穿出去。于是,我将它们分别送给了长子刘维宁和武汉大学校友企业家联谊会秘书长蹇宏。航宇得知后,她觉得我不喜欢穿唐装,于是她又托彭富春教授给我带来一件长袍。我试穿以后,觉得太长也太肥大了,于是她又两次重新制作,她的诚意让我非常感动。

说实话,我是非常喜欢这件长袍的。我心想,我不仅是一个老年人,而且勉强算是一个学人,穿上一件长袍,既是享受学生爱心的回报,倒也符合自己的身份。

◆（十一）来自美国的邀请

20世纪80年代，武汉大学通过各种途径为学生出国提供便利，于是到美国、法国、英国等留学的学生众多，经过30多年的努力，他们绝大多数都事业有成。在他们之中，有的是经过我推荐出国的，而且有些人至今仍然与我保持着联系。

徐传毅是武汉大学1977级中文系的学生，可是入校半年后，他的兴趣发生了转移，爱文学亦爱数学。他要求转到数学系，学校批准了他的要求，从而创造了文科生转学数学的奇迹。他获得数学学士学位以后，又考取了公费留学生，被美国著名的麻省理工学院录取。一般人取得博士学位需要5年时间，而他5年中获得了应用数学和物理学两个博士学位。

更为称奇的是，他自麻省理工学院毕业后，又被著名的斯坦福大学数学系聘为副教授，越过了助理教授这一级。他在斯坦福大学数学系解决了一个数学难题，因为导师要求在署名上加一个无关系的人，由此与导师发生争执。于是，他不想再受人摆布，于1994年毅然下海，决心自己掌握自己的命运。

我始终认为，人的才华是相通的，学问做得好的人，往往也具有从事技术开发或经营管理的能力。徐传毅就是这样的一个全才，他在斯坦福工作若干年以后，以一介书生的身份下海创办公司，在中国也有分公司，他往返于中美之间，虽然很忙，但为自己主宰自己的命运而快乐。

2017年，是他入校40周年纪念，他虽然无暇来参加聚会，但向刘道玉教育基金会捐赠了10万元人民币，用于奖励创造学习的优秀学生。同时，他来信邀请我到他美国佛罗里达一处别墅休假。他写道："我在美国有多处住所，尤其是在Florida Palam Beach的别墅，这里清净、空气新鲜、海风拂面，让人心旷神怡，尤其是冬春两季。我诚恳地邀请您和夫人来此度假，一切我来安排。"我感谢徐传毅的邀请，由于夫人身体不适宜长途飞行,我们不能去休假,这是辜负了他的一片好意呀!

◆(十二)泰康之家荣誉证

武汉大学经济学系1979级毕业生陈东升是著名的企业家,是"92派"下海潮的领袖人物,他创建了泰康人寿保险有限责任公司和中国嘉德国际拍卖有限公司,这两个企业集团都是全国赫赫有名的大企业。尤其是泰康人寿保险有限责任公司,它以人寿保险为核心,拥有企业年金、资产管理、养老社区、健康保险等全产业链的大型保险公司。

中国是一个拥有14亿人口的大国,60岁以上的人口已达到2.41亿,约占全国人口的17.3%。我国老龄社会已经提前到来,各方面都感受到巨大的压力。陈东升董事长早有预见,他在全国多个大城市都创建了养老社区,如北京的燕园、上海的申园、广州的粤园、成都的蜀园、苏州的吴园,而武汉的楚园是全国第六个建成的养老社区。

2019年5月17日,我的夫人刘高伟病重在武汉大学人民医院光谷分院住院,我也陪同护理她。6月4日上午,泰康湖北公司总经理李勇等4人来到医院探视,同时代表陈东升董事长向我赠送了"泰康养老社区荣誉居民证",在一个精致的首饰盒里放了一把5克纯金的钥匙。我知道,这是东升董事长对我的关心,希望我到即将落成的楚园养老。于是,当晚我给东升发了一个微信,我写道:"东升,今天是端午节,你派湖北泰康公司李勇总经理来慰问,并赠送了泰康之家荣誉居民证,非常感谢你们的关爱。"东升回复写道:"我们都是您培养的学生,这是我们应该做的,希望我们能为您做点什么。我们武汉的楚园和泰康医院将起航,能够为您服务了。祝二老端午节快乐!"

转眼半年过去了。12月21日,泰康之家·楚园举行起航仪式,我被邀请参加。在起航仪式之前,在楚园的会议厅举行了武汉大学校友企业家联谊会理事会,在企业家理事会开会的同时,楚园的负责人陪同我们参观了养老社区的公寓和护理设施、食堂、医院等。他们在2号楼三层给我们夫妇预留了一套住房,包括卧室、会客室、卫生间、厨房等,完全是按照五星级宾馆配备的。他们事先做了多方面的准备,在卧室和会客室存放了我与夫人的多幅照片,陈列了我出版的多种著作,真有点宾至如归的感觉。

大约上午10时,泰康之家·楚园起航仪式正式开始,省市领导以及各方面的嘉宾被邀请参加。大厅的荧幕放映泰康之家的理念,以及运行的新模式。大会组织者专门邀请了湖北艺术家演奏编钟舞蹈,精彩纷呈,让与会者置身于楚文化的愉悦之中,也感受到楚园的幸福生活。

在起航仪式之前,武汉大学企业家联谊会召开了理事会,由理事会蹇宏秘书长报告了本届理事会的工作,会计师报告了财务收支情况。最后一项议程是讨论和通过设立刘道玉老校长养老基金,规定下线是1万元,上线是5万元。当我得知这项动议之后,一再劝阻他们,说我生活没有困难。但他们说,我们不是救济,而是感恩和回报。他们的举动使我非常感动,我说:"当我置身于你们之中,使我想起了陶行知先生在76年以前说过的一句话。他说:'教师的成功是创造出值得自己崇拜的人。先生之最大快乐是创造出值得崇拜的人。'在座的各位,都是我崇拜的人,因此我现在既是最骄傲的人,也是最幸福的人。"

在起航仪式结束时,东升诚恳地对我说:"校长,楚园就是您的家,您什么时候来住,住多久,一切尊重您的意愿。"我对东升说:"我不仅是楚园的荣誉居民,我也要做常住居民,做模范居民,做长寿居民。"东升说:"好,我们衷心祝愿校长健康长寿!"

◆ (十三)预防病毒的套餐

2020年初,武汉突然暴发了新型冠状病毒肺炎流行病,由于疫情愈来愈严重,不得不于1月23日(除夕前一天)宣布"封城"。在封城以后，偌大的武汉，街上竟空无一人，只有救护车、警车以及执行紧急任务的车辆行驶。接着是紧急建设几座医院和方舱医院。与此同时，北京、上海、广州、四川等地的医院紧急施援湖北和武汉。我身处武汉疫情的中心，自然引起许多学生和朋友们的关注。

马国川是《财经杂志》的知名资深记者，也是我的老朋友。他在微信公众号撰文写道："遥望武汉，最惦念的是两位大学校长，一位是章开沅先生，一位是刘道玉先生。作为记者，我曾经多次采访过这两位校长。在我看来，他们是大学校长的卓越代表，也是中国教育的良心。"

武汉的疫情迅速蔓延，我也纷纷接到来自国内外校友和朋友们的电话、微信和邮件，他们第一句话就问："校长，您没有事吧？希望您千万要保重，千万不要出门。"我的干女儿程琳来信说："老爸，您千万要保护好自己，不要出门，只要有一口饭吃就行了。"

于刚是武汉大学1977级空间物理系的学生，他是第二批中美联合研究生考试的幸运儿，他以第26名的成绩被美国康奈尔大学物理系录取，他仅仅获得了物理系的硕士学位，后来转到宾夕法尼亚大学沃顿商学院攻读决策管理的博士学位。他曾经在大学任教，获得了终身教授职位。但是，他不甘寂寞，决心下海创业，先后创办了1号店和1号药网，都非常成功。我们师生有频繁的联系，他得知武汉疫情以后，发微信给我，请我注意做好防护。同时，他用快递寄来了预防病毒的套餐，是增强免疫力的药物。他的爱心令我十分感动，我对他说，我会注意的，在家闭门不出，自我隔离。

1992年毕业于图书馆学系的席隆乾，在大学读书期间就与我有交往，我们通过信件讨论教育问题。大学毕业时，他由于参加了学生游行，所以把他分配到最基层，经过我的帮助，他被改派到重庆科技书店。但是，他后来下海创业有成，并且一直与我保持密切的联系。

当他得知武汉疫情以后，甚为我的安全担忧。于是，他发来微信说："校长，我搞一架直升机把你们全家接出来，以免受感染。"他的打算也引起校友们不同的意见,有人赞成,也有人不赞成。但我心中有数,像我这样高龄的老人,是宜静而不宜动,何况我夫人患腰椎骨质疏松性骨折,她怎么能够动弹呢?所以,我对席隆乾说:"谢谢你的关心,但我们是不会离开武汉的,在家自我隔离是安全的,请不要为我们担心。"

来自国内外这样感人的语言和行动实在是太多了,作为一个昔日的大学校长,能够得到如此多学生们的关心,此生已足矣!

第八章

改革之果

　　奥古斯特·罗丹是19世纪法国最伟大的雕塑家,是欧洲2000多年雕塑艺术集大成者,是20世纪新雕塑艺术的创造者。他曾经深刻地指出:"恶是枯干,汗干了,血干了,热情干了,僵了,死了,死人才无意于创造。只要有一滴汗,一滴血,一滴热情,便是创造之神爱住的行宫,就能开创造之花,结创造之果,繁殖创造之森林。"

　　花与果是因果关系,果木开花后授粉,雌性子房发育成果实,这是生物学的自然规律。人们只要勤奋耕耘,保障果木生长的必要条件,它们就会适时地开花,所谓的春华秋实,就是这个道理。同样地,在教育上只要我们在教坛辛勤耕耘,励志于教学改革,就必然会开出灿烂之花,也一定会结出丰硕之果。大凡成果无不是有形的或无形的,但它们都有其价值,要么是使用和经济价值,要么是精神与学术价值,一所大学应当肩负起创造这些价值的任务。

一、创新文化已形成

什么是文化？从根本意义上说，文化是人类认识和改造世界的总成就，是人类物质文明、精神文明、政治文明和社会文明的总概括，是人类全部思想和行为的总记录。这样说未免太抽象，具体地说，一切文学、艺术、观念、灵感、意识、学风、校训、制度等都属于文化的范畴。文化之所以称为文化，是因为它像阳光、空气、雨露一样，无时无刻不在影响和改变人们的命运和生活。人类正面临资源匮乏的危机，各种资源终有一天会枯竭，但文化资源是永远不会枯竭的，只要地球不招致毁灭，它们将伴随着人类的始终。

无论是文化教育事业，或是企业，都必须重视文化建设。对于创业者来说，一定要营造创新文化，这是因为文化的力量是巨大的，因为文化能够影响和改变世界。这是危言耸听吗？非也，这是无数事实证明了的真理，只是人们没有发现它的伟大力量而已。古希腊哲学家赫拉克莱塔斯说："除却变化，别无永恒之物。"按照进化论的观点，变化有巨变和微观的变化，前者是能够观察到的，而后者是凭着肉眼看不到的，但这种变化却是无时无刻不在进行着，正是这些变化才造就五彩缤纷的大千世界。

瑞士达沃斯论坛（即世界经济论坛）已是家喻户晓的，它创立于1971年，是一个非政府组织的国际经济活动，可是少有人看到它的文化影响力。其创始人是日内瓦大学教授克劳斯·施瓦布，他是教授商业政策学的，创立这个论坛的灵感是源自一本书。法国经济学家薛利伯撰写了一本书《美国的挑战》，其中分析欧洲落后的原因不是资源和技术，而是管理。这个观点引起了施瓦布的共鸣，一个创意在

32 岁的施瓦布脑中涌现了:"我要为欧洲商业领袖构建一个平台,让他们更好地了解企业管理。"于是,他于 1971 年创办了欧洲管理论坛,1987 年更名为世界经济论坛(简称达沃斯论坛)。谁也未曾想到这个论坛的影响力如此之大,每年 1 月举办一次年会,迄今已经召开了 50 届年会。每年的年会都有来自世界各国的总统、总理、王室成员、世界富豪等人物赴会,讨论世界经济形势、金融政策,研究应对金融危机的对策等,其影响力确实不可低估。

文化改变世界的一个典型例子,也是发生在达沃斯论坛上。1988 年希腊与土耳其关于爱琴海岛屿的争端达到白热化的程度,双方开战在即。这时正值达沃斯论坛开会,施瓦布灵机一动,把两国首脑邀请到达沃斯的小山上,根据论坛对话而不对抗的精神,两国首脑坦诚对话,结果消除了敌意,签订了《达沃斯宣言》,从而避免了一场可怕的战争。

文化改变世界的例子可谓比比皆是,影响最大的莫过于美国硅谷文化,它影响和改变着世界。硅谷位于旧金山南部狭长的圣塔克拉拉谷地,这里星罗棋布地建成了 40 余座大小城镇,居住着 260 万人,十分之一的人从事 IT 行业。虽然硅谷的人口只占全美的 1%,但 GDP 却占了全美的 5%,人均产值 8.3 万美元。硅谷文化几乎是与硅谷的创建相伴而生的,在近半个世纪中,一批又一批的硅谷人创造了硅谷文化。极客(geek)本是美国俚语,意为性格古怪的计算机爱好癖,是一批把疯狂想法变成现实的人。极客文化是一种反主流的文化,以做出令人惊异的产品、音乐、电影等为时尚,引领着世界的新潮流。

硅谷的成功,引起美国和世界各地纷纷效仿,但几乎并没有成功的例子。这究竟是什么原因呢?为此,学术界和企业界提出了各种假设,如加州气候好、有斯坦福大学作为依靠、风险投资有保障、知识产权有保护等。应当说,这些因素对硅谷的发展和营造硅谷文化都有一定的作用。但是,我认为归根到底还是在于人的因素,这里聚集了一批最聪明、最敢于冒险的人,正是他们营造了硅谷文化亦即创新文化,而硅谷文化又助力他们登上创业的高峰。

我在履任武汉大学校长之初,借鉴了美国的创新文化理念,极力营造创新校园文化。什么是创新校园文化呢?我认为主要包括:第一,人人拥护改革、创新,改革和创新成为人们的共识,并且身体力行地践行改革和创新。无论是教师或是学生,都致力于创新。那时,金牌精神已蔚然成风,甚至连炊事员、园林工都要努力夺取本领域的金牌。第二,一个新的改革或是创新举措出台,人们积极拥护,任何反对改革和创新的思想都没有市场。第三,以创新为目的的学生社团遍布,创新已经渗透到教学和科学研究的一切领域,创新的成果不断涌现出来。一所大学如果有了这种局面,不仅创新文化已经形成了,而且已经步入较高境界了。

武汉大学创新文化的形成,它本身是一项成果,同时它又是推动学校各项改革和创新的驱动器。人们不禁发问:论条件武汉大学比不上北京、上海的一些大学,但为什么像学分制、转学制、插班生、作家班等诞生在武汉大学?究其原因,就在于武汉大学已经营造了改革创新文化,从而使武汉大学80年代的教育改革能够顺利进行。

二、科技发明零突破

在本书第二章中,我在履任校长之初,曾经喊出了"十年雪耻"的誓言。这耻就是武汉大学在"文革"前的17年中,居然没有获得过一项科技发明的成果,这令武大人蒙羞汗颜。因此,我上任以后,发誓要实现科技发明零的突破,这也是全校上下共同的呼声。

自1979年始,国家科委制定和颁布

了国家三大科学奖励条例,它们是国家自然科学奖、国家发明奖和国家科学技术进步奖。可是,在当年的评奖中,我校又被剃了光头。我虽然刚刚上任,不仅新官三把火没有点燃,而且无疑是又给我泼了一瓢冷水,使我遭受旧痛新伤的煎熬。严峻的形势不允许有丝毫的怠慢,必须立即行动起来,狠抓科学研究。

面对失败,我们没有别的选择,只能承认失败,知耻而后勇,知不足而后上。残酷的现实教育了每一个教师,大家不约而同地发出了一个共同的声音:"一定要拼搏,与学校共荣辱,没有学校的地位,也就没有我们教师的地位。"在这种精神的鞭策下,许多教师放弃节假日,日夜奋战在实验室,有的甚至是通宵达旦。

对此,我感到十分欣慰,也深知自己的责任重大。我带领科研处的有关人员,逐个项目抓落实,解决研究中的困难,决心为科研服务当好后勤。每当夜幕降临,我就到各系实验室去察看,亲自督促科研的进度。我希望把科研人员从事务性工作中解脱出来,集中精力攻克研究中的疑难问题。

功夫不负有心人,经过一年的艰苦奋战,辛勤的汗水终于浇灌出了幼小的禾苗。在1981年国家发明奖的评奖中,我校获得国家发明奖三等奖一项,获奖者是化学系徐汉生教授和他的研究生钱生球。徐汉生教授学术功底厚实,治学严谨,理论联系实际,长期研究有机磷农药,是我国少数几个研究农药的学术带头人。他们获奖项目是敌敌畏催化合成,他们以"管道法"代替了国内通行的"双溶剂法",其效率提高了 10%,生产过程中废水量减少了 50%,废水中敌敌畏的含量也从 0.47% 降低到 0.03%。这项发明成果的意义在于,明显降低了生产成本,减少了环境污染,具有十分重大的实用意义和经济效益。

这虽然仅仅只是一项三等发明奖,但对于久已干渴的武大人来说,它如同甘露,它毕竟是武汉大学在国家级的发明奖牌上零的突破!

接着，在1983年的全国评奖中，武汉大学又获得国家发明奖4项，其中三等奖3项、四等奖1项。截至1983年底，武汉大学获得国家发明奖，仅就数量而言，已经位居教育部直属大学的第二位。在以后的几年里，我校科学研究一直持续向前发展，成就虽说不大，但成果年年有。例如：

1985年，获得国家发明奖，三等奖1项，四等奖1项；国家科学技术进步奖一等奖1项。

1986年，获国家发明奖四等奖1项。

1987年，获得国家自然科学奖3项，其中三等奖2项、四等奖1项；获得国家科学技术进步奖二等奖1项。

1988年，获得国家发明奖四等奖1项。

1989年，获得国家自然科学奖三等奖1项。

……

三、学术著作获丰收

自然科学和工程技术学科，其科研成果大多以有形的材料、仪器、设备或者以专利的形式表现出来。人文社会科学，其成果大多以论著的形式来反映。从历史上来看，武汉大学长期是以人文社会科学见长的大学，特别是中文、历史、法律、经济和图书馆学等，在全国都占有举足轻重的地位。

但是，武汉大学又有一个保守的观念，即"述而不作"，致使在"文革"前的17年中，这些特色学科也鲜有论著出版。改革开放以后，广大人文社会科学的教授，也焕发了青春，老当益壮，决心要把"文革"耽误的时间抢回来。与此同时，要尽最大努力解决青黄不接的问题，要把一些传统学科继承下来。

我深知，建立出版社对于人文社会科学的重要性，因为他们的成果都是通过论著反映出来的。基于这种想法，我在教育部担任高教司司长时，在全国率先批准10所大学成立出版社，武汉大学出版社是十所之一。我亲自调配7名副教授级别的编辑队伍，拥有5000平方米的用房，通过武汉市的关系，将江汉印刷厂无偿地划拨给武汉大学，保证出版社的图书顺利出版。这一切措施，使武汉大学出版社成为全国优秀出版社，令全国其他大学出版社羡慕不已。

截至1983年底，我校已经出版各种专著279部，仅1983年就出版了49部，这超过了建校70年的总和。在这些名著中，有著名世界史大师吴于廑先生的《世界通史》（四卷本）和《十五十六世纪东西方历史初学集》（共三部）。历史学著名学者唐长孺先生，专长于魏晋南北朝史，他的专著《敦煌吐鲁番文书初探》被学术界称为具有开创性的成果。张继平教授与助手胡德坤撰写的多卷本《第二次世界大战史》填补了国内学术界的空白。法律系韩德培先生的《国际私法》和《环境保护法教程》都是权威性的著作。

在改革开放以后毕业的年轻的一代，已经成长为学术研究的中坚力量，他们勇于创新，完成了一批颇有价值的学术著作。例如，易中天的硕士论文《〈文心雕龙〉美学思想论稿》、《走出美学的迷茫》和《艺术教育学》相继于80年代出版，迅速引起学术界的高度重视。著名哲学家邓晓芒是从一个初中生到哲学家，他翻译的康德的《实用人类学》于1987年由重庆出版社出版，接着他又翻译和出版了康德的三大批判，即《纯粹理性批判》、《实践理性批判》和《判断力批判》，从而使他成为中国研究康德哲学最权威的学者。

四、中美联考获佳绩

在改革开放之前,我国基本上是处于封闭状态,广大知识分子如同坐井观天,对国外的情况一无所知。那时,西方国家对我国的封锁尚未解冻,而与苏东欧各国的关系也非常紧张。因此,我国与国外的教育和科技交流都还没有启动,更不可能向国外派遣留学生,致使我国与西方国家科技无法交流。

中央十一届三中全会是一次历史性的会议,实现了工作重心的转移,开启了改革开放的新时代。国门一打开,天地无限宽广,广大知识分子终于等到了这一天。他们渴望了解西方国家的教育、科技发展状况,希望走出国门学习国外先进的新理论、新技术,以弥补我国长期闭关锁国所造成的损失。但是,80年代初,国家的经济依然十分困难,尤其是外汇极其匮乏,公费留学名额少得可怜,自费留学完全没有可能,因为外汇完全由国家控制。

那时,一些爱国的华裔美籍科学家,他们奔走于中美之间,牵线搭桥,促进中美教育和科技交流。其中,诺贝尔物理学奖获得者李政道先生功不可没,他率先发起了中美联合培养物理类研究生项目。这项计划始于1979年,但那次仅仅限于内部招生,自1980年正式启动CUSPEA公开考试和录取,全国仅有35所大学有资格参加,武汉大学是其中之一。至1989年的10年间,总共派遣了915人赴美国各大学深造。武汉大学有32人,其中有3人后来受聘为中国特聘科学家,他们都是在各自研究领域的领军人物。

中美之间第二个招生项目是CUSBEA。这个项目发起人是美国康奈尔大学生物化学系吴瑞教授,中方是北京大学校长张龙翔。该计划共招生 8 届,派出 422 人。武汉大学在这个计划的考试中,1978 级的王小凡获得全国第一的成绩,他现在是中国科学院外籍院士,他的夫人董欣年是美国科学院院士。据统计,武汉大学总共有 36 人被录取,他们现在都是美国各大学的终身教授。

第三个项目是化学考试,简称为 CGP。该项计划发起人是美国哈佛大学多林教授(William Von Eggers Doering)和复旦大学谢希德校长。这项计划自 1982 年开始,每年录取 60 人,8 年共计 480 人左右。这个项目启动得最晚,其影响力远远没有前两个计划那么大。

总之,中美研究生的联合考试,产生于特殊的年代,那时,国家外汇短缺,研究生刚刚恢复招生,我国利用美国著名大学的师资、设备和经费,为我国培养了一批优秀人才。他们之中的不少人,后来以各种方式回报祖国,对我国科学技术的发展起到了重要的作用。

五、中法交流结硕果

20 世纪 80 年代初,改革开放开启之后,掀起了各个大学争先恐后与欧美国家的高校建立姊妹学校的热潮。其中,上海同济大学的中德文化教育交流中心、南京大学与美国霍普金斯大学的中美文化教育交流中心,以及武汉大学与法国的中法文化教育交流中心最为瞩目。与前两个中心不同的是,武汉大学是与法国政府签订的协议,这表明武汉大学的协议更具有权威性。

武汉大学与法国外交部先后签订过三份协议,第一份协议签订时间是 1980 年 1 月,第二份协议签订时间是 1983 年 2 月,第三份协议签订时间是 1985 年 1 月。这些协议内容广泛,涉及中法数学实验班,互派留学生、进修教师,创办《法国研究》杂志,赠送包括计算机、光学仪器设备、捐赠图书和期刊资料等。从当时的情况看,我国经济还比较落后,而法国是属于发达国家,所以主要是法国给予我们的帮助。

据不完全统计,在合作交流期间,我校从物理、化学、生物、经济、法语、历史、哲学等系先后派出了 50 多名进修教师,派出了 100 多名本科生和研究生。法国政府先后向武汉大学赠送了一个光学实验室的仪器和一台大型的 Solar 计算机。关于这台计算机还有一个小插曲,法国驻华使馆很重视这项馈赠,我们准备举行一个捐赠仪式,拟邀请湖北省一位副省长参加,这位副省长把"索拉尔计算机"误听为拖拉机,他说拖拉机武汉大学用不上,不如你们转赠给省里,我们能够派上用场。经过我反复解释,最后才消除了误会。

20 世纪 80 年代,武汉大学在法国的留学生几乎分布在法国每一个城市,这令其他大学极为羡慕。我在法国就遇到一个北京大学的进修教师,他说你们留学生遍布法国,我们真是羡慕极了。据法国外交部一位官员告诉我,法国用于与武汉大学的交流经费高达 3000 万法郎,大约折合人民币 3700 万元,这在当时是一笔可观的经费。因此,我校与法国交流获得的实惠,在全国是首屈一指的。

《法国研究》是由武汉大学法国研究所主办的刊物,并且得到了法国政府的资助。这是中国唯一的研究法国的综合杂志,编辑委员会由众多的法国文学家、翻译家组成,如北京大学的罗大纲、郭麟阁、张芝联等大师,极具权威性。这个刊物是武汉大学与法国交流的桥梁。由于它是一本双语刊物,受到中法学术界的重视。1983 年 1 月出版了创刊号,我为它的诞生写了一篇祝贺词,全文如下:

祝《法国研究》创刊

那是三年以前的事了。

当我第一次踏上法兰西共和国国土的时候,一个伟大民族的古老文明,从多方面震撼我的心灵。高耸雄伟的埃菲尔铁塔,崇高奇妙的巴黎圣母院,庄严长明的凯旋门,不停地把我的心绪领回到八达岭万里长城的西峰之巅,名城白帝的古刹之中,首都北京的前门之上。中法两个民族的悠久历史是那样的曲折、相似而又令人敬仰赞美,中、法两国人民的往来是那样的亲如手足而又源远流长。

早在七百多年以前,中、法两国就存在文化交往。在漫长的年代中,中国的古代文明,曾经对法国文化的发展起到重大的影响;同时,中国也从法国的灿烂文化中吸取了"精髓"而充实自己。在卢浮宫、法国自然博物馆、巴黎中央理工学院的科技馆,陈列着中国古代、近代科学发明的展品、古玩和植物标本,这些都是中、法两国交往的见证。

自文艺复兴以来的500多年中,法国该有多少作家、思想家需要我们去研究和评论,该有多少学派需要我们去研究和继承。著名哲学家伽桑狄对宗教禁欲主义和经院哲学的批判,启迪了多少人文主义者,影响了多少古典主义作家;伟大的莫里哀"攻击我的时代的恶习"的剧作及其公演,至今仍给我们多少宝贵的精神财富;还有中古的《罗兰之歌》,布洛瓦的《诗艺》,伏尔泰的《哲学通讯》,布封的《自然史》,吕埃夫的《货币现象理论》,莱尼达维德的《现代法学体系》,雨果之于浪漫主义运动,巴尔扎克之于批判现代主义潮流,谢阁兰、克洛岱尔、圣-琼·佩斯之于当代诗歌,以及萨特和加缪之于当代哲学和戏剧,无不起着推动作用。

在自然科学方面,法国也曾经涌现过诸多的著名科学家和学派,对人类做出过巨大的贡献。著名的布尔巴基学派,对世界数学的发展有着重大的影响;穆瓦桑征服了人们曾耗时100多年寻求的新的化学元素;萨巴梯尔发明了催化氢化,是今天石油工业的先导;居里夫人发现了放射性元素钋和镭,为和平利用原子能开辟了一条新路,鲁迅先生称之为"辉新世界之曙光"。法国不仅在历史上出现过科学鼎盛时期,而且现在也仍然是世界科学技术发达国家之一。

在中法文化科学交流日益向前发展的大好形势下,《法国研究》诞生了,我们对她的诞生表示热烈的祝贺。我们希望《法国研究》成为中、法两国人民友好的纽带，成为文苑争芳斗艳的一朵耀眼夺目的鲜花。

《法国研究》是武汉大学法国研究所主办的多学科的学术季刊，是交流科研成果，开展学术讨论，介绍法国语言、文学、哲学、历史、经济学、法律等学科的理论和研究方法的园地。她的宗旨是在党的领导下，以马列主义、毛泽东思想为指导，坚持理论联系实际的原则，为提高各科教学水平，促进法国问题研究，实现新时期的总任务服务。

本刊创办伊始，就得到中、法两国学术界许多朋友们的关注与支持。在此，我受编辑部的委托，一并致以诚挚的谢意！

刘道玉

1983年春于珞珈山

20世纪80年代，武汉大学与法国的交流中心，在各方面的大力支持下，获得了瞩目的成就。法国政府对与武汉大学的交流取得的成果也甚感满意。为了表彰我个人在促进中法交流中所起的作用，法国政府决定向我颁发密特朗总统最高勋章。1985年5月24日，在武汉大学举行了与法国交流和合作五周年纪念活动，包括法国文学与诗歌研讨会、中法交流与合作成果展览会和文艺演出等。在庆祝会上，法国驻华公使拉奥先生向我颁发了密特朗总统最高勋章，参加授勋仪式的有法国驻中国大使馆文化参赞波和蒂什、法国大使馆科技参赞舒亚兰，以及教育部欧洲处处长张宝庆等人。

授勋仪式简朴而庄严，拉奥先生首先致辞，对我荣获密特朗总统最高勋章表示衷心祝贺。接着，我在热烈掌声中，发表了致谢辞，对法国政府授予我这枚勋章表示衷心的感谢，并表示要继往开来，继续推动中法两国文化与科技的交流与合作，为加强中法两国人民的传统友谊而努力！

六、一部电影竞风流

彩色故事片《女大学生宿舍》和广大观众见面了,作为与大学生朝夕相处的教育工作者,我怀着特殊的心情,观看了这部影片,并且给我留下了深刻的印象。特别是,它以影视的形式,从一个女生宿舍小小的窗口,再现了当代大学生的风貌,做出了极大的尝试,填补了我国影坛上的一个空白。在首映仪式上,我向剧本的作者喻杉同学和影片的导演史蜀君女士等摄制组的全体演员,表示真诚的敬意和感谢!

一部艺术作品,不管作者的意愿如何,都是直接或间接起着教育人的作用。一部思想性、艺术性强的电影,对传播社会主义精神文明具有重要的作用,可以激励人们对新生活的憧憬和对远大理想的追求。我认为,《女大学生宿舍》正是一部思想性和艺术性很高的影片,尽管影片的场景并不十分壮观,故事情节也不太离奇古怪,人物关系也不甚复杂,作者仅仅只是从校园采撷了几束小花,通过艺术手段展现出一幅感人的画卷。然而,正是通过几个一年级女生的学习与生活片段,较好地再现了80年代大学生的风貌,演绎出了一部80年代的青春之歌。

艺术的创造来源于实践,但又不是现实生活的复制。《女大学生宿舍》中所描写的5个女生,虽然经过艺术的塑造,但在现实的大学中并不陌生,都可以找到她们的原型。匡亚兰虽有伤痕,但她非常倔强,是一个有进取心的姑娘;宋歌要求进步,工作积极,但对人苛求,方法简单;骆雪梅朴实无华,虚心好学,严以律己,宽以待人;辛甘热情任性,带着几分娇气;夏雨书生气十足,富有幻想。虽然她们都有自己的个性,也有各自的优点和缺点,但她们之间的共性却是主要的。这就是:富于思索,热爱生活,寻求友谊,团结互助,渴望成才。我想,这些共同点,正是当代大学生的风貌,是值得肯定的。

大学是人才成长的摇篮,生活在这里的青年们,无疑是很幸福的。但是,大学也绝不是世外桃源,大学生的生活也不是风平浪静的。社会上的浪花,生活中的激流都会冲击着他们的思想。在他们中间,有伤痕的泪水,也有欢声笑语;有迷茫、动摇,也有豪言壮语;有挫折、失败,也有进取和胜利;有妒忌、猜疑,也有信任和友谊;有摩擦、争论,也有谅解和团结。他们正是生活在这种充满爱心、矛盾与友爱的集体里。这是一种充满社会主义温暖的集体。在这里,他们沐浴着和煦的阳光,相互激励,相互学习,茁壮地成长。

青年是未来的希望,今天的青年大学生,就是明天社会的栋梁之材。青年时代,是长身体、长知识的大好时期,是人生观、世界观和道德观形成的重要时期,我们千万不能游戏人生。学校的任务就是按照教育规律,把他们培养成为合格的人才。为了教育与培养他们,正确地认识他们是很重要的,他们的主流是好的,对于他们既要严格要求,又要循循善诱地引导;既要激励他们奋发努力,又要让他们自己教育自己;既要鼓励他们积极思索,又要反对他们胡思乱想;既要支持他们积极探索,又要允许他们失败。只有这样,我们才能够看到他们的主流,调动他们的积极因素,采取各种有效的措施,按照新时代的要求,把他们不断地引向前进的道路!

我们并不认为这部电影是十全十美的,其中也确实存在这样或那样的不足。例如,个别人物的形象格调低了一些,有些内容还可以再深化一些。尽管如此,瑕不掩瑜,它仍然不失为一部佳作。大学生是当代青年的主体,或是主要组成部分,是未来知识分子的新鲜血液。因此,全社会都要关心他们,了解他们,做他们的良师益友。在赞叹电影《女大学生宿舍》之余,我深感反映教育和大学生生活的电影作品太少了。

电影《女大学生宿舍》出自一个大二女生之手，诞生于改革开放的年代，是思想解放激发了她的创作灵感，是武汉大学教学改革催生出的创造之果。非常遗憾的是，至今37年了，既没有再诞生过反映大学生学习与生活的电影，也没有人能够创作出超越喻杉的作品，这是非常值得我们深思的。

在惋惜之余，我们衷心地欢迎作家、电影艺术家来到他们中间，也渴望大学的教授们指导学生创作，在创作中学习和增长才干。作为大学的领导人，要为他们创作营造宽松的环境，让他们的才华迸发出来，提供更多、更好的精神食粮，使他们健康的成长，成为有理想、有文化和守纪律的新一代！

七、实验话剧之先锋

20世纪80年代，人们难以想象，那时大学生们的创意竟如此丰富，简直就像火山一样地迸发出来。中文系1977级和1978级的几个学生，他们把法国著名古典戏剧奠基人皮埃尔·高乃依的《熙德》中的一幕，冠以《思想者》的剧名搬上了舞台，从而对实验话剧率先进行了大胆的尝试。在他们之前，就连专业话剧团也还没有涉足，因此我校中文系是首开全国实验话剧之先锋。

奥古斯特·罗丹是法国20世纪初的雕塑艺术家，他在欧洲雕塑史上的地位，正如但丁在欧洲文学史上的地位。他于1880年创作的《思想者》本是大型群雕《地狱之门》横眉上一座主雕像，之后成为他的著名作品之一。他的创作灵感来自但丁的《神曲》，这尊雕塑别出心裁，在基座上烘托着一个强劲而有力的男性形象，他低着头在默默地沉思，思索着什么，也许是地狱之门内的痛苦灵魂，也许不同的人有不同的理解，就像达·芬奇笔下的《蒙娜丽莎》一样，是一个有待揭开的秘密。

中文系 1977 级学生张冀平是《思想者》的编剧人，中文系 78 级学生弓克是导演，他们既没有学过戏剧和导演，居然敢于闯入实验话剧的创作，这无疑是解放思想下敢作敢为的行动。他们以罗丹的《思想者》来冠名《熙德》话剧中的一幕，这本身就是一个创造。为此，他们还成立了熙德剧社，这也是那个时代最有影响的学生社团之一。

《思想者》编导组有中文系的张冀平、弓克，计算机系 77 级的柴潇涌和历史系 77 级的赵林等。当时，我知道他们在创作一部话剧，对他们的创作我是积极支持的。每天到食堂进餐时，导演组的人都待在食堂进出口处，以观察和挑选合适的男女演员。最后，被他们挑选的演员有法语系 79 级的柯塔伯、物理系 78 级的郭为民、中文系 78 级的张磊、生物学 79 级的陈新梅（女）、中文系 78 级的崔琰（女）、中文系 79 级李尔亮和杨小禾（女）等。

剧情的故事发生在火车的一节车厢中，故事的人物有文静单纯的女大学生，有常常以教导他人自居的中级官员，有经常做好事被人称赞的年轻人，也有貌似叛逆、不受欢迎的街头小伙子，等等。

然而，当车厢发生持刀抢劫的事件时，剧中的人物表现却是迥异的，人们的真实面目才得以显现出来。最先冲到前面与歹徒搏斗的是貌似叛逆的街头小伙子以及文弱的女学生，那个常常教导他人的官员并不勇敢，而最胆小退缩不前的倒是刻意做好事的青年人。剧中人物的表现，在我们现实生活中并不鲜见，这就印证了美国社会学家、社会心理学家及哲学家乔治·赫伯·米德（George Herbert Meadl）的观点，他认为人有两个角色，一个是自身角色（I），另一个是扮演的角色（Me），通常人们以扮演（伪善）的角色掩盖了真实自身的角色。

1981 年初，《思想者》首先在全校文艺汇演中亮相，获得了第一名的荣誉。接着，他们准备倾全校之力重新排练并争取参加湖北省高校的演出。按照规定,每个大学只能推荐一个节目,但在推荐节目时,校团委坚持推荐女生小合唱,而校学生会和熙德剧社坚决要求上《思想者》,因为后者具有思想性和探索性,这样才能反映新时代大学生的风貌。

彩排的地点是武汉水运工程学院大礼堂,在争执不决的情况下,我特地邀请了中文系陈美兰等三位教授与我一起去观看,学校有关部门的领导和各系的负责人乘两辆大客车,也随同一起观看。《思想者》演出总共40分钟。看完之后,我提议再看一遍。观看完毕之后回到学校已是夜晚12时,随即我主持了学校与剧组主创人员的会议,请大家就《思想者》参加省高校汇演发表意见。

鉴于《思想者》从内容到表现形式都打破了传统观念,自然为保守者所不容。学校的两位副校长发表了激烈的言辞,抨击《思想者》,这反映了当时推行改革之艰难。经过两个小时的辩论,时间已到凌晨2时。我力排众议表示:"我同意《思想者》上。"进而又提出了几点修改意见。

湖北省高校文艺汇演经过两天的演出,武汉大学的《思想者》是压轴戏,赢得了最持久和最响亮的掌声,这代表了观众的态度。可是,评委会却只给《思想者》评了二等奖,并否决参加五四优秀节目的演出。评委会中的唯一女导演,为此退出评委会。柴潇涌和弓克向我汇报,表示拒绝接受二等奖,我支持他们的态度,因为评委会违背了创新精神。

剧组起草了致湖北省委第一书记陈丕显的一封信,由柴潇涌径直送到省委办公厅。第二天,省委办公厅打电话给我,传达陈书记的批示:武汉大学《思想者》继续参加在洪山宾馆的优秀节目演出。陈丕显书记亲自观看,当舞台帷幕刚落时,陈丕显书记带头鼓掌。陈书记的态度表明,在那个改革初期,各种思想杂陈的时期,改革与保守、僵化与创新是交织在一起的。每一个改革者总是站在革新的一边,对新生事物也总是满腔热情地予以支持。

《思想者》已成为武汉大学的记忆,但是成立的熙德戏社却开启了一个好的传统。从此,武汉大学的文学、戏剧、电影创作等长盛不衰,在全国高校中占据重要的地位,为武汉大学赢得了荣誉。

八、独创县域经济学

经济学是现代的一门独立学科,是关于经济发展规律的科学。英国学者亚当·斯密(Adam Smith)于1776年出版了《国富论》一书,为经济学的诞生做了奠基性的工作。自此以后,经历了200多年的发展,已经形成了许多专业方向。按照一级学科划分,可以分为理论经济学和应用经济学,如果再细分,理论经济学又可以划分为政治经济学、西方经济学、世界经济学和经济思想史;而隶属应用经济学的分支学科就太多了,如国民经济学、国际贸易、企业经济学、产业经济学、货币经济学、金融学、税务学、保险学、财政学,等等。

但是,无论是在国内或是国外,直到20世纪80年代以前,都还没有县域经济学这个名词。然而,20世纪70年代末,在解放思想的感召下,武汉大学经济系的几个青年教师却发起成立了全国第一个县域经济研究会。伍新木是经济系的一位青年教师,他心直口快,敢想敢干,富有开拓创新精神。他没有按照严格的审批手续,仅仅由武汉大学科研处同意,他联合张秀生、杨再平和关敬如(都是研究生)成立了中国第一个县域经济研究会,他自封为会长。他们连续召开了两次县域经济学术研讨会,编辑出版了两辑学术论文集,在全国引起了强烈的反响。随后,全国掀起了县域经济学研究热潮,其中大多数都是有理论思考能力的县长和县委书记。

1991年,经济日报出版社出版了李连第编写的《中国经济学希望之光》一书,将伍新木关于县域经济学的研究收入其中,并且加了一个特别醒目的标题:广开思路　独辟蹊径——系统研究县经济理论的伍新木教授。这意味着一门初创的、新兴的学科在几个名不见经传的"小人物"的倡导下诞生了。

从创造学上讲,一切独创性的理论、学科或成果,都是源于灵感,那么伍新木创立县域经济学的灵感来自哪里呢?我认为主要是以下三个因素促成的。

第一,伍新木出生于农村,特别是出生在"十年九不收"的沔阳县(今仙桃市),从小过着食不果腹的贫穷生活,渴望发展农业经济,改造落后的农村。

第二,伍新木 1964 年考入武汉大学经济学系的政治经济学专业,他喜欢自己的专业。在大一的时候,他在老师讲授马克思的《资本论》时,到《光明日报》展开讨论:资本家究竟是靠剥削还是靠劳动起家的?在工农兵学员时期,他与学生一起参加学工、学农、学军,受到了实际的锻炼。再后来,他又进入了军宣队的"专案组",天南海北地外调,在更广阔的视野里了解到中国的国情,这对于他确立人生观和学术观都是有益的。

第三,关键的是一次调侃激发了他的创意。1978 年是我国改革开放元年,国家的工作重心由"以阶级斗争为纲"转到经济建设上来,这是一个根本的转变,如果没有这次的转变,根本就不可能有我国现在的一切成就。那时,媒体对亚洲四小龙(中国台湾、中国香港、新加坡和韩国)的宣传很多,人们对"四小龙"的经济腾飞也很感兴趣。有一天,武汉大学经济系的曾启贤教授、伍新木、陈端洁和华中工学院(现华中科技大学)张培刚教授在一起聚餐、聊天,聊到高兴的时候,张先生大声调侃亚洲四小龙时说道:"他们岂敢称龙?中国才是龙的传人,他们不是龙,顶多是蛇,蛇都不是,充其量是四条泥鳅!"说完,张先生哈哈大笑。

言者无心,而听者有意。在伍新木的脑袋里,马上闪亮出了一组数字:台湾人口仅2369万(2018年),只相当于大陆的一个小省;新加坡人口仅有584万(2018年);香港人口仅有537万(2018年),只相当于内地的大县。中国有2800多个县,世界上有60个国家的土地和人口都小于中国的一个普通县。亚洲四小龙经济腾飞的经验告诉我们,一个小国、小区、小县同样能够创造出经济奇迹。于是,伍新木心想要把中国的每一个县当作一个"国家"来治理、规划和发展。是的,广东不是有"四小虎",浙江不是有"四小马",福建不是有"四小猴"吗?如果中国2800多个县的每一个县都腾飞起来了,那2800多个县叠加在一起,中国不就成了世界超强的大国了吗?

如果说,1979年他们成立县域经济学研究会还是模糊的、感性的,那么这时伍新木对县域经济学的认识已经上升到理性阶段了。伍新木的学术观点越来越受到重视,各种有关他的宣传和报道也多了起来,《湖北日报》曾经有一篇专门报道,题目是《教授不在书斋里》,他看到后非常生气,说教授不在书斋里那去干什么呢?应当把题目改为《教授不只是在书斋》,教授不在书斋算什么教授?伍新木与众不同的是,他坚持理论与实践结合,所以他才被邀请到各地做咨询,到处都受到热烈的欢迎。

那么,什么叫县域经济学呢?凡是一门学科,都有明确的概念、研究对象和学科体系。中国春秋战国时期兴起郡县制一直延续至今,说明它可以也应该成为独立的研究对象。县域经济学也不例外,如果给它下一个定义,即县域经济学是以县作为特定的研究对象,研究它的特征、功能和发展规律的科学。县域经济学不仅限于一个县,扩大来说是个"域",就包括了与县有关的地域,如珠三角经济区、长三角经济区、中三角经济区等。一般来说,经济学的理论和方法,也都适用于县域经济学。

鉴于伍新木的教学与研究都做出了突出的成就,1984年学校决定破格晋升他为副教授,与他同时破格晋升为副教授的还有化学系的秦金贵、计算机系的何克清和历史学系的胡德坤。此举在于打破论资排辈的传统思想,鼓励创新,大胆启用崭露头角的青年教师,他们是学校未来的希望。

十分可贵的是,伍新木倡导的县域经济学不仅停留在口头上、书本上,他还积极地付诸实践。我的家乡是枣阳县(现枣阳市),当时的县委书记是贾天增,县长是曹启佑,他们邀请我回乡参观,希望派专家指导县里的经济发展。这时,我想到了伍新木副教授,建议他把枣阳县作为一个改革的试点,他愉快地同意了。这是因为我与他有着相同的经历和性格,我们都是农民的儿子,坚决拥护改革开放的政策,都有踏实、不怕吃苦的作风,都是敢于打破常规走新路的人。

于是,以伍新木为首组织了一个团队,深入枣阳县进行调研,参加者有张秀生、何耀、关敬如、汤学义、马晋民等。在枣阳县经济委员会等单位的配合下,大概用了半年的时间,制定了一份《枣阳县经济发展与振兴的规划》(草案)。经过规划小组和枣阳县各级、各部门的认真讨论,形成了《枣阳县经济发展与振兴纲要》。

1986年10月,在武汉大学招待所召开了《枣阳县经济发展与振兴纲要》的论证与评估会议。枣阳县的领导人,以及被邀请的来自校内外的经济学家也参加了论证。我刚刚从美国和加拿大考察回校,虽然时差还没有调整过来,但我不顾疲劳也参加了这个重要的论证与评估会议。经过专家们认真讨论,最后一致通过了这个规划纲要,认为是一项开拓性的研究成果,具有理论和实用双重的价值,填补了我国县域经济学研究的空白点。该规划的创新之点在于:一是首次提出科技创新为引领,以民生为终极目标,以改革开放为主导,以市场机制为动力。不俗套上级规划,也不俗套"苏南模式"。二是提出发展战略"扁担形状",即以市场为导向,以农业基地产业为支撑,以县级工业为支柱,一肩挑两头,重点发展县级工业。

在论证会议上,我的身份有点特殊,具有双重的身份,一方面我是武汉大学校长,另一方面枣阳县是我的故乡。因此,我向枣阳县的领导表示了衷心的祝贺与感谢,希望家乡的经济改革获得成功,盼望家乡经济繁荣,人民生活幸福!同时,作为一个枣阳人,我又对伍新木教授率领的规划团队表示真诚的感谢!对他们的创新精神表示了赞扬。

鉴于我刚刚从美、加考察归来,便借机谈了一点考察的观感。我校与美国耶鲁大学是正式签订协议的姊妹学校,这次我们一行主要是应美国耶鲁大学的邀请,参加耶鲁大学第20任校长班罗·斯密特的就职典礼。在美国,校长就职典礼是十分隆重的,当地时间9月20日下午1时举行,该校特别邀请余英时先生陪同兼做翻译,他是该校历史学终身教授,他不停地向我介绍典礼的一些传统风俗,使我开阔了眼界。该校1500名教授穿博士服、戴博士帽,教授们的行进队伍成两行纵队,没有固定排列顺序,基本上是自然形成的,目标是到达一个古式教堂,就职典礼就在那里举行。我作为贵宾和余英时先生走在教授队伍的前面,以示对我们的尊重。

就在教授们行进的过程中,突然发生了一个小插曲,耶鲁大学的大学生们组织了一次大游行,他们涂抹成迷彩面孔,与教授们的队伍并肩前进。另外,在右侧又出现了一支骑着高大警马的警察队伍,他们是为了防范学生闹事的。大学生游行的起因是因为与公寓管理人员发生了矛盾,他们要求校方惩处管理人员。这是我第一次见到如此场面,颇感好奇,也担心会出现激烈的冲突。然而,我的担心完全是多余的,事实上整个游行过程中,井然有序,三支队伍各有目的,各行其是,也相安无事。

可是,我万万没有想到,由于我谈的这次观感,事后经济系有一两个教师揭发我在会上散布资产阶级自由化思想。明白人一看就知道,这哪是什么自由化思想呢?这完全是参加耶鲁大学校长就职典礼的一点花絮!这些思想极其保守的人,他们简直到了草木皆兵的程度!这样的经济学教师,怎么能够跟上经济改革的步伐,他们如果不转变陈旧的思想,那岂不是误人子弟吗?

鉴定和论证后,枣阳县领导按照规划纲要实施,的确显示了规划的指导作用。枣阳原来只是一个落后的小县,长年干旱缺水,工业基本上是空白。在执行规划后短短的两年时间内,一个落后的穷县居然涌现出了"野马"自行车厂、纺织厂、啤酒厂、果酒厂、制药厂等一批重点企业。在农业上也连年获得丰收,成为全国百强农业重点县之一。这是一个时势造英雄和英雄造时势的时代,经济的迅速崛起,也必然历练出了一批强人,县委书记贾天增先后晋升为襄樊(现襄阳)市委书记和湖北省副省长,而县长曹启佑也晋升为湖北省机械工业厅的厅长。

在枣阳县试点成功的基础上,伍新木和关敬如等主编的《县经济概论》于1988年由中共中央党校出版社出版。《枣阳规划》也正式出版,国务院经济技术社会发展研究中心顾问马宾为之作序(马宾先生,原冶金工业部副部长,104岁时去世),我也为之作了序。一个良好的开端,仅仅是成功的起点,而不是终点。接着,伍新木的学术团队又在武汉市汉南区开展试点,他亲自担任咨询委员会主任,与区委书记陈元林一起又提出了"汉南模式",即家庭联产承包责任制为基础,逐步实现适度的规模经济、适用的科学技术、完善的社会化服务和专业化的商品生产。这一模式是县域经济学的升级版,在汉南区实施以后,效果十分显著,《人民日报》、《光明日报》、《湖北日报》、《长江日报》等30多家媒体都做了宣传报道。教育部社会科学司在汉南区召开过几十所大学的现场会议,推广了伍新木试验的经验。伍新木以"汉南模式"发表了十多篇理论文章,受到学术界的广泛关注。伍新木以论文《中国农村改革发展目标的选择——汉南模式述评》参加在人民大会堂举行的改革开放十周年的学术讨论会,受到了高度的好评。此后,伍新木又延伸"汉南模式"研究,倡导武汉农村综合产权交易所的建立,9年之后,此模式受到中央肯定,并将农村资源有序流转写入十九届三中全会决定。

1989年,伍新木的团队又受湖北省副省长石川之邀,为他的家乡河南尉氏县制定了规划,1990年又受福建省省长之邀,为福建省南平市制定了规划,并获得福建省科学技术进步奖。在过去几十年中,由他的团队制定的规划还有浙江宁波市"十二五"水资源规划、贵港市养老规划、湖北仙桃市规划、湖北神农架旅游规划、广州市城市群研究、深圳市房地产预警研究、河南郑州郑卞新区研究、河南洛阳市规划、湖北郧阳县规划、贵州省毕节市和安龙县规划,省、市、县的规划发展咨询200余个。我国有2800多个县,伍新木居然到1000多个县做过调查研究,全国无人与他比肩,他实践了古人"读万卷书,行万里路"的座右铭。

因为大多数县、市都有自己的"母亲江、河、湖",从县域经济到流域经济,这是伍新木的又一次突破。1992年,他发表了《区域关联乘数效应理论》一文,中国工程院院士李京文评价道:"经世界文献查重,这一理论是伍新木首次提出。"这一理论的基本内容是,两个或多个相邻的区域空间,它们存在着相互关联(生态的、社会的、经济的),表现为正相关或负相关,且这种关系是互动的,正或负关系是乘数的。1997年教育部正式明确区域经济学学科,伍新木为该学科的首批博士生导师,他也一直是教育部马克思主义理论工程评委和《区域经济学》教材的主审评委。1997年,由伍新木发起召开了海峡两岸长江流域可持续发展研讨会,起草和发表了《长江宣言》,呼吁对长江进行大保护。1998年,伍新木又主持了国际长江流域可持续发展研讨会,国务院发展研究中心主任王梦奎发表主旨演讲。随后,伍新木撰文《应将长江经济带的发展上升为国家战略》,发表在《长江流域资源与环境》2010年第10期上,并先后到长江流域各省做演讲,受到重视与欢迎。

自提出县域经济学至今,已经40年过去了,他在这一领域做的调查研究、发表的论著和做出的贡献,没有哪一个经济学家能够与他相提并论。我曾经多次建议他申报武汉大学资深教授,但他总是摆摆手说:"不申报,不申报,坚决不申报!"我个人认为,如果不抱着学术偏见的话,伍新木在县域经济学领域的成果与贡献,完全可以获得诺贝尔经济学奖。可惜的是,他的所有论著都没有译成英文,西方的经济学家当然也就不了解他的工作,真有遗珠之憾!

不过,伍新木倒是非常淡然,他颇为动情地说:"我耕耘我的地,坚守我的劳作方式,我已把这当作生存的方式和需要,奉献即收获。"他非常了解县长们,他讲的话县长们也爱听。他奉劝县长们:以前,一个县长,七品芝麻官,科级干部。当下,一个县长,处级干部,多数干得好的,退休前可以到副厅级或副局级。值得吗?不如一辈子铁了心,干好一个县,为百万老百姓谋福祉,实现人生最大价值,老百姓记得你,也落个青史留名!

这是一个经济学家的肺腑之言,也是对我国县域经济学寄予的厚望。

九、法学人才受瞩目

在我上大学之初,就知道武汉大学法律系曾经有过辉煌的历史,是学校王牌系科,并引以为自豪。武汉大学的法学始于1908年的湖北法政学堂,1926年并入武昌中山大学,后并入武汉大学,先后云集了燕树棠、王世杰、皮宗石、周鲠生、梅汝璈、李浩培、韩德培等一大批著名法学家,令全国法学界所瞩目。

可惜的是,在1958年,主管部门撤销了武汉大学法律系,将它合并到当时的省属湖北大学(今中南财经政法大学),从此武汉大学的王牌系科被毁掉。但是,武汉大学王牌法学并没有从我的思想中消除,对它的怀念一直埋藏在心底,等待它重现天日。这一天终于到来了!1979年初,我辞去了教育部党组成员兼高等教育司司长一职,回到武汉大学后又被任命为学校党委常委副书记兼常务副校长,我立即向党委倡议恢复武汉大学的王牌系科——法律系。我的建议虽然没有得到党委常委多数人的支持,但在党委书记纪辉的鼎力支持下,他以一把手的权威,断然决定恢复法律系,以再铸被毁的金牌。

燕树棠先生是我国近代第一个获得美国耶鲁大学法学博士学位的人,他是武汉大学法律系第一任系主任,是民国政府时期的首席大法官。他具有深厚的文学功底和娴熟的英语能力,能够介绍各个学派的观点,讲课非常受欢迎,是无与伦比的法学大师。可是,在过去"以阶级斗争为纲"的年代,他一直是被批判的对象。在恢复法律系之后,我有意请他出山,1981年春节,我去给他拜年,也是想试探他的意向。可是,当我去到他家以后,他的家人介绍说,是刘校长来看望你,但他没有丝毫的反应,只是喃喃自语道:"我是反革命,我罪该万死,我老而无用……"目睹惨境,我心想这些都是过去"以阶级斗争为纲"的后遗症啊。他当时已经90岁高龄了,看来出山是不可能了。

2019年是恢复法律系40周年,抚今思昔,感慨万千。我们可以毫不掩饰地说,我们重铸金牌的目标已经实现了。当今,武汉大学法学院排名稳居全国三甲,而国际法则无争议地位居榜首,国际私法、国际组织法、国际经济法和环境法更是无与伦比。

在高端人才培养方面,也是令人瞩目的。恢复法律系40年来总共培养了2000名法学博士。其中担任国家首席大检察官的有1人,大法官有4人,担任大学法学院院长的有12人,担任各省高级人民法院院长和人民检察院检察长的人数更多。随着市场经济的发展,私人法律事务所也非常兴旺发达,全国共有法律事务所2万多家,执业律师42.3万人。其中,由武汉大学毕业生创办、知名的就有广东东方昆仑律师事务所、浩天信和律师事务所。朱征夫是武汉大学恢复法律系后首届毕业生,他后又获得法学博士学位,师从国际法权威韩德培先生,曾经在哈佛大学做博士后研究。他现在是中华全国律师协会副会长,是全国著名律师之一,经常活跃在我国法学学术舞台上，承接过不少国内外重大案件，赢得了极高的社会声誉。

十、传世名篇《珞珈赋》

武汉大学的前身到底溯源于何时？这一问题在史学界一直存在争议，但学校当局仅仅组织了一次"同仁论证会"，在没有获得广泛共识的情况下，于1993年隆重地举行了建校100周年纪念，从而引起了我国高等教育界的争议。依此而论，武汉大学也就成为中国近代创建的第一所大学，也就是中国高校之母。此后，学校一直照此延续下去，先后举行了105周年和110周年的纪念活动。这就犹如哈佛大学校史上的"三个谎言"[①]一样，久而久之，谎言成为"事实"，习惯也就成了自然。

既然1993年武汉大学举行了隆重的百年校庆，那么2013年就是120周年校庆了。按照传统的习俗，逢十都会举行隆重的庆祝，借以展示学校办学的成就。为了迎接校庆的到来，学校从多方面进行了准备，包括重新修建校门，以及门前的地下通道。原来武汉大学与武汉测绘科技大学被八一路分隔开，既然两校合二为一，把两校的校园连成一体就是最佳的方案了。新设计的方案是，机动车从八一路隧道通行，而把分隔武汉大学和武汉测绘科技大学的八一路段修建成街心花园，既美化了校园，又将两个校区连成一体，这的确是一个

---

① 三个谎言（the three lies）是指：哈佛大学校园中坐落的铜像并不是约翰·哈佛，因为他逝世时没有留下照片，1885年哈佛大学250年校庆时，雕塑家丹尼尔·切斯特·法兰奇找了一个叫谢尔曼·霍尔的学生为模特雕刻而成。哈佛大学的前身不是1638年的哈佛学院，而是马萨诸塞州法院通过的于1636年成立的马萨诸塞州新殖民学院。约翰·哈佛是主要捐款人，为了纪念他，于1638年改名为哈佛学院，1780年正式更名为哈佛大学。

匠心独具的设计。

武汉大学的校门始于1931年,先后由木制歇山式到水泥冲天式的牌坊,但四柱三间的格式一直没有改变,牌坊正面是用楷体书写的"国立武汉大学"六个字,背面是用小篆书写的"文法理工农医"六个字。

2013年新修建的校门,地址向后移了几米,柱体和间隔都增高和扩宽了,以显得更加雄伟和开放。校门左右都没有围墙,与八一路和武珞路融为一体,显示了大学的开放性,与社会声息相通。在大门的左内侧,有一块大理石牌坊,内容是"校门牌坊重修题记",右侧是与之相对称的一块大理石牌坊,书写的是闻名遐迩的《珞珈赋》。

世界第一所大学,当属于1088年创建于意大利北部的博洛尼亚大学,其被尊称为世界大学之母,迄今将近有千年的历史了。可是,世界上从来没有一所大学把一个一年级学生写的文章,镌刻在校门内的大理石牌坊上。更难能可贵的是,《珞珈赋》是通过向全球武汉大学校友和社会各界公开征文,经过专家评审,从50篇应征文章中脱颖而出的。从这一点来说,武汉大学校门内的《珞珈赋》牌坊堪称奇迹,而何五元创作的《珞珈赋》也必定成为传世名篇。

自从此牌坊矗立以来,到此参观、手抄、朗诵和拍照的人络绎不绝。据我所知,此赋已经成为学校教职员工们保存的经典,也成为返校聚会校友们必来欣赏的景点。《珞珈赋》的流传越来越广,凡知武汉大学者,必知《珞珈赋》也。为什么《珞珈赋》会有如此的盛名呢?《珞珈赋》牌坊没有署名作者,不知情者或许认为,它一定是出自名儒或大师,但它却是一个中文系大一年级学生何五元的课堂作业。

据何五元的回忆,1985年3月,是他就读武汉大学中文系的第二个学期,有一天他在鲲鹏广场旁边教二楼上古代汉语课,主讲是沈祥源副教授。在讲授结束时,沈老师布置作业,要求每人写一篇古文体的文章,体裁不限。课后回到宿舍,何五元不假思索地以珞珈山为主题,一气呵成写了一篇《登珞珈山赋》。文成以后,他感觉良好,也获得了沈老师的赞赏。沈老师将《登珞珈山赋》抄录在备课本里,并在下一堂课当堂诵读和评讲。后来,何五元对这篇作业又做了斟酌和修改,把标题改为《珞珈赋》发表在《武汉大学学报》上,这样《珞珈赋》在校内逐渐流传开来,各种校园刊物也开始频繁地使用。这一年他才18岁,是地地道道的珞珈少年,这也印证了"自古英雄出少年"的名谚。2016年10月13日,沈祥源教授向武汉大学图书馆捐赠了珍藏多年的14册备课手稿。其中有他当年全文抄录的何五元习作《登珞珈山赋》,慧眼识珠可见一斑。

对于这位珞珈少年何五元以及他的《珞珈赋》,当时我是知道的,也十分欣赏他的才华。只是当时没有想到也没有条件建立《珞珈赋》的牌坊,因为那时教育经费十分紧缺,一年全部的教育经费总共3800万元,仅仅相当于2013年重新修建校门的经费。虽然《珞珈赋》牌坊晚矗立了30多年,但是金子总是会发光的!

自《珞珈赋》问世以来,好评如潮,影响深远。一个崇拜何五元的女生说:"有一个奇葩师兄,大学一年级挥笔写就的随堂作业《珞珈赋》,如今被铭刻在武汉大学正门口,被众多学子传颂。后来,师兄被邀请谈这篇文字创作的体会时,又发出了'永是珞珈一少年'的感慨,也成了武汉大学的经典名句,成为武汉大学2017届毕业典礼的主题。"而且《珞珈赋》已经由毕业于武汉大学中文系的著名书法家、古文字学家陈初生教授书写为长卷,由武汉大学退休教师黄金文以4年功夫集成了王羲之版书法,由爱乐人隋圻校友节录谱成了《珞珈山》圆舞曲等,足以表明《珞珈赋》影响之深远。

武汉大学文学院肖圣中副教授评价道:"自1928年定鼎,母校坐拥倚山带水,樱花城堡之美,其间名人佳作多矣,而吟咏珞珈本体者,当以此为最著。山木花草,亭台楼阁,虫鸟人物,学子意气,笙歌风流,汇于六百言小赋中,由山及水,由水及草树,由草树及花鸟虫鱼,复以莘莘学子,弦歌不辍,神彩风流,人杰地灵作结,斯人斯世斯地,其可再得乎!真正才子佳构,遂有子安再世之叹。而灵气之钟于珞珈，实肇端于老校长刘道玉之时代。开放之讲堂，自由之风气，孕育我辈直抒胸臆之豪忱，而五元兄，特其卓异者也。"

沈祥源作为古代汉语的权威学者，是直接指导何五元创作《珞珈赋》的导师，他对《珞珈赋》的评价，无疑是最中肯的。他评论道："何五元的《登珞珈山赋》从语言到内容，整体较好，于是作为范例，全文抄录并当堂诵读评讲，指出其写景充分、写情真诚，不仅表现了作者对珞珈山的倾心赞美，对武大人文的深切热爱。也表明了那年月武大思想活跃，人才辈出。"

我认为，《珞珈赋》的诞生，得益于沈祥源和何五元，二人缺一不可。如果没有沈老师的课余作业，没有何五元的激情发挥，就不可能诞生《珞珈赋》。在教育学上有一句名言：能够深入浅出的教师是最优秀的教师，能够浅入深出的学生是最可怕的学生。沈老师的课余作业，是深入浅出，而何五元创作的《珞珈赋》则是浅入深出的典范。在武汉大学一百多年的历史中，从珞珈山走出的毕业生 50 多万人，而能吟咏出《珞珈赋》的仅何五元一人也！

如果再进一步分析，何五元创作《珞珈赋》具有主观和客观两方面的原因。从主观原因来说，何五元出生于素有文人之乡的黄冈，那里曾经出现过像黄侃、熊十力、刘博平、闻一多、黄焯等学术大师。人杰地灵的文化，不管自觉或不自觉，都会使他受到滋润。1984 年高考，通过"千军万马过独木桥"的竞争，他以六门课 542 分第一的成绩，被武汉大学中文系录取，这一年他才 17 岁。这是一个新的起点，他开始了平生诸多第一：第一次离开家乡湖北省罗田县蕙兰山，第一次走出大山独自坐长途汽车到武汉大学报到，第一次融入美丽如画的武汉大学，第一次说普通话。对于他来说，一切都是新鲜的，一切都是自由的，一切都是奇妙无比的。

自由和包容，从来都是武汉大学的代名词，尤其是 80 年代，武汉大学率先实行了一系列崭新的教学制度，营造了自由的校园文化。大学生们可以自由转系，可以自学不上课，只要通过考试就可以了。

何五元很快适应了这种学习生活,每当没有课或者他认为不需要听讲的课程,他都会带着面包和饮用水,徒步珞珈硕大的山麓,用脚步丈量珞珈山的每一个角落。山顶上有一座几十米高的铁塔,每次登上山顶,他都会爬上这座铁塔,从塔上眺望四野,风声呼啸,塔身摇晃,远山含碧,近树扶疏,使他心旷神怡。他从塔顶翘望东湖,它犹如一面硕大的镜子,时有快艇飞驰,云水笼烟,更有仙女轻舞飘逸之感。他已经把珞珈山装入胸怀,把东湖水溶入血液,久而久之,他把对山水的感觉升华为感悟。经过不断地反思和揣摩,遂升华为灵感。这是创造之源,感悟是神奇的力量,就如高斯的数感、帕瓦罗蒂的乐感、梵高的美感、乔丹的球感一样。灵感一旦被媒介接通了,就会像喷泉一样迸发出来。何五元创作《珞珈赋》的灵感是"山感"或是"赋感",他特别擅长于作赋,而接通其灵感的就是沈祥源老师的课堂作业。

后来何五元回忆创作《珞珈赋》时这样写道:"《珞珈赋》洋溢的是那个年代最由衷的自由的喜悦。踏遍了珞珈的山山水水,熟悉她的一草一木。珞珈的一山一水,一花一树,四时变化,人文气象,最要紧的是我们那个年代的自由向上气息……无时无刻不激荡着我的心魄,让我感到有一股诗意的冲动要喷薄而出。这就是《珞珈赋》。《珞珈赋》根植于珞珈山,这里的一草一木会永远浸染着我的文字、我的生命。""创作《珞珈赋》的灵感来自珞珈山,激发这一灵感的大环境是刘道玉老校长创造的自由芬芳。《珞珈赋》只不过是 80 年代那个时代的一个音符,而老校长却是时代最杰出的作曲家和指挥家。我,则是那个无知无畏的少年,在喧嚣的人群中,在世界面前,不由自主地大声歌唱。不是天籁,而是发自肺腑的自然吟唱。"

为什么《珞珈赋》诞生在武汉大学中文系,出自何五元之手?这与武汉大学中文系文脉传承不无关系。在 20 年代,这里有黄侃、闻一多;30 年代曾有珞珈"三才女"苏雪林、凌叔华、袁昌英;50 年代曾经有"五老八中";80 年代更是群星灿烂,曾经出现过诗人高伐林、王家新,作家张冀平、池莉、林白、张桦、喻杉、邱华栋,诗人洪烛(王军)、陈勇等。这种师承现象,在我国高校中是不多见的,我们应当珍惜这种优秀的学术传统,将它发扬光大,创作出更多的传世经典名著。

附录:

珞珈赋

珞珈有山,雄峙东湖之南,遥踞大江之阴。东临碧水,磨山依稀弄影;西起洪岳,宝塔巍然可登;南极通衢,达中南之枢纽;北揽湖光,仰屈子之行吟。登斯山也,无车马之喧,有奇瑰之景;涛声约若,清风可饮。醉山色,叹古今,其乐也陶陶,其情也欣欣——已焉哉!陶令倘在,敢无厚美之情?

凭阑极目,远山含碧,近树扶疏。天际横江,轻纱一带;地尽屹楼,奇绮几何?一桥飞卧,挽龟蛇成一体;数舸直下,逐江渚几欲飞。东湖浩渺,云水笼烟;长堤戏波,一水绕碧。湖鸥点点,喧声响遏行云;游子搏浪,意气浩振九霄。善哉!斯水有乐如此耳!

树耸山间,草肥谷底。林荫蔽日,郁郁葱葱;花繁满树,嫣嫣灼灼。千虫鸣唱,百鸟吟歌,山富芳草之鲜美,地耀落英之缤纷。春桃秋桂,夏榴冬梅——赏奇花一树,感彻肺腑;嗅清香几脉,沁透心脾。樱花赛雪,始发仲春之际;梅朵胜缎,笑傲岁寒之末。亭台楼阁,绿荫掩映;箫簧琴瑟,歌舞悠扬。芬芳馥郁兮最美校园,今夕何夕兮最美时光!

仁者乐山兮智者乐水,山高水长兮流风甚美!学堂名自强,多难图兴邦。筚路蓝缕,朴诚有勇,育复兴之国士;颠沛流离,玉汝于成,培干城之栋梁。风霜雨雪途,弦歌不辍;困苦忧患时,奋发图强。壮哉!学大汉,武立国,铁肩担道义;自强魂,弘毅气,豪情兮一何滔滔!

珞珈苍苍,东湖汤汤。山川壮美,泱泱兮养天地之气;澄岚秀润,昂昂兮结青云之志。从来大师云集,兼容并包,岂分东西南北;始终树木树人,英才辈出,皆为珞珈荣光。桃李满园,皆时代之骄子;学子盈室,俱一世之英华。淑女窈窕,书山跋涉;少年英俊,学海遨游。其意气一何绰绰兮,彼神彩一何风流!——异兮!斯人斯地,无乃物华天宝,人杰地灵哉!

呜呼!有山美如斯,有水秀如斯,更兼有人风流如斯,珞珈无仙亦名耳!居中乐乐,快不可言,欣然命笔,为赋珞珈是也!乙丑年仲春何五元识于珞珈山下桂园之中,癸巳年季秋改于羊城天河。

十一、大学语文受热捧

在新中国成立以前,我国大学里的国文课都是重头课目,所以大学生们的文学修养都很扎实,不管是学文或者学理工科的学生,诗词歌赋都能上手。可是,从1951年高等院校统一调整以后,在一边倒向苏联看齐的口号误导下,完全采取了苏联的专业化教学大纲,致使学生的知识面越来越窄。1961年以后,在单纯追求升学率的误导下,高中实行文理科分科教学,高考录取也按照文理分科来划分,使得专业化教育越陷越深。试问:一个科盲怎么能够成为哲学家,一个缺乏基本阅读和写作能力的人,又怎么能够成为科学家?

在20世纪80年代的改革大潮中,全国各大学大有"八仙过海各显神通"之势。我校从教学制度改革入手,营造自由民主的学风。匡亚明是南京大学校长,他是一位令人尊敬的教育家,他大胆延揽人才,从武汉大学请走了原中文系系主任程千帆教授和外语系的张越超教授,并率先开出大学语文课程。对匡校长的改革举措,我完全赞成,并准备立即效仿。

1984年5月,我到中文系做调查研究,召开了关于开设大学语文课程的教师座谈会,参加会议的有沈祥源、陈美兰、蔡守湘等。与会者纷纷表示,完全赞成开设大学语文课,并立即行动,成立了大学语文教研室,任命沈祥源教授为主任,另调配了两名教师。这虽然是一门选修课,但选修的学生几乎涵盖全校各系,表明大学语文课受到热烈的欢迎,堂堂课都是爆满。从此,大学语文走进了武汉大学课堂,如果说武汉大学80年代毕业生的素质高,我认为这与开设大学语文课不无关系。

十二、珞珈诗派已形成

纵观世界顶尖级的大学,创立学派是其共同的特点,一个没有学派的大学怎么能够称得上是世界一流的大学呢?

在我国古代,学派是一个非常普遍的学术现象,在春秋战国时期,曾经出现过诸子百家,有过"百家争鸣、百花齐放"的盛况。继春秋之后,宋、明两朝是我国学派又一鼎盛时期,曾经诞生了理学、心学等学派,它们都与书院的蓬勃发展有关,这是非常值得总结和借鉴的。

大学应当是诞生学派的地方,世界顶尖的研究性大学,都拥有众多的学派。正如美国哈佛大学心理学家威廉·詹姆斯所说:"芝加哥已经产生了一个学派!——可以有把握地预测:在未来25年中它将在知识界扮演芝加哥学派的角色。有很多大学不乏思想的展现,但却没有学派;其他的一些大学不乏学派,却没有思想。芝加哥大学,通过出版十年磨一剑的著作,向我们展示了真正的思想和真正的学派。"[①]这是一个权威的评价,阐明了芝加哥大学盛产学派的原因。在

---

① 王颖吉:《从哈佛思想到芝加哥学派——威廉·詹姆斯对美国早期芝加哥学派传播学者的影响》,《河北大学学报(哲学社会科学版)》,2010年第6期。

芝加哥大学先后诞生过建筑学派、社会学学派、心理学学派、费米实验物理学派和经济学学派。自 1968 年诺贝尔经济学奖设立以来,全世界总共有 60 人获得诺贝尔经济学奖,其中美国经济学家有 49 人,而出自芝加哥大学的就有 24 人,占获奖人数的 40%,这简直就是一个奇迹。

可是,自民国以来,我国学派日益式微,直至现在学派已经完全消失。如果要探究原因,那就是功利化的教育侵蚀了教育的灵魂,意识形态化的教育破坏了学派赖以生存的土壤。当今,少有心无旁骛、安贫乐道和皓首穷经的学者了,取而代之的是浮躁、浮夸和虚荣心充斥着学术领域。显而易见,没有大师和没有学派的大学,绝对不能称为世界顶尖的大学。遗憾的是,至今我国大学的办学人,仍然没有认识到这个问题,依然陷入求量不求质的误区之中。

在 20 世纪 80 年代,武汉大学借助解放思想的东风,掀起了教育改革的热潮,极大地调动了师生们的积极性和创造性,教授们踏踏实实地做研究,学生们勤奋学习,学风纯正而朴实。正是在这样的大好形势下,师生们创造出了诸多的奇迹,这是改革之花孕育出的丰硕之果。

珞珈诗派就是诞生于 80 年代中期,它是武汉大学中文系 1985 级的陈勇、洪烛、张静,新闻学系 1985 级李少君、孔令军和 1986 级的黄斌,法律系 1985 级的阿杰(单根生)的诗兴之举。也就是说,珞珈诗派的创始人就是上面所提到的七君子。他们的诗作以珞珈诗派专版的形式,在《武汉大学学报》多次集中推出,其影响日益扩大。随后,这一称谓被从珞珈山成长起来的诗人们认同并广泛接受。珞珈诗派的形成绝非偶然,他们自觉传承了闻一多等学术大师们的诗学与美学传统,以自由包容思想和诗意生活为底蕴,逐渐形成了以高校为活动中心的代表性诗歌流派。

为了进行诗歌创作交流,1987 年他们正式打出了珞珈诗派的旗号,这是一个跨系科的诗歌爱好者的组织。他们以各自不同的方式领悟诗的存在,从各自的兴趣出发创作诗歌,以自己对生活的不同感受揭示同一个世界。他们的作品不仅被《武汉大学学报》整版和整体推出,许多全国有影响力的文学刊物也不断刊登他们的诗作,显示了珞珈诗派最高水平和集体创作的风貌,其影响力日益剧增。

随着珞珈诗派影响力的扩大及自身发展的需要,在早期七位校园诗人的基础上,又不断吸收了自 1977 年以来出自珞珈山的诗人,如王家新、车延高、邱华栋、汪剑钊、李浔、李建春等,他们都是资深的校园诗人,具有一定的创作实力和影响力。珞珈诗派的影响远播海外,侨居海外的梅朵、索菲、张宗子、郑维予等诗人也纷纷加入珞珈诗派。诗人与评论家诗人,本来就是孪生兄弟,彼此相互切磋和交流,以促进诗歌的创作与发展。因此,评论家诗人方长安、陈卫、荣光启、吴投文、罗振亚、任毅等也相继加入,大大加强了珞珈诗派的实力。作为一个动态的概念,珞珈诗派长江后浪推前浪,一代新人赶前人,李浩、王家铭、卢絮、康承佳等新生代诗人的加入,表明珞珈诗派后继有人,前途一片光明。

陈勇是珞珈诗派的发起创始人之一,他在台前幕后做了大量默默无闻的具体组织和联络工作,充分体现了他对珞珈山的挚爱,对诗歌创作的执着追求。在推动诗派发展的过程中,李少君发挥了核心作用,特别是他成为全国《诗刊》主编以后,对珞珈诗派的发展起到了至关重要的推动作用。李少君是作家、诗人和评论家,他主编出版了大量国内优秀诗人的诗集和诗选,亲自推动并参与了国内外一系列具有影响力的诗歌活动。

2018 年 11 月 23 日,在武汉大学 125 周年校庆纪念活动期间,李少君应邀在"结满乡愁的珞珈——纪念武汉大学 125 周年校庆暨西迁乐山 80 周年珞珈诗派诗歌朗诵音乐会"上致辞,畅谈了他对珞珈诗派的理解、认识和情怀。他认为,珞珈山是诗意的发源地、诗情的发生地、诗人的出生地。从珞珈山走出来的人,不仅有诗人,几乎每一位珞珈人,都有着天然的对美、对生活和世界的敏感,这都归于珞珈山的影响。诗人是敏感的,虽然敏感是诗人的第一素质要素,但自由、开放、包容、浪漫和理想也都是诗人必备的气质。秀丽的珞珈山,明净的东湖水,滋润了珞珈人的心灵,使他们具有大气象、大襟怀,从而赋予他们创造性的能力。

现在的武汉大学校园,到处都弥漫着诗的气息,无论是教授或是学生,也不管是图书馆馆长或旗袍女设计师,他们都能够信手写出诗句来。吴晓和余仲廉作为企业家诗人,他们的加入,为开展诗歌研究提供了经济基础。自2017年开始,每年出版的《珞珈诗派》诗选,对于提高和发展珞珈诗派,开展诗歌研究与交流都具有十分重要的作用。

珞珈诗派,当然也是学派,但又不同于科学中的学派。纵观科学发展史,大凡一个天才的科学家,他都会创立一个学说,围绕着他和他的学说,聚集着一批精英人才,以研究、发展和捍卫这个学说,这个精英群体就是一个学派。然而诗歌却不同,虽然诗歌有不同的风格和派别,但它不能排斥或替代群体的诗派。正如武汉大学1957届毕业的老诗人叶橹先生所说:"珞珈诗派"的形成,或许不需要什么统一的宗旨或纲领,它的存在本身就是一个不可忽视的诗歌现象。当然,这并不是说,诗人们没有自己的风格特点。事实上,不同的诗人都有自己的风格,如王家新的"意象诗"、周中华的"哲理诗"、李少君的"自然诗"、陈勇的"唯美诗"等。诗歌的创作需要自由与浪漫,不自由没有诗,不浪漫没有想象力。自由与浪漫造就了风格各异的诗人,也形成了不同特点的诗歌。

目前,珞珈诗派有100人左右,相信随着珞珈诗派的不断发展,会有更多的珞珈诗人涌现出来。我曾经为《珞珈诗派》(2018年卷)写过一篇代序,题目是《把珞珈诗派的旗帜高高地擎起来》。我衷心地希望珞珈诗派日益壮大,诞生更多的大诗人,创作出更多传世的经典诗篇!

附:陈勇《致老校长——献给刘道玉老校长的诗》

致老校长①
——献给刘道玉老校长的诗

作者：陈勇

朗诵：陈悦

一块依然在行走的活化石，岁月的风尘
丝毫也不能遮蔽您眼神里洋溢的光泽
那光泽从我们仰望的那颗星传来
从我们青春曾经安放的那个年代传来

至今仍然温暖。仍然在承沐当年的恩泽
在世界任意一个角落，都会得到呼应
就算是一团火散作满天星，惊动每个黄昏
相同基因的热浪，也可以随时被一个声音引燃

这是一所没有围墙的大学，署着您的名字
像垫在后生们前行道路上的一块玉石
提携着什么，提示着什么，又提问着什么
您背影里看不见的崎岖，也在反复印证着什么

老校长，我们这么称呼您的时候
比唤着那再不肯做声的青春，亲热了许多
但老校长从不曾老，也不会老
您脊梁上驮过的所有不散的青春，就是您全部的骄傲

---

① 2019年9月3日，中文系1985级举行毕业30周年聚会，陈勇特意为刘道玉老校长创作了这首诗，由陈悦同学配乐朗诵。

十三、《写作》杂志冠全国

在新中国成立以前,大学的规模都很小,学术研究也较少,学术期刊就更少,武汉大学仅有一种学术季刊,其他大学也基本如此。这个学术传统一直延续到"文革"以前,那时学校也仅有《武汉大学学报》,分为自然科学版和人文社会科学版,先是季刊,后改为双月刊,即便如此,稿件也往往不能保质保量,其原因在于大学仅仅是教学单位,鲜有教授从事科学研究,因此科学研究落后,学术论文自然也很少。

改革开放以后,随着大学规模的逐渐扩大,并且把重点大学定性为既是教学中心又是科学研究的中心。于是,科学研究的地位日益提升,教授们既从事教学又要做科学研究,对学术刊物的需要也提到议事日程上来。于是,我校先后创办了《理科季刊》、《法学评论》、《经济评论》等,而且都办得非常成功,为学校增添了荣誉。国际高等教育界公认的大学功能有三:一是教学,二是科学研究,三是社会服务。因此,除了为学术服务的刊物以外,为社会服务的刊物也是大学的任务之一。

面向海内外发行的《写作》杂志,就是一份为社会服务的大众化刊物,这份杂志对于发展写作学科,普及写作知识,提高全民文化素质,都起到了巨大的作用。这份杂志的创办,得益于周姬昌教授的倡议与努力。他是1952年上海复旦大学外语系的毕业生,长期从事新闻报道工作,写作水平较高,写得一手流利的毛笔字和钢笔字。可是,他于1957年被打成右派分子,下放到武汉钢铁公司职业学院当教师。"文革"以后，大学教师队伍青黄不接，他通过中文系李格非先生调到武汉大学中文系。

他于 1980 年秋季提出要创办《写作》杂志，我出于振兴武汉大学的情结，同时要争夺金牌的欲望，所以坚决支持创办《写作》杂志。周姬昌既有耐心又有一种韧劲，就凭着这种精神，疏通了各方面的关系，经教育部以（81）高教一字（003 号）文批准创办《写作》，由武汉大学主办，是一种面向国内外公开出版发行的综合性写作期刊。1981 年 7 月 10 日，出版了第一期（即创刊号），中文系周大璞教授亲自撰写了《发刊词》。对于武汉大学来说，这是破天荒的大事，填补了我校在大众化刊物上的空白点，这当然是值得庆贺的好事。

但是，在《写作》创办过程中，以内外交困来形容并不过分，从外部来说，某些大学和社科院的文学研究所，对武汉大学并不服气，企图打压。从校内来说，由于周姬昌是一个历经沧桑的人，有些持"左"倾观点的人，对周姬昌不信任，因此中文系有不少教师不喜欢他。从传统的思想来看，中文系办《写作》似乎有点不伦不类，因此许多人对《写作》杂志表示不理解，也不予支持。好在那时中文系总支书记张广明非常开明，这样才使得《写作》摆脱困境，方能继续办下去。经过周姬昌的耐心游说，《写作》不断得到全国写作界名家的支持，著名作家吴伯萧、著名诗人臧克家和著名文学家裴显生先后曾经担任《写作》杂志的主编，极大地提高了这份杂志在全国的知名度。

《写作》杂志问世以后，在社会上引起了强烈的反响，这与校内形成鲜明的对比。据 1982 年 3 月的统计，武汉大学给湖北省委宣传部的报告称，当时发行量已达到 25 万份，最高年份发行量达到 40 万份。就在《写作》杂志欣欣向荣的时候，在学生科工作的喻德海找到我，说他是学中文的，想到《写作》杂志工作，以发挥所长，我同意了他的要求，任命他为《写作》杂志办公室主任。然而，他到任不久即发生了一起文字事故。周姬昌请他起草一份"征稿启事"，可是他居然将"启事"写成了"启示"，被印在 1985 年第 4 期封底。幸好这个错误被周姬昌及时发现,他认为这是严重的错误,《写作》杂志是指导人们正确地掌握写作技巧,这个错误是不能原谅的。于是,周姬昌在请示我之后,决定将4万份封面全部销毁重新印刷,从而避免了一次低级错误带来的不好影响。

在成功创办《写作》杂志的基础上,通过周姬昌教授的联络和组织,我校于1980年创建了国家一级学会——中国写作学会(the Chinese writing association),接受教育部和民政部共同领导与监督。这是武汉大学唯一牵头组建的全国学会,而且秘书处设在武汉大学。第一任会长是著名作家吴伯箫,第二任会长是著名诗人臧克家,第三任会长是著名文学家、作家裴显生,第四任会长是武汉大学文学院资深教授於可训,第五任会长是武汉大学文学院博士生导师方长安。也就是说,自1997年开始,中国写作学会不仅秘书处设在武汉大学,而且历任会长也由武汉大学文学院的教授担任。这就意味着,武汉大学已经成为中国真正的写作中心。

1985年10月31日,国家教委在(85)教文材字003号文件中,确定《写作学高级教程》为文科教材,并纳入"七五"规划项目之一,由武汉大学周姬昌担任主编,四川大学李保均和福建师范大学林可夫担任副主编。然后,学会聘请我国写作界具有较高学术水平和丰富教学实践经验的教授、副教授担任编委和各章的执笔人,他们基本上囊括了我国东南西北各主要大学写作学的学术带头人和骨干力量。

《写作学高级教程》于1989年4月由武汉大学出版社出版,据统计当年发行200万册以上,从而掀起了80年代大学和社会的写作热潮。1992年10月,这部《写作学高级教程》获得国家教委普通高校教材一等奖。这个一等奖可谓来之不易。据查,数十年以来,获得国家一等奖者寥寥无几。直到2019年,这部教材已经再版了4次,从其出版至今已有30余年,而这部教材仍然在使用,充分说明它的学术价值和受欢迎的程度。

《写作学高级教程》是中国写作学会的成绩,也是武汉大学的成绩,更是一个人的丰碑,这个人就是武汉大学中文系的周姬昌教授。他为创办《写作》杂志,成立这个写作学会和主编这部教材,可以说是呕心沥血,凭这部教材可以使他获得写作学术界的赞颂。

2020年7月是中国写作学会创办40周年,为回顾当代写作学发展的历程,展示其成就,总结得失,凝聚写作的学科力量和发展共识,中国写作学会准备开展"口述当代写作学暨中国写作学会创会40周年"的主题征文活动。我们深信,通过这次活动,将会进一步团结全国写作界的力量,将普及和提高我国全民的写作水平,进而提高全民族的文化素质做出巨大的贡献。

十四、独创的学术沙龙

沙龙(Salon)一词最早出现在意大利,17世纪开始传入法国,原来是指装点美术品的屋子。后来,逐渐演绎为谈论和欣赏美术品,同时也是玩纸牌和聊天的场所。在17世纪和18世纪,作为社交场所,沙龙具有很大的影响力,一些文人学士在这里朗诵自己的新作,高谈阔论,吸取智慧,洞察人性之善良。最早知名的沙龙是法国巴黎的朗布依埃宅邸,聚集了许多名流,风靡欧美各国。

到了19世纪,沙龙达到了鼎盛时期,并逐渐成为讨论和推敲文学、艺术的场所,学术的特色也十分鲜明。一般来说,那时的沙龙具有如下特点:一是定期举行;二是都安排在晚上,由一位贵妇人主持;三是人数不多,重在实效;四是自由参加,来者不拒,去者不究;五是内容仅限于文学、艺术等学术问题。应当说,沙龙的兴起,对于推动欧洲的文学艺术发展,曾经起到过重大的推动作用。

沙龙传播到中国,大概是 20 世纪 30 年代,起桥梁作用的就是林徽因女士,林徽因先后留学英国、美国,她不仅是著名的女建筑家,而且还是诗人、作家,深谙欧洲文化,所以她把沙龙传播到中国就不足为奇了。可是,沙龙在我国并没有获得普遍的传播。直到 20 世纪 80 年代以后,在解放思想的影响下,沙龙再次在中国得以提倡,这与改革开放有着密切的关系。尤其是在青年之中,他们在品尝咖啡的同时,也兴趣盎然地讨论各种学术问题。

1982 年,武汉大学的一批青年教师发起成立了青年科协,也称为学术沙龙。我对这一倡议非常感兴趣,给予了热情的支持。那时,大学生中的快乐学院,青年教师中的学术沙龙,成了武汉大学两道靓丽的风景线,并被广大青年们引以为豪。

我知道倡导一个新东西是可贵的,但要坚持实践一种新的创意,却是十分困难的。为了把学术沙龙办好,坚持下去,并且获得真正的效果,必须有新的思路,要有专门机构来抓落实。为此,我约请学校科研处和工会共同研究,在此基础上,制定了学术沙龙的组织管理办法。其中有如下规定。

沙龙宗旨:围绕学术问题,贯彻"百花齐放、百家争鸣"的方针,做到有所发现、有所发明、有所创造,以提高武汉大学的学术水平。

活动内容:主要围绕三个方面内容,一是约请校内外的名家,报告学术最前沿的研究方向,并展开实质性的讨论与争论;二是请校内教师报告自己研究中的难点,请与会的教师组织攻关,提出建设性的意见;三是请校内教师报告自己研究中的疑点,并围绕着疑点开展讨论,争取攻克疑点,创立新学说。

活动方式:采取英国牛津大学下午茶的方式,组织者提供茶点小吃。夏季供应冰激凌、西瓜、饮料和点心;冬季供应热咖啡、牛奶、饼干、蛋糕、水果等。要求与会者彻底放松,知无不言,一边听一边享受茶点,营造宽松的环境,激励思想火花,以迸发出新的创意。

活动时间与地点:每个月最后一周的周六下午2:30到5:00。地点为工会大楼二层俱乐部;分会地点为湖滨食堂二楼餐厅。

组织领导:成立科协主席团,由科协主席领导,科研处和工会作为学术沙龙的支撑,提供物质和经费的保障。

这个学术沙龙深受青年教师的欢迎,当时陈家宽、陈锋、易中天、邓晓芒、郭齐勇、杨小凯、何克清、邱峰、李百炼、皮勇建、沈作霖、王余光、夏琼、徐超江、蔡赓生等,都是学术沙龙的积极分子。第一任主席是陈锋,第二任主席是陈家宽。我记得首场沙龙由杨小凯主讲,题目是"经济改革中的后发优势",最早提出了市场经济是中国未来的必然之路,他还认为解决就业的困难是大力提倡创业,只有创业者多了,就业的困难才会缓解。

何克清是留学日本回国的青年教师,他学的是计算机软件工程学。当时,国内计算机学界尚不清楚计算机软件工程是什么。正是在他的倡导下,在武汉大学建立了国家级的软件工程实验室,从而使武汉大学在计算机软件工程方面处于国内领先的地位。

1986年,我收到了一封来自美国加利福尼亚大学的信,写信人叫彭立红,他原本是武汉地质学院(现中国地质大学)的毕业生,后来考取著名地质学大师黄汲清先生的研究生,获得硕士学位后又到美国继续攻读博士学位。他通过报刊了解到武汉大学的教学改革,于是他准备到武汉大学工作,意欲攻克古生物学领域里的一个难题。他在信中写道:"在中蒙边境发现了6亿年左右的蠕虫,而且机体还有弹性。于是,我大发奇想,能否将古老的生物的DNA与人的DNA嫁接,以克服近亲繁殖的弊端。也许这是治愈艾滋病的途径之一。"

他的奇想近乎是荒诞的,但世界上的一些重大发明,又有哪一项不是由所谓的"异端邪说"而诞生的呢?开展这项研究,即使不能治愈艾滋病,但也会发现一些人类尚不知道的现象,即使这样也是值得的。我出于好奇,特邀请他到武汉大学学术沙龙会上做一次演讲,他答应了。不出所料,他的观点引起了各种质疑,赞成和反对的都有。我是一个求新、求异的人,对彭立红的想法给予支持,允许他积极探索。在征得他同意的情况下,我们把他调进武汉大学,在生物学系成立了一个古生物学研究室,给他配备了助手,拨给了数千元的研究经费。探索是走没有路标的地方,成功与失败都是允许的,失败乃成功之母,即使一无所获,我们也可以总结教训,继续探索。彭立红已经开始调研,但由于我突然被免职,而他也就失去了立足之地,不得不遗憾地又离开了学校。

这个独特的学术沙龙,一直坚持到1987年底,由于我被免职,它也就无声无息地自然消亡了,这就是我国现实中"人走茶凉"的必然后果。不过,让人欣慰的是,从这个学术沙龙走出了一大批杰出的领军人才,如杨小凯、易中天、邓晓芒、赵林、李百炼、李敏儒、郭齐勇、陈家宽、於可训、马费成、王余光、陈锋、夏琼等。这再一次证明,学术沙龙是杰出人才成长的摇篮,是科学发明的温床,其经验值得推广。

可惜的是,到了90年代,代替沙龙的是各种论坛、高峰论坛等,名称倒是非常响亮。但是,这只是形式上的造势而已。虽然先后也举办过多次世界大学校长高峰论坛,但除了少数几个国外大学校长发表过真知灼见外,很少看到我国大学校长有自己的新鲜见解。当这些论坛出现之初,我就说过,论坛的关键在于"论",如果没有自己的创意,何以能够论得起来呢?因此,在学术的讨论与争鸣中,非常有必要返璞归真,切忌空谈,反对形式主义,"惟陈言之务去"。唯有如此,才能开创我国学术创新的局面,也才能使我国科学技术屹立于世界先进之林。

十五、编辑《珞珈之子文库》

文库是图书编刊的形式之一,所谓"库"的延伸意思是收藏物品的场所,具有开阔和博大的意思。文库是按照编辑的计划,选择一定范围内已经刊发或专门编辑的作品成套出版,且冠以"文库"的总名。因而,编辑如同文库这样的图书、版本、装帧也基本是相同的。

我国近现代历史上,最著名的文库有《万有文库》、《新知文库》等,前者是由商务印书馆创始人王云五先生主编的,耗时 8 年,编辑了 1721 种(总共两集),印刷 4000 册。后者是由三联书店总经理沈昌文先生于 1986 年启动和主编的,总共 83 种,在 80 年代译介西方学术思想方面颇有影响。

20 世纪 80 年代,是改革开放的黄金时代,武汉大学解放思想,营造自由民主的校园文化,从而培育了大批杰出人才。尤其是作家班和插班生,从他们之中涌现出了当代作家群体。野莽是这批著名作家之一,他倡导编撰和出版《珞珈之子文库》,这一倡议得到了广大珞珈学子们的积极响应,并恳切请我担任总主编,而野莽担任执行总主编。

根据编辑的指导思想,凡是毕业于武汉大学的学子,都可以向《珞珈之子文库》编辑委员会申报选题,经编委会审定合乎要求者,均可以纳入出版计划。每位作者提供一部 30 万字左右的书稿,书名、体裁不限,均由作者自定。鉴于武汉大学毕业的学子分布极广,专业涉及各行各业,为了适应广大读者的需要,能够集思广益,这套文库不包括科学技术方面专深的学术专著,主要收入珞珈学子们的文学作品、散文、诗歌、传记、演讲、专访、人生感悟、创业经验、企业文化等。

根据编辑计划,《珞珈之子文库》准备按照五辑编辑,即《哲学·教育》、《文学·艺术》、《史学·法律》、《经济·企业》、《科学·技术》。这套文库由中国言实出版社出版,它是一家实力雄厚的出版社,一定能够向读者推出高质量的著作。

《珞珈之子文库》是一个滚动的计划,它不仅包括自20世纪50年代以来毕业于武汉大学的学子,而且准备一直延续下去。长江后浪推前浪,一代新人胜旧人,相信未来武汉大学会涌现出更多的各类杰出人才。也许,现在人们还不一定能够理解它们的价值,但50年或100年以后,这套文库将会累计达到数百卷,甚至上千卷,完全能够与近现代文库相媲美,那时,它的意义就能够显现出来,甚至将成为武汉大学的一个品牌,成为一座文字丰碑,成为珞珈学子们永恒的记忆,并激励珞珈学子们奋勇前进!

十六、《马上拾玉》获金杯

在20世纪80年代的改革大潮中,人们思想解放,敢于做过去从来没有做过的事。说来的确难以让人相信,在新技术革命时代,摄影艺术的人才仍然停留在师傅带徒弟的培养方式,实在太不合时宜了。我国拥有众多的新闻与传播学院和艺术学院,但却没有一个摄影艺术系(或专业),这绝对是不正常的。人是习惯性动物,对这样司空见惯的事,总是见怪不怪,几乎没有人意识到要打破这个禁区。武汉大学既然是"高校改革的深圳",那么我们就要做别人没有做或不愿意做的事,于是我们于1985年创办了摄影大专班,招收那些摄影爱好者,希望把他们培养成为有理论、专业知识的摄影艺术家。

武汉大学首届摄影大专班招收了67人,于1985年9月5日正式开学,他们都是来自实际工作岗位的摄影工作者或爱好者。我们遵照理论联系实际的教学原则,既教授光学、无线电、精密仪器等课程,又教授新闻学、美学、艺术欣赏等专业课程。摄影艺术具有很强的实践性,因此加强教学实习和创作采访是非常重要的教学环节。

龚万幸是宜昌沿江护岸工程指挥部的测量员,但他喜爱摄影,这既与他的工作有关,又是他的兴趣之所在。他有幸成为武汉大学首届摄影班的学员,十分珍惜这次学习的机会。1986年暑假,他与同班的几位同学到四川西部民族居住区进行创作实践。在与藏族同胞相处的日子里,藏族同胞的那种粗犷、质朴、刚毅的民族性格给他留下了深刻的印象。于是,一种神圣的使命促使他要把镜头对准他们,并准备以赛马为重点,背景是恢宏辽阔的草原,赛手都是藏民中的精英。他看到的是彪悍的骑手,他们大有叱咤风云的气概,这是最典型的民族特色竞技活动。

但是,类似的作品,在过去的电影或是摄影作品中,却屡见不鲜,怎么拍摄出自己的特色呢?艺术创作绝对不能模仿,而贵在创新。龚万幸反复思考,要做到这一点,就必须在实际创作中进行选择、提炼,注重在平凡中升华。经过他反复琢磨,他决定拍摄高度应当采取高俯视,居高临下,便于观察,整个赛马场一目了然。

那时,使用的照相机大多数是国产海鸥牌,极少数是使用日本进口的尼康牌,摄影配套设施也很落后。龚万幸通过亲戚的关系,向宜昌电力公司宣传部借了一台日本美能达700型单反287-70变焦镜头照相机,另外加上一架上海海鸥牌120照相机,总共拍摄了近10个135胶卷和多个120黑白卷。没有配套的设备怎么办呢?他特意从

20 里外的县城借来了一个木架梯子,把木架梯子安放在赛马场的中间地段,用变焦镜头捕捉人物动作的动态。在画面处理上,龚万幸力求简练、干净,采取特写和满画面的构图方式。赛马场上的速度是非常之快的,他选择了骑手首次向哈达冲击的时候,骑手附身弯腰,伸臂手触地拾起洁白的哈达时最为精彩。

在谈到他创作《马上拾玉》的灵感时,龚万幸颇有感触地说:"适时把握住机缘,而机缘垂青于懂得追求她的人。没有'众里寻他千百度',就不会有'蓦然回首,那人却在灯火阑珊处'。"因此,这个金杯既有机缘,也有艰辛。首先是他有饱满的创作激情,有坚强的意志力,有足以忍耐连续 5 天的旅途劳顿和高原反应的健壮的体魄,有熟练的摄影技巧。只有具备了这些条件,才能适时地把握住机缘,由偶然走向必然。《马上拾玉》拍摄的难度是很大的,龚万幸说:"最难把握的是捕捉适时的那个瞬间。竞技的烈马使人望而生畏,铁蹄溅起,疾风闪电,瞬间的挑战使人措手不及。因此,神经的敏捷,动作的洒脱,急速而冷静思变,是抓住瞬间的关键之所在。"

1986 年 11 月 11 日,首届上海国际摄影艺术展览开幕,参加展览的 500 多幅作品是从 45 个国家和地区的 7000 多幅照片中评选出来的。其中,获得黑白照片一等奖的有两幅,一是《小孩》,曼弗德摄(奥地利),二是《激流》,帕考尼摄(捷克斯洛伐克);彩色照片一等奖是《马上拾玉》,龚万幸(中国,武汉大学学生)摄,二是《草夫》,龚建华(中国)摄。为了评选出获奖作品,组织委员会专门组成了两个评选委员会,一个是评选黑白摄影作品,一个是评选彩色摄影作品。这些评选委员都是从国内外聘请的著名摄影艺术家。经过严格的评审,龚万幸脱颖而出。我校摄影大专班还有 7 幅照片入选参展,其中两幅获得优秀奖。陈复礼先生是我国著名摄影艺术家,他对我校摄影大专班给了高度的评价:"你们的作品的构图、色彩都比较好,你们很有前途。"

龚万幸获得金奖的消息迅速传遍了全国,诸如《人民日报》、《解放日报》、《羊城晚报》、《湖北日报》、《长江日报》、《东方青年报》、《武汉大学学报》等报刊都发表了消息、评论和专访。由美国柯达公司赞助的金杯，价值 6000 美元，这在那个时代是不多见的奖品。

《马上拾玉》照片中的玉是什么？这虽然不是一块佩玉，但它是一件象征着冰清玉洁一样的一件贵重礼物——哈达。在藏族同胞中，哈达是圣洁的，是向宾客赠送的贵重礼物。藏文的哈是"口"的意思，而达是"马"，因此哈达就是象征一匹马，赠送一条丝质哈达就象征着赠送一匹马的价值。龚万幸选择拍摄骑手俯身拾哈达，是一个高难度的镜头，所以他获得世界摄影金奖是实至名归的。他在获奖以后，曾经写下了感言："我追求的不仅仅是金杯，而是灵魂的显现。金杯是对创造的奖赏，不能确保创造力的永恒，我将继续努力。"

当我得知这一喜讯后，自然是十分高兴的。1986 年 12 月 25 日下午，在武汉大学第一会议室召开了庆功会。首届摄影大专班 67 名学员和学校及有关部门的领导都参加了这次庆功会。我以非常喜悦的心情发表了讲话，向获奖的龚万幸和其他学员表示了衷心的祝贺！接着，我说：创办摄影大专班是一个创造，开辟了我国摄影教育的先河。你们入校只有一年多的时间，在理论上得到了极大的提高，在实践上获得了创作丰硕的成果。你们在全国各报刊上，发表了摄影作品 300 多幅，其中获奖作品就有 20 多幅。一年多来，有 6 名学员被吸收为中国摄影家协会的会员，14 名学员被吸收为有关省（区、市）分会的会员。这些成绩，在武汉大学校史上实属罕见。

从本质上说，艺术创作是创新，只有扎根于生活，不迷信权威和旧框框，发挥丰富的想象力，才能创作出最优秀的作品。在庆功会上，获得金奖的龚万幸同学也发表感言，他说："有人说《马上拾玉》表现的是人的意志和力量，如果能够给人们以这点启示，那便是我多年想说的一句话，我得到了某种宣泄。"好一个宣泄，创造就是凭着灵感随意发挥，就是从司空见惯的事物中发现美。

十七、智力拥军获赞誉

一个国家的军队,必须扎根于人民之中,得到人民的拥戴,那么它才会富有战斗力。中国人民解放军自建军以后,就不断地强调"军民鱼水情",在战争年代,提出的口号是"拥军支前"、"拥军爱民"、"一切为了前线"和"军民团结如一人,试问天下谁能敌"。在《拥军秧歌》中,有一句歌词是"猪(啊)羊(呀)送到哪里去?送给那英勇的八(呀)路军"等。在和平时期,提出了"军爱民,民拥军,军民鱼水情谊深"和"爱国拥军、爱民奉献"。在改革开放年代提出了"双拥促发展,和谐奔小康"和"致富不忘拥军"等。

在"文革"后期,到武汉大学实行军管的是武汉空军,包括武汉空军雷达学院(现空军预警学院)的军官。武汉大学的军宣队,都是理论和政策水平较高的军官,他们没有伤害过一个教授,也没有制造过一起冤假错案,因而他们获得了广大知识分子的好评。在军管期间,我是被结合的地方干部之一,由于这一段的经历,所以我与司令员武继元、政委康星火、副政委汪家钺、宣传部部长曹京柱,以及武汉空军雷达学院政委刘殿臣和高裕源等,都结交为朋友,我们经常往来交换信息,相互学习,彼此情谊深厚。

1981年8月,我被任命为武汉大学校长之后,为了集思广益,我还邀请这几位军界的朋友来校参观和指导工作。在一次座谈会上,武继元将军说:"道玉校长,'四个现代化'包括国防的现代化,武汉大学是全国名校,希望你们支持我们部队的现代化建设。"这是部队首长对我校的信任,我说大学需要部队帮助的地方也很多,例如大学生军训,都需要你们派出教官来训练。至于说到大学对部队的支援,我心想大学的优势在哪里呢？我想来想去，大学的优势不就是在智力嘛，就在这一瞬间，脑子里突然冒出了"智力拥军"这个概念。于是，我说："武司令员，我们就以'智力拥军'来支持部队的建设，为部队培养军地两用人才。"

武司令员听后，双手拍着大腿喊道："好，好一个'智力拥军'！这是与时俱进，是一个创新口号，是今后军队与地方大学发展的方向，希望我们共同摸索经验，在全军推广。"得到了武司令员的首肯，我感到很高兴，同时也意识到我们的责任重大，绝不能辜负部队首长的殷切期望。

这个消息迅速在部队传播开来，《解放军报》为此还发表了评论，专门报道刘道玉校长与武司令员共同研究和制定帮助部队培养人才规划。[①] 根据这个规划，武汉大学派出7个系的40名教师，为武汉空军培训中文、历史、哲学、经济、无线电、计算机和土木建筑等专业知识。在武汉大学的带领下，武汉地区另外7所院校，也迅速投入"智力拥军"的行列中来，这些院校是武汉师范学院（现湖北大学）、武汉钢铁学院（现武汉科技大学）、武汉水利电力学院（现武汉大学水利电力学院）、华中工学院（现华中科技大学）、华中农学院（现华中农业大学）、华中师范学院（现华中师范大学）和江汉大学，从而在武汉地区掀起了"智力拥军"的热潮，受到军委领导同志的赞扬。中央军委向全国推荐了武汉地区"智力拥军"的经验，从而又掀起了全国范围"智力拥军"的高潮。

全国"智力拥军"的开展，极大地鼓舞了部队战士学习文化、科学技术知识的热情，使他们转业以后，回到地方也有一技之长，能够为农村建设贡献一己之力。据统计，武汉空军部队军地两用人才培养出现了可喜的局面。各大学开办的无线电、计算机、农机、农科、卫生、财会、美术等30多个学科的培训班，已经发展到120多个，有

---

① 李聚民、徐生：《武汉高校"智力拥军有新发展"》，《解放军报》1984年7月6日。

2000多人通过学习获得了文凭或者专业的结业证书，1200多名干部获得了电视、广播、新闻的大专毕业文凭，有800名干部获得了两科以上的结业证书。据了解，这些干部和战士转业后，回到地方都成了"四化"建设的骨干力量，这是"智力拥军"带来的丰硕成果。

十八、为了学校的荣誉

20世纪80年代，是我国改革开放的黄金年代，在解放思想的感召下，曾经涌现出了许多动人的故事。中国与日本围棋擂台赛，就是一个激动人心的赛事，极大地鼓舞了全国人民的士气。按照双方的约定，首届中日围棋擂台赛于1984年10月5日，在日本东京新大谷饭店开幕，到1985年11月20日在北京体育场落下帷幕，历时一年多。根据协议，双方派出8名选手，胜者一直战下去，负方由余下的选手依序参赛，最后获胜者夺魁。

开幕后的第10天，也就是1984年10月15日，中日围棋擂台赛在东京王子饭店揭幕，第一局由中国选手汪见虹对日本的依田纪基，结果日本获胜。第二局是日本的依田纪基对中国的江铸久，江铸久素有"拼命三郎"之称，他一鼓作气掀翻了日本的五位选手，这时日本仅剩下小林光一、加藤正夫和藤泽秀行三人。第三局是日本小林光一出马，他果然神勇无比，一举战胜了中国六员大将，这时中国只剩下聂卫平一人了。

第四局于1985年8月27日在东京举行，25日聂卫平在《新体育》杂志主编郝克强等人的陪同下赶赴东京，头天晚上突然下起了倾盆大雨，这意味着迎接他的是一场狂风暴雨。8月27日，聂卫平迎战日本小林光一,经过 7 个小时的鏖战,他战胜了小林光一,接着又战胜了加藤正夫和藤泽秀行,并获得了最终的胜利。

当聂卫平凯旋回到北京时,北京大学、清华大学的学生们制作了欢迎的大横幅标语,准备到机场迎接聂卫平的凯旋。我校物理系插班生胡修泰正在清华大学参加研究生考试的复试,他看到清华大学学生准备迎接聂卫平,于是他激情之下,到店铺也制作了一面武汉大学的校旗和一副装饰精致的"龙凤呈祥"的横匾,一个人扛到首都机场,让人们感觉到迎接聂卫平的不仅有北京大学、清华大学,还有武汉大学。他的动机是,武汉大学改革走在全国前面,在这个关系到学校荣誉的时刻,也绝不落在人后。

事后,胡修泰从北京打电话给我,他说:"校长,我闯了祸,向你检讨。"我问:"是什么事?"他把上面制作校旗和代表学校迎接聂卫平的事述说了一遍。我说:"小胡,你做了一件大好事,同学们都感谢你,我也代表学校感谢你,这是你爱校的表现,你所购买礼品和制作校旗的经费由学校给你报销。"他说:"报销就不必了,得到校长的肯定,我特别开心,我做了我应该做的事。"

聂卫平夺魁以后,全国上下都非常振奋,各单位都想邀请他做报告。1985 年 9 月初刚刚开学,学生会主席郭跃打听到聂卫平将于 9 月中旬由重庆到武汉,他准备代表全校学生邀请聂卫平到武汉大学做报告,直接聆听他夺魁的动人故事。我支持学生会的建议,要求他们做好各种准备工作。那时,交通不便,通信落后,大学生们就搞人海战术,每天派出几十人扛着武汉大学的校旗,在汉口各码头守候。

真是功夫不负有心人,他们终于接到了聂卫平和教练陈祖德一行,诚心也感动了他们。于是,他们应约于 9 月 16 日在武汉大学梅园操场为武汉大学、武汉水利电力学院和武汉测绘学院数万名大学生做了一场非常精彩的演讲,使大家受到一次生动的爱国主义教育。

通过这两件事情,反映出了那时武汉大学的校园文化是多么的浓烈,他们视学校的荣誉如生命。正因为有了这样好的学生,所以武汉大学的教育改革才得以蓬勃地开展起来,从而创造了那个黄金时代!

十九、社会咨询获效益

意大利北部的博洛尼亚大学诞生于 1088 年,其被公认为世界大学之母,迄今将近千年的历史。然而,大学的功能也是随着大学的演进而不断变化的,大体上经历了三个阶段:自 1088 年到 1809 年,大学的功能是单一的,就是传播知识或者个人发明的新知识;自洪堡提出"大学应当使教学与科研统一"的理念以后,遂出现了双功能说,即大学的功能是教学与研究;1963 年美国教育家克拉克·克尔提出"多元化巨型大学理念",其中提出大学多种职能的观点,认为大学应当包括为生产服务的职能,这就导致"三功能"的产生。总体上来说,世界高等教育界是基本认同的,只是不同的大学各有所侧重而已。一般来说,美国大学的功能定位是清晰的,彼此各司其职,互不串位。然而,我国大学功能定位是混乱的,原因是许多大学盲目相互攀比,不顾自身条件,也不考虑社会分工的需要,一律追求"高大全"。这种乱象应该尽快进行整顿,以使我国大学步入良性发展的轨道。

正确的办学方针应当是从实际出发,突出自己大学教学和科研的特色,兼顾社会服务。在 20 世纪 80 年代的教育改革中,我们坚持"既是教学中心又是科学研究中心"的办学方向,同时积极为武汉市的经济改革和社会发展做贡献。

众所周知,1983 年,中央准备让我担任武汉市的市长,可是我"生不用封万户侯",所以谢绝了中央的好意。可是,不料这一谢绝却催生出了一个新的创意,就是创立了武汉市人民政府决策咨询委员会。武汉市委书记王群同志非常希望我担任武汉市市长一职,可是由于我的坚持，他也感到十分惋惜。于是，他倡议成立武汉市人民政府决策咨询委员会，他对我恳切地说："道玉同志，我们是非常希望你出任武汉市市长，可是你执意不愿当官，但你给市政府当个顾问总可以吧。"我没有再推诿，因为作为武汉市的一个市民，为武汉市经济发展尽一己之力，是义不容辞的责任。

王群书记的初衷是，武汉具有极大的智力优势，以咨询委员会聚集高校和科学院的精英，充当市政府的大脑，使政府决策科学化、民主化。1983年6月15日，武汉市人民政府第一届决策咨询委员会正式成立，我被选举为决策咨询委员会主任，副主任有两位，一位是中国科学院武汉分院院长钱保功院士，另一位是华中工学院（现为华中科技大学）副院长陈挺教授，委员总共有30多人，他们都是各大学著名的教授和武汉市各委办的负责人。

武汉市人民政府决策咨询委员会在全国产生了广泛的影响，不少地区都效仿武汉市的做法。它是改革开放年代的新生事物，是解放思想的产物。这一届咨询委员会曾经参与了天河机场、阳逻内河码头、武汉商场股份制改造的咨询，都产生了巨大的经济效益和积极的社会影响。

武汉大学经济学院的李崇淮教授，他是银行世家出身，深谙金融流通的重要性，于是他在咨询委员会上提出：把"两通起飞"作为武汉市经济体制改革的战略，这一建言被市政府采纳，他也因此荣获武汉市荣誉市民的称号。武汉大学伍新木和余杭在调查的基础上，提出了以投标与招标来改革生产资料供给方式，这一建言在武汉荷花洗衣机厂试点，获得了极大的经济效益，以后在全国普遍推广。

1983年是我国经济体制改革的关键一年，就在这一年3月，决策咨询委员会的全部委员观看了一部名为《第三次浪潮》的电影，它是根据美国著名未来学家阿尔文·托夫勒的同名著作拍制的，深刻地揭示新的技术革命引起的深刻的社会变化。观看完这部电影之后，决策咨询委员会委员进行了讨论，大家意识到新的技术革命的重要性。于是，我率先提出要成立东湖新技术开发区，充分发挥东湖周边高校和科研单位的智力优势,建立东湖新技术的"孵化器",培育新产品,开发新技术,促进新型产业的发展。

我们的这个倡议,得到了市政府的大力支持,并立即成立了以陈梦龙、水世凯为首的筹备小组,专门制定规划,起草向国务院的申请报告。东湖新技术开发区的重点是发展激光、光纤通信、计算机、生物工程、新材料等。在武汉市政府的领导下,正式启动了向国务院申请建立东湖新技术开发区各项准备工作。经过筹备组两年多的努力,国务院批准于1985年挂牌筹备,随后,又成立了武汉东湖新技术创业中心,直接为东湖新技术开发区输送人才和新产品。

承蒙市政府的信任,我担任武汉市政府决策咨询委员会两届主任,总共7年。此外,我还担任了武汉东湖新技术开发区专家委员会主席,连任两届,总共10年。人们未曾料到,当初仅仅租用672医院一层楼房的新技术开发区(筹),如今已经发展到拥有518平方公里的"光谷"大开发区,成为振兴武汉经济强有力的支柱。武汉大学地处武汉市,我作为一个在此居住66年的居民,所做的一切,都是应尽之责,是对武汉市对我们养育的回报,我们没有留下任何遗憾。

二十、设立创造学习奖

我在初中的时候,从老师那里借到《诺贝尔故事》一书,读后对诺贝尔发明无烟炸药的精神极为崇拜,并立志要做一个像他那样的发明家。1953年考大学时,我虽然没有被录取到心仪的南京大学天文学系,但到武汉大学化学系读书也算不错,这对于实现"当诺贝尔发明家"的梦想更有利。后来,我又被派到苏联专攻有机氟化学,更是在迈向"当诺贝尔发明家"的道路又前进了一步。

然而,我而立之年之后,先后被任命为武汉大学副教务长、党委副书记,不惑之年以后,又被任命为教育部党组成员兼高等教育司司长,48岁又被任命为武汉大学校长。这些任职意味着我当诺贝尔发明家的梦想已没有可能,因为失去了从事化学发明所需要的实验室。对此,我当然很失望,但没有沮丧,而是用换位思维方法想了一想:到底是自己当一名发明家的贡献大还是培养出更多的发明家贡献更大呢?这么一想,我的思想豁然开朗,决心致力于创造教育的研究,期冀培养出更多的发明家。

我研究创造教育始于1981年11月,也就是我履任校长之后的3个月,是全国研究创造教育最早的人之一。在长达30年中,我围绕着创造教育主要做了三个工作:第一是提炼出了大学的人才观,它们是知识型、工具型、智能型、创造型和审美型,它们体现在大学发展历史的不同阶段。当前,我们应当树立创造型的人才观,以此来指导大学的教学改革。第二是设计了创造性的教学模式,亦即SSR模式。第三是撰写和出版了《创造教育书系》(5卷本),共140万字,由武汉大学以"名家学术"推出。

遗憾的是,当我设计出创造教学模式时,我已被免除了校长职务,失去了实践SSR模式的舞台。为了弥补这个遗憾,我转而"借鸡下蛋",在枣阳一中、襄阳五中和武汉大学设立了创造学习奖。我的初衷是,一方面对这三所学校感恩,它们是我先后接受教育的母校;另一方面是希望以创造奖来激励教师和学生们践行创造性的教学和创造性的学习。

在这三所学校中,我在武汉大学学习、工作和生活的时间最长,前后总共66年。本来,我有多次"下山"高就的机会,但我都婉拒了,因为我太热爱这片仁者和智者所喜爱的山水。刘道玉创造学习奖的设立,应该说是属于80年代改革的成果之一,因为我研究创造教育是始于80年代,而且创造学习奖的奖金也都是武汉大学80年代毕业的校友捐赠的,他们是陈东升、毛振华、邓冠华、吕如松、艾路明、邹伟、陈天生、骆宏华、朱征夫、邹臻夫、李亦非、陈拓、廖金林、夏虹、白羽、王启松、杨蔚等。

武汉大学刘道玉创造学习奖,是由湖北省刘道玉教育基金会颁发的,它始于2014年。这个奖金设立的宗旨是奖励:在教师指导下靠自学完成全部学习科目并获得优秀成绩者,对传统的学术理论和观点提出质疑者,能够在教师指导下独立开展科学研究并取得成果者,积极参加社会调查并取得重大成果者,在报刊上发表文学、艺术作品者,参加全国各类竞赛的优胜者。凡是具备以上条件者,可以自由申报,经过院、校两级评审并经过公示无争议,方可获得创造学习奖。

根据颁奖条例,每年设一等奖6名,奖金8000元(现在提升为10000元);二等奖12名,奖金6000元(现在提升为8000元),并向获奖者颁发证书和赠送刘道玉新著作以资纪念。湖北省刘道玉教育基金会将对获奖者进行跟踪调查,研究他们成才的规律,以介绍他们的学习经验,使更多的学习者受益。

2014年11月28日下午,在武汉大学第一会议室举行了第一届武汉大学刘道玉创造学习奖颁奖仪式,李晓红校长亲自莅临会议,并发表了热情洋溢的讲话。现将我的讲话抄录于此:

晓红校长、传中副校长,

本科生院和学工部的各位领导,

亲爱的同学们:

大家下午好!

2014年度刘道玉创造性学习奖,经过院、校两级评审和公示,获奖名单已经正式揭晓:外国语言文学学院的付端凌等6人获得一等奖,哲学学院的蔡翔等12人获得二等奖。在此,我谨向获奖的同学们表示衷心的祝贺:祝贺你们在学习中取得的优异成绩,祝贺你们在创造性学习方法上所做的有益探索!

这次评奖工作是在晓红校长、传中副校长的关心下,各有关学院、本科生院和学工部做了大量的细致工作,在此,我谨向他们表示衷心的感谢:谢谢你们所做的一切工作!谢谢你们对基金会的支持!

我为什么要在武汉大学面向本科生设立创造学习奖呢?这主要是因为我心中的两个"情结":一是我心中的"创造情结",我在创造教育的研究道路上已经踽踽独行了30多年了,致力于创造性人才的培养是我不懈的追求,因此,设立这个奖项,目的在于促进大学生创造性的学习,努力使自己成为国家建设最需要的创造性人才。二是我心中的"武大情结",在我这一生中曾经有多次机会高升,但我都一一地推却了,始终没有离开我挚爱的母校。我热爱武大的青山绿水,热爱珞珈山的一草一木,热爱武大淳朴的学风,热爱一茬又一茬的可爱的青年学子。因此,湖北省刘道玉教育基金会愿意将募集来的基金,在母校设立创造学习奖,这是回答钱学森之问的一个具体行动。

什么是创造性学习?关于这一点,在本基金会与学校学工部共同制定的评选条例中,已经有明确的表述。概括起来就是:创造性的学习者必须酷爱读书、学会自学、善于质疑、大胆批判、明辨真伪、求异标新、巧用顿悟、开启智慧。其中,最重要的是悟性,它是学习的最高境界,而智慧是人的能力的最高表现。一般来说,区别一个人学习之优劣和成功与否,不在于分数之高低,也不在于学历和学位之高低,而在于悟性之有无。一个人如果没有大学学历而拥有悟性,那么他能够有效地获取所需要的知识,甚至创造新知识;相反,一个人即使有高学历甚至高学位,如果没有悟性,那绝对不可能成为杰出人才。

怎么巧用顿悟和开启智慧?通过对大量杰出人才的观察,我总结出了"六自诀",即自学、自问、自疑、自答、自赏、自娱,这是一个连续的顿悟过程,是通过顿悟获得智慧的必经步骤。人的认知能力有感性、理性和悟性,感性的目的是求知,理性的目的是求真,而悟性的目的是求通,即触类旁通、融会贯通、博古通今、一通百通和心有灵犀一点通。因此,只有智慧才能达到一通百通的境界,才能进入学习的自由王国。

同学们！你们虽然获得了本届创造学习奖，也许你们还没有全部掌握创造学习的真谛，但你们毕竟迈出了可贵的一步。我希望你们继续探索创造性的学习方法，争取百尺竿头，再上一层楼！

请你们记住一句话：游戏人生，将一事无成，主宰人生，将走向成功！

我讲完了。谢谢！

二十一、长江漂流第一人

据查，我国长江已经两亿多岁了，她与黄河都是中华民族的发祥地和摇篮，故而被并称为中华民族的"母亲河"。长江发源于青藏高原的唐古拉山主峰的雪山，走向由西到东，流经11个省市自治区，全长6387公里，是亚洲第一长河，也是世界第三长河，高低落差为5400米，堪称世界之最。

探索大自然，揭开未被认知的奥秘，人类从来都没有停止过，一次征服就是一次胜利。美国《今日美国》曾经报道说，探索长江将是人类对地球最后的征服，因此考察和认识长江，是摆在中国人面前的一大挑战，时不待我。在20世纪80年代，一个热血词汇"漂流"吸引着无数的青年们，他们大有舍我其谁的使命感。

尧茂书是西安交通大学电教室摄影员，1985年，当他得知美国探险家准备来中国漂流长江的消息后，他发出豪迈的誓言："首漂长江的应当是中国人。"在这个信念的支撑下，这年6月他只身从长江沱沱河源头下水，驾着"龙的传人"橡皮舟，穿过通天河，漂流了1270公里到金沙江,不幸触礁遇难。从明确提出要由中国人实现首漂并且因漂流而遇难,尧茂书当然是第一人。

然而,以科学考察为目的的第一漂流,当属于中国科学院成都分院山地灾害与环境研究所。他们组织了一支54人的长江漂流科学考察探险队,其中有15人是漂流队员,11名科学工作者,还有记者、公安、武警、后勤保障供给人员等。福建集美航海学校毕业生王岩为队长,他们事先在成都陆军学校和甘孜藏族自治州进行训练,以适应高原气候。探险队于1986年6月3日出发,6月16日开始漂流,在金沙江时遭遇5米高的卷皮浪,不幸翻船,有4名队员和1名记者遇难。在176天的漂流中,他们克服了无数的艰难险阻,最后于1986年11月25日顶着6级大风抵达长江入海处附近的横沙岛,历时5个多月,人类首次无动力漂流长江终于获得了成功。[①]

那么,究竟谁是漂流长江的第一人呢?这可能是一个众说纷纭的问题,但我认为应当从不同的角度来回答这个问题,从时间上来看,武汉大学哲学系1978级本科生艾路明于1981年7月只身在无保护的情况下,用17天的时间自武汉漂流到上海,全程1125公里。因此,他是当之无愧的漂流长江的第一人,在5年以后,他已是武汉大学哲学系二年级的硕士研究生,对漂流长江的情结依然不能割舍。他于1986年7月第二次尝试从长江源头到武汉的漂流,用了两个半月完成了从沱沱河漂流到武汉的壮举,从而成为只身无保护漂流长江的先锋。

我曾经好奇地问过他:"你漂流长江的动因是什么呢?"他向我解释道,第一,80年代正值解放思想的大好时期,人人精神奋发,尤其是青年人,都想展示自己身上活力的一面,尝试一下富有挑战性的事情,这样的一种生活是值得去追求的。第二,他从小在长江边长大,

---

[①] 萧维文主编:《长江漂流风云录——中国长江科学考察漂流探险纪实》,四川人民出版社2009年版。

喜爱游泳，对漂流有一种内心的冲动。这正如英国哲学家伯特兰·罗素所说："冲动比有意识的目的更能主宰人类的生活。"同时，冲动是创造奇迹的内因，人类历史上的绝大多数发明创造都与冲动有关。第三，艾路明的个性是言必行行必果，既然想到的事，就必须去做，不做不行。本来，还有几个同学准备与他一起去漂流，但后来他们不愿意去了，于是他决定一个人去漂流。第四，他认为长江与自然是最亲近的，他漂流长江是希望实现与自然的融合，只有敬畏自然才能亲近自然。

看来，艾路明漂流长江是有明确的指导思想，至于对漂流的准备工作，他仅仅是查看了长江的地貌、地形和沿途的城镇，以便中途落脚，至于物质上的准备，也仅仅是找人借了一只橡皮船。在沿途他随遇而安，住过学校、部队、林场、农户，也露宿过江中的小岛，吃着自带的大饼，喝岛上的凉水。为了安全起见，他在藏族同胞的集市上买了一把刀和鞭炮，以便遇到危险时可以自卫。他虽然多次遇到过狼和熊，但如果不惊动它们的话，这些野生动物也是不会伤害人的。

万里长江深奥莫测，自然漂流长江是有极大风险的，尤其是他第二次从源头到武汉的漂流，时间长，险滩多，激流凶猛，高山峻岭，以及高原气候等，都是对他生死的考验。据他回忆，在漂流过程中，至少三次有生命的危险，第一次是在青海省内的通天河，他感冒发烧，身上没有带药，在高原上感冒是很危险的，在他之前曾经有一个美国人就因感冒而死亡。艾路明只能住在藏族同胞的家中，自己扛了几天，竟奇迹般地恢复了，于是他又继续漂流。第二次是在民族地区，遇到打猎的藏族同胞把他当作动物射击，第一枪从他耳朵边擦过，第二枪打到他橡皮船的头上，幸而都没被击中。第三次是在宜宾遭遇卷皮浪，他的橡皮船被绞成了麻花，连人带船都被巨浪吞没，他当时感觉是死定了。可是，巨浪慢慢地平息了，他的橡皮船又飘起来了，他抓住船底的绳子，才慢慢地爬上来。这时他思绪翻腾，虽然在漂流之初从来没有害怕过，但遇到这几次险情，他都能够活下来其实算是奇迹了。

艾路明出生于知识分子家庭,外祖父唐生智是民国时期陆军一级上将,他率军在湖南和平起义,新中国成立后曾任湖南省政府副省长。父亲是艾仁宽,母亲唐仁群都是知识分子,从事教育与文化工作,他有两个姐姐,是独生儿子。我曾经问他,你父母对你漂流长江是否支持?他说,没有告诉他们,漂流回来后对他们说了,他们也都是笑一笑了事。这说明他的父母十分开明,使得他的个性得到最充分的展现。

通过这两次漂流长江,艾路明的感触颇深,收获也是巨大的。第一,漂流使他认识到人类必须敬畏大自然,人与自然的和谐是非常重要的,人定胜天的口号是不对的,不能动不动就提出挑战大自然,向地球开战,驯服大自然。[1] 第二,漂流磨炼了他成为一名成功的企业家所需要的各种素质。他研究生毕业后,被分配到中共湖北省委党校工作,但是他并没有去报到,而是与几个研究生会的干部一起决定下海,创办了武汉当代科技产业集团有限公司(简称武汉当代公司),从借来的2000元起家,经过多年的打拼,已经成为控股三家上市公司的大集团,业务广泛涉及生物制药、化工材料、金融投资、证券、房地产等领域。我认为,漂流长江与创业之间有某些必然联系,那就是敢于冒险,要有明察决断的智慧,要有坚持到底的毅力。他基本同意我的看法,但他认为创业所需要的素质更多,如企业文化的构建、公共关系的建立、市场的预测与把握、人事管理和财务管理等。第三,他生活朴素,经过苦难的磨砺,财富来自于民,应当反馈于民,知恩图报,这使他走上了慈善之路。近一二十年以来,遇到灾祸,他都慷慨解囊,这次武汉遭遇新型冠状病毒的肆虐,他捐赠了5000万元人民币。据不完全统计,他已经向社会各界捐赠了5亿元人民币,是名副

---

[1] 修恩禹、孟杰:《艾路明:心有敬畏》,《英才》2016年第7期。

其实的慈善家。①

艾路明是武汉大学80年代培养出来的杰出校友,是我接触最多的学生之一。在校期间,他创办的快乐学院和漂流长江两大创造性的活动,在全校产生了极大的影响,成为学生们的偶像。他研究生毕业后创办武汉当代公司,也是引人注目的壮举,他是武汉大学的骄傲,他的业绩将载入武汉大学的史册,激励后人不断前进!

二十二、鲲鹏展翅意高远

时势造英雄,英雄造时势,这是辩证统一的关系。我国恢复统一高考之后的几届学生,尤其是1977级、1978级、1979级这三届学生,他们自觉性高,珍惜来之不易的学习机会,爱校集体主义精神浓烈。经过了解放思想的洗礼,受到了改革的历练,他们注定是一批创造之才,总是会做出不同凡响的壮举。

在武汉大学宋卿体育馆与教二楼之间的三角小广场上,赫然矗立着一座鲲鹏展翅雕塑,就是学校1977级、1978级毕业生赠送给母校的一件厚礼,也是赠送给一代又一代"珞珈山人"的纪念品。这座雕塑历经烈日照射、风吹雨淋依然熠熠生辉,它将与珞珈山共存而永存,与日月同光而永光。

这座雕塑得以建成,学生会主席胡树祥功不可没,他上大学之前是武汉宝丰路中学教师,既有教学经验又有管理经验。他本人在大

---

① 袁治军、张旭:《艾路明:我是一个想做事、能做事的人》,《中国慈善家》2017年第6期。

学的学习游刃有余,他提前一年修满了所需要的学分,提前毕业留校工作。

1982年的毕业季,武汉大学1977级和1978级两届大学生将在同一年毕业,这是我国高等教育史上非常特殊的两届学生。在毕业前夕,他们纷纷组建了自己的毕业筹备委员会(或小组),总结四年的学习经验,印制毕业纪念册,同学之间互送照片或纪念品。与此同时,他们有一个共同的心愿,即感恩母校和老师,要给母校赠送一件有永存意义的纪念品,以给自己的大学学习与生活画上一个圆满的句号。

赠送什么呢?在广泛征求同学们意见的基础上,大家一致主张建立一座鲲鹏展翅的雕塑,借以表达"我们要做鲲鹏展翅飞"的共同情怀,同时也是对以后学弟学妹们的期望。这一构想,得到了我的赞同,并表示你们同学自愿捐款,捐多少是多少,不足部分由学校给予补贴。胡树祥作为学生会主席,为建立这座雕塑做了大量的工作。

在80年代,我国经济还处于极不发达的状态,生活水平也很低。当时发出的募捐通知规定,每个学生以10元起捐,多捐不限。据我知道,也有不少学生只捐一元或两元的,现在看来10元钱可能只是一斤青菜的价钱,可是那时却是一个月的生活费。

鲲鹏展翅雕塑的立意是,当代大学生应当施展抱负,实现人生的远大理想,它源于战国时代道家代表人物庄子的《逍遥游》。应当由谁来撰写雕塑的铭文呢?吴于廑副校长和唐长孺先生都是史学权威,毕业生筹备委员会请二位教授审查并定稿为"北冥深广,鲲翼垂天,云搏九万,水擎三千"。这一概括表征了庄子《逍遥游》的精髓,反映出鲲鹏展翅的精神,至今仍然被视为经典。

雕塑的设计是至关重要的一环,它关系到能否体现这座雕塑的初衷。湖北美术学院人才济济,毕业生筹备委员会特聘该院刘政德教授担当造型设计,几经修改最终一致同意了现在的这个方案。学校责成基建处负责施工建筑,要求他们精心施工。我记得这两届毕业生总共募捐了大约8万元,学校从财政拨款10多万元,经过3个多月的紧张施工,终于在1978级学生毕业前夕竣工,并举行了简单的落成仪式。这座凝结着1977级、1978级校友们情与爱的雕塑,成了武汉大学校园里耀眼的景观,也成了这些校友们的共同精神图腾,每当他们回母校聚会,都要到这里驻足观望和拍照留念。

1979级的毕业生,有意以1977级和1978级学长、学姐们为榜样,也想为母校捐赠一件有意义的、永存的纪念品。这一届毕业生组织委员会的廖力强提出,要建造一座扬帆远航的雕塑,与鲲鹏展翅遥相呼应。扬帆远航是一句励志诗句,语出唐朝诗人刘长卿的《送乔判官赴福州》一诗。廖力强是法文系1979级的学生,他们毕业前,我正在上海开会,廖力强等人专门到上海向我汇报,我完全同意他们的倡议,希望把1977级和1978级开创的爱校的风尚传承下去。回校以后,我带领他们查看了选址,地点选在梅园操场旁边水塘东北角的一块三角地。可是,由于这一届的毕业生势单力薄,既没有捐赠到经费,也没有拿出设计图纸,以至于这个倡议没有得到落实。廖力强毕业时分配到外交部,先后被提升为新闻司处长、副司长和外事管理司司长,现在是中国驻埃及代表兼驻阿盟全权代表。多年以后,我与廖力强见面时都颇感遗憾,没有为母校留下一座纪念物。此后,历届的毕业生,虽然他们也为各院系捐赠了各式各样的礼物,但再也没有像鲲鹏展翅这样壮观的纪念品了。

光阴荏苒,转眼30年过去了。2012年是1977级和1978级毕业30周年纪念,他们相约从世界各地"回珈"聚会。很自然,他们必然要到鲲鹏展翅雕塑去参观,睹物思情,当看到鲲鹏被雨淋的痕迹时都很难过,也由于当时经费和技术水平的限制,不免存在不尽如人意之处。例如,有人说"它像个大烧鸡",觉得鲲鹏好像翅膀展得不够开,飞得很吃力。于是,有些校友建议,能否对鲲鹏展翅进行一次修缮,让它以新的面貌呈现在人们的面前。这一倡议得到了大家的赞同,于是当年学生会主席胡树祥又主动承担了修缮的联络和组织的任务。

胡树祥2012年时是中央财经大学党委书记,他既有能力又有条件开展这些联络工作。他先后找到在北京工作的谢湘、叶鹏、李刚(中文系1977级),关敬如、金燕(经济系1977级),汤敏、左小蕾(数学系1977级),夏潮(历史系1977级),寇勤(中文系1978级),王艺(经济系1978级),李玲(物理系1978级),高原(外文系1978级),还有武汉的艾路明(哲学系1978级)等,与他们共商重新修缮鲲鹏展翅雕塑的事宜,大家一拍即合,可谓是心有灵犀。

对鲲鹏的造型是否重新设计的问题,是他们思考得最多的。王艺本是经济系的毕业生,但后来他却成为一位杰出的雕塑家,是中国国家画院研究院研究员、时代美术馆馆长,他主动承担设计任务。为此,他带领了几位青年雕塑家到珞珈山实地考察。他们考察后一致认为,原来鲲鹏展翅雕塑寓意非常深刻和隽永,代表了80年代的思想与设计水平。30年过去了,即使以现在的眼光来审视,在现在全国高校的林林总总的雕塑中,鲲鹏展翅也是难得的精品,即使让他们重新设计,恐怕也难以获得大家满意的作品。他们认为,现在能够做的是,美化修缮鲲鹏展翅矗立的周边广场,改善主体雕塑的空间透视效果。

在反复征求广大校友的意见后,一致认同了王艺诚恳的建议。至于有人认为鲲鹏展翅飞得吃力的问题,正好反映出大学毕业生刚毕业时的稚嫩,创业不可能是一帆风顺的,吃力和付出是必须要有的代价。在认识统一之后,王艺又邀请了北京林业大学园林学院的林箐教授来珞珈山考察,她曾经获得国际园林设计大奖,又熟悉大学校园生活。经过一系列论证之后,为修缮鲲鹏展翅雕塑奠定了科学的基础。

现在的武汉大学是四校合并后的大学,既然是重新修缮,那就应当体现四校原来1977级、1978级校友们共同的心愿,这一倡议得到了一致的赞同。《中国青年报》原副社长谢湘亲笔起草了《建立武汉大学鲲鹏基金，迎接母校120周年》的倡议书，希望校友们为母校再献上一份厚礼。于是，广大校友们踊跃捐赠，武汉当代公司艾路明捐赠了100万元人民币，这就为重新修缮鲲鹏展翅雕塑奠定了物质基础。

在武汉大学李晓红校长的大力支持下，学校各部门密切配合，经过基建和后勤部门的紧张施工，一座凝聚着广大1977级、1978级校友们的爱心和情谊的鲲鹏广场终于在武汉大学120周年校庆前夕竣工了。重新修缮和美化后的鲲鹏广场较原来的造型更加开阔、明亮，特别是每当樱花开放之时，鲲鹏雕塑被樱花丛包围着，更加令人赏心悦目。

鲲鹏展翅雕塑是武汉大学80年代改革的成果，是1977级、1978级校友们对母校的挚爱与怀念的象征。每当我驻足在这座雕塑前，我的心潮澎湃不已，心中想着这座雕塑的立意高远。那么，它高在什么地方呢？高就高就在"变"，鲲是鱼，而鹏是大鸟，它是由鲲变来的。所谓变，即变化、改变、创新、革新、创造等，在两千五百年以前，古希腊哲学家赫拉克利特说过："除却变化，别无永恒之物。"因此，每一个大学毕业生只有具有求新求变的创新精神，才能够在创业中立于不败之地。至于"远"的意思，就像铭文所说的，"云搏九万，水击三千"，有了这样的精神，我们的毕业生才能够在创业的道路上走得更远。武汉大学1977级、1978级的毕业生，绝大多数都是创业有成的，在他们之中，出现了作家群体、哲学家群体、科学家群体以及企业家群体，他们正是在鲲鹏展翅的精神鼓舞下成长起来的一代佼佼者，是武汉大学永远的骄傲！

第九章

创新不止

我国近代大学,大约是于19世纪末和20世纪初诞生的,基本上是从欧美国家舶来的。例如,大学名称、院系、专业、课程设置、研究生学位,甚至连教师的职称也都是依葫芦画瓢而借用的。但是,我国大学又渗透了古代儒家的教育价值观、集权管理和由科举而演变的应试教育。所以,我把中国大学比喻为一个剥了壳的熟鸡蛋,意思是说"外白(指西方)内黄(指中国)"。正是因为这种混合的体制,致使我国难以建成世界真正高水平的研究型大学。

我始终认为,一个称职的优秀大学校长,就是大学的灵魂,是建设高水平大学的可靠保障。可是,我国由上级任命或更换校长,就像换走马灯一样频繁,这完全是违反教育规律的。唐朝诗人白居易在《放言五首》(其三)中,有两句脍炙人口的诗句:"试玉要烧三日满,辨材须待七年期。"这与"十年树木,百年树人"是一样的道理。现在大学校长任职平均是5年左右,也就是说,他们播下的种子,还没有来得及收获就离开了,这怎么能够办好大学,又如何能够出现著名的教育家呢?

我本身不愿做官,但大学校长不是官,顶多是一个学术共同体的主持人。出于对教育的热爱,所以我想以校长为舞台,能够为教育做一些事,也自信是能够做成一些事情的。我原打算在60岁以前,主动辞去校长职务专事教育学研究。可是,没有允许我等到这一天,在54岁时就被免去了校长职务。在宣布免职的前一天,我还在物理系做调查研究,准备制定学校的第二个五年改革规划,突然的免职导致这个规划胎死腹中。30多年过去了,我的第二个五年规划的主要内容,依然没有看到有人提出,更谈不上实施了。

2013年3月初,韩进同志被任命为武汉大学党委书记,他于4月1日来寒舍拜访。在交谈中,他问道:"道玉校长,听说你卸任之前还制定了一个五年改革规划,能否披露一下主要内容?"我说:"当然可以,这也不是什么秘密,如果有哪一所大学愿意实行,那是求之不得事的啊。"我简单地介绍了五年改革规划的要点,韩进同志听后说:"道玉校长,如果你这些改革方案得以实施,那其影响不是国内而是世界性的,真是可惜呀!"

也许,现在是时候了,我将在本书中新辟"创新不止"一章,专门介绍我当年意欲推出的改革举措,同时也收入我在退休以后对我国教育某些重大问题的思考和建言中。这样就能够较全面地体现我求变、求异、求新的精神,这种精神体现在我任职的全过程,也贯穿在我生命的始终。正如屈原在《离骚》中所言:"路漫漫其修远兮,吾将上下而求索。"

一、改造文科的设想

自20世纪80年代初,教育界的不少有识之士即大力呼吁实行通才教育,以克服大学生知识面太窄的弊端。他们指出,一些理科学生不会写论文,家书也写得文句不通。文科学生缺乏最基本的自然科学知识,不知道核能是怎么发出来的,不懂得电灯的维修。30多年过去了,这种状况依然没有得到根本性的改善,甚至一些学校利用设立专业的所谓自主权,建立了更多专业面更窄的新专业。大学生知识面过窄是一个普遍的问题,但是在文科教学中表现得尤为突出,这是多种原因造成的。现在,文科教育似乎到了必须彻底改革的时候了,否则就很难适应知识经济和信息时代的需要。

我国大学文科教育到底如何改革呢？我在30年以前任武汉大学校长期间,曾提出了三大改革措施,这些是我准备的第二个五年改革规划的设想,但时至今日,仍然具有现实意义。

第一,废除分文理科招生的办法,面对全体考生,文理并重,择优录取。从20世纪60年代初开始,大学开始分文理科招生,高中也分文理科分班进行教学。就我所知,高中分文理科班基本上是按照学生的数理化成绩来划分的,也就是说那些数理化成绩差、升理工科大学无望的学生才被分配到文科班。当然,不是说没有个别学生是由于兴趣而自愿学习文科的,但绝大多数的学生是因为考理工科大学无望而学文科的。很显然,这种分文理科班的做法,是为了提高升学率而采取的措施,是应试教育造成的。本来,中学生是处于打基础的阶段,应当全面发展,无论文科或理科知识对培养他们良好的素质都是重要的,因此二者不可偏废。

人才学的普遍规律告诉我们,人的才华是相通的,难以想象一个数理基础很差的学生将来会成为一个很优秀的人文社会学家；反之亦是,一个人文素质很低的人,将来也不太可能成为出色的科学家。这种例子在科学史上是很多的,例如诺贝尔不仅是发明大王,而且他还有很多文学佳作；化学家霍夫曼(Roald Hoffmann)不仅因发现了"轨道对称守恒定律(原理)"而获得诺贝尔化学奖,而且他还出版了多本散文、诗歌和评论著作。同样地,在社会学家中,也有很多人具有很高的数理素养,如马克思、恩格斯、黑格尔、罗素等,他们对数学都有很深的了解。当然,少数特殊偏科的例子也是有的,但这是特殊的个案,我们既不能忽视那些特殊的人才,也不能以特殊案例代替普遍规律。

第二,设计和创建相关实验室,实行直观教学,克服文科脱离科技实践的状况。长期以来,文科似乎与科学技术是不相干的,其实这完全是人为划分的。为什么文科教学只能是一支笔、一张纸,只能空对空地讲说章句、背诵经文呢?为什么只提理工结合而不提文理相互渗透呢?在科技不发达的情况下,文理分离似乎是可以理解的,但是在高新技术高度发达的今天,文科与技术分离的状况已经显得不合时宜了。

在文科院系能否建立相关的实验室呢?对待这个问题,必须用一种新的思维方法来看待,应当认识到这是知识经济时代的需要,是文科面临的新的挑战。当然,建立文科实验室没有现成的模式和经验可以借鉴,我们只有根据需要去创造。应当说,现在优越的科技条件,文理科相互渗透的需要,为我们创立这些新的实验室提供了可能。

我在1988年设计的改革方案中,曾经提出建立以下实验室:在法学院建立模拟法庭、法医与刑事检测实验室、环境法与技术检测实验室、文字与体征识别实验室;在经济学院建立经济信息实验室、计量经济模型实验室、证券模拟实验室;在图书情报学院建立图书情报检索实验室、图书微缩与修复实验室;在哲学系建立心理学实验室、脑科学与思维实验室;在新闻学系建立大众传播实验室;在历史系建立考古与文物复制实验室;在中文系建立计算机语言实验室、文物与博物馆;等等。这是一件十分有意义的改革措施,对于文科教学内容、教学方法都会带来革命性的变化。这些设想是否有可能性呢?在技术高度发达的今天,应当说这些实验室是可以建立起来的,当然也有一个从无到有、从小到大、从不完善到完善的发展过程。从经费上说是不成问题的,建立这些实验室并不需要很多的钱,比建理工科实验室的经费会少得多。

第三,开设文理科相互渗透的选修课,合理地组成文科学生的知识结构。在知识经济时代,无论是记者、作家、律师、经济师、会计师或是部长、省长、厂长、经理,都不可能再是科盲。今天,文盲已不再是指不识字,而是指不会使用电脑、不懂得最起码的科学技术常识。

知识经济就意味着知识和经济已经融为一体,因此不懂技术就不能从事经济工作,更不能领导经济工作。我认为,自然科学家是建设国家的,而社会科学家是管理国家的,这是科学分工所决定的。如果学自然科学或工程技术的人都去做官,那还要人文社会科学干什么呢?然而,我国的许多官员都是技术官僚,这是极其不正常的。

为了培养管理国家的人文社会科学人才,使他们能够参加和领导国家的经济建设工作,我们必须培养具有合理知识结构的人才。因此,我们应当为文科学生开设一些自然科学和技术方面的选修课。例如,自然科学概论、自然辩证法、科学技术发明史、创造思维方法、高新技术常识、生命起源、人类与环境、人类文明简史……当然,需要开设的课程远不止这些,根据不同的系科需要,我们还可以开出更多和更有针对性的选修课,以增强文科学生对未来工作的适应能力。

要实施以上三大改革措施,虽然不是一件容易的事,但是只要下决心去做,我想是没有不可以克服的困难的。从实质上说,这些改革措施还只是行政措施(如招生)和物质条件,相对比较容易解决。然而,改革中的思想阻力要比物质条件的困难大得多。因此,我认为最困难的还是转变教育观念和提高教师的素质,这应当是我们改革文科工作的重点。如果这些问题不能很好地解决,即使那些物质条件难题解决了,改革文科的方案也不能顺利地实施。

二、创造教学的模式

人类已经跨入 21 世纪,这是一个急剧变革,以创造为特征的时代。知识经济竞争的核心是创新,这就向沿袭了数百年的传统教育提出了严峻的挑战,同时呼唤一种新的大学精神,企盼构建一种新的教育模式。我研究创造教育 40

多年,我的第二个教学改革五年计划,重点就是实施创造性的教学模式,致力于培养创造性的人才。我根据多年的研究,设计了在大学实施创造教育的"SSR模式",认为它具有普遍推广的价值。

早在20多年以前,联合国教科文组织在谈到教育改革困扰时曾尖锐指出:"像今天这样零星地进行一些改革,而没有一个关于教育过程、目标与方式的整体观念,已不再是可取的。"还特别指出:"经验证明,内部改革之所以没有成效,或造成人才和精力的巨大浪费,这通常是因为上面的管理和下面的行动之间缺乏沟通和协调不好。这样便使得那些具有创造性的、富于想象力的改革家们孤立起来了。"

30多年过去了,我们大学的教育状况如何呢?当然,我们不能说没有一点进步,但这些进步主要是量的增长,或者是一些添枝加叶的改良而已。从根本上来说,教育观念仍是陈旧的,教育模式是保守的,教学方法是死板的。旧的教育观念主要表现为"三型三性",即封闭型、重复型、记忆型与专制性、权威性、统一性。很明显,它们是与现代教育的开放型、创造型、思辨型与科学性、民主性、多样性的理念相悖的。我们大学的改革,之所以没有革命性的进步,一方面是没有摆脱旧教育观念的束缚,另一方面是没有形成新的教育观念。美国学者莫里斯曾形象地比喻:"观念是人类文化的原子弹。而观念是有思想、能说善写的人。"这就是说,观念的力量是十分巨大的,它既可以阻止社会的变革,又可以把社会推向前进。

据报道,在国内某重点大学里,一个已毕业而未获得博士学位的学生,一纸状子把母校推上了法庭。事情的起因是,该生的学位论文通过了答辩委员会的答辩和系学位评审委员会的表决,但在校学位评审委员会审查和表决时,却以一票之差而未获通过。在反复申诉未果的情况下,该生才行使了法律诉讼权,法院受理了。经过调查和辩论,一审判原告胜诉。对此,议论纷纷,赞成者有之,反对者亦不乏其人。很显然,问题不在于人而在于制度。这种由不同学科的专家组成的校评审委员会,看似科学,其实并不科学;以无记名投票表决,看似民主,其实并不民主。这件诉讼,从多个角度反映了我国教育的"三性"保守观念。然而,对于这种不科学、不民主的评审制度,年复一年,校校如此,竟没有人提出质疑,更无人敢于去改革。

从教育模式看,我国大学的教学仍深深地陷在"传授知识—接受知识"旧模式的窠臼之中。以教师为中心、以课堂为中心、以课本为中心的"三中心"教学制度,依然顽固地统治着今日的大学。这种模式和制度的保守性在于:以教师为中心也就是以教师为主体,把学生当作被动的客体,维护教师的绝对权威,这与当代教育自由平等的原则是相悖的。以课堂为中心的弊端在于满堂灌,使教学脱离了实际、脱离了社会,特别是脱离了日新月异的新技术革命。以课本为中心致使学生的知识面狭窄,妨碍了学生广泛阅读、深刻思考,不利于创造性人才的培养。

"三中心"的教学制度,最早始于17世纪捷克著名的教育家夸美纽斯提出的"分班教学"。他强调以教师为中心,认为教师是一个"稽查长","教师的嘴是一个源泉,从那里可以产生知识的溪流"。夸美纽斯的功绩在于,他是第一个企图发现教育规律性并根据人的本性来组织教学过程的教育家。他针对中世纪经院式的死寂空气,改革传统的个别施教为分班教学,使教育发展为全民的事业成为可能。因此,夸美纽斯受到教育界的尊重,他本人被尊称为教育史上的"哥白尼"。

但是,夸美纽斯毕竟是属于那个时代的教育家,不能要求他预测到今天教育发展的趋势,也不能把他创立的"三中心"教学制度原封不动继续沿用。然而遗憾的是,300多年以来,我们先后所进行的一些改革都丝毫没有触动到这些制度,依然把它们视为教学工作的金科玉律,致使我们的大学教育与时代精神格格不入。为了使大学教育适应21世纪的需要,我们必须对陈旧的教育模式和制度进行彻底的改革。我们可以预见,一场教育观念上新的"哥白尼式"的革命,将在全球范围内展开,这场改革将是全面的、深刻的和连锁式的。历史经验表明,一次巨大的变革,将会涌现出适应这种变革的出类拔萃的人物,并将最终产生出当代教育的"哥白尼"。

古希腊哲学家、教育家柏拉图有句名言:"最先和最后的胜利是征服自己。只有科学地认识自我,正确地设计自我,严格地管理自我,才能站在历史的潮头去开创崭新的人生。"这话虽然是两千多年以前讲的,但现在听起来仍然振聋发聩。这句话的重大意义在于,他第一次提出了人的自我设计思想,这是每一个人走向成功的必由之路。

教育是什么?这好像是一个不言而喻的问题,其实我们并不完全明白它的真谛。据查,在文献中,给教育下定义的表述多达 65 种,可谓见仁见智。不过从根本上说,把教育定义为"是设计和塑造成功人的实践历程"是符合现代精神的。如果这个观点得到认同的话,那么设计为实现这一目标的教育模式就是至关重要的。我们过去的教育之所以不成功,就是因为设计不正确,塑造的模具不适用,教育的模式太保守。

那么,21 世纪的大学教育模式应当是什么样的呢?未来学家预言:21 世纪是以创造为特征的世纪,是一个充满未知的时代,也必将是揭开众多科学奥秘的时代。很显然,适应这样时代需要的人,只能是那些具有创造力的超越型的人才,而他们也唯有通过创造教育来培养。这是合乎逻辑的必然。

设计大学创造教育模式,首先,必须树立正确的教育观念。正如比尔·盖茨所说,教育观念必将被改变,也许被改得几乎面目全非。这一点是十分重要的,如果没有大无畏的改革精神,不破除旧的教育模式,那么新的创造教育模式就不能建立起来。因此,设计新的大学创造教育模式,也就是教育再发明。为此,我们必须以 21 世纪为坐标,以人生的最大价值为目的,以成功人的各项优良素质为参照系。唯有如此,才能设计出培养创造性人才的新的教育模式。

其次,新的教育模式必须具有可操作性。目前国内大学开展创造教育的做法是,在某些大学开设了创造学、创造技法或创造教育学的选修课,以传授创造学的基本知识。应该说,这种做法是有益的,对推行创造教育是一个进步。但是,它丝毫没有触动到旧的教育模式,在总教学计划中,仅仅起到点缀作用。然而,新构建的创造教育模式不仅要传授创造学的知识,而且要带动课程设置、教学内容和教学方法的彻底改革;不仅要启迪创造思维方法,而且要催生发明创造成果。

最后,新的教育模式必须具有可推广性。教育模式是由一定教育观念抽象出来的标准教育形态或可以让人们照样子去做的标准教育方案。因此,设计一种教育模式不是为模式而模式,而是为了解决教育实际问题的需要。一个模式的正确与否,唯一的判定标准是要经过实践检验——它能否推动创造性人才的培养,检验不是靠行政领导的干预和评判,而是由模式本身的实效而决定。

在多年研究的基础上,我逐步构想出了大学实施创造教学的一种模式,我把它称作"SSR 模式"。第一个 S 是英文词组 study independency 的缩写,可译为自学或独立的学习,是由学习者自己完成学习的一种方式。第二个 S 是英文单词 seminar 的缩写,指大学生在教师指导下进行课堂讨论的一种形式,有时也指讨论式的课程。R 是 research 的缩写,意思是研究、探索。它是由字冠 re 和词根 search 组成的,因此也可译为再寻找、再探索。

自学既是一种古老的学习方式,也是现代最值得提倡和推行的学习方法。我们说它古老,是因为自孔子始到现代的许多著名大学者,无不是靠自学成才的,他们的知识也主要是靠自学而获得的。在面向 21 世纪之际,联合国教科文组织明确提出:"新的教育精神使个人成为他自己文化进步的主人和创造者。自学,尤其是在帮助下的自学,在任何教育体系中,都具有无可替代的价值。"因此,自学是一个广泛的概念,不仅适用于那些没有机会进入学校的人,也包括具有一定文化基础的每一个人,特别是大学生、研究生都要普遍采用自学的方法来学习。

早在19世纪,德国的大学便开始使用课堂讨论方法。英文单词semien是从拉丁语semamn衍生出来的,意思是"种子"。这个词意很有意思,因为在讨论中形成的灵感或新观点犹如种子,通过讨论能起到播撒种子的作用。然而,把课堂讨论正式纳入教学计划,作为一种补充教学方法,还是美国哈佛大学于1904年首创的。目前,这种教学形式在国外十分流行,形式也多种多样。

把科学研究引入大学中,是德国著名教育家洪堡于1809年倡导的。他认为,在大学教学中,首先要使学生对于各种科学的统一性有相当了解,其次要培养学生从事研究的能力。教师的任务应当是对学生从事研究的一种引导,学生的任务应当是独立研究。自20世纪初,美国引进了德国的"教学和科研相统一"的新体制,造就了一批世界闻名的研究型大学,既出了成果又出了人才。

"SSR模式"为什么能成为一种创造教育模式呢?主要是基于以下三点原因。第一,"SSR模式"代表了世界古今教育之精华,特别是经过一百多年的实践,证明了它们是最具有推广价值的成功的教学方法。第二,这三种教学方法的共同特点是创造,与"三中心"的灌输式的教学法根本不同。自学是从学习者本人出发,是依靠学习者的主动性、积极性和创造性的有效学习方法。课堂讨论是双向交流,营造一种自由民主的氛围,以达到激发灵感和产生新思想的目的。科学研究是学习的最高境界,它不是为了掌握现成的知识,而是应用已有的知识去创造新的知识。第三,"SSR模式"既反映了教学内在的联系又是符合认识规律的。自学是基础,是学习的初级阶段,是自己发现、提出和解决问题的过程。课堂讨论是在教师的指导下选择自学中提出的有代表性、启发性的问题,依靠集体智慧,展开自由讨论,以达到既解决问题又训练思维方法的目的。科学研究是学习的最高阶段,在课堂讨论的基础上,选择那些既有研究价值又具备研究条件的难点和疑点进行深入研究,以获得新的发现和发明。

总之,"SSR 模式"分别代表三种学习的方法,它们既是独立的又是相互联系的。同时,"SSR 模式"又代表三个学习的阶段,由初级到高级,一环扣一环,一步比一步深入。"SSR 模式"分别作为单个的学习方法,本早已有之,我在这里的创新之处在于运用组合思维方法,把它作为大学的创造教育模式,以挑战"三中心"的"传授知识—接受知识"的旧模式,并希望由此而引起大学教学领域里一场全面的、深刻的教学革命。

教育是以人为对象的实践学科,任何教育理论、教育模式,必须能够付诸实践,并且接受实践的检验。这时,我们方可以说某个教育理论或模式是正确的。同样的,提出"SSR 模式",尽管有其依据,但它也有待实践的检验,只有到那时,我们才能认定"SSR 模式"推广的价值。

"SSR 模式"是一个普遍的教学模式,不仅适用于重点大学也可在一般大学推广;不仅适用于文科学生也可在理科学生中试行;不仅适合于高年级的学生也可以在低年级学生中采用;不仅适用于专业课也可以拓展到基础课。尽管如此,我们应当清醒地看到,实施"SSR 模式"还存在一些困难和阻力。我们要像对待其他新生事物一样,为它的顺利实施创造条件。

(1) 转变观念,排除思想障碍。

经验反复表明,任何一个重大的改革措施出台时,都会遇到传统观念和习惯势力的阻挠,有时甚至是拼死的反抗。同样地,推行"SSR 模式"也不可能是一帆风顺的。思想障碍主要有三,即在自学上的依赖性、在课堂讨论中的泛式性和对待科学研究的神秘性。

人们大多认为,自学是个好办法,但是真正采用自学成才的人却只有极少数。特别是在学校教育中,推行自学更是困难重重。难在何处呢?在我看来,自学的阻力既来自学生也来自教师,但归根到底还是来自法定的讲授制度。就学生而言,主要是怕艰苦,对教师有依赖思想。对教师来说,主要是受讲授制度的束缚,不明白教师的作用在于引导,他们能够给予学生最大的贡献,乃是帮助学生学会学习。那么,妨碍自学的主要借口是学生看不懂,教学必须循序渐进。对此,有一个很有力的例子,可以说明其理由是站不住脚的。据报道,16岁的安徽学生赵梅生,于1996年高考时,居然以634分的优异成绩考入了中国科学技术大学,可他却是一个农村穷学生,他自小学四年级起一直坚持自学,学完了高中全部课程。他的体会是:"自学是靠自己提出问题,又由自己去解决问题的过程,再难的问题都由自己去解决。"赵梅生的成功,再一次证明了自学是一个普遍的学习方法,一个仅有初小文化程度的学生,能够通过自学而获得成功,难道大学生和研究生们还不能够自学吗?

鉴于中国学生大多数性格内向,不爱提问题,怕争辩,因而课堂讨论的效果都不大好。有的开会不发言,有的仅仅提些知识性问题,难以就一些实质性问题开展思想交锋,更不敢提出独特的见解,不能发挥讨论课对启发思路和激发灵感的作用。我所说的泛式性,就是指在课堂讨论中的形式主义,情面观点,以及泛泛而论的习气。为了克服这些不良的学风,必须花大力气,否则推行"SSR模式"的愿望就会落空。

从世界范围来看,教学方法受到普遍批评的原因,就在于忽视了教育过程的复杂性,不是通过科学研究进行学习。大学生进行科学研究关键是要破除对科学研究的迷信,打破在教学和科学研究之间人为设置的鸿沟。科学研究是探索求知,而未知的现象,充斥在我们生活的各个角落,只要你是一个有心人,那么时时、处处、事事都可以有所发现或发明。世界上有许多著名科学家,如数学家高斯、天文学家伽利略、物理学家爱因斯坦和化学家鲍林等,在大学期间就开始了研究,并在相关领域有了重大的发现或发明。他们的成功经验,证明了科学研究并不神秘,大学生开展科研是可行的,每个大学生都应坚定不移地走自己的成功之路。

（2）转变教师职能，提高教师素质。

美国教育家里欧·巴士卡里雅曾说："我们的学校教育不成功，因为我们从来不帮助老师们撕下教师的面具，平平易易地做人，从来不使他们认识到老师的作用只在于引导。"①这句话听起来似乎有点偏激，但却点到了问题的要害，也是符合时代精神的。

在传统教育中，教师的主要职能是讲授课程，而学校里的课程内容和教学方法又多半是从教师出发，而不是根据学生的需要而制定的。教师讲授课程的特点，倾向于重复过去，并且容易导致形式化、公式化、标准化。这种"讲说章句"式的教学，严重地背离了时代精神，改革已是刻不容缓的事情了。

按照"SSR模式"，课堂教学基本上将被学生的自学所取代，但这并不意味着教师将被取消。在新的教学模式中，教师的作用仍然是必不可少的，只不过他们的职能发生了转变。同时，由于网络学习（E-Learning）的兴起，也促使教师职能的转变，教师不再是传授知识的媒介。未来教师的主要职能是培养学生的道德品质、启发学生的创造思维能力和指导学生进行科学研究工作。

就大多数教师而言，目前要担负起新的职能还是有困难的，这主要是因为他们本身接受了知识面很窄的专业化教育。仅仅只能担当教学单一的角色。为了适应新的教学模式的需要，每个教师必须努力提高自己，主要是加强人文素质修养，拓宽专业知识面，掌握创造思维方法，提高管理能力，学会做科学研究工作。唯有如此，教师才能在推行新的教育模式中找到自己的位置，也才能真正发挥教师的主导作用。

（3）精简课程，编写便于自学的教材。

目前，大学里课程设置太多，内容陈旧，课时太长，统得过多，致

---

① 〔美〕巴士卡里雅：《爱和生活》，顿珠桑译，生活·读书·新知三联书店1988年版，第13页。

使学生负担太重。这些问题由来已久，改革的任务是艰巨的，必须作为一项系统工程，由国家组织力量方可完成。从课程改革方向看，应当有利于学生从整体上掌握知识，多开设短课、研究型课、选修课、思维方法课，促进学生创造力的开发。从教材内容看，应当贯彻"少而新"的原则，突出重点、难点和疑点，既便于自学又适于开展课堂讨论。

总之，改革课程和教材是实施"SSR 模式"的重要环节，是培养创造性人才素质的基础，一定要抓紧抓好。设计和实施"SSR 模式"是大学教育迎接新技术革命的对策之一，是引发高等学校全面改革的突破口。尽管实施"SSR 模式"不是件易事，但也绝不是望而生畏的难事。只要我们发扬改革和创新的精神，不断实践和总结经验，我们就一定能够创建一种反映当代大学精神的创造教学的新模式！

三、通识教育待突破

通识教育（general education）一词，最早是由美国耶鲁大学的帕卡德（A S Packard）于 1829 年提出的。如果要溯源可能要追溯到古希腊亚里士多德的自由教育或博雅教育（liberal education）。但是，如果要进行具体的划分，自由教育与通识教育是有本质的区别的，此不赘述。

通识教育在美国获得了普遍的认同，但各校自由发展，各具特色。通识教育的目的是培养学生的四种能力，即有效的思考能力、沟通的能力、透明的判断能力和对价值的认知能力。[①]

[①] 黄坤锦：《美国大学的通识教育——美国心灵的攀登》，北京大学出版社 2006 年版，第 84 页。

我国通识教育始于清末，根据光绪皇帝谕旨制定的《钦定京师大学堂章程》规定："京师大学堂之设，所以激发忠爱，开通智慧，振兴实业，端正趋向，造就通才，为全学之纲领。"在民国时期，我国的大学基本上都是通识教育，如蔡元培强调大学应该文理兼备，以培养硕士闳才，清华大学校长梅贻琦也认为："……大学期内，通专虽应兼顾，而重心所寄，应在通而不在专。"

1951年全国高等院校的调整，是我国高等教育发展中的一个分水岭，那时提出的口号是"一边倒向苏联学习"，全盘照搬苏联的专业化教育，把欧美国家的大学教育斥之为资产阶级的，全部予以否定。我正好赶上了那个时候的苏式教育，大学的专业设置、教学大纲、教材都是苏联的，甚至连计分也采用苏联的"五级"计分形式。全盘苏化的恶果是，导致理工分家，专业越分越细。比如，化学系分为若干专业，而专业又分为专门化，致使学生的知识面越来越窄，即使在计划经济时代也难以做到对口培养，更遑论不断变化的市场经济了。

但是，反对苏联的专业化教育的声音一直没有停止过，在20世纪50年代中期曾经开展过关于"宝塔尖"（专业化）与"电线杆"（通才）式教育的大讨论，但一直扭转不过来。原因就在于苏联的专业化教育非常适合中国人功利化的思想，人们总以为学得一技之长是有用的。可是，这种功利主义的思想完全混淆了综合大学与技术学院的界限，而专业化的教育误导了我国几代人，这就是民国时期有大师，而共和国却很难培养出真正的大师的主要原因。

80年代改革开放以后，我国教育界又重新开展了关于通识教育的讨论，虽然表面上也接受了通识教育，并且有些大学还进行了通识教育的实验。例如，上海复旦大学于2005年信誓旦旦地宣布进行通识教育的实验。当年该校按专业招收了3000名新生，把他们分配到新成立的复旦学院，实行"1＋3"的模式，在复旦学院学习一年的通识教育课程,然后再回到原招生的专业学院,继续学 3 年的专业课程。①该校自己也承认,在专业教育土壤上推行通识教育,相互角力尽在不言中。也就是说,这次试水并不是实施真正的通识教育,依然是换汤不换药的专业化教育,因而也是不成功的。

那么,怎么样才能真正地实施通识教育呢?要解决这个问题,必须进行大刀阔斧的改革,小敲小打是无济于事的。依我看,必须下定决心解决以下三个问题。

第一,必须重新调整和定位大学的功能。始于 90 年代初的大学合并和升格,一直持续了 10 多年,其最大的副作用是鼓噪起了人们的极度虚荣心,不顾社会需要和自身条件,都要办大而全的研究型大学,从而搅乱了人们的思想,混淆了大学的功能。总的来说,大学主要是两类:一是基础性的研究大学,它的任务就是培养精英人才或者全才,这类大学应当实施通识教育,这类大学只能是极少数;二是应用性的大学(或学院),它是培养应用技术人才,它不需要实施通识教育。但是,我看到一些应用性的大学也在奢谈通识教育,这完全是驴唇不对马嘴。

第二,必须淡化甚至完全消除专业的概念。专才与通才是完全不同的概念,正如国学大师钱穆先生所言:"今日国家社会所需者,通人尤重于专家。而今日大学教育之智识传授,则只望人为专家,而不望人为通人。夫通方之与专门,为智识之两途,本难轩轾。"②所谓通人即通才或全才,这是基础性研究大学应当肩负的任务,而专才则是应用性大学(学院)必须承担的任务,二者绝对不能混淆。要禁止大学乱串位,坚决遏制盲目攀比的虚荣心。

第三,通识教育课程必须按照通识教育的目的开设,绝不能滥竽充数。通识教育的目的是培养四种能力,而通识教育的课程一定要

---

① 陈统奎:《复旦大学试水"通识教育"一年实录》,《新民周刊》2006 年 9 月 12 日。
② 钱穆:《钱宾四先生全集·文化与教育》,联经出版事业股份有限公司 1998 年版,第 190 页。

围绕着这四种能力的需要而设置,它们必须体现自然和人类发展的最基本的规律的理论、知识和方法,要坚决废弃那些因人设庙和花里胡哨的说教式的所谓的课程。

综观我国现在某些大学的通识教育,之所以不成功,就是因为没有突破阻碍通识教育的瓶颈。在实施通识教育这个问题上,要抛弃叶公好龙的思想,必须心悦诚服地认识到是培养大师级人才的需要,否则我国就不能跻身于世界先进科学技术之林,只能囚禁在模仿的牢笼中,永远不可能屹立于科学的顶峰!

四、课程体系大变脸

世界最早的学校诞生于何时?据法国考古学家发现,公元前3500年左右的两河流域的"泥版书屋",比埃及的宫廷学校早了1000多年。中国最早的学校出现在西周,到西汉时期,学校分为中央和地方两级,中央称为太学,地方则叫作官学。学校的出现,随之就有了以传授知识为职业的教师,不言而喻,学校的出现使得人才的培养规模化和批量化,其进步意义是必须肯定的。

但是,学校也是一把双刃剑,它们"既有培养创造精神的力量,也有压抑创造精神的力量"。纵观教育发展的历史,它在时间上和空间上都倾向于构成封闭的体系,习惯于重复过去,追求形式化、公式化和标准化,因此教育又具有保守性的一面。遗憾的是,许多教育者、受教育者和家长都没有认识到这一点,反而对学校产生了依赖和迷信思想。正因为如此,"教育内容和教学方法几乎在全世界都受到指责"。

在中世纪时期,大学的教育是以七艺为基础的,可以追溯到古希腊,柏拉图在自己的学园中,开设了算术、几何、天文、音乐等课程。后来,又把七艺分为两部分,与语言相关的文法、修辞、逻辑称为"三艺"(trivium),与数字相关的天文、算术、几何、音乐称为"四艺"(quadrivium)。很显然,那个时期的大学教育,是不分专业的,也就是通才教育。

我认为,18世纪60年代发生于英国的工业革命是高等教育发展史上的分水岭,一反传统的通才教育,使大学教育逐渐走上专业化的道路,这是与工业革命产生分工需要相适应的。虽然其有某种进步的作用,但几百年一成不变,不免使教育陷入保守性。美国奇点大学创始人彼得·戴曼迪斯(Peter Diamandis)深刻指出了大学的保守性,他说:"目前的教育体制是在工业革命的高潮中形成的。这一事实对于大学教什么、怎样教都产生了非常大的影响。标准化是教育的规则,而同一性则是教育的预期效果。同一年龄的所有学生都只能使用相同的教学材料,并且必须参加同样的考试,教学效果也按照同样的考核尺度进行评估。学校以工厂为仿效对象,每一天都被均匀地分割为若干个时间段,每段时间的开始和结束都以敲钟为号。"美国麻省理工学院与哈佛大学共建的edX总裁阿南特·阿嘎沃尔(Anant Agarwal)也批评说:"教育在过去500年中,实际上(本质上)没有什么变化,上一次变革是印刷术和教科书的发明。"

从这些批评可以看出,无论是国外或是中国的大学,虽然它们有水平高低之分,但从教育体制和系科设置来看,基本上是一副面孔。尤其是在中国,由于虚荣心、功利性和集权制,更是千校一面、万人一格。我所说的"大变脸",就是要彻底改革基础性大学的专业化教育,是该彻底清除学习苏联专业化教育不良后果的时候了!

我在被免职时,正在制定第二个五年改革计划,其重点是课程体系。我针对基础性大学(非应用性大学或学院)设计的课程体系改革方案要点如下。

(一)课程体系改革的指导思想与原则

1. 培养目标

基础性的综合大学致力于纯学术研究,它们的任务是培养精英人才或学术泰斗式的人物。古希腊泰勒斯等七贤,个个都是全才,几乎个个都是学术领域的创始人。17世纪是天才辈出的时代,如艾萨克·牛顿、弗里德里希·高斯、达·芬奇、勒内·笛卡尔、布莱士·帕斯卡、伽利略·伽利雷、约翰尼斯·开普勒、威廉·莱布尼茨、本杰明·富兰克林、冯·诺依曼等,他们都是全能全才式的人物。纵观科学发展的历史,在19世纪以前,全才式的人物可谓比比皆是。可是,进入20世纪以后,再难以寻觅到全才式的大师级的人物了,正如美国加利福尼亚大学戴维斯分校基恩·西蒙顿所说:"正如命运多舛的渡渡鸟一样,科学天才已经绝灭了。"是谁把天才科学家扼杀的呢?究其根源,就是千篇一律的专业化教育,背后是实用主义的办学思想。

2. 取消专业,实行专业滚动制

大学暂时保留现行的院系制,但对于狭窄的系科应予以取消,因为它们是在专业化教育思想指导下建立的,不宜培养通才。大学招生不再按照专业录取。学生在高考时填报的志愿只供参考,学生只是暂时附在某个院系,很可能进校时是数学系的学生,而毕业时却被滚动到经济学系,其他以此类推。

3. 实行三板块式的课程构架

所谓三板块即通识教育课、方法课程和专业课程,它们占总学时的比例为4:3:3。按照学分计算,如果修满128个学分可以获得大学毕业文凭和学士学位,那么三个板块的课程比例,通识教育课程为48学分,方法课程为40学分,而专业课程亦为40学分。通识教育课程要充分反映在"通、博、新",通识教育课程设置体现宽打窄用,以满足不同学习者的要求。

我所设计的通识教育课程大致有：中华文明史、中国通史、人类进化论简史、春秋时代的百家争鸣、《道德经》导读、《论语》精读、中国古代四大名著导读、鲁迅作品精读、世界文明史、诺贝尔文学奖作品选读、《君子论》导读、《智慧论》精读、论纯科学、《孙子兵法》、《第三次浪潮》、《时间简史》、中国人特性分析、英文写作与翻译、法语、拉丁语等。

科学方法论课程大致有自然辩证法、爱因斯坦思想实验导读、黑格尔辩证法、辩证唯物主义与历史唯物主义、创造思维方法训练、工具论、创造技法、芝诺悖论、伟大的智者叔本华、世界天才是怎样思考的、从爱因斯坦到霍金、从异见到发明、怎样寻觅创造性的灵感、论感觉的神秘力量、从知到懂再到通等。

专业课程开设的要求是专业课程应该是多种多样的，不必从最原始的理论知识讲起，也不能囿于技术性的技巧和方法，但必须是各门学科领域最新的成就。例如从原子到光量子、宇宙起源与黑洞、什么是暗物质、超导材料、石墨烯材料、功能高分子材料、基因工程与重组、数学猜想与证明、敬畏大自然、癌症与治愈方法、病毒与疫苗、人类灾害与救赎等。

◆ （二）教学方法

主要是通过自学来掌握所开设的课程，在自学的基础上，由教师组织课堂讨论，进而达到举一反三和触类旁通的目的。

◆ （三）实行弹性学制

学习是学习者自己的事，必须尊重学习者的选择权，包括学什么、学习多长时间、何时毕业、需要获取什么样的文凭等，都由学习者自己决定。因此，采取新式的弹性学制（从 1 年到 10 年），取消各个学阶的界线。凡是修学一年期满者，可以获得一年肄业证书；修满两年者，可以获得专科毕业证书；修满 3 年者，可以获得大专毕业证书与准学士学位；修满 4 年者可以获得本科毕业证书与学士学位；修满

7年并写出符合硕士研究生水准的论文并通过答辩者,可以获得研究生毕业文凭与硕士学位证书;修满10年、完成高水平的论文(要求用英文写作)并通过论文答辩者,可以获得博士学位。

通过以上简要的介绍,我们不难看出,这是一个创新的课程体系,对于数百年以来的老课程体系无疑是一个颠覆,基本上达到了我希望"大变脸"的初衷,如果武汉大学实施了这个改革规划,那真的会令世人刮目相看!

五、导师轮转待实施

研究生教育是高等教育的一个组成部分,顾名思义是以研究为主要形式的教育,它的任务是以培养高级研究人才为目的。最早的研究生教育始于1872年的哈佛大学文理学院,迄今已有近一个半世纪了。美国的研究生教育体系被认为是全球最好的,是当今世界研究生教育的强国,每年世界各国最优秀的学生纷纷到美国攻读博士学位,而且这个势头仍在呈增长的趋势。

中国的研究生教育起步比较晚,20世纪30年代仅有中央研究院和几所国立大学招收少数研究生,在1949年以前,全国仅培养了200多名研究生,而且还不授予学位。改革开放以后,1978年恢复了研究生的培养工作,颁布了研究生学位授予的办法。从1978年的18个博士生到2019年的8万多名博士生,说明我国研究生呈直线式的增长,但其中隐藏着我国研究生教育的危机。

美国研究生教育体系被公认是最好的,好在什么地方呢?我带着这个问题于1986年赴美考察了多所大学,收获非常大。当然,美国研究生教育得天独厚,有优秀的导师,有充足的研究经费,有精良的仪器设备,有世界著名的学术刊物。我在访问加利福尼亚大学洛杉矶分校时,校友王小凡正在该校攻读生物学博士学位,他热情地陪同我参观,并开车送我们一行到加利福尼亚大学圣地亚哥分校参观。我特意请他介绍美国大学的研究生培养有哪些好的制度。他介绍说,美国最好的大学都是私立大学,是培养高级人才的摇篮。从管理制度上看,有一个被称为轮转制(rotation system)或叫轮流实习制(rotation internship)的学习制度很值得借鉴。原来,这个制度是医学院的学生轮流到各科实习的一种制度,后来把它引入研究生教育中,效果十分好,现在美国不少研究型大学都采用这种办法培养研究生。

具体地说,每个系录取的研究生开始并没有指定导师,保留每个导师和学生的选择权。在课程学习和通过研究生资格考试之前,研究生可以自由地到每个教授实验室进行6个星期到3个月的实习。这样做的目的是了解每个教授的科研方向、研究条件、经费是否充足、教授学术水平、教授性格以及合作共事等情况。同时,教授们也要对学生进行考核,了解他们是否有培养前途、是否有创新精神、实验技术是否要求严格等。这是一个互相了解的过程,教授们要选拔得意门生,而研究生要选择称心如意的导师,任何一方都不能强迫对方。

轮转制是一个双赢的培养制度,这是和谐共事的需要,是建立民主自由学风的需要。根据这一制度,研究生跳槽是常有的事,甚至对于有的诺贝尔奖获得者,如果他不再有新的、前沿研究方向,那么研究生也会改换门庭。同样地,如果研究生没有做出有价值的成果,或者导师认为没有培养前途,导师也不再给予资助,那么研究生就不得不另谋出路。

然而,我国的研究生制度,是一种"指腹为婚"的办法,一旦一个研究生选择了一名导师,即使不满意,也只能将就。我国研究生制度的保守性,还表现在儿子读父亲的研究生,或者做父亲的博士后的情况。这样怎么能够建立起民主学风,又怎么能够挑战导师呢?因此,我国培养研究生求量不求质的情况比比皆是,如果再不进行大力的改革，我国就难以培养出以追求真理为目的的优秀人才。

1986年10月26日，那次学生会将我的军，我当时就表示，下一个改革的目标就是实行研究生培养的轮转制。可惜，我还没有来得及实施，很快就被免职了，实属遗憾之极，但愿有一天这个制度能够在我国大学里实行，给我国僵化的研究生培养制度注入新的营养素。

六、大学理念再思考

教育是文化的重要组成部分，而教育理念又是教育文化的精髓。世界大学已有近千年的历史，在其发展过程中，逐渐形成了各种有代表性的教育理念。概括起来，主要有英国约翰·纽曼的理性大学理念、德国威廉·洪堡的文化大学理念和美国克拉克·克尔的多元化巨型大学（一流大学）理念。中国近代大学是从欧美模式克隆过来的，民国时期的大学在借鉴西方教育经验的基础上，也形成了独具特色的大学理念。可是新中国成立以后，在相当长的时期内大学理念是缺失的，虽然近一二十年不断地提出了各自的办学理念，要么从古籍中摘出名言警句，要么是高大全的政治口号，既没有触及教育的本质，也从来没有切实地实行过。现在看来，非常有必要设计一种崭新的教育理念，以应对"云时代"的需要。

爱因斯坦的相对论就是大智慧的体现，它极大地改变了人类对宇宙和自然的"常态性"观念。正如一位法国物理学家对他的评论："在我们这一代的物理学家中，爱因斯坦将位于最前列，他现在是，将来一代也还是人类宇宙中最光辉的巨星之一。"

自14世纪到17世纪，首先从意大利开始了文艺复兴运动，从而使伟大的思想光芒辐射到全欧洲。这是智慧的光芒，她孕育出了意大利文坛上的三杰,即但丁、彼特拉克和薄伽丘。在艺术领域,也出现了美术"三巨匠",他们是达·芬奇、米开朗琪罗和拉斐尔,他们的艺术成就达到了光辉灿烂的巅峰。达·芬奇被称为地球上最后一位通才,他不仅是绘画的巨匠,而且在物理学、天文学、建筑学、水利、机械、地质学等领域都有重大的建树。他设计了第一张汽车图纸、第一款直升机,甚至设计出了初级的机器人。他留下了7000多页的科学发明手稿,如果他的发明都得以实现,本可以使人类的文明提前100多年。

其实,达·芬奇仅仅只受过初等教育,他并没有很高的学历和学位,他的学问都是自学而来的。那么,他诸多的重大绘画杰作和科技发明是怎么完成的呢?这就是他的高明之处,是他的大智慧成就的伟业。这说明智慧基本上与学历、学位无关,与思想无关,也不是由知识的多寡决定的。有知识的人不一定有智慧,没有学历而有智慧的人,可以更有效地获取知识,甚至创造出新知识。

智慧是知识背后隐藏的顿悟或领悟,只有当头脑、心灵和身体真正和谐时,智慧才存在。应当说,生理发育正常的人,都有潜在的智慧,但需要通过反复的创造活动,方可激发出智慧,这是人们获得智慧的唯一途径。因此,智慧是不能教授的,而只能在无焦虑、无恐惧和无贪婪的心境中,通过精神灵性的修炼而获得。遗憾的是,中国人绝大多数不懂精神灵性,也不具有冒险的品质,而痴迷于物质的索取,这些是中国人缺乏创造力的重要原因。

人们惊奇地发现,自20世纪后半叶以来,最具智慧的大师级人物和流芳百世的巨著越来越少了,不仅不能与天才的17世纪相比,而且远远逊色于19世纪。原因何在呢?我们不能不从教育上去深究根源,正是教育的保守性桎梏了受教育者的智慧。美国edX总裁阿南特·阿嘎沃尔(Anant Agarwal)评论道:"教育在过去500年中,实际上(本质上)没有什么变化,上一次变革是印刷术和教科书的发明。"中国近代大学的历史与欧洲中世纪诞生的大学相比,要晚了800多年,迄今为止充其量只有120多年的历史。要说保守性,中国的大学堪为世界之最,除了沿袭了欧美大学的老框框以外,还渗进了我国封建保守、集权和功利的因素,泯灭了许多人的智慧。正如英国剧大师、诺贝尔文学奖获得者乔治·萧伯纳所说:"我生下来时是很聪明的——教育把我给毁了。"

我们应该洞见到,当今大学已经远远落后于时代,它们的保守性主要表现在教育的"游戏规则"错了。大学数百年以来的游戏规则玩的都是"知识游戏",一切以"知识为中心":课堂上传授的是知识,考试是背诵知识,评价人才优劣也是以考试成绩高低来衡量。因此,我们必须以一种新的"游戏规则"代替"知识游戏"。为此,我经过长期的思考,提出"大智慧之光"(light of great wisdom)的教育理念。众所周知,灯塔是轮船航行的路标,没有灯塔亮光的指示,船只就会迷失方向。同样地,人类前行也需要亮光指引,这个亮光就人的智慧。

古希腊是一个充满创造的鼎盛时期,其哲学、天文、数学、艺术、雕塑等领域里的成就都深刻地影响了欧洲,成为欧洲文明的源头。古希腊的创造黄金时代取决于三个因素:惊异、自由、闲暇,实际上这也是哲学产生和发展的三个条件。哲学的英文单词是 philosophy,它是由希腊文的 philia 和 sophia 二字合成的,意思是"爱智——爱好智慧"之意。所以,哲学就是智慧科学,而教育则是传播智慧的学科,二者是天生的姊妹学科。西方最著名的教育家都是哲学家,如柏拉图、亚里士多德、康德、洛克、罗素和杜威等。然而,中国的哲学家是不研究教育学的,更不参与教育改革的实践,而研究教育学的人又没有深厚的哲学功底,所以中国没有世界级著名的教育家就不足为奇了。

大学怎样才能成为传播智慧的中心呢?英国著名的教育家、哲学家和神学家约翰·纽曼(John Henry Newman)曾深刻地指出:"探寻真理需要离群索居,心无二用,这是人类的常识。最伟大的思想家对自己的思考对象极为专心致志,不许别人打断。他们对思考以外的事情心不在焉,行为怪癖,或多或少对课堂及公共学校退避三舍。""大希腊之光"的毕达哥拉斯曾一度居住在洞穴里。"伊奥尼亚之光"

泰勒斯终身未娶，隐居一生，并多次拒绝王公贵族的邀请……无论是"大希腊之光"、"伊奥尼亚之光"，法国思想启蒙之光，或是意大利文艺复兴之光等，实际上都是智慧之光。有鉴于此，大学应当成为一座"智慧的灯塔"，成为孕育大智慧人才的摇篮。

《智慧之光》是缅甸大禅师帕奥·西亚多（Pa-Auk Tawya Soyadaw）的著作，在佛教徒看来，佛眼能够看到智慧的光明。但在我们普通人看来，智慧之光是一种比喻，表示智慧照亮人生之路，智慧能够成就伟业。一般说来，出家人大多文化程度不高，有的甚至是目不识丁，但通过修行，其中不少人都成为佛学大师。例如，台湾星云大师（李国深），他12岁出家，只读了4年私塾，但他经过潜心修行，却成为拥有100多部著作的佛学大师，独创了一笔字书法，他做善事无数，获得荣誉无数，这一切都是他超人的智慧所成就的。正如他的法号"悟彻"所喻指的那样，他是彻底的觉悟者。正如他所说："我们的智慧是修来的……多修多得，少修少得，不修就没得。佛是智慧俱足，福德俱足……"

其实，教育培养人才与出家人修行是一个道理，教育应当从佛教顿悟中得到启示。当今，教育的失败就在于背离了做学问所需要的"清静、淡泊和无欲"的境界，大学变得越来越功利化，越来越浮躁，越来越行政化和官僚化。我国世界级的艺术大师齐白石曾说："画家的心是出家的僧。学画其实走的是一条艰辛的路。"广而言之，任何成功人士的心，又何尝不是出家的僧呢？如果没有出家人的执着、淡泊和无欲的精神，任何人都很难获得成功。

当今，我们面临的是大数据时代的挑战，电子化的教学已经汹涌澎湃地袭来，诸如智能手机、谷歌眼镜、定位手环、智能手表等，甚至"谷歌大脑"、"尤金"等机器人也参与到人们的学习与生活之中。面对这种形势，以"传授知识"为中心的教育已经完全不能适应现代社会的发展，必须进行彻底的变革。变革的核心即确立"大智慧之光"的教育理念。在这种理念的指导下，营造"阅读、静思、顿悟"的学习境界,设计"智慧教室",培训"智慧型教师",编写智慧教材,开展智慧性的课题讨论,等等。所有这些措施,都是为了培育具有大智慧的人才。以"大智慧之光"的理念,引导我国大学走出盲目追求高分数、高学历、高学位、高职称、高待遇的误区。如果不摒弃"惟知识论"的僵化教育理念,像华罗庚、梁漱溟、钱穆、启功、贾兰坡、陈寅恪、罗家伦、朱自清、钱锺书、雷军、马云、马化腾、韩寒、郭敬明等有智慧的人,统统都会被扼杀。这绝非危言耸听,我们应该深刻地反省了!

纵观人类发展历史,推动社会变革和前进的都是最富有智慧的人物,是他们以"大智慧"创造的奇迹。例如,在政治社会领域,先后发生的英国资产阶级革命、法国大革命和美国的《独立宣言》等,它们都是一些大智慧人物的杰作。托马斯·杰斐逊(Thomas Jefferson)是美国《独立宣言》5个起草人之一,而且是执笔人,他先后担任过弗吉尼亚州议员、弗吉尼亚州州长、国务卿、副总统和总统,被认为是美国历史上最有智慧的总统之一。但是,他在自己的墓碑上仅仅写了《独立宣言》的起草人、《弗吉尼亚自由宗教法案》起草人和弗吉尼亚大学创建人等内容,而只字未提他担任过的领导职务,这说明大智慧人物对于行政官职都是不屑一顾的。

在科学技术领域,哥白尼的"日心说"不仅证伪了托勒密(Claudius Ptolemy)的"地心说",而且改变了人们的宇宙观。对达尔文进化论的质疑声音虽然一直不断,但宇宙中万事万物无不处于变化或进化之中,应该是符合古希腊哲学家赫拉克利特(Heraclitus)的"除却变化,别无永恒之物"的至理名言。爱因斯坦相对论的创立,本身就是一个奇迹,他当时仅仅只是瑞士专利局的一个小职员,并不是物理学界主流领军人物,可是他创立的相对论至今无人能够超越。

实事求是地说,在人类历史的各个时期,富有大智慧的人始终是极少数,其他众多的人不是不能成为有智慧的人,而是他们缺少了成为智慧人所必需的理想和执着精神。同时,我们也应当认识到,一个国家既不需要又不可能把大批人培育成为大智慧的人,我们必须摒弃一刀切的平均主义思想。一个人有接受教育的权利,也有放弃教育的权利,教育的悲剧就在于对不愿意或不适合学习的人施加压力,从而造成无数的悲剧。一个人成为一个什么样的人,是个人的自由选择,万万不能强制。但是,一个民族必须在各学术领域滋润出一些大智慧的人物,这是穷究终极真理的需要,也是人类自我救赎的需要,这是理性大学应承担的任务。

天才的理论物理学家史蒂芬·霍金(Stephen William Hawking)和牛津大学人类未来研究所的科学家们先后不断发出警告:"人类生存处在危险之中。"这绝非危言耸听,我们必须采取切实的措施,以免遭遇不测。我认为最重要的措施,就是确立"大智慧之光"教育理念,孕育出大智慧的人才,方可化解人类当前面临的诸多危机,也才能从根本上拯救人类未来! 让我们伸开双臂,迎接"大智慧之光"教育时代的到来吧!

七、整顿高教意见书

中国高等教育出了问题,什么问题? 香港科技大学丁学良教授说,"七天七夜也谈不完"。但依我看,中国大学的问题可以用一个字概括,就是"乱"。乱是谁造成的? 是谁在折腾教育? 如果不是文过饰非,明眼人都能够觉察到。

乱,包括大学生在内的社会各界都看到了,但是教育部门领导看不到。这就验证了一句古谚:"旁观者清,当事者迷。"中国高等教育出了问题,什么问题? 作为一个旁观者,我愿为教育部领导解谜,希望他们能闻过则喜,能听这些逆耳忠言,并付诸整改的实际行动。

20世纪90年代初的大学合并,揭开了我国高等教育大操大办的序幕。在近20年内,高教领域发生了太多的事件,例如大学合并、教育产业化、建设世界一流大学运动、本科高速扩招、研究生数量急剧膨胀、专升本、学院改名、学术造假、教学假评估、建大学城运动、大学圈地运动和建设豪华校园等。

值得肯定的是,高等教育在数量上取得了进步,教育经费有所增加,办学条件也有所改善,到2018年,各类大学在校生已达到3833万人,居世界第一位。高等教育毛入学率已达48.1%,被某些人认为是"临门一脚"跨入了高等教育的大众化。相比1950年毛入学率0.26%和1978年的1.55%,这的确是一个惊人的进步,值得肯定。

但是,片面追求高速度,也带来了一系列严重的问题,如教学质量严重下降、大学毕业生就业困难、研究生质量泡沫化、学风浮躁和学术造假、教授和博士生导师素质严重下滑、教育产业化或变相产业化越演越烈、大学中的铺张浪费十分严重、债务累累、官本位越来越严重、对教师和学生的限制越来越多、原创性和纯理论研究成果越来越少……

历史经验表明,凡是一次高速度的大发展或是大破坏之后,一般需要进行一段时间的整顿,这是符合事物螺旋式发展规律的。可是,近30年的高等教育一直是以火箭的速度上升,从没有进行过调整或整顿,根本谈不上巩固和提高。经过长期的观察与思考,我提出整顿高等教育的十意见书,真诚地希望国家高层做出决定,对高等教育进行一次彻底的整顿,像1961年对1958年教育大破坏进行整顿那样,当时国家制定了拨乱反正的《高校六十条》,使遭到破坏的高等教育迅速地走上了正轨,并开创了1962年到1965年我国高等教育的黄金时代。怎样进行整顿?我的建议如下。

◆ (一) 废除自学考试制度

自学方式自古就有,但是把它正式作为获取文凭的制度,是从1978年以后才开始的。它的产生有其历史的背景,那时大学生入学率非常之低,全国平均只有1.4%,不少省市还低于1%。扩大招生,又受到校舍、师资等条件的掣肘。于是，当时全国教育工会主席方明同志提出建议，把自学考试作为统一高考以外另一条获取大专文凭的渠道，受到广大青年的欢迎。

自学考试于1981年开始试点，1983年全国推广，直至发展到被称为全国的"第一考"。30多年以来，累计有4800万人参考，850万人获得了大专以上的文凭。不可否认，在当时大学入学率非常低的情况下，自学考试满足了许多青年求学的愿望，其中不乏真正的成才者，它的历史功绩应当肯定。

但时至今日，我国高等教育的规模已非昔比，全国平均大学毛入学率已经达到48.1%，不少省份市已达到高等教育普及阶段，广东2009年已达到78%。有鉴于此，我认为高等自学考试已经完成了历史使命，似乎应该取消这种制度。其具体原因有三：一是自2006年开始，自学考试人数连年减少，逐渐出现了萎缩现象；二是自学考试仍然沿袭了普通学历教育，助长了唯学历论，除具有学历统计意义以外，并不能达到真正提高人们的技术和能力的目的，而且许多人的工作与所学专业完全不相关，什么专业容易就拿什么文凭，造成了某些文凭泛滥；三是在具体执行过程中，舞弊现象十分严重，文凭水分很大。有人甚至极而言之，自学考试是"通向大专文凭的走私通道"。总之，取消自学考试制度是整肃高等教育学风的需要，也是严格大学文凭标准和净化人才市场的需要。

◆（二）取消不合格的在职研究生学位

本来，研究生教育是为了培育少而精的理论和研究型的人才，以充实到大学和科研部门，这是世界研究生教育的通则。直到20世纪80年代，我国的研究生教育依然恪守这个宗旨。

可是，到了20世纪90年代初，研究生数量急剧膨胀，一些官员和老板也涌进校园争戴博士帽。西方国家大学的博士研究生淘汰率大约是30%，而我国基本上是零淘汰率，官员和老板考博往往是一路绿灯。为数不少的官员和老板，既不上课又不做实验或查阅文献，怎么能够达到博士水准的要求？有不少老板只有高中甚至是初中学历，可见我国博士学位的含水量之大！在职研究生已经异化和玷污了我国的研究生教育。他们用不菲的学费买博士帽，而大学以卖学位换取资源，这是典型的权钱交易。

鉴于我国在职研究生太滥，必须进行大力整顿。凡是没有参加统一的严格入学考试，没有做出创造性的论文，没有经过正规的论文答辩者，应一律取消已经授予的博士或硕士学位。对于严重造假者，应追究其刑事责任。同时，除了大学和学术研究机构以外，一律不准再从社会上招收在职研究生。

◆（三）砍掉一半大学的博士授予资格

必须按照大学的功能定位，重新审查和规范学位授予资格。属于纯粹教学型的普通大学，不允许招收研究生；教学与研究型的大学，只能招收硕士研究生；只有极少数研究型的大学，才能够招收一定数量的博士研究生，而且每一位导师每年只能招收1名至2名研究生。

博士学位是为了培养少而精的理论和研究型的人才，但是许多大学和攻读博士学位的人并不明白这个道理，而是把它作为一种荣誉和身份，当作升官和求职的砝码。现在，研究生已经变了味，以至于出现了烹饪博士、消防博士、花卉博士等。目前，我国授予学位的大学和单位共有815所，其中有博士学位授权的大学和单位有401所，而拥有世界最好和最多研究型大学的美国，也只有253所大学能够授予博士学位。

我国不少大学的博士学位授予点，是用搞运动的方法，靠公关和打攻坚战、用高薪挖院士领衔而获得的。有的甚至请省级领导出面公关，一旦取得了博士授予权，就大肆宣传，召开庆功会，奖励有关人员，真是无所不用其极。由于采取了这些不正当的手段，某些新建的城市大学也有了博士资格授予权，而硕士授予点几乎覆盖了大学所有专业。因此,必须对我国大学学位授予点进行整顿,中央和各省(区、市)的党校、政府部门的政策研究所和工业部门的应用研究所等,一律不能招收研究生。要严格整顿授予博士学位的大学,至少要砍掉二分之一的大学博士学位授予资格,并且要保持长期的稳定,不允许普通大学乱串位,也绝不允许任何大学再搞所谓博士点零的突破的攻坚战。

◆ (四) 大学必须与所谓的"独立学院"脱钩

1995年四川民办四川电影电视艺术进修学院与四川师范大学合作,建立了四川师范大学电影电视学院,这是我国第一所二级学院或称"独立学院"。到2008年9月,全国共有"独立学院"322所,分布在全国30个省、自治区、直辖市。

一般来说,办二级学院的大多都是进入"211工程"的重点大学,甚至有的重点大学办了两所二级学院。其实,无论是叫二级学院或是独立学院,都名不副实。说它是二级学院,又不隶属于大学,说它是独立学院,又受制于母体大学。说白了,它们的产生是利益均沾的结果,是不伦不类的"怪胎"。私人投资者想利用重点大学的牌子招揽学生赚钱,而大学靠出卖大学的牌子换取"坐地分赃"的利益。重点大学绝不能再做这种降格以求的事,必须尽快与以盈利为目的的独立学院脱离关系。

◆ (五) 让成人教育回归职业教育

成人教育发源于英国,它是适应英国产业革命需要而诞生的,已经历了200年的历史。英国被誉为"继续教育之乡",对世界各国的成人教育曾产生了重大的影响。

中国的成人教育始于20世纪初,以成人简易识字为对象。近一个世纪以来,虽然形式不断变化,基本上还是体现了成人的特点。自

20世纪80年代中期开始,各大学相继成立了成人教育学院,但并没有以成人为教育对象。实际上是招收高考落榜的高中毕业生,仍然以大专学历教育为目的,成了大学创收的渠道,体现的还是文凭至上。因此,我国的成人教育是不伦不类的,既干扰了重点大学的职能,又没有真正履行成人教育真正的职责,这种状况不能再继续下去了。

成人教育的重要性自不待言,但必须进行整顿或调整。具体做法是,把现在大学中的成人教育学院与大学脱钩,通过调整和合并,按照地区或省市建立若干所独立的成人职业教育学院或是成人继续教育学院。这类学院不能担负普通大学的学历教育,只能进行职业或职业更新再培训教育。这种教学工作绝非普通大学的教师所能胜任,设置职业性的专业,要由具有真正职业专长的内行担任教师,真正体现职业教育或继续教育的特点。

◆ (六) 停止大学办分校

20世纪60年代,在备战的形势下,不少大学都办了分校,实践证明都是不成功的。虽然国外某些大学也有分校,但它们完全是独立的,如美国加利福尼亚大学的各分校。

21世纪初,随着高等教育的大发展,一些大学又办起了跨地区的分校,有的甚至从东北办到了东南沿海。更有甚者,连北京的某名牌大学的附属中学,也在全国各地办起了分校。实际上,这些做法都是商业炒作行为,对分校所在地,是拉大旗作虎皮;对分校举办者,是为了丰厚的利益。例如,珠海市与某大学签订了一个协议,政府提供5000多亩土地无偿地给该校使用,大学就可以利用这些土地招生赚钱。这种做法就是变相的教育产业化,一定要坚决制止。

◆ (七) 整顿大学的科技园和研究院

重点大学为了使科技成果转化为产业,试办一个科技园是必要的,但绝不能多,多则必滥。有些大学把科技园当作圈地的手段,试问一所大学能有多少成果,有多大的技术力量,居然办起三五个科技园? 如果不是作秀或是有意浮夸,浪费国家资源也是犯罪行为。

有的大学到处建立研究院,在全国建立了七八个研究院。顾名思义,研究院是从事科学研究的,要有研究实验室,配备高素质的研究人员,承担和完成一定的研究任务。现在某些大学的研究院究竟是什么呢? 据我所知,是依托各地的校友会挂一个研究院的牌子,基本上是靠办培训班和卖文凭赚钱,或者就是学校的接待站。这种做法不仅玷污了研究院的名声,而且助长了某些人用不正当的手段谋取利益的坏风气。

◆(八)实行教授定编和流动制

目前,大学教师队伍存在两个问题:一是近亲繁殖严重,不少大学的教师存在三代或四代同堂的情况,严重妨碍了教师之间民主、平等的讨论和影响了争鸣学术问题的风气,窒息了创造精神。二是教授职称评审失范,致使不少教授名不副实。在20世纪50年代,大学中的教授都是博学多识的学者,无论是人文社会科学或是自然科学的教授,掌握多门外语,通晓诗词歌赋,有的甚至具有琴棋书画的专长。他们备受他人尊重,堪称学生们的楷模。可是,现在大多数的教授,学历不全,知识面狭窄,外文水平不高,治学不严,人文素质低下,对于学生而言,没有丝毫魅力可言。

造成这种局面的原因有二:一是为数不少的人只求表面上的学历、学位、头衔,不下真功夫做学问,落得了"名高实秕糠"的结果。二是大学之间互相攀比,看谁的教授多、博导多,只追求数量,导致不少教授是滥竽充数。在坊间流传着许多贬斥教授的笑话,如"菜教授"、"水博导"甚至一元钱买几个教授的戏言。在这个方面,那些拥有教授和博导资格自主评定权的重点大学,更显得浮躁和浮夸,没有起到好的示范作用。

有鉴于此,必须对教师队伍进行整顿,实行首席制或定编和流动制,不允许无限量地提升教授。近传闻,教育部准备取消教授职称,实行教师13个等级制。但这并不能解决滥竽充数的问题,只不过是以级别代替职称而已。同时,教授职称已是国际通行的做法,取消教授职称,也不利于国际学术交流。在20世纪50年代,大学里的一级教授和二级教授是"稀有元素",可是现在某些大学的正副书记和校长总共一二十人,他们都是一级教授或二级教授了,有的甚至是一天书没有教过的职业行政干部,也都是教授、博导了,官本位情况竟然到了如此严重的地步!

◆ (九)砍掉三分之二大学的出版社和学报,剽窃抄袭见光死

近年来,一些重点大学发生了教授剽窃、抄袭事件,其中有校长、副校长、院士、院长、博士生导师、教授和博士研究生等。多数学校做出了严肃的处理,但也有的大学不了了之,这是姑息养奸的态度。有个别的大学,明明存在教授剽窃的问题,不仅不处理,反而吹嘘对"学术不端零容忍"。

虽然公开造假是极个别的,但学风浮躁和浮夸却是普遍的,至于"假项目"、"假论证"、"造假论文"和答辩走过场更是常见的现象了。我国学术论文数量连年攀升,已经超过德国和日本居世界第二位了,但有多少原创性的成果呢?为什么我国至今在科学领域没有诺贝尔奖获得者?虽然屠呦呦于2015年获得了诺贝尔生理学或医学奖,这是一个迟到了30多年的奖项。为什么所有一级学科的世界大奖仍然是零纪录?现在大多数大学都有出版社,每所大学都有学报、校报,任何人都可以出书,但又有多少是有价值的呢?有人批评说,中国大学不少出版社和学报成了"学术垃圾的生产地"。因此,应当砍掉三分之二的大学出版社和学报,宁可少一些,却要质量高一些。出版社和学报一定要开放,鼓励竞争,绝不能办成同仁内部刊物。这样有利于树立严谨的学风,以提高大学的学术水平。

◆ (十)整顿大少爷办学作风,严查大学财务支出

我国个别大学欠下了2500亿元的巨额债务是怎么造成的?不客

气地说,就是由于贪大求全、追赶时髦和大建楼堂馆所造成的,铺张浪费也是重要的原因,只是大学自己不承认而已。一些大学建五星级的宾馆、豪华校门、观光电梯等,被媒体逐一曝光。某些大学原有楼房本可以使用,但非要建新的大楼,地下停车场、娱乐设施一应俱全。不仅副部级的书记、校长配备专车,而且副校长、副书记、校长助理也都配备了专车,专车私用是普遍的现象。不仅校级干部有豪华办公室,而且处长、科长的办公室也是富丽堂皇,一味向公司老板看齐。虽然近年来针对办公室超标及公车私用问题进行了整顿,情况有所好转,但工作作风和办事效率并没有得到根本改变。

为了遏制大学铺张浪费现象,应当制定相关的法规,对大学的拨款、经费开支、建设项目以及干部应当享受的待遇等进行严格的监督,对违章者应追究其责任,严重违纪的要给予处罚。

整顿高等教育绝非以上十个方面,但这些是最主要的,抓住了这些方面,就可以提纲挈领地带动各方面的整顿。要巩固和提高我国高等教育的水准,必须发扬大无畏的精神,排除万难,把整顿工作进行到底!

八、什么是理想大学

自20世纪90年代初我国高等教育进入一个拐点,教育改革步伐停滞不前,扩招冒进,专科学校升级,大学合并、改名,学风浮夸,教学质量下降……霎时间,圣洁的校园被弄得乌烟瘴气,人们心中的圣殿已经坍塌,理想的大学已不复存在。对此,人们怨声载道,纷纷诘问:我国大学怎么啦?它们生病了,患了浮肿病、狂躁病,而且病得不轻。在人们不满的同时,又渴望自己理想的大学,那么究竟什么是我们所希望的理想大学呢?

为了探讨理想大学的真谛,湖北省刘道玉教育基金会于2012年5月22日在北京饭店召开了理想大学专题研讨会,我的学生徐锋对会议的召开给予了赞助。我本人主持了这次会议,并首先介绍了准备撰写的《理想大学》一书的思路与写作大纲。然后,与会专家们围绕着理想大学展开了热烈的讨论。

这次研讨会的规模不大,只有30多个人,但他们却都是我国高等教育界的名家。例如,中国教育学学会会长、北京师范大学前副校长顾明远,南方科技大学校长朱清时,21世纪教育研究院院长杨东平,中国高等教育学会前副会长、上海师范大学前校长杨德广,厦门大学教育学院院长刘海峰,南京大学教育研究院教育科学与管理系网络化学习与管理研究所所长桑新民,浙江师范大学田家炳教育科学研究院院长眭依凡,厦门大学著名文学家易中天,新教育实验开创人、著名教育家朱永新,全国政协副主席、著名经济学家辜胜阻,北京大学著名文学家钱理群,清华大学特聘著名经济学家刘鹰,著名经济学家左小蕾,人才学创始人雷祯孝等。经过讨论,大家在以下问题上获得了共识,这就从多方面阐明了理想大学建设的方向。

◆ (一) 理想大学是多种多样的

宇宙的本质在于多样性,而不在于单一性,否则世界就不复存在了。物竞天择是生物进化的普遍规律,也是人类社会发展遵循的规律。正因为自然界的多样性,才使得物竞天择成为可能。文化教育事业也一样,有比较才能鉴别,有竞争才会有生命力。

自大学诞生,已经走过了近千年的历史,在其发展的过程中,彼此互相借鉴,相互激励,已经形成了不同模式和风格各异的理想大学。例如,在英国有理想大学"双子星"牛津大学和剑桥大学,前者被公认为世界领袖的摇篮,后者拥有原子核物理之父和培养了12个诺贝尔奖的物理学大师欧内斯特·卢瑟福(Ernest Rutherford);在法国有巴黎大学,它被称为中世纪大学的典范;在德国有著名的柏林大学,它被称为大学制度的滥觞;而美国比其他国家拥有更多的理想大学,有被称为人才成长炼狱的哈佛大学,有象牙塔之称的普林斯顿大学,有苦修学术孤岛之称的芝加哥大学,有新技术孵化器之称的斯坦福大学,有创造出了诸多神话的加利福尼亚大学伯克利分校。中国的西南联大,在极为艰苦的战乱年代,以"刚毅坚卓"的精神,创造出了我国高教史上的奇迹!

在各个专业领域里,同样涌现了不少理想大学,他们都是从事各专业学术研究的理想之地。例如,在数学研究方面,法国巴黎高等师范学校被称为纯学术的殿堂,曾经诞生了著名的布尔巴基学派,荣获了 10 个菲尔兹奖,几乎占了世界获奖者的五分之一。美国达特茅斯学院被称为弄潮儿的天堂;乔治·华盛顿大学被称为政治明星的福地;卡内基·梅隆大学是计算机专业领域的最理想的大学,它在人工智能、计算机软件、机器人等方面都名列前茅,是战胜国际象棋卡斯珀罗夫"深蓝"的原创地。如果有谁对火箭和航空机械感兴趣,那么加州理工学院就是最理想的选择,那里曾经诞生过冯·卡门航空力学学派和摩尔根遗传学派,同时这里也是钱学森的学术起航之地。

俗话说"三百六十行,行行出状元",也就是说,每一个行业里都有供攀登的巅峰,也就是人们追求的理想。依此而论,在高等教育领域里,不同类型和不同层次的大学,它们都有令人们羡慕的学科或专业。因此,高等教育界的人士,大可不必都要追求"大而全",也不必都要成为"研究型"的大学。在我国大学之间互相攀比,实在是一种病态心理,一窝蜂地都要改名为大学,都要办本科,都要上博士学位点,都要成为"研究型"大学。而现在,这些办学者们应当清醒了,要实事求是,从自己学校实际出发,努力使自己的学校成为同行里的状元。

理想大学与每个人的理想是密切相关的,一个人只有追求自己感兴趣的理想大学,方可能获得成功,一味地追求时髦或者赶浪潮,那是绝对不可能获得成功的。如果一个人对艺术设计十分感兴趣,那么美国罗德岛设计学院就是最佳的选择;如果喜欢时装设计,那么纽约时装技术学院就可以帮助他走向成功;如果你想成为未来的技术领袖，不妨尝试到硅谷的奇点大学接受熏陶，兴许能够开阔你的视野，为你搭建通向技术领袖之路。

◆ (二) 理想大学的基石

古埃及最大的胡夫金字塔塔高为 146.59 米，迄今已经矗立了 5000 多年，支撑它们屹立不坍塌的原因是什么呢？有的研究者认为，是比塔身石料更坚硬的基石，它们支撑着 684 万吨的塔身，如果没有这些基石的承载，兴许那些金字塔早已不复存在了。

基石是一个汉语词汇，往往以它来形容建筑庞大建筑物或摩天大楼的基础或地基。从广泛意义上来说，现在使用基石的意思已经发生转移，表示一种中坚力量或核心的作用，如理论的基石、思想的基石、制度基石、法治基石、健康基石等。教育行业不同于任何物质事业或是文化事业，就在于其是育人机构，人既是教育行业的出发点，又是教育行业的归宿。那么，支撑理想大学的基石是什么呢？我认为必须无条件地坚持以下五个理念或者精神。

◇ 1. 人文精神至上

人文精神也就是人文主义(humanism)，是以人文精神为理念的教育，就是人文主义教育，它是欧洲文艺复兴运动的产物。人文主义教育是倡导以人为中心，歌颂人的美德、价值和力量。人文主义教育的代表人物是意大利的维多利诺(Vittorino da Feltre)和伊拉斯谟(Desiderius Erasmus)，他们主张一切以人为本，宣扬个性解放，追求自由平等。让人的潜能得到最充分的发展和体现。基于这些理念，他们认为学校应当是自然而欢乐的地方，主张对有才华的学生实行因材施教的教学原则。

在 500 多年的时间里，人文主义教育得到迅速的发展，经历了古典人文主义、人文主义、新人文主义和现代人文主义几个阶段。自 20 世纪 70 年代，人文主义教育在美国出现了人文主义现代复兴，其代表人物有阿兰·布鲁姆(Alan Bloom)，他们尖锐地指出："美国的人文教育不仅进入,而且陷入自100年以前现代大学建立以来的最糟糕的危机时代。"①美国的人文主义教育之所以进入最糟糕的时代,是因为实用主义大行其道。因此推行人文主义教育,必须排除功利、商业、广告对人文精神的干扰。

理想大学肩负着追求永恒真理的重任,必须把人文精神奉为至高无上的理念,无条件地保障受教育者的民主、自由、尊严、价值和选择权。我之所以把人文精神提到至高无上的地位,是因为人文精神是极其重要的,是任何权力机构或是权威人士绝不能干预或剥夺的。大学与所有学术研究机构的不同之处就在于它是以育人为自己的崇高使命,而人永远是教育的中心,不尊重人性的教育,不可能成为理想的大学。

◇ 2. 崇尚独立精神

我国史学大师陈寅恪在为王国维先生撰写的碑文中有"独立之精神,自由之思想"两句名言,并且把它们比拟为"与天壤而同久,共三光而永光"的高度。这就说明,它们对办学是非常重要的,也因此获得我国教育界的普遍赞颂。那么,什么是独立精神呢?雅克·德里达(J Jacques Derrida)是法国著名哲学家、解构主义之父,他认为:相对于国家、政府、社会、市场的自主性,大学的独立自由能够达到什么程度?大学不仅相当于国家是独立的,而且相当于市场、公民社会、国家的或国际的市场也是独立的。

一个非常典型的例子,颇能说明大学和大学校长拥有的独立权。美国与伊朗没有建立外交关系,是处于敌对的国家。2007年,伊朗时任总统马哈茂德·艾哈迈迪-内贾德(Mahmoud Ahmadi-Nejad)利用参加第62届联合国大会的机会,意欲到哥伦比亚大学演讲,哥伦比亚大学校长李·卡罗尔·布林格(Lee C. Bollinger)不顾多方面的反

---

① 施晓光:《220世纪美国人文主义高等教育思想的进展》,《比较教育研究》2004年第8期。

对,还是邀请了内贾德去演讲。李·博林格在欢迎词中说:"总统先生,你展现了一个狭隘、残酷独裁者所拥有的一切特征。"他的讲话,获得了台下一片热烈的掌声。事后,美国时任总统小布什回应说:"内贾德出现在哥伦比亚大学的讲台上,说明了美国的伟大。"这就是一个理想大学校长的自主权,他既不需要请示政府批准,也不顾反对意见,可以邀请敌对国家总统讲话,充分展示了一个理想大学的独立和宽容的风度。这正如法国启蒙思想家伏尔泰所说:"我不同意你的观点,但我誓死捍卫你说话的权利。"

◇ 3. 保障学术自由

英国的约翰·密尔(John Stuart Mill)是自学成才的著名哲学家,于1869年出版的《论自由》一书,从而使他名声显赫。什么是自由?他在书中写道:"人类应当有自由去形成意见并且无保留地发表意见,这所以成为必要的理由,已见前章所论;这个自由若得不到承认,或者若无人不顾禁令而加以力主,那么在人的智性方面并从而也在人的德性方面便有毁灭性的后果。"自由对于教育之所以无比重要,又如密尔所说:"人性不是一架机器,不能按照一个模型铸造出来……它毋宁像一棵树,需要生长并且从各个方面发展起来,需要按照那使它成为活东西的内在力量的趋向生长和发展起来。"[①]

以自由为理念的教育堪为自由教育,它是自由人所受的教育,其主要的原则就是自由,让人获得自由和解放。自由教育的目的是以理性来指导人的个性发展,让受教育者获得智慧、心灵、道德、身体和谐的发展。理想大学必须绝对地保障学术自由,因为"天才只能在自由的空气里自由呼吸",唯有自由才能发挥首创性,才能无后顾之忧地去追求永恒的真理。理想大学的师生,有权依据自己的兴趣选择研究课题,有权发表自己的学术成果;同时,对任何权威的学术观点有质疑权和评判权。因此,任何对自由教育的干预和限制,都是对科

[①] 约翰·密尔:《论自由》,程崇华译.商务印书馆1959年版,第59、63页。

学精神的扼杀。

美国著名经济学家、诺贝尔经济学奖获得者米尔顿·弗里德曼（Milton Friedman）有一句名言："自由才是奇迹之源。"这是他总结美国崛起而获得的启示。这条经验对于创办理想大学至关重要，如果有谁企图剥夺人们的自由，那就不可能建成理想大学，这是肯定无疑的真理。

◇ 4. 以学术为志业

人各有志，也各有所求，每个人都是在从事自己所喜欢的事业中获得乐趣和满足感。那么，追求理想大学的人，他们应当如何选择自己的理想目标呢？对此，德国著名社会学家马克斯·韦伯（Max Weber）曾经发表了"以学术为志业"的演说，对于这样的人他做了精辟的描述。他指出："没有这种被所有局外人所嘲讽的独特的迷狂，没有这份热情，坚信'你生之前悠悠千载已逝，未来还会有千年沉寂的期待'——这全看你是否能判断成功，没有这些东西，这个人便不会有科学的志向，他也不该再做下去了。"①

古往今来，凡是追求永恒真理的人，大多是追求学术的"痴迷者"，否则他们是不会获得成功的。美国物理学家理查德·费曼（R P Feynman）是爱因斯坦和波尔之后最伟大的物理学家，曾经获得了1965年的诺贝尔物理学奖。但是，他的研究观念却与众不同，他曾说他研究物理学不是为了荣誉，不是为了获奖，而是因为好玩，是为了一种纯粹发现的乐趣。但是，正是这种无意渴求而终究获得的淡然情怀，使他取得了诸如费曼图、费曼规则、费曼传播子、费曼振幅和重正化计算方法等重大成就。

在中国学者中，陈寅恪先生无疑是以学术为志业的第一人，他在20多年的时间里，留学东西洋10多所大学，精通12种文字，但却没

---

① 马克斯·韦伯：《学术与政治：韦伯的两篇演说》，冯克利译，生活·读书·新知三联书店1998年版，第24页。

有获得一个学位,以至于他最后正式的学历还是吴淞复旦公学(仅相当于中学)。他留学是为了读书,而不是为了获取文凭,因而他获得了"读书的种子"的美誉。他治学严谨,学贯中西,是集史学、古典文学、国学、语言学、诗人为一身百年未遇的真正的奇才和全才。人们崇敬他、怀念他,为他的不幸遭遇而愤懑,原因也正在于此,他留下的精神财富,将激励理想主义者前行!

◇ 5. 不竭的创造之源

理想是一个美好的词语,她是人们心中美好的愿望,是力量的源泉,是前进的动力,是救赎地球的唯一希望。怎样才能实现这些希望呢?理想大学应当是心怀理想的学习者们的大学,而理想的消失就像英国哲学家怀特海(Alfred North Whitehead)指出的:"理想的逐渐消失可悲地证明了人类的努力遭受了挫折。从古代的学园中,哲学家们渴望传授智慧,而在今天的大学里,我们卑微的目的却是教授各种科目。从古人向往追求神圣的智慧,降低到现代人获得各个科目的书本知识,这标志着在漫长的时间里教育的失败。"[①]

因此,理想大学必须彻底改革传统大学的教学体制、教学模式和教学方法,以学生为中心代替教师为中心,以传授智慧代替传授知识,以对话和讨论代替讲说章句的灌输教学。我认为,理想大学有必要进行一次"教育复兴"运动,借鉴古代学园和中国书院的教育模式,使理想大学成为精英荟萃之所,钻研学问之地,不竭的创造之源。

什么是创造?创造与创新是不同的概念,前者是从无到有的过程,凡人们做出第一、首先或是旷古绝伦的成就,都是属于创造;而后者是从旧到新的过程,如改良、改革、刷新等。人类的历史就是一部创造的历史,人们迄今所享受的一切物质文明,都是通过创造性劳动而获得的。同样的,人类的自我救赎和美好的未来也必须依赖于

[①] 怀特海:《教育的目的》,徐汝舟译,生活·读书·新知三联书店 2002 年版,第 52 页。

创造。

怎样使理想大学成为不竭的创造之源呢？俗话说，石本无火，相击方现灵光；水尚无华，相荡方现涟漪。同样的，人的大脑需要相互"碰撞"，思想需要互相激励，才能产生创造性的灵感。因此，理想大学要营建最宽松的学术环境，把一批最有理想的优秀青年聚集在一起，消除他们一切后顾之忧，让他们心无旁骛地钻研最富有颠覆性的问题，让他们的创造力围绕这些问题相互砥砺，产生让他们终身受益的智慧。

◆（三）我心中的理想大学

我并不是聪颖过人，而只是一个理想主义者，是一个挚爱教育的改革者。热爱教育是一个美妙的字眼，谁都可以说自己是热爱教育的，但真正做到热爱教育并不是很容易的。我从事教育工作已有60年，在此期间经历了不少的磨难和波折，但我痴心不改，一往情深地挚爱教育。我现在已有八十又七。至今依然还在研究教育、呼吁教育改革和撰写教育论著。什么样的人方能称得上热爱教育呢？我认为，只有如饥似渴地学习教育学，朝思暮想地思考教育问题，千方百计地解决教育问题，无论是健康或生病，无论是顺境或逆境，无论是富有或贫穷，都不改钟情教育的初心，方能称之为"热爱教育"。我甚至极而言之，要像对待宗教一样信仰她，要像对待情人一样去拥抱她，要像对待生命一样去呵护她。这是一个极境，也是一种理想，我距离这个要求还差得很远，但余生将不懈地去追求，直至生命结束。

我之所以踽踽独行在教育改革的道路上，目的就是渴望创办理想的教育，自然也有自己心中的理想大学。我的理想大学就是像普林斯顿大学那样的象牙之塔或者像巴黎高等师范学校那样的纯学术圣殿。我喜欢那些看似无用的纯科学研究，从中获得智力思考的乐趣或者是发现的愉悦。其实，如今那些实用的技术，究其根源，都是从那些无用的科学而开发出来的，如原子核分裂、麦克斯韦方程组、相对论、量子力学、生物基因等。

我最欣赏的理想大学环境是,像宋朝词人晏殊在《蝶恋花》中形容的:"昨夜西风凋碧树,独上高楼,望尽天涯路。"在西风扫落叶的寒冬,进入孤零零的高楼,而且遥望无边际的天涯路,这该是何等的情怀呀?是清心寡欲和安贫乐道的精神,是心无旁骛追求真理的理想。理想大学就应该是这样的"高楼",亦即象牙之塔。为此,理想大学必须远离功利的诱惑,拒绝一切评比、评奖、排名和商业对学术的侵袭,排除各种广告对学术研究的干扰。

理想大学应当是科学天才们的乐园,也是痴迷科学之人的栖息之地,他们在这里无忧无虑地思考、研究和创造,并获得他们的乐趣。阿特勒·塞尔伯格(Atle Selberg)是挪威裔美国数学家,在第二次世界大战中,奥斯陆大学被战争的硝烟所笼罩,它已经成为一座孤岛,连研究所需要的数学刊物都无法送到,生活也极其艰难。但赛尔伯格并不在乎,他表示:"我好像处在监狱里,与世界隔绝了,坚持一个人战斗。这使得我把注意力集中在自己的想法上,而不会因其他人的作为而分心。从这个意义上说,我觉得那种情形对我的研究有许多有利的方面。"正是在这座孤岛中,他做出了非凡的成就,以至于战后玻尔戏谑地说:"战时欧洲的数学新闻可以归结一个词,那就是:赛尔伯格。"由于他的成果如此显著,实至名归地获得了1950年的菲尔兹奖。①

在科学攀登的荆棘丛生的悬崖峭壁,像塞尔伯格这样的科学家实在是太多了,如美国数学家列文森、康瑞,中国数学家陈景润,法国数学家格罗滕迪克提克、哈达玛,比利时数学家普森,丹麦数学家玻尔,英国数学家哈代,俄罗斯数学家佩雷尔曼和沃沃斯基,等等。数学有什么用?人们不知道,但是到处都有数学,人们也离不开数学,学校的学生们也必须学习数学,这一切都是因为数学是思维科学,不懂数

---

① 卢昌海:《数之灵》,《南方周末》2012年3月8日。

学就无从思考,而思考是从事各门科学的理论和方法。值得注意的是,数学家们为了证明费马大定理耗费了3个半世纪,证明哥德巴赫猜想用了两个半世纪,而证明黎曼猜想只有一个半世纪,而且离完全证明还差得很远。值得深思的是,为什么现在的数学家只能求证几个世纪以前数学家提出的猜想,而今天的数学家却提不出供数学界猜想的题目呢?

这从一个侧面说明当代的天才少了,数学家们缺少极为深远的想象力。这就启示我们,理想大学必须承担起造就未来极富想象力的各学科领域的人才,千方百计地鼓励他们从事原创性研究。众所周知,探寻真理需要离群索居、心无二用、清心寡欲。最伟大的数学家和科学家,他们对自己的研究极为专注,不许别人打扰,甚至他们之中的一些人性格和行为怪癖。因此,对待这些学痴们,必须营造宽松的环境,以宽厚和宽容的态度对待他们,允许他们失败,支持他们不断尝试,只要他们竭尽所能,就不必苛求他们,科学探索是需要付出代价的,而理想大学也应该承担这些代价。

我心中的理想大学,就是由这些科学痴迷者或创新狂组成的大学。有时候,他们是无名英雄,但我要向他们致敬。我们应当相信,理想者们的努力不会是白费的,既然有理想者能够想得到,那么就一定会有后人沿着他们的足迹前进,正是因为有这样前赴后继的理想主义者,才会将历史不断推向前进!

附录

　　这本书是我的第二本自传，写作的中心是围绕着创新这个主题，反映我在担任武汉大学校长近8年的全过程，以及在被免职以后对我国高等教育改革的思考。但是，有些内容是无法反映在本书内容中的，比如大量关于武汉大学教育改革的新闻报道和专访，这些也是武汉大学教育改革的一部分。我历来与新闻单位的记者有着密切的联系，他们既是反映社会以及师生们意见的渠道，又是向我提出改革建言的好参谋。新闻报道源于改革的实践，它们既可以传播教育改革经验，而且反过来对我校的教育改革又有激励的作用。

　　在长达30多年里，报刊对我的专访总共有115篇，短者有数百字，长者有近万字。其中，涉及我的许多教育观念，以及学校教育改革经验，具有一定的参考价值。同时，也为了不至于埋没这些报刊记者和编辑的功劳，所以我将这些专访的题录附在本书后。无论是新闻报道或是专访，虽然都是取材于武汉大学的教育改革的实践，或是我的口述，但记者和编辑们也付出了心血，附录于此以示对他们著作权的尊重。这些新闻报道或专访，作为武汉大学教育改革的背景材料，也有一定的研究参考价值，如果读者或研究者有所需要，可以按图索骥，以更全面地理解那个时代武汉大学的改革全貌。

一、个人简介

1. 我于1933年11月24日（农历癸酉十月初七）出生在湖北省枣阳县（现为枣阳市）蔡阳铺北大刘家坡。父亲刘明蒸是世代农民，母亲刘康氏，兄弟三人，排行第三，大哥刘道望、二哥刘道启。

2. 7岁启蒙于蔡阳东古城私塾学堂。此后，先后在蔡阳中心小学、襄阳二中、枣阳县中、襄阳五高、襄阳联合中学就读，分别获得这些学校的合格毕业文凭。

3. 1953年秋考入武汉大学化学系，1955年6月因工作需要脱产当干部，1956年9月复学，1958年毕业于化学系，并留校任教。

4. 1956年3月8日，被吸收为中国共产党预备党员，一年后按时转正。

5. 1960年秋季，通过考试选拔为留苏预备生。1961年元旦与同班同学刘高伟结婚，婚后到北京外国语学院补习俄语，做留苏前的语言和哲学课程准备（哲学课在国内获得合格成绩后，在苏联可以免修）。

6. 1962年1月10日，离开北京赴苏联科学院元素有机化合物研究所攻读副博士研究生，师从苏联科学院院士伊万·柳德维奇·克努杨茨。在留苏期间，曾担任中国留学生学生会主席。彼时中苏交恶，因领导中国留苏学生抗议苏方的封锁和迫害，遭到苏联外交部的照会，宣布为"不受欢迎的人"，限48小时离境。1963年7月1日回到北京，受到首都万人欢迎，7月3日在人民大会堂受到周恩来总理的亲切接见。

7. 1962年11月3日，长子刘维宁出生。

8. 1963年9月，应李达校长的邀请，回武汉大学任教，1964年破格晋升为化学系讲师,担任中国科学院学部委员曾昭抡教授的助手,并领导有机氟化学科研小组的研究工作。

9. 1965 年 9 月,出席全国青年联合会,与章开沅先生一同当选为全国青年联合委员会委员。

10. 1966 年 5 月,被任命为武汉大学副教务长。1973 年 7 月被任命为武汉大学党委副书记,10 月被选为中共第十次全国代表大会代表,并出席全国代表大会。

11. 1968 年 10 月 7 日,次子刘维东出生。

12. 1970 年至 1971 年,被下放到武汉市葛店化工厂接受工人阶级的再教育,1971 年 7 月宣布被"解放",并被任命为武汉大学教改组组长。

13. 1977 年 4 月,被借调到教育部筹备全国教育工作会议,随后被中央组织部任命为教育部党组成员兼高教司司长。

14. 1977 年 8 月 4 日至 6 日,参加邓小平在北京召开的科教座谈会,代表教育部与中国科学院政策研究室主任吴明瑜共同担任座谈会的秘书长。

15. 1978 年 3 月,当选北京市人大代表,出席全国第五届人民代表大会。

16. 1979 年 3 月,主动辞去教育部各项职务,自愿回武汉大学从事学术研究。不料,回校后又被任命为武汉大学党委常委副书记、常务副校长;1981 年 8 月 22 日,又被中央任命为武汉大学党委副书记、校长。

17. 1982 年被评为化学系副教授,1985 年晋升为教授。

18. 当选党的十二大代表,出席 1982 年 9 月 3 日至 8 日在北京召开的中央第十二次全国代表大会,与朱九思校长联合提出增加教育经费和加快教育改革步伐的提案,受到大会秘书处的重视。

19. 1983 年 5 月,当选武汉市人民政府决策咨询委员会主任,至 1992 年连任两届主任。

20．当选中国化学学会第 22 届、第 23 届理事，是中国化学学会终身会员。

21．曾经当选为中国高等教育学会副会长、中国高等学校教师管理协会会长。

22．曾经当选中国自然辩证法研究会常务理事。

23．1988 年 2 月 10 日，无缘由地被免去武汉大学校长和副书记职务。

24．1988 年 5 月，被武汉市人民政府任命为武汉东湖高新技术开发区专家委员会主席，连任两届。

25．1994 年 3 月 8 日，经过审批建立了武汉路石教育改革基金会，后更名为湖北省刘道玉教育基金会。

26．1995 年 5 月，联合武汉红康公司创办私立武汉外国语学校，作为教育改革的"试验田"，出版了《爱的学校》、《新世纪曙光》两本书，前者获得武汉市教育科学"九五"规划成果一等奖。后由于红康公司经济拮据，该校于 1999 年底被迫停办。

27．1996 年 7 月，创办华中法商自修大学（蒲圻市，现为赤壁市），2004 年停办。

28．2014 年 12 月，被《光明日报》聘请为教育专家委员会专家。

29．近年来，鉴于年事已高，放弃办学的实践活动，转入教育理论、教育改革的学术研究之中，不停地呼吁和推动教育改革。

30．在化学研究方面，出版著作 3 部（合著）。在国内外学术刊物表论文 80 余篇，多篇获得各种级别的奖励。

31．在教育学研究领域，先后写出专著 25 部，已出版著作 22 本。在各种教育学杂志和报刊发表文章 500 余篇，多种专著和文章获奖。

二、出访与参加国际会议

1. 率武汉大学代表团访问法国（1979年11月14日至1980年1月14日），考察法国大学和科研中心30多个单位，与法国外交部签订第一个合作与交流协议，开启中国大学与法国文化和教育交流的先河。

2. 随武汉市政府代表团访问美国（1982年9月16日至10月15日），参观了匹兹堡大学、卡内基·梅隆大学、俄亥俄州立大学、哥伦比亚大学、西东大学、加利福尼亚大学伯克莱分校、斯坦福大学等。

3. 应日本科技联盟矢岛敬二先生的邀请，于1983年9月率代表团访问日本，参观了多个科研单位，在日本科技联盟会议上，做了"中国高等教育与改革的学术报告"，受到与会者们的欢迎。

4. 应法国外交部的邀请，于1983年11月率团第二次访问法国，并与法国政府签订第二个合作与交流协议。

5. 随中国化学家代表团参加"中日美金属有机化学学术会议"，1984年8月2日至6日在加利福尼亚州圣克鲁斯召开。随后，又访问和参观了美国东西部十多所大学。

6. 中国教育部于1984年10月15日，在上海召开国际教师队伍建设讨论会，向大会提交了"On the Comprehensive Management of the Institutions of Higher Learning"（论高等学校教师队伍的综合管理），并在大会上做了演讲。

7. 应日本京都大学校长福田谦一的邀请，率代表团于1985年5月访问日本，与京都大学、同志社大学和创价大学签订合作协议。

8. 应日本文部省和国际科学振兴财团的邀请,以丁石孙校长为团长和刘道玉为副团长,由北京大学、武汉大学、中国人民大学、北京师范大学、中山大学、四川大学、兰州大学、同济大学、辽宁大学、浙江医科大学等 10 所大学组成的中国大学校长代表团,参加于 1985 年 7 月 13 日至 16 日召开的中日大学校长会议,专题研讨"中日大学合作途径与展望未来",会后参观了筑波大学及万国博览会。

9. 应法国外交部邀请,于 1985 年 1 月访问法国,与法国政府签订第三个合作与交流协议,并总结武汉大学与法国合作的成就。

10. 应香港树仁大学校长钟期荣博士和太平绅士(Justice of the Peace)胡鸿烈大律师的邀请,于 1986 年 6 月 30 日至 7 月 6 日,率代表团赴香港访问,先后与香港树仁大学、香港大学和香港中文大学签订了校际交流协议。

11. 1986 年 9 月 15 日,率代表团赴美国参加耶鲁大学第 20 任校长班诺·斯密特就职典礼,并签订两校合作协议。随后,又访问美国和加拿大十多所大学,分别与这些大学签订友好与合作协议。

12. 应日本创价学会会长池田大作先生邀请,于 1987 年 11 月 2 日参加创价大学建校 17 周年纪念活动,在庆祝大会上发表了演说。会后,在创价学会总部接受"日本东洋哲学勋章"。

13. 应香港大学邀请,参加于 1989 年 3 月 28 日至 30 日召开的"章太炎、黄侃学术研讨会",在会上发表了"继承和发扬章黄学派学术传统"的演讲。

14. 应发明家王英教授和蔡氏集团(香港)有限公司的邀请,参加于 1989 年 4 月 10 日至 13 日在深圳召开的"动力形成膜应用技术评议会",担任评议会主席,成功地组织了这次会议。

15. 应英国皇家化学学会的邀请,于 1994 年 7 月 10 日至 15 日参加在英国布莱顿召开的第 16 届金属有机化学学术会议,被聘请为大会国际委员会顾问之一。提交的论文是"有机汞化合物的合成与非线性光学性质的研究",作为展讲论文进行交流,不少研究者对论文的新发现表示了极大的兴趣。

16. 应国际合成金属有机材料会议主席团的邀请,于 1996 年 7 月 28 日至 8 月 2 日,参加在美国犹他州雪鸟(Snowbird)召开的 ICSM'96(International Conference on Science and Technology of Synthetic Metal)国际会议,在会议上展讲了 3 篇学术论文,这 3 篇论文后在《合成金属》(*Journal of Synthetic Metal*)全文发表。

三、出版的学术著作

序号	书名	出版者	出版时间	装帧开本
1	高等教育改革的理论与实践	武汉大学出版社	1986 年 3 月	精装 32 开本
2	一个大学校长的自白	长江文艺出版社	2005 年 9 月	平装
3	大学的名片——我的人才理念与实践	美国溪流出版社（中文版）	2006 年 1 月	平装
4	创新改变命运——记武汉大学首创插班生制	武汉大学出版社	2007 年 12 月	平装
5	创造教育书系（五卷本）	武汉大学出版社	2009 年 4 月	平装
6	大学的名片——我的人才理念与实践	湖南教育出版社	2009 年 11 月	平装

续表

序号	书名	出版者	出版时间	装帧开本
7	心印——我的教育人生手记	湖南教育出版社	2010年1月	平装
8	中国高校之殇	湖北人民出版社	2010年9月	平装
9	拓荒与呐喊：一个大学校长的教改历程	世界知识出版社	2011年10月	平装
10	中国教育反思录	香港中和出版有限公司	2012年6月	平装
11	刘道玉演讲录	华中师范大学出版社	2013年9月	平装
12	珞珈野火集	四川人民出版社	2016年4月	平装
13	中国高教改革论	武汉大学出版社	2018年12月	精装
14	教育问题探津	北京出版社	2019年1月	精装
15	大学的名片——我的人才理念与实践（第三次修订）	湖南教育出版社	2019年1月	精装
16	爱的教育理论与实践	上海三联书店	2020年10月	精装
17	其命维新——刘道玉口述史	华中科技大学出版社	待出版	精装
18	珞珈子规啼	北京言实出版社	待出版	平装
19	新的技术革命与未来（合著）	《科学与人》杂志社	1984年7月	平装
20	化学哲学基础（合著）	科学出版社	1986年12月	精装
21	均相催化进展（合著）	化学工业出版社	1990年6月	平装
22	金属有机化学与催化（合著）	化学工业出版社	1999年1月	精装

四、获得的奖励与荣誉

序号	获奖项目与名称	评选与授奖单位	获奖时间	备注
1	法国密特朗总统最高勋章	法国驻中国大使馆	1985年5月25日	由拉奥公使授奖
2	日本东洋哲学学术奖（表彰对教育的贡献）	日本创价学会和创价大学	1987年11月3日	由名誉会长池田大作颁奖
3	《高等教育改革的理论与实践》（合著）	湖北省社科联合会	1985年11月	三等奖
4	《教育经济学研究》（合著）参加撰写文章的有厉以宁、刘道玉等	国家教委	1988年8月	全国教学成果一等奖
5	《素质教育与培养创造力》	《光明日报》征文《中国教育报》	1997年2月28日、5月30日	一等奖 一等奖
6	《素质教育的核心是培养创造力》	湖北省民办教育研究会年会	1997年4月9日	一等奖
7	《爱的学校》	武汉市第二届教育学研究成果评选委员会	1998年12月	一等奖

续表

序号	获奖项目与名称	评选与授奖单位	获奖时间	备注
8	《创造教育研究》	中国民办学校委员会	1999年11月6日	一等奖
9	《关于大学创造教育模式构建》	上海《教育发展研究》杂志社评选	2000年12月	一等奖
10	金属有机化合物合成和配合物光电功能材料的设计、合成、结构与性能	湖北省人民政府	2001年12月	自然科学二等奖
11	《创造教育》(三部曲)	湖北省人民政府	2004年10月	社会科学荣誉奖
12	中国教育风云人物奖	中国教育电视台、中国教育网与腾讯网	2009年1月	奖牌和证书
13	中国社会人物奖(30人)	中国经济体制改革研究会和《中国经济改革杂志》	2009年2月2日	奖品是水晶柱和证书
14	中国首届贡献者奖(10人)	由网易等10家媒体评选	2011年6月24日	证书
15	中国梦践行者致敬杯奖	由《南方周末》评审和颁发。在颁奖仪式上，学生许金龙代表莫言赠送祝贺80岁生日题诗	2012年11月17日，在上海东方文化艺术中心颁奖	由著名设计艺术家设计的，由梦组成金字塔的奖杯
16	杰出大学校长奖	《科学中国人》编辑部	2013年6月22日	圆形水晶奖牌

续表

序号	获奖项目与名称	评选与授奖单位	获奖时间	备注
17	"华人教育名家"称号	凤凰卫视和中国侨联	2018年4月10日	奖牌和证书
18	时代人物奖	凤凰网和中新网	2018年11月24日	由长子刘维宁代领
19	2018中国好教育烛光奖	中国新闻网评选	2018年12月12日	在钓鱼台国宾馆颁奖,由学生谢湘代领
20	改革开放40年教育改革成就人物	凤凰卫视和中国侨联	2019年1月11日	由学生祝去暇代领

五、教改相关新闻报道题录

1. 佚名:《让腿长的跑得更快》,《光明日报》1980年1月7日。

2. 《国务院任命刘道玉为武汉大学校长》,《人民日报》1981年8月22日。

3. 贾韵谷:《新校长、新作风——记武汉大学刘道玉上任的二三事》,《长江日报》1981年10月2日。

4. 刘庆林:《成长中的文学新兵》,《湖南日报》1981年11月4日。

5. 周政授:《大学校长和他的学生

们——记党的十二大代表武大校长刘道玉》,《湖北日报》1982年9月18日。

6. 钟远藩:《从武汉大学研究生毕业论文的优秀成绩,喜看世界经济研究人才茁壮成长》,《世界经济导报》1982年3月15日。

7. 赵健:《一张招生海报贴出以后》,《湖北日报》1982年5月15日。

8. 胡文朝:《武大写作讲习班举行开学典礼》,《湖北日报》1982年5月17日。

9. 吴高福:《武大中文系办写作讲习班》,《文汇报》1982年6月6日。

10.《人大代表刘道玉谈教育改革问题》,《光明日报》1982年12月12日。

11. 龚达发:《武汉大学实行导师制》,《人民日报》1983年1月6日。

12. 程度:《应运而生——记武汉大学经济管理系》,《湖北日报》1983年6月13日。

13. 伍轩:《坚持又红又专,培养合格人才》,《中国教育报》1983年12月22日。

14. 刘学红:《武汉大学教改起步不凡》,《中国青年报》1984年10月16日。

15.《同饮长江水,共浇科技花》,《黄石日报》1984年4月8日。

16. 毕全忠:《把握主流,积极疏导》,《人民日报》1984年6月16日。

17.《要支持大学生参加教改》,《中国青年报》1984年6月20日。

18.《盛世识奇才》,《江汉早报》1984年(64期)。

19. 杨瑞敏:《高校改革重点是培养创新精神的人才》,《瞭望》1984年7月(21期)。

20.《智力拥军新信息》,《解放军报》1985年2月26日。

21.《建议军队培养一批干部到地方当小学教师》,《长江日报》1985年3月1日。

22. 天枢、学红:《大学校长和他的学生们》,《山西青年》1985年第3期。

23.《大学要成为科技市场的大老板》,《科技咨询》1985年2月5日。

24. 毕全忠、杨建武:《引导学生把知识转化为能力》,《人民日报》1985年2月17日。

25. 毕全忠、杨建武:《着力培养创造性人才》,《人民日报》1985年2月3日。

26. 刘学红:《面对来自学生的"威胁"》,《中国青年报》1985年3月23日。

27.《金牌和金牌精神》,《高等教育研究》1985年(总100期)4月13日。

28.《探讨高教在对外开放中的新情况、新经验和新问题》,《烟台日报》1985年4月19日。

29.《刘道玉获法国荣誉勋章》,《长江日报》1985年5月25日;《光明日报》1985年5月25日。

30. 佚名:《优秀学生可获奖学金,贫困学生可申请贷款》,《人民日报》1986年7月12日。

31. 李杰:《为学生全面成才服务》,《中国青年报》1986年4月4日。

32. 曹焕荣:《四校一起贴近实际共培研究生(北大、人大、武大和南开)》,《人民日报》1988年2月3日。

33. 龚达发:《改革给武大注入活力,各项措施促进学生成才》,《人民日报》1987年8月22日。

34. 龚达发:《改革给武大注入活力》,《人民日报》1987年9月22

日。

35. 陈升均:《让腿长的快跑》,《人民日报》1988年1月12日。

36. 马娟:《我与武汉大学》(专访刘道玉),《21世纪经济导报》2006年8月14日。

37. 佚名:《高校教学科研工作一改旧观》,《人民日报》1987年9月19日。

38. 朱汉华:《刘道玉矢志创办教改试验田》,《长江日报》1995年6月22日。

39. 《刘道玉拜会马万祺》,《澳门日报》2006年11月2日。

40. 《刘道玉认为提高澳门知名度重点是提升文化素质》,《华侨报》2006年11月3日。

41. 何辉:《很遗憾没有等到韩老百岁生日》,《长江商报》2009年6月1日。

42. 赵瑞:《阳光班开学》,《长江商报》2011年9月6日。

43. 刘道玉:《我国研究生教育已变味》,《长江日报》2010年8月25日。

44. 高远亭:《不要做飞人,要当蛙人》,《长江商报》2007年1月8日。

45. 魏娜:《刘道玉呼吁解放孩子的好奇心》,《长江日报》2010年8月4日。

46. 《大学校长致辞》,《世界周刊》2011年1月9日。

47. 熊琳辉:《我的校长我的校》,《长江日报》2010年6月25日。

48. 易清:《解放千千万万个"韩庆生"》,《长江商报》2007年12月19日。

49. 《从未对教育置之身外》,《科学网》2010年7月2日。

50. 《刘道玉:武大蔡元培谢幕22年》,《美国中文网》2010年7月12日。

51. 《教育家刘道玉再次呼吁大学去行政化》,《新浪网新闻》

2010年11月22日。

52.《刘道玉：办教育不可浮躁》,《环球人物》2010年12月10日。

53.《中国大学患了狂躁病》,《腾讯网新闻》2010年12月15日。

54.《刘道玉力挺南科大》,《南方周末》2011年1月6日。

55.《从刘道玉到朱清时》,《教育》2011年第1期。

56.《刘道玉中国教育界的一个传奇》,《人民网》2011年2月24日。

57.《教育界有六条恶法》,《新周刊》2011年第16期。

58.何辉：《恢复校训回归旧武大精神》,《长江商报》2011年12月5日。

59.贺延光、胡印斌：《理想大学专题研讨会》,《中国青年报》2012年5月3日。

60.《三名家今天登坛论道》,《深圳特区报》2012年5月27日。

61.沈清华：《本报27日举办名家讲坛献读者》,《深圳特区报》2012年5月22日。

62.张瑜琨：《大学去行政化已经到了不得不去的地步》,《长江商报》2010年10月25日。

63.姜宗俊：《让孩子天马行空去创造吧》,《楚天都市报》2010年10月12日。

64.李震海：《刘道玉的母校情结》,《襄阳晚报》2010年10月9日。

65.李华：《刘道玉新书上市》,《长江日报》2010年8月22日。

66.王建：《南科大首招：绝不会是南柯一梦》,《南方周末》2012年1月6日。

67.李佳：《永远的校长刘道玉：八十正当年》,《长江日报》2012年11月25日。

68.黄琪：《我与九思校长联名提建议》,《长江日报》2015年6月

5日。

69. 王倩:《校长要有故事,大学才能生动活泼》,《羊城晚报》2017年11月28日。

六、专访题录

1. 张良:《访武汉大学校长刘道玉》,《文汇报》1981年8月30日。

2. 贾韵谷:《新校长、新作风——记武汉大学刘道玉上任后二三事》,《长江日报》1981年10月2日。

3. 张可:《奋发实干,振兴武汉大学——访武汉大学校长刘道玉》,《湖北日报》1981年8月26日。

4. 刘学红:《要支持大学生参加教改》,《中国青年报》1984年6月19日。

5. 祖慰:《刘道玉晶核》,《中国青年报》1985年1月11日、12日(连载)。

6. 王水悦、宗卫东:《为了开放是事业》,《烟台日报》1985年4月22日。

7. 祖慰:《一个带响音的名字》,《中国作家》1985年第3期;同时载入《中国现代教育家传》(第8卷),第393—433页。

8. Li Xing: School reforms pay off, *China Day*, Friday, March 25, 1988。

9. 曾楚风:《生不愿封万户侯》,《今日名流》1995年第5期。

10. 李鸿谷:《关于民办教育问题的讨论》,《长江日报》1995年9月25日。

11. 陈俊、张真宇:《刘道玉——永远的校长》,《黄河·黄土·黄种人》1996年第6期。

12. 林黎:《造就21世纪的新型人才——刘道玉教授访谈录》,《国际人才交流》1996年第7期。

13. 李伟:《中国教坛新空气》,《长江文艺》1997年第1期。

14. 石熙和:《注视着那颗最亮的火炬——访刘道玉》,《良友》1997年12期。

15. 孙晓斌:《迎接第四次教育革命——访原武汉大学校长刘道玉》,《特区教育》1998年第6期。

16. 王法艇、赵晓燕:《著名教育家刘道玉》,《人物》1998年第9期。

17. 谢湘:《从大学校长到小学校长》,《中国青年报》1998年12月21日。

18. 杨小岩:《梦魂萦绕系教育》,《武汉春秋》1999年第1期。

19. 徐正榜:《武汉大学的校长们》,《名家》1999年第3期。

20. 梅雪:《刘道玉与武汉大学》,《人物》2003年第9期。

21. 刘勇:《贝德先生与刘道玉的写作》,《荆州晚报》2005年12月11日。

22. 周璐:《刘道玉:我学业上的三级跳》,《长江日报》2005年12月29日。

23. 邓琼:《刘道玉直言当代高教误区》,《羊城晚报》2005年12月5日。

24. 许冰:《我已经没有什么顾忌了》,《南方都市报》2005年12月5日。

25. 燕舞:《创造性是一流大学之魂》,《出版人》2005年第21期。

26. 李为:《刘道玉校长轶事录》,《留学生》2005年第4期。

27. 刘第红:《创造教育的呐喊》,《高教探索》2006年第1期。

28. 高伐林:《找出中国教育危机的祸根——专访武汉大学校长刘道玉》,《多维月刊》2006年4月10日。

29. 祖慰:《棒喝教育——重逢教育家刘道玉》,《南方周末》2006

年1月26日。

30. 夏苗:《刘道玉三拒高官》,《现代领导》2006年第2期(下)。

31. 孙宏光:《教改迷失了方向》,《同舟共进》2007年第9期。

32. 向华梁:《刘道玉:被免职的改革校长》,《大学》2007年第4期。

33. 冯学俊、王靖:《武汉大学与法国合作的历程与展望》,《法国研究》2007年第4期。

34. 陈尹晴:《高教改革的切入点是人才》(读《一个大学校长自白》),《成人教育》2007年第5期。

35. 蒋昕婕、谢湘:《什么样的人称得上教育家》,《中国青年报》2007年5月28日。

36. 方夷敏:《刘道玉谈恢复高考》,《南方都市报》2007年8月7日。

37. 曹景行:《1977:亲历恢复高考决策(上、下)》,2007年6月10日、11日凤凰卫视连播,《新民晚报》2007年8月10日、11日连载。

38. 马国川:《八十年代之子(四)刘道玉:中国需要一场真正的教育体制改革》,《经济观察报》2008年2月4日。

39. 张笑涛:《创造才是力量》,《读书育人》2008年第3期。

40. 卢文洁:《我是最虔诚的改革者》,《广州日报》2008年7月5日。

41. 卢文洁:《教育改革急需一场启蒙运动》,《广州日报》2008年7月5日。

42. 谢湘:《一位大学校长与中国青年报的改革之缘》,《中国青年报》2008年10月19日。

43. 孙滔:《高校从少而精走向了多而杂——专访刘道玉》,《科学新闻》2009年第24期。

44. Gong Yidong: Cry for Freedom, *The China Day*, May 7, 2009.

45. 陈彦炜:《现代大学变成了衙门》,《南方人物周刊》2009年第2期。

46. 陈雅琴:《刘道玉和一段黄金年代》,《旅伴》2009年第8期。

47. 智效民、丁东:《刘道玉的三个药方》,《南方周末》2009年9月17日。

48. 叶鹏:《刘道玉与他的创造教育》,《光明日报》2009年10月28日。

49. 智效民:《刘道玉和他的创造教育》,《河南教育》2010年第3期(中旬)。

50. 石破:《洒墨刘道玉》,《南风窗》2010年第2期。

51. 钟刚:《刘道玉:大学应享有自治权》,《羊城晚报》2010年11月21日。

52. 张静:《武大蔡元培刘道玉:我们没有世界一流大学所需要的精神》,《华商报》(读书周刊)2010年11月13日。

53. 胡赳赳:《从改革者到批判者》,《新周刊》2010年第12期。

54. 胡赳赳:《大学之美在哪里?》,《新周刊》2010年第12期。

55. 于国鹏、逄春阶:《我不赞成"华约""北约"》,《大众日报》2010年12月17日。

56. 路琰:《我国大学犯了狂躁病》,《环球人物》2010年第22期。

57. 杨天:《中国高教需要启蒙想的改革》,《瞭望东方周刊》2010年49期。

58. 方立新:《从刘道玉到朱清时》,《教育》2011年第1期(上)。

59. 陈浩武:《作为知识分子的刘道玉》,《民主与科学》2011年第2期。

60. 马国川:《不独立,无大学——刘道玉、杨福家、朱清时谈大学教育体制改革》,《财经》2011年第11期。

61. 袁复生:《刘道玉:大学最需要的是宽容》,《潇湘晨报周刊》2010年3月29日。

62. 梁昕照:《中国大学国际化渐行渐近》,《社会科学报》(上海) 2011年5月26日。

63. 卢雁:《大学需要有反思精神》,《东方早报》2011年4月25日。

64. 卢雁:《校长比一般知识分子更有担当》,《东方早报》2011年4月25日。

65. 李为:《一蓑烟雨任平生》,《中国评论月刊》2011年6月4日。

66. 刘君:《刘道玉:现代大学校长一代不如一代》,《时代邮刊》2011年38期。

67. 胡孝文:《刘道玉:拓荒与呐喊》,《世界博览》2011年19期。

68. 刘君:《我们的刘道——专访武汉大学前校长刘道玉》,《锦绣》2011年第1、2期。

69. 金振林:《给刘道玉校长的一封信》,《同舟共进》2011年第8期。

70. 田诗瑜:《回归教育的源头》,《上海科技报》2011年9月9日。

71. 朱桂英:《从自白到呐喊,虽九死其犹未悔》,《新京报》2011年11月15日。

72. 杜娟:《高校联盟酝酿新的"圈地"运动》,《社会科学报》(上海)2010年12月2日。

73. 李静蕾:《大学校庆不能搞官本位》,《中国新闻周刊》2012年第5期。

74. 秦小艳:《高考取消会导致开后门成风》,《深圳特区报》2012年5月27日。

75. 佚名:《原武汉大学校长致清华》,《中国报业》2012年第1期。

76. 李静蕾:《大学校庆不宜搞官本位》,《中国新闻周刊》2012年

2月20日。

77. 谢湘:《永远的校长——刘道玉和他的理想大学》,《神州》2012年第4期。

78. 何晶:《希望北大清华不要再争抢"状元"》,《羊城晚报》2012年6月3日。

79. 野莽:《刘道玉:80年代那场轰轰烈烈的高教改革》,《北京文学》2012年第7期。

80. 方可成:《刘道玉——一位超前的教育改革家》,《南方周末》2012年12月6日。

81. 马国川:《刘道玉:我心中的理想大学》,《财经》2012年第15期。

82. 谢湘:《刘道玉:为改革而生的理想主义者永远不老》,《中国科技信息》2012年第10期;同时刊发在《人才开发》2012年第5期。

83. 刘晓梅、邓康延:深圳越种影视公司拍摄《中国教育启示录》,对刘道玉进行了专题采访,最后以《盗火者——中国教育改革调查》,2013年9月9日至13日在凤凰卫视连续播出,反响极其强烈。

84. 孙程:《玻璃字画与我的两个信条》,上海《生活月刊》2014年3月23日刊发。(注:画是一幅《高风亮节》的山竹,对联是"清风细雨现高洁,朝夕夕照得春晖"。这是刘道玉被免职后,学校教师赠送的。)

85. 张小玲导演:《我的中国心——纪念著名经济学家杨小凯逝世十周年》,2014年7月5日在凤凰卫视播出。其中,对刘道玉进行了专访,包括怎样发现他的,怎样批准他赴美国留学的等。

86. 董玮:《刘道玉:教育三问》,《睿》杂志,2013年第8期。

87. 谢湘:《刘道玉:八十正当年》,《新天地》2013年第10期。

88. 胡孝文:《刘道玉的教育人生》,《教育与职业》2013年第11期。

89. 刘维宁:《我的父亲刘道玉》,《学习博览》2013年第1期。

90. 陈美兰:《一位教育家与一个时代》,《粤海风》2013年第2期。

91. 佚名:《中国必须创新教育价值观》,《中国高校科技》2013年第11期。

92. 刘政:《中国教育改革杰出代表刘道玉》,《枣阳人》2013年第4期。

93. 张红光:《除了他,没有人敢抵制扩招》,《齐鲁晚报》2014年7月4日。

94. 烟雨:《"啄木鸟"刘道玉》,《幸福·悦读》2014年第11期。

95. 夏苗:《大学校长应当有怎样的担当——访刘道玉校长》,《领导论坛》2014年第2期。

96. 王郢:《刘道玉与刘绪贻的对话》,《书屋》2014年第8期。

97. 王文龙:《对中国研究生教育问题的回应》,《现代教育科学》2014年第2期。

98. 王郢:《立学以读书为本——刘道玉与刘绪贻先生对话》,《书屋》2014年第6期。

99. 张红光:《大学如何成为创新的发动机》,《齐鲁晚报》2014年10月12日。

100. 葛佳男:《刘道玉:校长不下上》,《人物》(大师版)2015年第7期。

101. 郭旺:《刘道玉:永远的校长》,《时代人物》2015年第15期。

102. 王璞:《刘道玉——胡耀邦同志影响了我的一生》,《亚洲新闻周刊》2015年第11期。

103. 张倩:《刘道玉:为中国教育改革鼓与呼》,《中国出版传媒商报》2016年5月6日。

104. 付开镜:《刘道玉教育人格论》,《湖北工程学院学报》2016年第36期。

105. 谭无名:《听刘道玉的话》,《中国收藏》2017年第6期。

106. 郭睿:《我们不能躺在恢复高考的功劳簿上》,发表在凤凰网上。

107. 朱又可:《我的老师,我当老师》,《南方周末》2017年9月7日。

108. 郭彤:《我与武汉的故事》,《一个人与一个城》(影片)2017年9月24日。

109. 冯正好:《高等教育改革的反思》(改革名宿访谈录),《京师文化评论》2018年秋季号(总第3期)。

110. 张迪杨:《刘道玉:做中国教育的"啄木鸟"》,《南方周末》2019年2月14日。

111. 孙亚萍:《刘道玉:校长之暖》,《亚洲新闻新视点》2019年第12期。

112. 欧阳诗蕾:《刘道玉:没有时间驻足回望》,《南方人物周刊》2019年第26期。

113. 张丽:《我的根永远在襄阳》,《襄阳日报》2019年10月23日。

跋语

　　大约在四年前,周洪宇先生就托人约我提供一本口述历史,但我迟迟没有应允。我不习惯口述历史这种叙述的方式,认为这种方式不适合于我,因为我是一个事必躬亲和思考型的人,而且喜欢细细的琢磨,有时对一个观点或一个词,我会反复思考几十遍,改了又改,这非是一次口述可以定型的,这就是我迟迟没有答应接受这本书的真实原因。

　　2019年10月3日,华中科技大学出版社人文分社社长周清涛、副社长周晓方来访问我,并赠送了他们已经出版的几本口述历史样书。在交谈中,我一再表示自己不适宜口述历史这种体裁。他们解释说:"并不全是口述的,也有自己撰写的,如湖南师范大学前校长张楚廷、北京大学副校长王义遒等,就是他们自己撰写的。"经过他们的解释,我才得以释然,并同意接受他们的约稿。

　　2019年10月初,我初步拟定写作提纲,并开始写作。但是,写作刚进行了两个多月,我的夫人重病复发,不得不去住院,我也陪同她一起住到医院,虽然有保姆护理,但我仍然需要陪伴在她的身边,使她得到慰藉。今年1月7日,我到医院附近的超市去给她买水果,不幸感染流感,三天后我突然发高烧,体温达到39℃,好在是住在医院里,便于检查与治疗。当时,网上已经有关于新型冠状病毒流行的传言,我自己也担心是否是感染了这种病毒。所幸的是,经过血液化验,证明是患了甲型流感,经过连续5天注射头孢抗菌素,体温恢复正常,又经过一周的恢复,血检甲流病毒已由阳转阴,我与夫人于1月17日出院了。

可是,这时关于武汉流行新型冠状病毒肺炎的传言被证实了,疫情非常严重,传播之快令人们惊慌失措。在紧迫的情况下,武汉市人民政府抗疫指挥部宣布于1月23日"封城",就在当天,照顾夫人的护工也回湖北安陆市了。从这时开始,护理夫人的重任就落到了儿子、儿媳妇以及我的身上。在长达两个多月里,面对严重的疫情,只能照顾夫人和维持生计,完全没有心情和精力写作。到了3月初,疫情有所缓解,心情也日趋平静,于是又恢复了艰难的写作。

我曾经说过,本书是我人生的一个点,重点是叙述我任校长近八年时间的改革故事,其中涉及许多人和事。因此,在写作过程中需要查找和核对不少事实,这非是一个年老体衰的人所能做的事。所幸的是,在写作过程中,我得到了许多人的帮助,其中有伍新木、何克清、杨代常、傅杰等教授。校友胡树祥、谢湘、艾路明、张桦、弓克、何五元、陈勇、陈悦、宋时磊、龚万幸等人,他们分别为我提供了所需要的背景资料。同时,武汉大学图书馆的李云华,为我检索到附录中一部分新闻报道和专访的题录。武汉大学档案馆的冯琳,帮助我查阅档案资料,提供了不少有用的材料。尽管我的视力很差,在写出初稿后,我仍校读了两遍。为了尽可能减少错误,我又请武汉大学教育学院副教授王郢博士再帮我校勘一遍,她又订正了一些错别字和遗漏字。在此,对于上述的老师、校友和学生们给予的帮助,谨表示衷心的感谢!

本书中有许多故事,也穿插了不少诗词、信函和讲话摘录,它们都是在教育改革中产生的,是由当时学校的领导、同事、教师和学生们共同编撰而成的。因此,当本书杀青之时,我要对当时党委书记庄果、副书记黄训腾、郑永庭,副校长高尚荫、吴于廑、童懋林、傅建民等表示衷心的感谢和深切的怀念!

尤其要对当年的教务长吴贻谷、教务处处长刘花元、副处长娄延长等人表示衷心的谢意。他们既是我的参谋长，又是执行改革各项政策和方案的践行者，功不可没。还有党办主任张清明、副主任陈广胜，校办主任牛太臣、丁荣、任珍良、唐永炳等，他们都为学校的改革做出了巨大的贡献。还有外事处、科研处、财务处、基建处和总务处等部门的领导人，以及各院系的领导和广大教师和员工们，都给予了我极大的支持，我也铭记在心，并感谢他们所给予的各种帮助！可以肯定地说，没有他们的奉献和支持，就没有武汉大学改革所取得的一切成果。

今年元月初，在武汉暴发了新冠肺炎流行病，疫情传播异常凶猛，成千上万发烧病人等待检查，医院也人满为患。我身处武汉的疫情中心，国内外的校友和朋友们对我的处境十分关注，他们分别给予了物质和精神上的支持，谨致以真诚的感谢！在"封城"和居住区隔离期间，武汉大学企业家联谊会秘书长蹇宏、胡潇等，对我们十分关心，提供了许多帮助。武汉大学社区居民委员会和志愿者们，冒着风险，帮助购物和递送物品，对他们无私的奉献精神，谨表敬意和真诚的谢意！

在"封城"期间，我的小儿子刘维东和儿媳夏敏玲非常辛苦，他们既要担负着护理妈妈的重任，又要网购和储备食物，保证我们一日三餐。我已经老迈，他们十分关心我的身体和起居与生活，让我能够静下心来写作。这是他们尽孝心的表现，我也要对他们说一声：谢谢孩子们！

智者千虑必有一失，余并非智者，书中的错误、疏忽、遗漏肯定不少。因此，当本书付梓和发行以后，我真心地希望读者和专家们不吝指教，是为至盼！

作者

2020 年 5 月 20 日

于珞珈山寒成斋

图书在版编目(CIP)数据

其命维新:刘道玉口述史/刘道玉著.—武汉:华中科技大学出版社,2021.6
(2021.8重印)
(当代中国高等教育改革口述史丛书.第一辑)
ISBN 978-7-5680-7170-3

Ⅰ.①其… Ⅱ.①刘… Ⅲ.①高等教育-教育史-中国-现代 Ⅳ.①G649.29

中国版本图书馆 CIP 数据核字(2021)第 103749 号

其命维新——刘道玉口述史

刘道玉 著

Qimingweixin——Liu Daoyu Koushu Shi

策划编辑:周晓方　杨　玲　周清涛
责任编辑:肖唐华
封面设计:原色设计
责任校对:刘　竣
责任监印:周治超

出版发行:华中科技大学出版社(中国·武汉)　　电话:(027)81321913
　　　　　武汉市东湖新技术开发区华工科技园　　邮编:430223
录　　排:华中科技大学惠友文印中心
印　　刷:湖北金港彩印有限公司
开　　本:710mm×1000mm　1/16
印　　张:30.5　插页:8
字　　数:423千字
版　　次:2021年8月第1版第2次印刷
定　　价:198.00元

本书若有印装质量问题,请向出版社营销中心调换
全国免费服务热线:400-6679-118　竭诚为您服务
版权所有　侵权必究